REISEBÜCHER
von
ANNO DAZUMAL

POMMERN

– Reprint von 1932 –

*

RAUTENBERG

CIP-Titelaufnahme der Deutschen Bibliothek

Pommern. – Nachdr. [d. Ausg.] von 1932.
Leer: Rautenberg, 1988
(Reisebücher von Anno dazumal; Bd. 1)
ISBN 3-7921-0386-9
NE: GT

Gesamtherstellung: Druckerei Rautenberg, 2950 Leer

Printed in West Germany
ISBN 3-7921-0386-9

POMMERN

Das

HANDBUCH

für

REISEN UND WANDERN

im Pommernland

Mit Übersichtskarte und einem Plan

Bearbeitet von

MARTIN REEPEL, STETTIN

Herausgegeben vom Verkehrsverband für Pommern e.V.
Geschäftsstelle: Stettin, Berliner Tor 5

Vorwort

Mit der Herausgabe dieses Buches verfolgen wir den Zweck, unser Pommernland allen Deutschen und unseren eigenen Landsleuten als Reise- und Wandergebiet näherzubringen. Pommerns Bäder und Pommerns Kurorte sind vielen bekannt aber die besonderen Schönheiten der Landschaft kennen nur wenige. Deshalb glauben wir, daß die Herausgabe dieses Reisehandbuches eine Notwendigkeit ist.

Das Buch ist die erste, ganz Pommern erfassende, zusammenhängende Darstellung der Provinz als Reise- und Wandergebiet. Der Umfang des Materials zwang uns, die Hinweise auf die Bäder und Kurorte, für die Prospekte reichlich vorliegen, nur kurz zu halten, um den Preis des Buches möglichst niedrig zu halten. Aus demselben Grunde unterblieb auch die Aufnahme eines Inhaltsverzeichnisses. Beim Gebrauch bediene man sich der dem Register voraufgestellten kurzen Übersicht und im übrigen des Registers.

Dem Verfasser, Herrn Martin Reepel, Stettin, danken wir für seine umfassende, mühevolle Arbeit und wünschen mit ihm, daß dieses Buch Eingang in Schule und Haus finden müge. Weiter hoffen wir, daß es unserem Pommernland recht viele neue Freunde zuführen wird.

So rufen wir jedem Leser zu: Komm, sieh' Dir unsre Heimat und unser Pommerland an, dann lernst Du es so lieben, wie wir selbst.

Verkehrsverband für Pommern e.V.

Geschäftsstelle:
Stettin, Berliner Tor 5.

Willy Schmidt,
Vorsitzender.

I. Pommersches Land und Volk

„Weiße Segel wiegen sich auf blauer See,
Weiße Möwen fliegen in der blauen Höh',
Blaue Wälder krönen weißer Dünen Sand,
Pommerland, mein Sehnen ist dir zugewandt.“

(Adolf Pompe)

So singt der Pommer in seinem Heimatliede, und er zeichnet damit ein Bild, das, bereichert durch das Bild der aus klingender Flut sich hebenden Kreidefelsen Rügens, weit über die Grenzen der Provinz gekannt und hochgeschätzt ist. Weckt es doch die Erinnerung an ferienselige Sommertage im Banne des **pommerschen Strandes** und seiner Badeorte, die Erinnerung an so manchen Ausblick, hinab unter den weitschattenden Zweigen alter Buchen auf ragender Steilküste und weit über Strand und See, die Erinnerung an einsame Dünenwanderungen oder fröhliche Meerfahrten, frisch hinein ins Blaue .....

Aber wiewohl Pommern das „Land am Meer“ bedeuten soll, erschöpft sich doch seine Schönheit nicht in dem Zusammenklang von Meer und Land. Auch das **pommersche Binnenland** hat seine Reize: der Pommersche Landrücken mit seinen zahllosen blauen Seen, seinen Bachtälern, seinen steinbestreuten Heidehügeln und seinen Fernsichten in sehnsüchtig verdämmernde Weiten; das von blanken Wasserarmen durchsponnene wiesengrüne Odertal und von zahlreichen Schiffen belebte Haff, die endlosen Wälder des Odermündungsgebietes, aber auch die fruchtbaren Flachlandschaften Vorpommerns und der hinterpommerschen Küstenebene .... Kurz, Pommern bietet eine solche Fülle des landschaftlich Schönen außer Strand und See, daß es sich wohl lohnen möchte, den Wanderstab auch einmal ins pommersche Binnenland zu setzen.

Ins Binnenland, das seine Modellierung der **letzten Vereisung** verdankt. Sie schüttete den **Pommerschen Landrücken** mit der dem **Hauptendmoränenwall** vorgelagerten, seenreichen **kuppigen Grundmoräne** auf und hinterließ als Produkt ihrer Schmelzwasser die sich südwärts anschließende, von Seen gefurchte **Sanderlandschaft,** während das übrige Pommern, von eiszeitlichen Tälern gefurcht, von schnellen Flüssen durchflossen, der **ebenen Grundmoräne** angehört. **Mittelpommern** zeigt als Sondererscheinungen den **Pyritzer Weizacker** und das **Haff** als Reste einstiger Schmelzwasser-Stauseen. Die ehedem weit nach Norden gelegene **südbaltische Küste** erhielt ihr Aussehen in großen Zügen durch die Lithorinasenkung. Es entstand die **Inselwelt Vorpommerns** und unter stärkster Einwirkung von

Wellen und Wind die **Glattküste Hinterpommerns** mit ihren Strandseen und teilweise stattlichen Dünen neben einzelnen meerumkämpften Steilküsten.

Pommerns **Bewohner** sind fast restlos Deutsche. Aus Tieflandsgebieten westlich der Elbe kamen im 12. bis 14. Jahrh., der Zeit der deutschen Besiedlung, die Niedersachsen und vom Meeresstrande die Friesen. Vorpommern bis an das große Waldgebiet der Ueckermünder Heide, Rügen, teilweise Usedom-Wollin und ein schmaler Streifen an der hinterpommerschen Küste entlang sind der Bereich des Niedersachsenhauses. Typisch, wenn auch nicht vollkommen gedeutet, ist der im Bereiche der ebenen Grundmoräne Hinterpommerns, zwischen Dievenow und Lupow einst häufige Vierkanthof. In der Treptower Gegend und in Jamund lassen sich nach Sprache und Tracht innerhalb seines Gebietes friesische Einflüsse nachweisen. Das ganze mittlere Pommern weist auf eine Besiedlung durch Niederfranken aus den Grenzgebieten zwischen Nieder- und Mitteldeutschland hin. Auch nach Osten zu, wo einst der Deutsche Ritterorden siedelte, machen sich mitteldeutsche Einflüsse geltend.

Pommern ist nach dem Versailler Vertrag **Grenzland** geworden, in seinen östlichen Teilen von Polen politisch bedroht und durch die wirtschaftliche Abschnürung gegen den Osten schwer geschädigt. Durch deutsche Erde schneidet heute Polens Grenze und damit durch eine Jahrhunderte alte Kultur- und Wirtschaftsverbundenheit. Zwar werden die Pommern mit der Zähigkeit, die sie oft bewiesen haben, an der Heimat festhalten; aber sie müssen für ihren Kampf, wie für sich, ihre Kultur und ihr Land, mehr Verständnis erwarten. Was weiß man im Westen und Süden unseres Vaterlandes vom deutschen Osten und insonderheit von dem Pommern, soweit es nicht Rügen und nicht Meeresküste ist? Wenig oder gar nichts! Ein Land, das Kartoffeln und Spickbrüste liefert . . . Möchte das anders werden und möchte auch dies Buch dazu helfen, dem pommerschen Lande und Volke Freunde zu werben!

II. Reisewinke

Klima und Wanderzeit. Im allgemeinen steht das Klima Pommerns unter dem Einfluß des Meeres, so daß sich das in solchen Fällen übliche Bild ergibt: Milde Winter, in denen, je näher der Küste und je weiter nach Westen, der Schnee verhältnismäßig kurze Zeit liegen bleibt und Eistage nicht allzu häufig sind. Der binnenländische Osten der Provinz steht allerdings bereits unter dem Einfluß der großen kontinentalen Landmasse Osteuropas und hat etwas kältere Winter, also auch häufiger Schnee- und Eistage. Der Frühling kommt an der See, auf den Inseln und vor allem im Osten später ins Land als im Westen und im Süden der Provinz und bleibt lange kühl. Die Seeküste ist mit der Frühlingsblüte oft acht bis zehn Tage hinter dem Binnenlande zurück. Die Sommerwärme ist in der Nähe des Meeres gemildert, der Sommer im Binnenland am wärmsten. Er geht meist in einen langen schönen Herbst über. Als Wanderzeit kommen also Frühling, Sommer und Herbst in Betracht. Der Frühling ist wundervoll im Bereiche der baltischen Buchenwälder, wenn sich auf Rügen (Stubbnitz, Granitz), auf Usedom-Wollin, bei Stettin (Buchheide), bei Köslin (Buchwald) und auf dem Landrücken die Buchen belauben. Schön, ja, in manchen Jahren am schönsten, ist eine Wanderung im Herbst. Die See dehnt sich noch einmal in wunderbarer Bläue vor den erstaunten Augen des Beschauers. Blau, oft unsagbar tiefblau, erscheinen die waldgerahmten Seen des Landrückens; einem Samtmantel, der in sanfte Falten gelegt ist, gleichen die jungen Saaten an den unbewaldeten Hügelflanken. Und dazu die je nach dem Wetter früher oder später einsetzende Laubfärbung! Wer z. B. den weißen Fels des Königsstuhles auf Rügen einmal im Kranze herbstlich bronzeroten Buchenwaldes sah, der vergißt das Bild nicht wieder.

See und Strand in Pommern haben wie die Küsten Mecklenburgs und Ostpreußens — im Gegensatz zur Nordsee — ein gemildertes Klima. Die Luftbewegung ist nicht so heftig, der Salzgehalt der Luft geringer. Wald ist fast überall vorhanden und bildet einen zweiten nicht zu unterschätzenden Heilfaktor, abgesehen von den lieblichen und abwechslungsreichen Bildern, die z. B. Rügen und Usedom-Wollin so geschätzt machen. Der Wellenschlag ist geringer als an der Nordsee, und seine Stärke richtet sich nach der Lage der Küste zum Winde. Küstenstrecken, die ohne den Schutz durch Inseln den Winden von Norden und Nordwesten frei ausgesetzt sind, haben den stärksten Wellenschlag. Im allgemeinen nimmt der Wellenschlag nach Osten an Stärke zu. Der Salzgehalt der Ostsee (¾ bis 1½ Prozent) ist geringer als der der Nordsee, ist aber örtlich verschieden und erreicht im Westen einen höheren Prozentsatz. Es ergibt sich daraus, daß die Wirkung der Ostsee und ihres Klimas auf den menschlichen Organismus milder ist als die der Nordsee und daß sich diese Wirkung je nach der Örtlichkeit abstuft. Im allgemeinen reicht die eigentliche Badesaison von Pfingsten bis Ende September.

Unterkunftsverhältnisse. Auch in der kleinsten Stadt trifft der Reisende ein gutes Hotel an. Der „Stettiner Verkehrsverein G. m. b. H.", Geschäftsstelle des Verkehrsverbandes für Pommern e. V., Stettin, Berliner Tor 5, liefert auf Wunsch ein gedrucktes Hotelverzeichnis mit Preisangaben. Übernachtung und Verpflegung bereiten auf Dörfern oft Schwierigkeiten. Ausnahmen machen natürlich die von Badegästen und Sommerfrischlern besuchten Orte und Touristengebiete. In Gutsdörfern fehlen Gasthöfe meist stets. Bei Wanderungen, wie z. B. im Gebiete des Landrückens, erkundige man sich, sofern der „Führer" keine bestimmten Angaben macht, beim Antritt einer Wanderung danach, ob das dörfliche Tagesziel eine Unterkunftsmöglichkeit bietet; andernfalls suche man die nächste Stadt zu erreichen.

Jugendherbergen sind reichlich vorhanden. Mitglieder der Jugendwanderverbände besitzen meist ein Herbergsverzeichnis. Immerhin sind Herbergen in den vom „Führer" genannten Orten bezeichnet.

Verkehrswesen: Der Besuch der Badeorte der Küste, des Badeortes Polzin und der größeren Orte des Binnenlandes wird durch Bahn, Auto oder Schiff ab Stettin, Stralsund, Greifswald und Barth erleichtert. Jedes Kursbuch und jedes Reisebüro gibt erschöpfende Auskunft. Man beachte die jeweiligen Angaben im „Führer"! Dazu kommt der Flugverkehr der Bäderlinie Stettin—Swinemünde — Sellin — Stralsund — Hiddensee. Küstendampfer von Bad zu Bad verkehren auf Rügen, auf Usedom-Wollin und um die Dievenow. Mit Dampfer sind erreichbar die Orte des Odertales aufwärts Stettin, das Ostufer des Dammschen Sees, die Orte abwärts Stettin und die Hafforte (Ziegenort, Ueckermünde, Wollin). Näheres der Verkehrsverband für Pommern E. V., Stettin, am Berliner Tor 5. (Stettiner Verkehrsverein G. m. b. H.)

Weite Gebiete Pommerns sind heute noch recht wenig besucht, und Hand in Hand damit geht die Tatsache, daß die Verkehrsmittel nur die örtlichen Bedürfnisse zu berücksichtigen brauchen und zu befriedigen vermögen. Es ist darum zu begrüßen, daß neuerdings immer mehr Autolinien entstehen, die für den Touristen von Bedeutung sind und deren genaue Kenntnis wichtig erscheint („Amtlicher Taschenfahrplan der Reichsbahndirektion Stettin" und die Taschenfahrpläne der Kraftposten). Reichliche Angaben bringt der „Führer" für jedes Wandergebiet.

Kartenmaterial. Stadtpläne, Städteführer, Prospekte, Karten von Pommern im „Stettiner Verkehrsverein G. m. b. H.", Geschäftsstelle des Verkehrsverbandes für Pommern e. V., Stettin, Berliner Tor 5. — Kreiskarten (1 : 100 000) erschienen im Verlag von Eulitz, Stolp i. Pom. Wanderkarten der Umgebung Stettins, der Buchheide (1 : 25 000) und der Waldungen am Haff (1 : 50 000) gab der Verlag Hermann Saran, Stettin, heraus. Karten von Rügen usw. sind reichlich erschienen. Im übrigen verweisen wir auf das Kartenmaterial des Reichsamtes für Landesaufnahme (1 : 25 000 und 1 : 100 000). Jede Buchhandlung hat die Blätter (Einzelblätter oder Zusammendrucke größerer Gebiete) vorrätig oder besorgt sie. Sie sind das beste Kartenmaterial für den Touristen. Siehe Übersichtskarte im „Führer"! Daneben sind einzelne geologische Kartenblätter mit Erläuterungen erschienen (Peruß. Geol. Landesanstalt, Berlin NW. 4). Alle vorstehend genannten Karten sind auch durch den „Stettiner Verkehrsverein G. m. b. H.", Geschäftsstelle des Verkehrsverbandes für Pommern e. V., Stettin, Berliner Tor 5, zu beziehen.

Von **„Führern"** erwähnen wir „Rügen und die Pommersche Küste", Meyers Reisebücher 3. Auflage, Bibliographisches Institut in Leipzig, mit zahlreichen Karten, berücksichtigt kurz das pommersche Binnenland. — Reepel, „Oderland". Mit Kartenskizzen, 137 S., berücksichtigt das gesamte Odermündungsgebiet, westlich bis Pasewalk, östlich bis Stargard, Verlag Fischer & Schmidt, Stettin. — Reiseführer durch die pommersche Schweiz, von der Lehrerschaft des Kreises Neustettin, Verlag Brand, Neustettin, 32 S. — Führer durch die Pommersche Schweiz (von Karl Schröder, Verlag E. Hartmann, Greifswald 1930. 16 S.). — Reepel: „Von Stettin die Oder aufwärts", Führer auf Fahrten die Oder aufwärts, mit Karte. Verlag der Greifenhagener Dampfschiffs-Reederei, Greifenhagen. — P. Schneider: „Die Insel Rügen", Braunschweig, Westermann. 104 S., mit Karte. Kein trockener Reiseführer. — C. W. Schmidt: „Die Insel Rügen", Berlin-Hermsdorf, Faller, 112 S. Als „Monographie" gestaltet. — A. Jürgensohn: „Hiddensee, das Kapri von Pommern", 164 S., 2. Auflage. Ein Reiseführer und Erinnerungsbuch. Kloster auf Hiddensee und Liegnitz, Karl Haertel.

Weitere ausführliche Schriften über Pommern sind im Verlage des Verkehrsverbandes für Pommern E. V. erschienen; es liegen in unserer Geschäftsstelle auch Führer und Prospekte von den verschiedensten Städten, Bädern etc. wie Stettin, Stralsund, Greifswald, Swinemünde, Kolberg u. a. m. aus.

Heimatbücher kleinerer Orte sind zahlreich vorhanden, ohne daß wir sie hier aufzählen könnten. Recht umfangreich ist das Werk „Stolp i. P., Führer und Heimatbuch", Verlag O. Eulitz, Stolp i. P. Karten und Hinweise auf Wanderungen in die weitere Umgebung machen das Buch besonders wertvoll.

Abkürzungen: B. = Bett. Bhf. = Bahnhof. Do. = Donnerstag. Fr. = Freitag. Gar. = Garage. Mi. = Mittwoch. Mo. = Montag. MER. = Mitteleuropäisches Reisebüro. Nr. = Nummer. Str. = Straße. Städt. = Städtische Badeanstalt. So. = Sonntag. Sa. = Sonnabend. u. = und. Wo. = Wochentag. Z. = Zimmer.

III. Gliederung Pommerns

Pommern gehört bei einer Höchsterhebung von 264 m dem Norddeutschen Tieflande an, dessen einzelnen Teilen scharfe Naturgrenzen fehlen. Eine natürliche und gleichzeitig für einen „Führer" brauchbare Gliederung des Landes stößt darum auf Schwierigkeiten. Wenn wir trotzdem versuchen, das Gesamtgebiet der Provinz in Einheiten aufzuteilen, geschieht es in erster Linie, um zu einer größeren Übersichtlichkeit zu gelangen.

A. Das Oder-Mündungsgebiet und die Seestadt Stettin.

1. Stettin und seine nähere Umgebung.
2. Das obere Odertal mit seinen angrenzenden Hochflächen.
3. Die untere Oder und das südliche Haffufer.
4. Ueckermünder Heide, Pasewalk und Rothemühler Forst.
5. Usedom-Wollin.
6. Stargard i. P. und Umgebung.
7. Pyritz und der Weizacker.

B. Vorpommern u. die vorpommersche Festlandebene.

1. Um die Peene.
2. Im Tollense-Winkel.
3. Der Grafenwinkel.
4. Wolgast und der Peenestrom.
5. Greifswald und Umgebung.
6. Neuvorpommersche Landstädte.
7. Stralsund.

C. Darß-Zingst und das Südufer der vorpommerschen Binnengewässer.

1. Zwischen Stralsund und Damgarten.
2. Bäder auf Darß-Zingst.

D. Die Inseln Rügen und Hiddensee.

1. Rügen.
2. Hiddensee.

E. Hinterpommern.

1. **Der Pommersche Landrücken.**
   a) Das Hochland um den Enzigsee.
   b) Oberes Regatal, Hochland zwischen Drage und Küddow und Pommersche Schweiz.
   c) Das Pollnow-Rummelsburger Hochland.
   d) Das Bütower Hochland und das obere Stolpetal.
   e) Das Bergland um Leba und Lupow.

2. **Die Hinterpommersche Grundmoränenebene.**
   a) Ostufer von Haff und Dievenow.
   b) Im Regagau.
   c) An der Persante: Belgard, Körlin, Kolberg.
   d) Köslin und Umgebung und die Kösliner Seebadeorte.
   e) Das Küstenland zwischen Stolpe und Leba.
   f) Am letzten Strand.

IV. Führer durch Pommern

A. Odermündungsgebiet und Stettin.

1. Stettin und seine nähere Umgebung.

Stettins Lage und Landschaft. Stettin liegt an der Stelle, wo sich das Odertal zur lichten Endlosigkeit weitet und wo zum letztenmal auf Brücke und Damm die Möglichkeit des Überganges von Osten nach Westen gegeben war. Bei alledem ist die See nicht zu ferne, wenn es auch dauernde Anstrengungen kostet, den Weg dorthin wachsenden Ansprüchen gegenüber nutzbar zu erhalten. Und nicht minder wichtig erscheint die Oderwasserstraße landeinwärts und als Verbindung mit einem Hinterlande, das nicht nur die Mark und Schlesien in ihren Nachbargebieten umfaßt, sondern in Anlehnung an wasserreiche Nebenflüsse (Warthe und Netze) und Kanäle (Hohenzollernkanal, Oder—Spree-Kanal) auch weit nach Osten und Westen greift. (Siehe den Abschnitt „Das obere Odertal"!)

Stettins Landschaft ist recht vielgestaltig. Die Stadtteile Lastadie und Silberwiese liegen zusammen mit den verschiedenen Hafenanlagen, Dunzig, Freihafen, Industriehafen, im Bereiche des Wiesenmoores um die verschiedenen Oderarme und nahe dem Dammschen See. Von Osten her grüßen die Randhöhen der Buchheide, des schönsten Waldgebietes in der Nachbarschaft der Großstadt. Vom Westufer der Oder aus erklimmt der Hauptteil der Stadt mit der Altstadt als Mittelpunkt den Abhang der Randow-Hochfläche, die im Westen und Süden vom Brunn-Zahdener Höhenzug überhöht wird, während sich im Norden die Warsower Hochfläche erhebt. Beide scheidet eine reizvolle Talfurche, das Nemitzer Tal. Der Zahdener Höhenzug erhebt sich über das Odertal um rund 60 m im Zahdener Mühlenberge, südwärts Stettins. Die Warsower Hochfläche begleitet das linke Oderufer nordwärts der Stadt bis gegen Messenthin und bildet trotz der industriellen Erschließung von malerischen Schluchten gefurchte und teilweise noch bewaldete, aussichtsreiche Abhänge. Nach allen Seiten entströmen ihr rasche, tief eingeschnittene Bäche. Das schönste Bachtal ist das des Siebenbachmühlen-Baches. Der Wald der West- und Nordabhänge der Hochfläche geht sehr bald in Kiefernheide auf Talsanden über, dem Vorläufer der Ueckermünder Heide. So hat denn Stettin eine Umwelt, die außer den aus mancherlei Verkehrsverbindungen Vorteil schöpfenden Industrien auch solche bodenständiger Art gebar. Kreidevorkommen an der Buchheide ließen hier 1850 die erste deutsche Zementfabrik entstehen, während eine lebhafte Ziegelindustrie die tertiären Tone am Abhange der Warsow-Hochfläche ausbeutet. Die nahe Randow-Hochebene ist ein Gebiet hochentwickelten landwirtschaftlichen Betriebes (Weizen, Zuckerrüben, Zuckerfabrik Scheune, Stettiner Zuckersiederei).

Geschichtliches. Die Stätte des heutigen Stettins ist schon seit vorgeschichtlichen Zeiten, von der Steinzeit bis zur Germanenzeit, besiedelt gewesen. Im Anschluß an die Völkerwanderung folgt die Wendenzeit, die ein historisch beglaubigtes Stettin dem Dunzig gegenüber entstehen läßt. Ja, um 1100 erscheint als erster Pommernherzog Wartislaw I. Im Bereiche des heutigen Marienplatzes lag der Burgwall des Fürsten, im Bereiche des heutigen Schlosses ein Tempelwall. Trotz ihrer festen Lage ward die Stadt 1121, zur Winterzeit, von den bereits christlichen Polen erobert. Drei Jahre später erschien unter dem Schutze der Polen der Apostel der Pommern, Otto von Bamberg, auch in Stettin und begann sein Bekehrungswerk. Gleichzeitig setzte die Germanisierung ein. Deutsche Kaufleute siedelten sich nahe der Oder an. Deutsche Bauern und Bürger (Handwerker) nahmen den Raum ein zwischen Rosengarten und Mönchenstraße, Gr. Wollweberstraße und unterer Breite Straße. Hier auf der Höhe errichtete 1182 der aus Bamberg zugewanderte Kaufmann Beringer die Anfänge der Jakobikirche. 1243 wurde das gesamte Siedlungsgebiet zur deutschen Stadt erhoben und mit dem Magdeburger Recht belehnt.

Nach 1249 dehnte sich die Stadt landein bis gegen den jetzigen Königsplatz und den Paradeplatz aus. Im Mittelpunkt des neu entstandenen Stadtteiles lag der Roßmarkt. Um 1250 erhielt die Unterstadt als Mittelpunkt das Rathaus, das 1400 zu einem prächtigen gotischen Bau (heut abgeputzt) erweitert wurde. Die vorher genannte Neustadt ward dann 1262 mit der Altstadt zu einer Stadt vereinigt. 1299 erhielt Stettin das Recht, durch das Odertal ostwärts Damm und Brücken zu bauen und Zoll zu erheben. Andere Verträge sicherten die Schiffahrt auf Strom und See und den Heringshandel, und die Mitgliedschaft bei der Hansa befestigte die Stellung der Stadt noch mehr. Trotzdem konnten es die Stettiner nicht hindern, daß sich die Landesherzöge fast innerhalb der Stadt ein als Zwingburg empfundenes Schloß erbauten.

Es folgte die Zeit der Reformation und ihre Einführung 1534 auf dem Landtag zu Treptow a. R. Doch waren die Zeiten nicht günstig. In Stettin und in ganz Pommern richtete der Konkurs des Handelshauses der Loitze (siehe Loitzenhaus) großes Unheil an. Einer nach dem andern der Herzöge des Greifengeschlechtes starb in jungen Jahren, ein in manchen Lastern entartetes Geschlecht. Und dann kam der Dreißigjährige Krieg mit all seinem Unglück. 1637 starb der letzte Pommernherrscher, und als der Frieden dem namenlosen Elend ein Ende machte, fiel Stettin mit Vorpommern an Schweden.

Unter schwedischer Herrschaft hat sich das verarmte Stettin nur wenig erholt, und erst, als die Stadt im Anschluß an den Nordischen Krieg 1720 an Preußen kam, brach eine bessere Zeit an. Friedrich Wilhelms I. Hauptwerk war die Anlage einer ganz neuen Befestigung. Außerhalb der mittelalterlichen Stadtgrenze (Grüne Schanze, Paradeplatz, Königsplatz, Klosterhof) entstand ein neues Wallsystem mit neuen Toren (jetzt Berliner Tor und Königstor) und den Forts L e o p o l d (Hakenterrasse), W i l h e l m (Kaiser-Wilhelm-Platz) und P r e u ß e n. Gebäude wuchsen empor, die die Zeit und ihren Stil kennzeichneten, das ehemalige Landeshaus, jetzt Provinzialmuseum pommerscher Altertümer, Kasernen und noch heute vorhandene schlichte Bürgerhäuser an der Großen Lastadie.

Noch wirksamer äußerte sich die Fürsorge F r i e d r i c h s d e s G r o ß e n für Stettin. Die Besserung des Wasserweges der Swine kam der Schiffahrt der Stadt zugute, die außerdem der Mittelpunkt des preußischen Schiffbaues ward und infolge der Förderung von Handel und Industrie im Jahre 1786 bereits 147 Seeschiffe besaß. Es folgten — ab 1806 — die schweren Jahre der f r a n z ö s i s c h e n I n v a s i o n, nachdem sich auch Stettin im Oktober 1806 ohne Kampf dem General Lasalle ergeben hatte. Aber dann kam, nach treuem Ausharren, 1813 die Zeit der Erneuerung. Wirtschaftliches und geistiges Leben regten sich wieder. Auf allen Gebieten führend wirkte der O b e r p r ä s i d e n t v o n S a c k (1816—1831), dem 1833 ein schlichtes Ehrenmal in den Grabower Anlagen gesetzt ward. Ein kunstsinniger Kreis sammelte sich um die G e h e i m r ä t i n T i l e b e i n auf deren Sommersitz in Züllchow, einem feinen Bau in klassizistischen Formen. Zum Tilebeinschen Kreis gehörten C a r l L o e w e, der Balladenkomponist, die Schriftsteller und Dichter G i e s e b r e c h t und P r u t z und der Kunsthistoriker K u g l e r, ein Bündnis von Bürgertüchtigkeit und Intelligenz, wie es Stettin nie gesehen hatte. Unter König Friedrich Wilhelm IV. beginnt der A u s b a u d e s V e r k e h r s. 1843 ward die Berlin—Stettiner Bahn eröffnet, 1846 die Strecke über Stargard nach Posen. 1851 entsteht eine Maschinenfabrik als Grundlage für den späteren und jüngst eingegangenen „Vulcan", 1849 das inzwischen vielfach erweiterte Stadttheater.

Nach der Schleifung der Festungswerke (1873) begann sich die Stadt zu dehnen und bis zum Beginn des Weltkrieges einen neuen ungeahnten Aufschwung zu nehmen. Als erste Gartenstadtsiedlungen entstanden W e s t e n d (durch Kommerzienrat Quistorp), B r a u n s f e l d e, N e u w e s t e n d, A c k e r m a n n s h ö h e usw. In der Folge glänzender Bauten erwuchsen die Hakenterrasse (1907), zahlreiche Schulen, Kirchen, das neue Rathaus, das Verwaltungsgebäude u. a. m.

H a n d e l u n d S c h i f f a h r t blühten empor. Die 1880 vollendete Kaiserfahrt und die Vertiefungen des Fahrwassers zur See nahmen Swinemünde den Charakter als Vorhafen und stellten Stettin an erste Stelle. Flußauf ward (1914) der Hohenzollernkanal als moderne Verbindung mit Berlin fertig. Der Freibezirk ward begonnen und ausgebaut.

Und dann kam der Krieg, kam die Revolution, kam die Inflation, kamen die Wirkungen des Versailler Vertrages, die Konkurrenz des neu angelegten polnischen Hafens Gdingen, die sinkende Kaufkraft der Landwirtschaft u. a. m. Manches Handelsgeschäft stellte seine Tätigkeit ein, manches Industriewerk (Vulcan). Dennoch ist in der N o t z e i t viel geschehen, im modernen Wohnungsbau, in der Bebauung der Quistorpaue und der Gestaltung des Quistorpparkes, einer der vielen Grünanlagen, die zusammen mit dem berühmten Hauptfriedhof Stettin eine besondere Note geben, im Ausbau des Stettiner Hafens und der Bahnanlagen und endlich auch in der Begründung eines wichtigen Flughafens.

Verkehrswesen: Vom Hauptbahnhof gehen an Fernbahnstrecken aus: Stettin—Berlin, Stettin—Hamburg, Stettin—Stralsund, Stettin—Swinemünde, Stettin—Gr. Ziegenort, Stettin—Misdroy, Stettin—Kolberg, Stettin—Danzig, Stettin—Hirschberg, Stettin—Kreuz usw. Die Bahnhöfe der Strecke nach Ziegenort (Stettin-Pommerensdorf, Stettin-Torney, Stettin-Westend, Stettin-Zabelsdorf, Stettin-Bredow) sind Ringbahnhöfe, die übrigen haben Vorortverkehr; Vorortverkehr haben die Strecken ab Stettin bis Greifenhagen, Stargard und Pasewalk. Dazu Sonntagsrückfahrkarten nach zahlreichen Stationen der Umgebung (Buchheide, Badeorte der Pom. Bucht, Berlin, Chorinchen, Ueckermünder Heide auf Rand- und Querbahnen, Madüsee, Haffbäder, Wildenbruch, Odertal-Randbahn usw.) und verbilligte Mittwochkarten zur Buchheide (zwischen 12 und 24 Uhr).

Straßenbahnlinien:

Linie 1: Rennbahn, Neuwestend, Berliner Tor, Breite Str., Altdammer Straße, Flughafen. — Linie 2: Berliner Tor, Hohenzollernstraße, Friedenstraße, Hauptfriedhof, Wendorf. — Linie 3: Pommerensdorf, Oberwiek, Hauptbahnhof, Paradeplatz, Pölitzer Str., Nemitz, Eckerberger Wald. — Linie 4: Hauptbahnhof, Bollwerk, Schulzenstr., Königstor, Friedrich-Karl-Str., Arndtplatz, Schinkelplatz, Krankenhaus. — Linie 5: Braunsfelde, Krekower Str., Turnerstr., Königstor, Klosterhof, Baumbrücke, Dunzig. — Linie 6: Hauptbahnhof, Bollwerk, Lange Str., Grenzstr., Friedebornstr., Bahnhof Zabelsdorf. — Linie 7: Gotzlow, Frauendorf, Vulkanstr., Poststr., Grabower Str., Königstor, Paradeplatz, Lindenstr., Linsingenstr.

Omnibuslinien über Land schließen sich an die Straßenbahnlinien an:

Linie F: Rennbahn (Endpunkt der Linie 1) — Falkenwalde. — Linie H: Flughafenstraße (Endpunkt der Linie 1) — Altdamm—Hökendorf. — Linie R: Flughafenstraße (Endpunkt der Linie 1) — Altdamm—Rosengarten. — Linie N: Wendorf (Endpunkt der Linie 2) — Möhringen—Neuenkirchen. — Linie U: Berliner Tor (Verkehrsverein) — Ueckermünde. — Linie P: Gotzlow (Endpunkt der Linie 7) — Stolzenhagen—Pölitz.

Erstmalig 1931: Bäder-Omnibusse mehrmalig in der Woche ab Königstor nach Strandbad Madüsee.

Näheres der Taschenfahrplan der Stettiner Straßen-Eisenbahn-Gesellschaft, Sommer- und Winterfahrplan.

Droschken: Kraftdroschken nach Tarif.

Dampfschiffe:

1. Die Oder aufwärts auf West- und Ostoder bis Schwedt. Siehe Fahrpläne! — 2. Die Oder abwärts nach: Gotzlow und Kratzwieck, von der Baumbrücke, stündlich. — Bergland, Lübzin, von der Fischerstr. — Pölitz, von der Mittwochstr. — Ziegenort, Warp, Ueckermünde, Wollin, Heidebrink, Cammin, Dievenow, Misdroy (Laatziger Ablage), von der Hakenterrasse. — Stepenitz und Köpitz, Hakenterrasse u. Mittwochstraße. — 3. Ostseebäderverkehr: Swinemünde, Heringsdorf, Zinnowitz, Sellin, Binz, Saßnitz, von der Hakenterrasse. — 4. Finnland, Rußland, Randstaaten, Skandinavien: Dunzigkai oder Freibezirk. — 5. Hafenrundfahrten: Täglich ab Baumbrücke. — 6. Waldowshof: ab Baumbrücke. — 7. Badeanstalt am Dammschen See: ab Eisenbahnbrücke.

Auto-Omnibus-Rundfahrten durch Stettin:

1. Fahrt 10.45 Uhr ab Hauptbahnhof; 2. Fahrt 16 Uhr ab Verkehrsbüro Am Berliner Tor 5. Auskunft: Durch den Stettiner Verkehrsverein GmbH., Berliner Tor 5. — Man beachte auch das „Amtliche Nachrichtenblatt" des Stettiner Verkehrsvereins mit allen für den Fremden bemerkenswerten Angaben.

Reisebüros: Verkehrsbüro des Stettiner Verkehrsvereins GmbH., Berliner Tor 5. — Lloyd-Reisebüro und Hapag-Reisebüro (MER), Paradeplatz 27b und Breite Str. 68. — Dazu Hauptbahnhof-Schalterhalle, Zweigstelle des Stettiner Verkehrsvereins, werktäglich von 9—12 und 14—19 Uhr.

Flugverkehr: Berlin—Stettin—Swinemünde—Sellin—Stralsund—Hiddensee. Berlin—Stettin—Danzig—Königsberg. Stettin—Frankfurt a. O.—Guben—Dresden—Zwickau. Stettin—Kopenhagen—Oslo. (Aenderungen der Jahreszeit entsprechend.)

Unterkunft: Hotels (alphabetisch): Auguste-Viktoria-Haus (christl. Hospiz), Grüne Schanze 6; 35 B. — Hotel Astoria, Grüne Schanze 3; 50 B. — Hotel Bellevue, Lindenstr. 1; 90 B. — Hotel Berliner Hof, Grüne Schanze 17; 36 B. — Hotel Deutsches Haus, Breite Str. 58; 50 B. — Evangel. Vereinshaus, Hospiz, Elisabethstr 53; 75 B. — Hotel Gust, Grüne Schanze 15; 63 B. — Gutkes Hotel, Grüne Schanze 4; 35 B. — Hotel Metropole, Heiligegeiststr. 7; 120 B. — Hotel Preußenhof, Luisenstr. 10/12; 200 B., das erste am Platze. — Hotel Sack, Rosengarten 74/75; 30 B. — Hotel Stettiner Hof, Grüne Schanze 11a; 25 B. — Hotel Timm, Zwei goldene Anker, Bollwerk 9; 15 B. — Hospiz an der Hakenterrasse.

Jugendherbergen: Schillerstr. 15, in der 26. Gem.-Schule, Hauswart Abraham. — Fichtestr. 3, Jugendheim, Frau Viergutz. — Obermühle, Städt. Landheim, Hausm. Lina Möller. — Klappmühle, Städt. Landheim, Hausw. Otto Goetz. — Bootshaus Marinejugend, 1. 4.—1. 10., Wanderruderer, Hausv. E. Franz, Oberwiek. — Nur männliche Wanderruderer: Bootshaus des Ruderklubs Triton, Bleichholm, Hausvater Klattkowski. — Naturwarte Mönne, Hausm. E. Robien (Nahrungsmittel mitbringen!).

Gaststätten (außerhalb der Hotels) sind reichlich vorhanden.

Theater, Kleinkunst, Lichtspielbühnen: Stadttheater, Königsplatz 13. — Bellevue-Theater (Lichtspiele), Linsingenstr. 51—53. — Centralhallen-Varieté, Bismarckstr. 15. — Trocadero, Kleinkunstbühne, Luisenstr. 21. — Stettiner Urania, Lichtspiele, Behr-Negendank-Str. — Ufa-Palast, Paradeplatz 60. — Palast-Lichtspiele, Paradeplatz 38. — Neues Lichtspielhaus, Königsplatz. — Scala-Lichtspiele, Falkenwalder Str. 19.

Sehenswürdigkeiten:

Museum der Stadt Stettin, Hakenterrasse. Naturkundliche Sammlungen, Schiffs- und Hafenmodelle, Skulpturensammlung, Kunstgewerbe alter und neuer Zeit, Gemäldesammlung aus dem 19. und 20. Jahrhundert. Graphische Sammlung und Kunstbücherei. — Provinzialmuseum Pommerscher Altertümer, Luisenstr. 27/28, Ecke Königsplatz. Schauabteilungen: 1. Urgeschichte (Räume 1—10) — 2. Volkskunde (Räume 11—17) — 3. Landesgeschichte und Stadtkultur (Räume 18—24) — 4. Kirchliche Kunst (Räume 25—30). — Landeskundliches Bildarchiv und Handbücherei.

Städtische Büchereien: Grüne Schanze 8. Lesesaal, Ausleihstelle der Stadt- und der Volksbücherei und Musikalienbücherei. Dazu Zweigstellen in verschiedenen Stadtteilen.

Jakobikirche, Papenstraße. Meldung beim Kirchendiener Jordan, Jakobikirchhof 2.

Schloß und Schloßkirche, Gr. Ritterstr., hinterm Stadttheater.

Peter-Paul-Kirche, nahe dem Stadttheater. Meldung bei Küster, Klosterhof 33/34. — Täglich bis zur Dunkelheit offen.

Stadttheater.

Börse, Frauenstraße 30. Dienststunden 8—13, 15—18.

Haupt-Friedhof (Pasewalker Chausse). Straßenbahnlinie 2, vom Berliner Tor.

Freibezirk (Haltestelle Straßenbahnlinie 1). Besichtigung im Sommer durch Autorundfahrten oder Hafenrundfahrten.

Reiherwerderhafen (Massengut-Umschlaghafen). 7 Verladebrücken mit 5—15 Tonnen Tragfähigkeit für Kohle und Stückerz, Kohlenkipper. Straßenbahnlinie 1.

Land- und Wasserflughafen (an der Altdammer Chaussee). Straßenbahnlinie 1. Sehenswerte Anlagen für den neuzeitlichen Land- und Wasserflugverkehr. Restaurant.

Turmbesichtigungen. Jakobikirchturm: durch den Küster Kaselow, Papenstr. 4/5, jederzeit. — Museumsturm: während der Oeffnungszeit 50 Pf., sonst 1 Mark. Meldung beim Hausmeister. — Quistorpturm (im Eckerberger Wald): von 8 Uhr an, 10 Pf. — Bismarckturm bei Gotzlow: jederzeit, 10 Pf.

Haus Tilebein, Züllchow bei Stettin, mit herrlicher Aussicht über den Dammschen See. Stätte schöner, alter Kultur. Eintrittsgeld 50 Pf. Mit der Linie 7 ab Königstor, 25 Min. Fahrt.

Brunnen und Denkmäler:

Die Wasserkunst (barocker Springbrunnen) auf dem Roßmarkt. — Manzelbrunnen (Grüne Schanze). — Berliner Tor mit Felderhofbrunnen (Paradeplatz). — Königstor, daneben

Denkmal Friedrich Wilhelms III. — Großer Kurfürst (Schloßhof). — Friedrich II., von Johann Gottfried Schadow (am Königsplatz); das Original im Hause Luisenstr. 27/28. — Wilhelm I. (am Paradeplatz). — Friedrich III. (Schlutowstr.). — Karl Loewe (vor der Jakobikirche).

Werkschule für gestaltende Arbeit, Ecke Schallehn- und Scharnhorststr. 26. Oeffentliche Ausbildungsstätte für Kunst, Handwerk, Industrie in Pommern. Besichtigung nachm. nach telephonischer Anmeldung.

Banken:

Reichsbankhauptstelle, Behr-Negendank-Str. — Bank für Handel und Grundbesitz eGmbH., Kaiser-Wilhelm-Str. 2. — Beamtenbank zu Kiel eGmbH., Geschäftsstelle Stettin, Schulzenstr. 20/21. — Deutsche Bank und Disconto-Bank, Filiale Stettin, Roßmarkt. — Landschaftliche Bank der Provinz Pommern, Stettie, Paradeplatz 40. — Commerz- und Privatbank, Breite Str. 34. — Schlutow Wm., Kl. Domstr. 2. — Städtische Sparkasse (Girokasse), Magazinstr. — Provinzialbank Pommern (Girozentrale), Luisenstr. 13. — Pom. Landesgenossenschaftskasse, Kaiser-Wilhelm-Str. 1. — Deutsche Raiffeisenbank, Schützengartenstr. 3.

Bäder:

Stettiner Volksbad AG., Roßmarktstr. 14/15. — Prießnitzbad, Schillerstr. 13. — Königstorbad, Pölitzer Str. 2. — Kaiserbad, Platz der Republik 4. — Glambecksee-Badeanstalt. — Oderschwimmbad, städt. Gasanstaltskanal. — Parnitzschwimmbad, städt. — Schwimm- und Luftbad Grüne Wiese, Hindenburgstr. — Badeanstalt und Luftbad Martinsee. — Badeanstalt am Dammschen See.

Post und Telegraph:

Hauptpost, Grüne Schanze, außerdem für den Reisenden wichtig: Postamt 2, Gr. Lastadie 61. — Postamt 3, Bollwerk 4/5. — Postamt 4, Paradeplatz, Eingang Greifenstr. — Postamt 5, Personenbahnhof. — Postscheckamt, Kohlmarkt.

Bemerkung: Mancherlei Angaben, die hier fehlen, finden sich im Text.

I. Stadtrundgänge.

Zu empfehlen: Stadt-Rundfahrt durch Stettin; 10.45 Uhr ab Hauptbahnhof oder 16.00 Uhr (ab 15. 5. bis 30. 9.) ab Verkehrshaus Berliner Tor. — Siehe auch vom Verkehrsverein herausgegebene kleine Schriften (erhältlich im Verkehrsvereinshaus)!

a) Rundgang: Altstadt und Hakenterrasse.

Beginn und Ende Berliner Tor, Nähe der meisten Hotels. Mit Rast ½ Tag. — **Berliner Tor,** 1725—1740 von Wallrawe erbaut, später freigelegtes Walltor, nach der Altstadtseite mit dem Einbau des **Felderhofbrunnens** verschandelt. Rückseite mit Inschrift, die Gewinnung Altvorpommerns 1720 betreffend. Gegenüber und jenseits der sich anschließenden Anlagen das Haus des Verkehrsvereins. In gleicher Richtung der Platz der Republik mit zwei neuzeitlichen Kirchen, der Bugenhagenkirche und der Garnisonkirche.

Bugenhagenkirche, das 20. von Baurat Jürgen Kröger, Berlin, erbaute Gotteshaus (1906—1909). Zentralbau für 1500 Personen. Beleuchtungsanlagen an den Schlußsteinen des 19 m hohen Gewölbes. Altar aus Kalkstein mit 3½ m hohem Altarbild (Segnender Christus), von monumentaler Wirkung. Sehenswert die modernen farbigen Kirchenfenster, Oramentgläser, Opalgläser und prismatisch gepreßte Gläser. Die Kanzel aus weißem Kalkstein. Beachtenswert als Werke heimischen Kunsthandwerks sind Altarleuchter und Beschläge der Türen. Besichtigung des 65½ m hohen Turmes: Meldung im Kirchenbüro, Saunierstr. 1.

Die Garnisonkirche, 1913—1915 von Stadtbaurat Stahl (im Kriege gefallen) erbaut. Modern im Material und seiner Verwendung, mit Anklängen an die märkische Dorfkirche. Im Kriege genagelte Türen und Relief überm Hauptportal. Auf dem alten **Militärfriedhof** zu Füßen außer andern Grabstätten das Grab Feldmarschalls Graf Wrangel.

Zurück vor das Berliner Tor! Zur Seite rechts Promenade und Ufapalast (Kino und Gaststätten). Geradlinige Fortsetzung die Lindenstraße mit Mittelpromenade, der Mittelpunkt der 1845 entstandenen Neustadt (Kasernen, Gerichtsgebäude). Wir folgen ihr bis zum Viktoriaplatz (links) mit Springbrunnen und dem Neuen Rathaus.

Das neue Rathaus, Backsteinbau (1875—1878) von Kruhl. Um der Lage willen imponierend, sonst ein Kind seiner Zeit. Vorderseite nach der Grünen Schanze mit Freitreppe. Hier Eingang zum Ratskeller mit Wappen, der Stadt vom Schwedenkönig Karl XII. als Belohnung für die tapfere Verteidigung gegen den Großen Kurfürsten verliehen. Ausblick von den Rampen der Freitreppe auf Rathausplatz mit Manzelbrunnen, auf das Hauptpostamt, die Oder mit der Eisenbahnbrücke, den Markt und die ihn umgebenden hochgelegenen Häuser.

Auf dem Viktoriaplatz stehend: nach rechts durch die Karlstraße zur Grünen Schanze, im Bereiche einer Schanze der Schwedenzeit. Hier, schräg gegenüber, die **Synagoge** (1875 von Kruhl), im Innern reich an Marmor und Gold. Weiter rechts die **Stadtbücherei** (Hauptstelle), Volkshochschule usw., ehemals Stadtgymnasium. In der Magazinstraße das **Städtische Verwaltungsgebäude,** ein paar Schritte weiter, Richtung Manzelbrunnen, durch eine Gasse sichtbar. Stattlicher Renaissancebau mit 68 m hohem Turm. Eigenwilligkeit der Form und Einpassung in die Umgebung sind zu loben. Dann zum **Manzelbrunnen,** 1898 von Prof. Ludwig Manzel geschaffen. Symbolische Darstellung der Stadt Stettin. Auf dem Vorderteil des Schiffes eine hohe Figur mit Segel und Anker! Auf weitragendem Bug eine Hermesgestalt. Eine kräftige Mannesfigur schiebt das Schiff vorwärts. Dazu allerlei Wesen und Wassergetier, und das Ganze wie im einzelnen formenschön. Lassen wir vom Manzelbrunnen aus den Blick nach rechts weiter schweifen, folgt, über Eck gestellt zu der im ganzen unglücklichen Platzbildung eine in der Form gute ehemalige Kaserne aus der friderizianischen Zeit, Ecke Heiligegeiststraße. Dann das Hauptpost- und Telegraphenamt, vielfach erweitert und wie viele der Gebäude an der Oder auf Pfahlrosten errichtet. Wir biegen in die Heiligegeiststraße ein. Hier die ihrer Wiederherstellung harrende **Johanniskirche,** einst Klosterkirche der Franziskaner, im 14. Jahrhundert vollendet. Bemerkenswert der prächtige Westgiebel und der Steinfries um den hohen Chor (1325). Im Innern vortreffliche Raumwirkung. Klostergebäude 1862 abgerissen. Rechts um die Johanniskirche herum und zum Bollwerk bzw. zur Oder. Links **Hansabrücke,** früher Lange Brücke, 1903 erbaut. Länge 104,65 m. Elektrisch betriebene Klappen öffnen sich in 25 Sekunden. — Von der Brücke lohnender Ausblick auf den Strom; aufwärts rechts „Kahnbollwerk", Johanniskirche, Hauptpost, Eisenbahnbrücke; links

„Grüner Graben" zur Parnitz und Sellhausbollwerk mit Heringslagerung. Geradeaus **Große Lastadie.** (Ortsübliche Aussprache La-sta-die, dreisilbig.) Schon im Mittelalter entstand der Stadtteil Lastadie als Ladestätte für den Ballast der Segelschiffe. Links, am Anfang der Straße, das **Hauptzollamt,** Frührenaissance, mit dem alten Packhof. Flußabwärts überblicken wir im Anschluß an das Hauptzollamt eine Reihe **alter Speicherbauten,** teils gotisch, teils Renaissance (Speicherstrase 20, 21, 26, 28, 29). Im Hintergrunde Baumbrücke.

Wir folgen der linken Strom- bzw. Bollwerkseite. Links enge Straßen der frühen deutschen Kaufmanns- und vorher wendischen Fischersiedlung (siehe Abschnitt über die Geschichte Stettins!). Rechts am Strom der am Vormittag lebhafte **Fischmarkt.** In dem Stadtviertel links stecken die wenigen Reste mittelalterlicher Befestigungen.

Ein Stück Stadtmauer, von der Straße nicht sichtbar, befindet sich hinter den Häusern der Heiligengeiststraße (Nr. 6). Ein Turmrest, eingebaut im Hause Klosterhof 2. Dazu hat die Unterstadt mehr des Interessanten, als man annimmt. Die Zeit von der zweiten Hälfte des 17. bis in die erste Hälfte des 19. Jahrhunderts ist mit manchem stattlichen Bau vertreten, und ein Blick in die Höfe zeigt überdies häufig die mittelalterlichen Kerne nachmittelalterlicher Umbauten. Wir bringen im folgenden Angaben für den, der außerhalb des von uns gewählten „Rundganges" seine eigenen Wege gehen möchte. Die dem Schloß zugekehrten Höfe der Frauenstraße geben Gelegenheit, einen Blick auf den Schloßhügel zu tun. Im übrigen beachte man die Häuser Nr. 25, 33, 22 (älterer Kern mit Giebel), 19 (Barock, ebenfalls älterer Kern) und 18. — In der Baumstraße durch den Hausflur zum Hof von Nr. 29 mit dem „Siebenmantelturm". — Am Krautmarkt breit gelagerte Baugruppe (Nr. 1) von 1708. — Hünerbeinstraße 7, malerische Ecklösung, Lastenaufzug, 18. Jahrhundert. — Große Oderstraße 11 und 12; 10, 9 und 8 Barocktüren; 3 mit stattlichem Portal. — Schuhstraße 11 (Diele und Treppe); 23 (Barocktür); 8 (Empire); 4 (Alte Münze), siehe Hofseite; 27—29 (schöne, unter Denkmalschutz stehende Baugruppe, darunter ehemalige Hofapotheke von 1724). — Fuhrstraße 27 (Barock); 23 (Barock); 12 (von 1786) und 9 (Barock mit Türklopfer). Dann die malerischen Renaissance-Eckhäuser vor dem Schloß. — Roßmarktstraße 7 (Haustür) und 6. — Heumarkt 4 (von 1677). — Bollwerk 9, Hotel Timm (Stettins ältestes Gasthaus); dazu hüben und drüben der Oder mehrere alte Speicher. — Rosengarten 19 (jetzt Hilfsschule); dazu 25/26 (Ende des 18. Jahrhunderts). — Am Stadttheater die Marienstiftshäuser (18. Jahrhundert) mit malerischen Höfen und dem Rest eines Kreuzganges.

Dem Bollwerk folgend (einige alte Speicher und die einen Schritt breite Hackstraße) zur **Baumbrücke.** 1907—1909, 121 m lang. Sonst wie Hansabrücke. Hier einst der Unterbaum, mit dem nachts der Fluß des Zolles wegen gesperrt wurde. — Rechts der zum Dammschen See führende Dunzig mit Bollwerk für die Dampfer nach Finnland usw. Auf dem Bleichholm, der Insel zwischen Oder und Dunzig, Häuser der Ruderklubs. Gegenüber die mit ihren grünen Böschungen in Deutschland einzigartige Hakenterrasse.

Hakenterrasse: erbaut an Stelle ehemaliger Festungswerke (Fort Leopold), nach Entwürfen des Stadtbaurats Meyer, benannt nach dem einstigen Oberbürgermeister von Stettin, Geh. Regierungsrat Haken. 500 m breit und 19 m hoch, mit Rampen, Treppen, Mittelrondell, Beleuchtungstürmen und großen Pavillons aus Sandstein. Die Mitte nimmt das Städtische Museum ein. Davor ein Kentaurenkampf von L. Manzel (1914). Schöne Ausblicke von allen Teilen der Terrasse zu allen Tages- und Jahreszeiten: Teile des Hafens, das Vorland des Dammschen Sees, jenseitige Wiesen- und Waldufer mit dem Kirchturm von Gollnow, der Stadt Altdamm und der Buchheide.

Das Städtische Museum, nach Entwürfen des Stadtbaurats Meyer von 1908—1913 (erst zur Hälfte) ausgeführt. Den Mittelteil des 3000 qm überbauenden Gesamtraumes nimmt ein 54 m hoher Kuppelbau ein, von Seitenbauten mit Oberlichtdächern und Eckaufbauten flankiert. Dem Mittelanbau ist ein Vorbau mit hoher, rundbogiger Fensterfläche und diesem eine Vorhalle mit figürlichem Schmuck und Inschrift vorgelegt. Sie lautet: „Dies Haus stifteten Stettiner Bürger den Wissenschaften und schönen Künsten". Imponierend sind Treppenhaus und 16 m hohe Kuppelhalle. Das Innere birgt eine naturkundliche Sammlung, begründet und gestiftet von der Familie Dohrn mit einer berühmten Insektensammlung. In der Kunstsammlung eine von Heinrich Dohrn begründete Kopiensammlung griechischer und römischer Plastiken in echtem Material. Dazu Sammlung von Kleinkunst in Originalen. Kunstgewerbesammlung in Vorbereitung. Beachtlich die Gemäldesammlung, mit Franz Hals beginnend und die pommersche Kunst gebührend berücksichtigend. Dazu graphisches Kabinett und Studiensaal mit Kunstbücherei. Die völkerkundliche Sammlung, zum großen Teil von dem Stettiner Forscher Dr. Buschan zusammengebracht. Einzig in seiner Art eine Sammlung von Schiffsmodellen des nicht mehr vorhandenen Stettiner Vulcans, einst Deutschlands berühmtester Schiffswerft. — Besuchszeiten auch im Verkehrsverein zu erfahren.

An das Museum schließt sich das **„Regierungsgebäude"** in niederdeutscher Renaissance, aus Backsteinen und Sandsteinwerkstücken. Im höchsten Maße monumental. Mit seinen zwei Türmen verlegt es das Schwergewicht bei einem Blick auf die Terrasse auf die Seite des Regierungsgebäudes. Im Nordflügel die Büros der Schiffahrtsbehörden.

Auf das Museumsgebäude folgt nach Süden zu das ebenfalls im Renaissancestil erbaute Gebäude des Landesfinanzamtes. Leider fehlt der beabsichtigte Turm. Den Abschluß gibt die Provinzial-Versicherungsanstalt.

Zur Augustastraße hinab mit Elisabethschule und Seemannsheim, beides guten Gebäuden, und abermals hinab zur Frauenstraße. Breite Verkehrsstraße der Unterstadt. Links durch Fischerstraße auf den Krautmarkt mit zwei stattlichen Barockgiebelhäusern aus dem Anfang des 18. Jahrhunderts. Zurück durch die ansteigende Mittwochstraße zur Frauenstraße. Dabei Blick in die Pelzerstraße und auf Teile des Schlosses. Rechts vor dem Schloß ein Teil der alten Mauer.

Das Schloß, von den Greifen erbaut, wirkt nach häufigen Umbauten nur mehr durch die Masse. Mittelalterliche Teile verbergen sich an wenigen Stellen. Durch einen mit Trophäenpfeilern des 18. Jahrhunderts geschmückten Eingang in den Großen Schloßhof. Rechts der Südflügel mit dem dem Portal zugekehrten Fangerturm. Geschosse gewölbt. Die drei ersten von 1505 (Bogislaw X.) zeigen außen Reste obersächsischen spätgotischen Maßwerks; die Obergeschosse von 1577. Nach dem Hof zu Uhrturm. Jetzige Gestalt aus der Zeit Friedrich Wilhelms I. Die Uhr, einst das Wahrzeichen Stettins, ist mittelalterlich. Jahreszahlen weisen auf Renovierungen hin. Zwei Zifferblätter. Gesicht mit beweglichen Teilen. Darüber schlägt ein Narr scheinbar eine Glocke. — Der Südflügel wurde 1874 fast völlig neu aufgeführt, wobei eine für Pommern einzigartige, wundervolle Balkendecke auf Betreiben des damaligen Kronprinzen in ein vorher nicht geplantes viertes Stockwerk „gerettet" ward. — Am Ostflügel des Schlosses erhielt sich die 1577 dem Schlosse aufgesetzte Attika und die gekoppelte Anlage der Fenster. In der Mitte das neunfeldige pommersche Wappen (1538). — Der Nordflügel hat das vierte Geschoß später erhalten. Daher ohne Attika. Links ist die Schloßkirche eingebaut. In der Mitte Treppenanlage. Räume im Erdgeschoß dienten gottesdienstlichen Zwecken der herzoglichen Familie oder waren Festräume. Darüber die ehemals kaiserlichen Räume. Von der älteren Ausstattung ist nur ein Kamin aus der Zeit Bogislaws XIV. erhalten.

Einen Teil des Nordflügels bildet die **Schloßkirche** mit im Westen vorgelagertem massigem Turm. Kirche, 1346 von Barnim III. zu Ehren Ottos von Bamberg gestiftet. Jetziger Bau aus der Zeit des Schloßumbaus durch Joh. Friedrich 1577. Außenwände glatt; Strebepfeiler der einschiffigen Kirche ragen 2 m ins Innere; zwischen ihnen flachbogig überwölbte Emporen. (Stichkappentonne.) 1909 neu ausgemalt. Neben der Kanzel Epitaph Bogislaw X., gest. 1523. Porträts pommerscher Herzöge. Altaraufsatz mit Malereien des Florentiners Joh. Baptiste Perino. Abendmahlskelche aus der Herzogszeit. Heldenkapelle mit Ehrenmal im Eingang der Kirche (1925). Unter der Kirche Herzogsgruft.

Im Großen Schloßhof Bronzebüste des Großen Kurfürsten, der vergeblich um den dauernden Besitz Stettins kämpfte. Mittelflügel zwischen dem Großen Schloßhof und dem Münzhof dreigeschossig und mit der ursprünglichen Attika aus dem Jahre 1577, ziemlich unverändert. Sonnenuhr. Im Münzhof Schädelknochen und Rippen eines 1620 an der Küste Usedoms gestrandeten Wales. Dazu Glockenklöppel. — An der Wand des Turmes Bildnis Ottos von Bamberg.

Westflügel des Münzhofes mit Sandsteinrelief, das die Erbauer dieses Teiles des Schlosses, Philipp II. und seinen Bruder und Nachfolger, nennt. Neben der Inschrift Schmuckwerk, wilde Männer, Wappen usw.

Heute sind im Schloß Oberpräsidium und andere Behörden untergebracht.

Neben der Schloßkirche, das Schloß verlassend, kommen wir an den Anfang der Großen Ritterstraße. Rechts Blick in den abschüssigen Schloßgarten. Links hinein in die **Kleine Ritterstraße** mit der einförmigen Schloßfront und nach einigen Schritten zur **herzoglichen Reitbahn** (rechts). Untergeschoß massiver Putzbau; im Obergeschoß Fachwerk. Unverändert seit der Erbauung 1626. Der der Straße zugewendete Giebel mit Windehalserker und Sandsteinportal (Renaissance) mit figürlichem Schmuck und Inschrift.

Der Kl. Ritterstraße folgend, zur Pelzerstraße und rechts in die Fuhrstraße. (Über ihre alten Bauten siehe auch vorher, desgleichen über die der Schuhstraße, der wir nach links abwärts zum **Heumarkt** folgen.) Hier links der in strengen Formen gehaltene Bau der Börse (1833—1836). Im Innern wertvolle Ölbilder zur Stadtgeschichte. Schräg gegenüber, Heumarkt 4, das **Monin'sche Haus** (1677) mit Barock-Sandsteingiebel. Heumarkt und **Neuen Markt** (einst die Stätte der Nikolaikirche) trennend, das jetzt abgeputzte **alte Rathaus.** Um 1245 als sogenanntes „Kaufhaus" erbaut, um 1400 als Rathaus aus buntglasierten Ziegeln und mit prächtigen gotischen Giebeln umgebaut. (Rest davon das gotische Fenster im Nordgiebel.) Ehemaliger Ratskeller mit guten Gewölben. — Schräg gegenüber, Frauenstraße 28, Tordurchgang zum Schweizerhof mit (im Hintergrund) **Loitzenhaus.** Das Gebiet zwischen Frauenstraße und Fuhrstraße gehörte im 16. Jahrhundert dem für pommersche Verhältnisse sagenhaft reichen Kaufmannsgeschlechte der Loitze. Von einst vorhandenen Bauten blieb der Palast mit Treppenturm übrig, leider durch Aufbau eines fünften Geschosses verschandelt. Fassade mit Maßwerk (um 1540) wie am Schlosse. Als einer der Kaufmannsherren die ihm gehörigen, hinter dem Patrizierhaus liegenden „Buden" verkaufte, behielt er sich den Durchgang nach der Fuhrstraße vor, und auch dieser (Loitzengang) blieb erhalten, wenn auch der Besucher, nachdem er das Portal und die ausgetretenen Stufen einer gotischen Wendeltreppe passiert hat, an einer Holztür liest: „Geschlossen!" Das Jahr 1572 brachte den viel Unheil stiftenden Konkurs der Loitze. Ihr Stettiner Besitz ging in die Hände der Herzöge und später, im 17. Jahrhundert, in die der Schweizer Familie Dubendorf über, die hier eine Zuckerbäckerei einrichtete. Daher auch der Name „Schweizerhof".

Zurück zum Heumarkt und geradeaus durch die schmale Reifschlägerstraße zur belebten Ecke Schulzenstraße, Breite Straße, die den Hügel umranden, auf dem die **Jakobikirche** steht. Ein Stück die Breite Straße aufwärts und dann rechts in den schmalen Durchgang zum **Jakobikirchhof.** Jakobikirchhof 1, **Prioratshaus** von St. Jakobi, ältestes Privathaus Stettins, 15. Jahrhundert, Backsteinbau in einfachen Formen. Nach links vor das Hauptportal. Dort das **Loewe-Denkmal.** Karl Loewe war berühmter Balladenkomponist und 46 Jahre als Organist an St. Jakobi tätig. Sein Herz ruht beigesetzt im Pfeiler links der Orgel, die er spielte.

Jakobikirche, 1187 durch den aus Bamberg zugewanderten Kaufmann Beringer begründet. Erstes in romanischen Formen angelegtes Gebäude, im 14. Jahrh. durch Hinrich Brunsberg ausgebaut und Mittelturm nach Einsturz des südlichen zweier Türme 1503 durch Hans Böneke errichtet. Bei der Belagerung von 1677 Verlust der Gewölbe, des Turms und der Ausstattung. Alles wurde wiederhergestellt, zuletzt der Turm bis zur Höhe von 119 m, nachdem er am 12. Februar 1894, während des Baues, durch einen Orkan umgestürzt worden war. Das Gotteshaus ist ein Backsteinbau in einfachen gotischen Formen, dessen letzte Renovierung, nach Plänen des Geh. Baurats Hoßfeld und des Baurats Mannsdorf, bis 1902 beendet wurde. Man beachte die neben dem Mittelportal des Turmes angebrachte Bauinschrift! — Ausstattung barock und sehenswert. Ausmalung von Hans Seliger, Berlin, meist nach vorgefundenen alten Motiven. Altaraufbau, 1709 von dem Stettiner Bildhauer Ehrhard Löffler gefertigt, 1727 bis 1734 durch den Maler Eichner vergoldet und bemalt worden. Altarbild, die Kreuzabnahme von Lengerich, 1826 eingefügt. Kanzel (1690), Prachtwerk barocker Holzschnitzkunst. Orgel von dem sächsischen Orgelbauer Mattheus Schurich (1697), später öfter und zuletzt von der Stettiner Orgelbauanstalt Grüneberg erweitert. Unter den Gestühlen Ratsgestühl (1684) und Kaufmannsgestühl am bemerkenswertesten. Die verschiedenen Erbbegräbnisse und Epitaphien teilweise von hohem Kunstwert. Fenstergemälde der Südfenster, von Prof. Linnemann, sind Stiftungen des letzten Kaisers und verschiedener Gemeindemitglieder. Bilder von Geistlichen der Kirche bedecken die Pfeiler des hohen Chores. — Meldung zwecks Besichtigung und Turmbesteigung bei den Kirchendienern, Jakobikirchhof Nr. 1 und 2. — Einen ansprechenden Blick auf die Jakobikirche gewinnt man vom Kohlmarkt, etwa von der Ecke zwischen Gr. Domstraße und Fuhrstraße.

Weiter zum Kohlmarkt und links vom Eingang zur Kl. Domstraße in die Aschgeberstraße und zum **Roßmarkt** mit barockem **Roßmarktbrunnen.** Arbeit in Sandstein, Muscheln, bärtige Masken als Wasserspeier, Adler als Bekrönung. Vom König Friedrich Wilhelm I. errichtet (1735) durch Joh. Friedr. Grael. Gespeist durch eine von dem Schweizer Dubendorf angelegte Wasserleitung, die gleichzeitig der Stadt täglich 500 Liter Wasser lieferte. Von Adolf Menzel gezeichnet. An der Ecke Kleine Wollweberstraße und Luisenstraße ein prächtiges Schmuckstück aus friderizianischer Zeit, jetzt von der Girozentrale benutzt, auch **Wolkenhauersches Haus genannt,** erbaut 1778 für den Kaufmann Velthusen. Daneben Stettins vornehmstes Hotel, der „Preußenhof". — Von hier nach rechts in die Roßmarktstraße und kurz danach nach links in die Kleine Domstraße. Hinter uns bleibt, immer mächtiger emporsteigend, das Dach der Jakobikirche zurück. Nach zwei Minuten der Marienplatz, einst Stätte eines wendischen Burgwalles, später der Marienkirche (1789 abgebrannt) und jetzt des profanierten Baues des einstigen Marienstiftsgymnasiums, 1832 in edlen Schinkelschen Formen entstanden.

Am Ende der Kl. Domstr. der Platz vor dem Königstore. Schräg rechts zum Portal des Stadttheaters. Dabei Blick rechts an den schlichten **Marien-**

stiftshäusern von **1740** entlang und durch die Gr. Ritterstraße auf das Schloß. Das **Stadttheater,** 1849 von der Kaufmannschaft erbaut, öfter erweitert. Davor **Marmorstandbild Friedrich Wilhelms III.,** von Drake. Links die **Peter-Paul-Kirche,** eine Gründung Ottos von Bamberg (1124), außerhalb der Stadtmauer. Ursprünglicher Bau nicht mehr vorhanden; der jetzige einschiffige aus den Jahren 1677—1683. Klappaltar aus dem 16. Jahrhundert. Deckengemälde aus dem Jahre 1703 („Heilige Dreieinigkeit"). Seit dem Jahre 1924 haben innen und außen Erneuerungen stattgefunden. — Zurück und vor das **Königstor,** 1726/28 erbaut von Wallrawe (siehe auch Berliner Tor). Dahinter rechts stattliche Privathäuser und das Konzerthaus. Siehe später!

Wir folgen dem **Königsplatz** mit seinem lauschigen Grün. Auch er stellt wie der Paradeplatz ein Stück der zugeschütteten Wallgräben nach der Schwedenzeit dar. Links, an der Einmündung der Luisenstraße, das ebenfalls von Wallrawe 1725—1727 erbaute Landeshaus, heute **Provinzialmuseum Pommerscher Altertümer.** (Näheres unter „Sehenswürdigkeiten".) Gegenüber, an der anderen Ecke der Luisenstraße, die Kommandantur. Der Luisenstraße gegenüber das **Standbild Friedrichs des Großen** (von Schadow). Der Sockel trägt die schlichte Inschrift: „FRIDERICO II. POMERANIA MDCCXCII." Das Originaldenkmal aus weißem Marmor ist im Treppenhaus des Provinzialmuseums untergebracht. Am Königsplatz steht der besseren Erhaltung wegen seit 1877 ein Bronzeabguß.

Abermals einige Schritte, und wir stehen auf dem sternförmigen Platz, von dem als breite Promenadenstraßen Paradeplatz, Königsplatz und Kaiser-Wilhelm-Straße und außerdem Bismarck- und Moltkestraße ausgehen. Mitten darauf das **Reiterstandbild Kaiser Wilhelms I.,** von Prof. Hilgers, 1894 enthüllt. An den Ecken des Sockels vier gute überlebensgroße Kriegerfiguren verschiedener Waffengattungen. — „Am Denkmal" große Gaststätten, Kinos usw. Letzter Teil unserer Wanderung: „Am Denkmal" — Berliner Tor! Die Häuser links grenzen die Altstadt ein. Rechts Gebäude der pommerschen Generallandschaft und Oberpostdirektion.

Die **Generallandschaft,** Paradeplatz 40, von Landesbaurat Drews 1890 erbaut worden (ital. Renaissance). — Daneben **Oberpostdirektion,** 1905, von Postbaurat Hintze in gotischen Formen geschaffen. Trotz der einst mit Recht gelästerten „Postgotik", dennoch ein Bau, auf den Stettin mit Recht stolz ist.

Gegenüber dem Berliner Tor die verengte und neuerdings mit Kolonnaden versehene Mündung der Breiten Straße.

Schluß des ersten Rundganges.

b) Hafenrundfahrt.

(Siehe Führer, „Ein Tag in Stettin", herausgegeben vom Stettiner Verkehrsverein GmbH., Berliner Tor.) Hafenrundfahrten finden am Vor- und Nachmittag statt und währen — die sog. große Rundfahrt — gegen zwei

Stunden. Abfahrtzeiten teilt der Verkehrsverein mit. Abfahrt Baumbrücke. Links Hakenterrasse (siehe im voraufgegangenen Rundgang!). Lohnende Gesamtansicht, besonders aus dem **Dunzig,** dessen Wasser dem Dammschen See zustreben. Das Hafenbild steigert sich. Zeitweise liegen rechts an den langen Kaimauern und vor den Passagehallen die weißen Schiffe des Finnlanddienstes. Dampfer, Kähne, Schlepper auch zur Linken. Rechts Einfahrt in den **Freihafen** mit Schiffsriesen aus aller Herren Länder. Hier auch der jüngste Kaischuppen Stettins, Europas größtes und modernstes Umschlags- und Lagerhaus, das den Güterinhalt von mehr als viertausend Eisenbahnwaggons in sich aufnehmen kann, auffällig auch mit den drei großen Verladebrücken auf dem Dach. Die Fahrt geht weiter durch den Dunzig in den Dunzig-Parnitz-Kanal, der das Gebiet des **Industriehafens** der Stadt Stettin erschließt, an großen industriellen Anlagen, dem Kraftwerk II usw., vorüber und zum Reiherwerderhafen, dem Massenguthafen. Hier Riesen-Seeschiffskohlenkipper, der in einer Stunde zwanzig Eisenbahnwagen unmittelbar in Seeschiffe zu kippen vermag, und Verladebrücken mit 35 m langen Auslegern über die Kaikante zum Wasser, die einen 10 000 To.-Erzdampfer in 24 Stunden entleeren können. **Der Reiherwerderhafen** ist in Anlage und Einrichtung der modernste und vollkommenste in Europa und 1927 dem Betrieb übergeben.

Dort wendet unser Schiff und kehrt in die Parnitz, den ersten der bei Stettin ostwärts zum Dammschen See strebenden Oderarme, zurück, und die empfehlenswerte „große Rundfahrt“ beginnt. Bald sind wir in der Mönnefahrt und damit im Bereiche des sich immer weiter in den Dammschen See verschiebenden Wiesendeltas, der Stätte der Naturwarte Mönne (rechts zur Fahrtrichtung). Es weitet sich die Sicht und wird zur Natureinsamkeit. Während wir in den Dammschen See einlaufen, ergibt sich folgende Rundschau, von rechts rückwärts anhebend: das Städtchen Altdamm• und die Buchheidehöhen und Wiesenmoor und ferner Nadelwald mit den am See gelegenen Ortschaften Bergland und Lübzin. Nach Norden zu noch ungewisse Uferlinien. Im Westen hinter Wiesen und Bruchwald die von Industrie-Orten begleiteten Oderufer mit ihren malerischen Oderabhängen und endlich links das aus Dächern, Fassaden, Schornsteinen, Masten, Dunst und Unruhe zusammengeballte Stettin. Frische Seeluft, blitzende Wellen, kreischende Möwen, Sonnenlicht und weiße Wolken .... So nähern wir uns dem Nordende des Dammschen Sees mit der Camels-Straße (zur hier viel geteilten Oder) und dem Dorf Camelsberg (jetzt Ihnamünde; siehe dort!), in Wiese und Bruchwald gelegen. Das Schiff wendet und tritt die ¾stündige Rückfahrt an. Es geht durch die schmale Königsfahrt, neben der ein breiter Arm zum Dammschen See streicht, auf dem die Schiffe zu Kompaßregulierungen vor Anker gehen. Die nun folgende Oderfahrt zeigt den Schiffsverkehr des größten Hafens Preußens, die am Strom entstandenen Vororte mit ihren Industrieanlagen und, was trotzdem an landschaftlichen Schönheiten übrigblieb. Man beachte auch die Einrichtungen für den Schiffsverkehr, Baken, Bojen, Leuchtfeuer ... Am Ende der Königsfahrt, rechts, im Wiesengelände vor dem Abhange der Randowhochfläche die umfangreichen Lade-, Fabrikations- und Wohnanlagen des Werks Odermünde der „Feldmühle", Papier- und Zellstoffwerke AG., Stettin, die mit ihren Gesamtwerken die Hälfte des Bedarfs an Zeitungspapier für ganz Deutschland decken. — Verschiedentlich ragen am Fuße der Höhen die Schornsteine von Ziegeleien empor. Dann der Industrie-Ort Stolzenhagen-Kratzwieck mit den Halden und Hochöfen des Eisenwerkes „Krafft" und der Chemischen Produktenfabrik „Union". Während sich links im Wiesengelände Bruchwald eingenistet hat, wird rechts der Hügelhang lebhafter. Ueber den Häusern und Vergnügungsstätten von Gotzlow der gewaltige Bismarckturm, eingeweiht 1921, ein Werk von Prof. Kreis (Turm) und Prof. Hosaeus (Büste), und die blaudunkle Waldhöhe des Julo. Weite Wiesenflächen auf der einen Seite, dazu feldbedeckte Höhen auf der andern und immer wieder Industrieanlagen und Kohlenhöfe auf beiden Seiten folgen. Der nächste Ort mit hochgelegener Kirche, dem Höhenlokal Elisenhöhe, ist Frauendorf. Links die nahe der Försterei Bodenberg, im Gebiete einer prähistorischen Wohnstätte, vorbeiströmende Swante und die künstliche Möllnfahrt als direkter Weg zum Industriehafen.

Rechts mit der Stettiner Portland-Zementfabrik (gegr. 1853) der Vorort Züllchow. Weiter landein die „Stettiner Oelwerke AG." und im Ortsteil auf der Höhe die „Züllchower Anstalten", Anstalten für innere Mission. In Bredow ehedem der „Vulcan", in Grabow die „Oderwerke" (Schiffswerft). Ein Stück weiter links der Oder-Dunzig-Kanal und rechts die Nüscke-Werft. (Mit Bredow begann der Stadtbezirk Stettin.) Im Stadtteil Unterwiek rechts der „Logengarten" und das Kraftwerk I, und ein wenig später landen wir am Fuße der Hakenterrasse.

Ende der Hafenrundfahrt.

c) Zu Fuß und mit der Straßenbahn ins westliche Weichbild Stettins (Hauptfriedhof — Ackermannshöhe — Quistorppark).

Entweder mit Linie 2 vom Berliner Tor zum Haupteingang des Hauptfriedhofes, oder zu Fuß durch die Neustadt.

Straßenbahnfahrt: ab Berliner Tor. Rechts zur Fahrtrichtung Garnisonkirche (siehe beim ersten Rundgang) und links Bugenhagenkirche. Gleich danach in die Hohenzollernstraße (nach den 70er Jahren entstanden und bis an die Grenze des Stadtteiles Torney leitend). Über die an Schulen reiche Barnimstraße (siehe später) und nach links in die Friedenstraße. Zum Beginn links die breit gelagerte Baugewerkschule mit der angrenzenden Maschinenbauschule, deren Besonderheit reicher Majolikaschmuck ist. Die Bahn folgt der mit Promenade versehenen Friedenstraße. Neben neuen Siedlungen und Laubengärten deutet alles darauf hin, daß wir uns einem Friedhof nähern.

Zu Fuß empfehlen wir folgenden Weg: Vom Berliner Tor (siehe erste Rundwanderung!) in die Lindenstraße, Mittelpunkt der in den Jahren nach 1845 entstandenen Neustadt. Raum für sie entstand durch die Verschiebung der Festungswerke weiter nach Süden. Gleich zu Anfang links der **Viktoriaplatz** mit dem schon genannten Rathaus. An der anderen Seite der Lindenstraße das ehemalige Offizierkasino von 1872, heute Finanzamt. Zur Seite durch die Schulstraße zur Elisabethstraße. Ein Blick rechts zeigt die breite Front der Kaiserin-Auguste-Viktoria-Schule (aus der Zeit der Stilnachahmung vor der Jahrhundertwende). Folgen wir nun der Elisabethstraße nach links, liegen einander gegenüber Gefängnis und Landgericht und Friedrich-Wilhelm-Schule, die letztere klassizistisch. Der nächste Baublock zeigt auf der rechten Seite das 1856 von Stadtbaumeister Schönberg erbaute Johannis-Kloster (Stift) mit dem sich anschließenden Salingré-Stift. Sachlich, echt und klar als Bewältigung einer praktischen Aufgabe, nicht romantisch, aber in gewissem Grade schön. Durch die Elisabethstraße zur Friedrichstraße. An der Ecke das Amtsgericht (schwächliche Renaissance) und die alte, zur Monumentalität gesteigerte Artilleriekaserne. Die mit Promenade versehene Friedrichstraße leitet durch das vorkriegszeitliche Kasernenviertel zur Barnimstraße. Die Barnimstraße mit ihrer breiten Promenade bezeichnete die bauliche Grenze Stettins um die Jahrhundertwende (Linie 4). Schräg hinüber zur Schwarzower Straße und durch sie zur Friedenstraße mit der Linie 2. Links zur Bahnüberführung und in zwei Minuten zum Haupteingang des Hauptfriedhofes.

Der Stettiner Hauptfriedhof gehört zu den berühmtesten Anlagen seiner Art in Deutschland. Für einen flüchtigen Rundgang bedarf es ½—1 Stunde. Um den Parkfriedhof in allen Teilen kennen zu lernen, wird man mehrere Stunden nötig haben. 1900 ward mit der Gestaltung des Friedhofes begonnen, 1925 auch ein Krematorium eröffnet. Zu der ersten stattlichen Leichenhalle im romanischen Stil ist in jüngerer Zeit eine zweite in völlig modernen Formen gekommen. In der Hauptsache waren an der Herrichtung des Friedhofes beteiligt: als Architekt Stadtbaurat Meyer und als Gartenkünstler Gartendirektor Hannig. Die Fahrwege des Friedhofes haben eine Länge von 11 km, die Fußwege eine solche von 60 km. Anzuchtgärtnereien und Baumschulen mit Regeneinrichtung sind rund 7 ha groß. Der in aller erdenklicher Weise getriebene Vogelschutz macht sich belohnt in der Vertilgung jeglichen Ungeziefers. Daß der Friedhof mancherlei seltene Pflanzen birgt, ist selbstverständlich. Im allgemeinen hat er den Charakter des deutschen Waldes. Der Besuch des Friedhofes als Volkspark ist außerordentlich rege. Werke bedeutender Künstler bergen seine Grabstätten. Nicht minder wichtig ist die von Friedhofsdirektor Hannig zusammengetragene Sammlung alter pommerscher, handwerklich hergestellter Grabmäler. Näheres in dem im Stettiner Verkehrsverein, Stettin, Berliner Tor 5, erhältlichen Führer, „Stettin, der Hauptfriedhof“, mit Plan. Man begibt sich am besten zum Haupteingang und verläßt den Friedhof durch die Pforte bei Wendorf (mit Haltestelle der Linie Nr. 2).

Wer ab Haltestelle Wendorf zu Fuß auf vielbefahrener Chaussee weiterwandert, trifft in kurzer Zeit links eine neue Siedlung und im Anschluß daran ein Gartenlokal. In der Ferne rechts die Eckerberger Waldhöhen. Die Fortsetzung des Weges (zunächst ohne Wald) führt nach Neuenkirchen. Großes Dorf. Gasthöfe Heymann, Filter und Weßling, je ein Zimmer, also Übernachtungsmöglichkeit. — Von Neuenkirchen über Neu Lienken (Gasthof) nach Grambow. Station der Strecke Stettin—Pasewalk. Bahnhofswirtschaft. Waldungen. Fortsetzung der Wanderung Richtung „Randower Hochfläche", siehe dort!

Anschließend **Straßenbahnfahrt nach Ackermannshöhe.** Vom Hauptfriedhof mit Linie 2 durch die Friedenstr. (siehe vorher!) bis zur Hohenzollernstraße bzw. Barnimstr. Umsteigen in Linie 4, Richtung Arndtplatz. Durch die Barnimstraße mit Schulbauten (links). Zunächst Stadtgymnasium (romanisch) und Schulblock zwischen Pionier- und Turnerstraße (gotisch), von Stadtbaurat Meyer um 1900, trotz Anwendung historischer Stilformen von beachtlicher Wirkung. Ecke Turnerstr. umsteigen in Linie 5, Richtung Ackermannshöhe. Zunächst durch die Turnerstr. bis an den Torneyer Berg (Stadtteil Torney, einst Dorf Neutorney und Gut Alttorney) und dann rechts Friedrich-Ebert-Straße. Hier (rechts) die Wohnkolonie Drewshof mit ihren großen Höfen als verbesserter Form des alten Miethauses. Jetzt links in die Kreckower Str. Rechts das Krankenhaus „Bethanien" mit Diakonissenanstalt, 1869 vom Geh. Kommerzienrat Quistorp begründet, ebenso der sich anschließende Stadtteil Westend mit der Villendoppelzeile der Falkenwalder Str. Dann auf moderner Straßenbrücke über die Vorortbahn Stettin—Gr. Ziegenort. Vorher links Stadtgärtnerei und ehem. Torneyer Friedhof, jetzt Parkanlage. Hinter der Brücke dehnen sich nach W, S und N allmählich zusammenwachsende und sich vergrößernde Wohnkolonien verschiedensten Gepräges, deren Kerne Braunsfelde, Neuwestend und Ackermannshöhe bilden, die beiden ersten vor 1908 entstanden und 1911 eingemeindet. Oberbürgermeister Dr. Ackermann ist es zu danken, daß ab 1908/09 die Stadt Stettin eine Vermehrung ihres Grundbesitzes erfuhr, um damit die Siedlungstätigkeit zu beeinflussen, natürlich nicht nur hier, sondern innerhalb des ganzen Weichbildes der Stadt. Man verlasse hinter der Brücke die Straßenbahn! Links die Provinzial-Taubstummenanstalt, rechts der moderne und in der Ziegeltechnik interessante Bau der Sparkassennebenstelle. (Von der Brücke Blick über noch unbebautes Land, über Teile von Nemitz gegen die Warsower Hochfläche und ihre Abhänge.) Die Kreckower Str. ist hier breite Ausfallstraße. Rechts und links teils neuere, teils ältere Siedlungsbauten. Zu Fuß bis zur Delbrückallee (rechts) und diese durch Ackermannshöhe und Neuwestend bis zur Falkenwalder Str., nahe Bahnhof Westend. Von der Bahnbrücke Ausblick nach N über Nemitz gegen den Eckerberger Wald und nach allen Seiten auf die den Raum allmählich füllenden Siedlungsbauten.

Auf der Falkenwalder Str. nach rechts bis zum Lindenhofer Weg. Hier links Eingang zum **Quistorppark.** Auf der

Höhe überm Westendsee Sonnenbäder und aussichtsreiche Höhenwege. Auf dem höchsten Punkt **Fernsicht**, die den Charakter der lieblichen Hügellandschaft erkennen läßt, in der Stettin gelegen ist. Dem Hauptwege nach SO folgend, erreichen wir die rasengrüne Quistorpaue mit ihrer Umwelt aus neuzeitlichen Landhäusern, dem Häuserblock der modernen **Provinzial-Frauenklinik**, einer **Filialkirche von St. Jakobi** in ebenso neuzeitlichen Formen (1931), an der Werderstraße, der im Entstehen begriffenen Kommandantur und dem der Stadt zugewandten umfangreichen **Prov.-Verwaltungsgebäude von 1927**. Es ist das Werk des Architekten Dr. h. c. Steinmetz, Charlottenburg. Sehenswert das Innere (Treppenhaus), wirkungsvoll die Hofanlage mit ihren Brunnen. An der Stadtseite beginnt die Kaiser-Wilhelm-Straße, die geraden Weges über Kaiser-Wilhelm-Platz und Augustaplatz mit dem Staatsarchiv zum Parade- und Königsplatz zurückführt.

Ende des Rundganges.

d) Hinterm Königstor.

Über das Königstor selber und seine nächste Umgebung siehe vorher! Hinter dem Königstor Rasenflächen und Blumenbeete. Rechts **„Konzerthaus"** mit schönem Garten, Mitte der 80er Jahre von Baurat Schwechten erbaut und 1924 mit Anbau versehen. Es enthält neben Sälen und Vereinsräumen ein Wein-, Bier- und Kaffeelokal. Daran vorbei in die Augustastraße! Anschließend an das Konzerthaus das **Polizeipräsidium**, 1906 als gotischer Backsteinbau unter Verwendung von Sandstein errichtet. Die weithin sichtbare Ecke des Gebäudes durch einen turmartigen Aufbau mit Zinnen betont. Links in die Behr-Negendank-Straße und an der rechten Seite vor die als Reihenhaus gestaltete **„Reichsbank"**. Bläuliche holländische Klinker geben der verhaltene Kraft atmenden Fassade besonderen Reiz. Wieder zur Augustastraße zurück und ihr folgend zur Schlutowstraße. (Vorher rechts einige moderne Geschäftshäuser.)

Dann, links, in der Schlutowstraße und bis zur Keddigstraße reichend, der Monumentalbau des **Marienstiftsgymnasiums**, ein Backsteinbau, der in der Musterung der Wandflächen durch die Ziegelstellung nach Niederdeutschland weist, durch seinen vorspringenden Mittelbau seinen öffentlichen Charakter gegenüber den Reihenhäusern betont. Durch die Keddigstraße zu den Grünanlagen hinter dem Museum auf der Hakenterrasse. Links, erhöht und vor hohen Bäumen, das **Kaiser-Friedrich-Denkmal**, von Manzel 1913 geschaffen. Dahinter als breite Parkstraße die Behr-Negendank-Straße. Links die „Stettiner Urania", eine Muster-Lichtspielbühne. Gegenüber die **Grabower Anlagen** mit dem „Parkhaus", einer gern besuchten Gaststätte, von alten Bäumen umschattet, mit Terrassen und gärtnerischen Anlagen. Die Anlagen setzen sich in der Richtung nach dem Stadtteil Grabow zu weiter fort, einst Friedhof zwischen Stettin und dem Nachbarstädtchen Grabow (1900 eingemeindet). Einige wertvolle Grabmäler, vor allem aus der Empirezeit. Eines derselben trägt die Inschrift: „Karl Siegesmund Böttger, geb. zu Jauer, den

15. Januar 1748, gest. als Syndikus dieser Stadt, am 9. August 1802. Die Anlage dieses Kirchhofes war mit sein Werk, sein Lohn dafür, der Erste darauf begraben zu werden." Zu erwähnen das Grab des Malers Eduard Hildebrandt † 1868, eines Repräsentanten der Berliner Architekturmalerei der 1. Hälfte des vorigen Jahrhunderts. Quer durch den Friedhof zur Behr-Negendank-Straße. In dem Anlagenteil jenseits der Straße, „Am Fort Leopold", das schlichte Denkmal des Oberpräsidenten Dr. Sack, der sich in den schweren Jahren der Franzosenzeit durch seine Fürsorge die „Dankbarkeit und Verehrung von der Kaufmannschaft von Stettin" und Pommerns gewann († 1831). Von hier nach Wahl über die Hakenterrasse weiter oder zum Bollwerk hinunter.

II. Straßenbahn-, Autobus- und Dampferfahrten in die nähere Umgebung Stettins.

a) Die Oder abwärts!

(Über Hafenrundfahrten siehe vorher!) Mit der Linie 7 der Straßenbahn ist Verbindung aus der Altstadt über das Königstor nach Bredow, Frauendorf und Gotzlow. Dort anschließend Autobus über Stolzenhagen-Kratzwieck, Odermünde, Messenthin nach Pölitz. (Auch Bahnverbindung vom Hauptbahnhof oder einem Vorortbahnhof.) Im Sommer stündlich von der Baumbrücke ausgehende Tourdampfer über Frauendorf und Gotzlow nach Kratzwieck. Ueber Dampferverbindung mit Messenthin (des Sonntags) und alltags nach Pölitz erkundet man Näheres im Stettiner Verkehrsverein!

Mit Straßenbahn. Ab Königstor, an den Grabower Anlagen entlang (rechts), von der Gustav-Adolf-Straße ab durch Grabow (siehe Wanderung 4, „Hinterm Königstor"). Später links: Grabower Güterbahnhof und das niedrige Industriegelände zwischen Grabow und Bredow. Die Straßenbahn umgeht im Bogen das Gebiet des ehemaligen Vulcans und überschreitet es auf der „Stahlbrücke", um dann, abwärts steigend, das „Industriedorf" Züllchow zu erreichen. Hier „Züllchower Anstalten" (Erziehungsanstalten, Gärtnereien, Kunstverlag), Züllchower Dampf- und Oelmühle. Besuchenswert das nahe der Kirche gelegene **Haus Tilebein,** einst das Sommerhaus der Geheimrätin Tilebein vom Jahre 1820, in vornehm klassizistischen Formen erbaut und mit einer Ausstattung in Empire und Biedermeier, damals Pflegestätte feinsinniger Kunst (Karl Loewe), heute Damenstift; Eintritt 50 Pf. Meldung beim Hauswart. Es folgt hinter dem Straßenbahndepot (links) Frauendorf. Der alte Teil des Dorfes mit Kirche liegt auf der Höhe. Hier im Bereiche einstiger Weinberge das aussichtsreiche Gartenlokal **„Elisenhöhe".** Blick auf den Strom mit der „Ostseewerft", auf die Swante, weite Wiesen, Bruchwald und den Dammschen See.

Hinter dem Lokal „Elisenhöhe" den Fußsteig empor und zur Fußgängerbrücke über den tiefen Einschnitt der Vorortbahn mit der Haltestelle Frauendorf. Hinüber und abermals empor und zwischen Feld und Gärten hinab zur Chaussee. An der Chaussee links hinter der Heilanstalt „Bergquell" tief ins Hochland einschneidende Quellschluchten. Dann, die Chaussee nach rechts schreitend, Ober-Frauendorf mit der 70 m über der Oder liegenden Kirche und dem Kreiskrankenhaus. Die Dorfstraße führt steil abwärts nach Unter-Frauendorf und zur Straßenbahn. Wer der Chausee auf der Höhe folgt, erreicht auf teilweise aussichtsreichem Wege den höchsten Teil des Julowaldes bei Gotzlow. Ein nicht minder schöner Feldweg geht nahe dem Krankenhaus (Frauendorf) nach links ab und endet in Gotzlow.

Von Frauendorf mit Straßenbahn weiter nach Gotzlow, teilweise durch Mietskasernen entstellt, sonst reizvoll zwischen Strom, Bergabhängen und Wald gelegen. Am Wasser Lokal mit Anlegestelle der Tourdampfer und Blick auf den lebhaften Schiffsverkehr. Im Hintergrunde über von Schluchten und Kuppen gegliederten Hängen die **Julo-Waldung** (viele Weißbuchen). Bei der Bahnüberführung rechts Aufstieg zum Lokal „Weinberg" mit Aussicht. Dahinter aufwärts zum **„Bismarckturm"** (Näheres „Hafenrundfahrt"). Aussicht ist äußerst lohnend. Zum Julo mit seinen Lokalen führt die Straße unter der Bahnüberführung, oder wir folgen hinter dem Bismarckturm einem Weg am Waldrand bis zu einem in den Wald leitenden Weg.

Weiterfahrt ab Gotzlow mit Autobus. Es folgt der Industrieort Kratzwieck mit der Chemischen Produktenfabrik „Union" und dem Eisenwerk „Krafft". Ziegeleien sind häufig und verarbeiten den Septarienton der Abhänge der Warsower Hochfläche. Dann „Odermünde" mit seiner gewaltigen Papierfabrik (siehe Hafenrundfahrt). Auf der Höhe Scholwin und bald darauf der **Messenthiner Wald** mit Messenthin. Gleich zu Anfang, bzw. rechts von der Chausee nach Neuendorf, die Waldhalle. Schöner Mischwald, Stettiner Besitz. Links der Chaussee, nahe dem Bach, der Weg zum Lokal „Mückenmühle", in prächtigem Waldtale gelegen (35 Min.).

Stettin—Messenthin zu Fuß: Mit Linie 3 zum Eckerberger Wald und weiter nach Siebenbachmühlen, bzw. zur Mutgebermühle. Hier zwischen Haus und Teich zur anderen Talseite. Wegtafel „Zur Herzogseiche"! Nach 30 Min. der „Teufelsstein". Geradeaus über zwei Bachläufe, der letzte der Hägebach. Jenseits nach rechts auf die Landstraße Vogelsang—Neuendorf und durch Neuendorf auf die Chaussee nach Messenthin. (Es gibt außer den Radfahrwegen zahlreiche andere schöne Wege nach Messenthin).

Dorf **Messenthin,** Ausflugsort und Sommerfrische am Rande der Messenthiner Forst. Alte Fachwerkkirche mit knorrigen Rüstern; dazu einzelne prächtige Eichen an der Straße nach Pölitz.

Stadt Pölitz, 5000 Einwohner, mit Resten einst blühenden Hopfenbaues, früher Mediatstadt Stettins. Auf dem Markt als Rest der 1895 abgerissenen Marienkirche einst der Südwand angelehnte, mit künstlichem Abschluß versehene Kapelle in gotischen Formen, Strandbad mit Sandstrand am breiten Damansch, der Vereinigung von Oder und Abfluß des Dammschen Sees.

Unterkunftsverhältnisse: Bahnhofshotel, Hindenburgstraße 4, Carmesins Hotel, am Markt.

Ausflüge: a) mit Dampffähre über den Damansch nach Langenberg und ins Wiesen- und Bruchwaldgebiet der Ostseite des Odermündungsgebietes. — b) Nach Messenthin (siehe vorher!). — c) in die Forstgebiete zwischen Pölitz und Falkenwalde. — d) Mit Bahn über Jasenitz nach Ziegenort und ans Haff (siehe dort!).

Bei Dampferfahrten bis Kratzwieck, bis Pölitz und bis zum Anfang des Damansch wolle man nachlesen unter „Hafenrundfahrt" und im voraufgegangenen Abschnitt.

b) **Mit Linie 3 zum Eckerberger Wald und zu Fuß weiter.**

Ab Berliner Tor, entlang den Paradeplatz, vorbei am Kaiser-Wilhelm-Denkmal. Moltkestraße (Ecke Schillerstraße das Schiller-Realgymnasium), links in der Friedrich-Karl-Straße die Gesenius-Wegener-Anstalten für Mädchen, ein schöner neuzeitlicher Bau. Dann die lange Pölitzer Straße. Anfangs links einige Häuser im Villenstil, dann wieder Mietskasernen. An der (rechts) steil absteigenden Heinrichstraße das katholische Karolusstift mit Krankenhaus und Kirche (Barock). Links Grünhofer Markt und im Hintergrunde der neuzeitliche Bau Werkschule für gestaltende Arbeit. — An der Mühlenstraße (links) Eingang zum **Westendsee** mit Lokal und zum Quistorppark. Ein Stück die Warsower Straße aufwärts und dann in die Nemitzer Straße. Rechts Straßenbahndepot, links der schöne alte **Nemitzer Friedhof** mit Grab und Denkmal des Dichters Robert Prutz, nahe der Kapelle. Darauf links die „Messehallen" und hinter der Bahnüberführung rechts die ausgedehnten Kückenmühler Anstalten für Schwachsinnige mit Zweiganstalt in Warsow und großem Gärtnereibetrieb. Gegründet 1863; 85 Häuser und eine Kirche. Mit dem Lokal „Johannisthal", einem als Gartenhaus 1754 geschaffenen Barockschlößchen (übel verschandelt) beginnt das ehemalige Dorf Nemitz. Rechts später Anhöhen, links Wiesen und dann Rand des Eckerberger Waldes mit Endpunkt der Straßenbahn.

Links über Wiesen zu dem auf einer Erhöhung im Wiesengrund gelegenen und von alten Bäumen beschatteten Gartenlokal „Lindenhof". (An „Lindenhof" anschließend der Park des Arndtstiftes, der Wasserheilanstalt „Eckerberg"). Oder: von der Haltestelle nach rechts die Treppen hoch und geradeaus zum Lokal „Kurhaus Eckerberg" mit prachtvollem Baumbestand. Oder: von der Haltestelle aus geradeaus, an Sportplätzen vorüber. Dann rechts auf der Höhe der **„Quistorpturm"**, in 65 m Meereshöhe, 47 m hoch. Ausblick auf (von links) Bredow, Grabow, Altstadt mit Hakenterrasse, Wasserturm auf dem Kosackenberg bei Pommerensdorf. Dahinter Dammscher See, Buchheide und Odertal-Randhöhen bei

Hohenzahden. Zu Füßen der Nemitzer Talzug mit seinem jenseitigen Rande. Rechts davon Waldungen, die allmählich zu ausgedehnten, bis ans Haff reichenden Forsten werden. Nach rückwärts die den Turm noch überragende Warsower Hochfläche (131 m). (Entwurf Baurat Schwechten; figürlicher Schmuck, „Handel und Industrie", von Manzel.) Vom Turm oder aus der Gegend der Sportplätze aufwärts zum Lokal „Forsthaus Eckerberg". (Zahlreiche Wege und Spaziergänge.)

c) Eckerberger Wald—Wussow—Siebenbachmühlen.

Wie vorher bis zum „Forsthaus Eckerberg". Die dahinter berganführende Pflasterstraße empor bis zur Wussower Chaussee. Hier links einbiegend. Hübsche Ausblicke von der bis 90 m ansteigenden Straße, besonders zwischen Landhauskolonie Wussow-Abbau und Dorf. Umfassendste Fernsicht bei klarem Wetter. Im Dorf nach rechts, und dann links auf den bei der Schmiede absteigenden Weg und durch vielkuppiges Gelände zur **Obermühle** (Lokal) mit reizendem Mühlenteich. Das bachdurchflossene **Siebenbachmühlental**, eine Perle der Stettiner Umgebung. Talabwärts: Klappmühle (wie die Obermühle Jugendheim; auch die übrigen Mühlen sind Lokale), Bergmühle, Mutgebermühle, Schmetterlings-, Kaiser- und Kuckucksmühle. Zur Rückkehr nach Stettin sei der Weg über Försterei Wussow, am **Sandsee** und **Freibade Martinsee** entlang empfohlen!

d) Mit Linie 1 zum Eckerberger Wald, zum Glambecksee und Fortsetzung.

Ab Berliner Tor, dann links Verkehrsvereinshaus; zwischen Garnison- und Bugenhagenkirche in die Falkenwalder Straße. Erst Bismarckplatz, dann der verkehrsreiche Arndtplatz und dahinter „Westend", ein älteres Villenviertel, abgeschlossen rechts durch die „Eckerberger Molkerei". An der Falkenwalder Chaussee reihen sich nun Einzelhäuser, unbebaute Strecken und neuere und neuste Siedlungen aneinander, „Neuwestend", „Am deutschen Berg" usw. Links später die Stoewer-Werke (Autofabrik von Weltruf), Sportplätze, rechts schöner Blick auf den Eckerberger Wald und dann Endpunkt mit Haltestelle der Autobuslinie nach Falkenwalde. **Zum Glambecksee** in ½ Std.; Chaussee, links Rad- und Pferderennbahn und Kreckower Exerzierplatz, oder auf gleichlaufenden Waldwegen. Glambecksee mit Badeanstalt, Freibad, Gaststätte. Bootfahrten! Omnibushaltestelle.

Viel besucht ist auch der kleinere, aber ebenfalls schön gelegene Barmsee. Man erreicht ihn vom Endpunkt der Straßenbahn zu Fuß oder fährt denselben Weg mit dem Autobus (Linie Stettin—Falkenwalde) bis zum Seitenweg links zum Barmsee. Badegelegenheit. Von hier über Hundsforth nach Völschendorf (Landweg). Gasthöfe Rubbert und Mandelkow. Rückweg: ab Völschendorf zum Glambecksee (Bad-Wirtschaft) und von hier zu Fuß zur Straßenbahn oder mit dem Autobus.

Dem Glambecksee gegenüber, rechts, Waldstraße zum Forsthaus Wussow. Von hier nach links Waldwege zum Siebenbachmühlental oder geradeaus durch Wald empor nach Wussow mit Lokal am Dorfeingang. Vom Dorf aus nach links verschiedene schöne Wege nach Siebenbachmühlen oder nach rechts auf der Pflasterstraße und später (siehe Wanderung durch den Eckerberger Wald) nach Stettin zurück.

e) **Stettin—Flughafen.**

Der dem Publikum zugängliche Flughafen liegt am Dammschen See zwischen Stettin und Altdamm. Mit Linie 1 ab Berliner Tor durch die Altstadt hinab zur **Hansabrücke.** Auf der anderen Flußseite links das **Hauptzollamt,** von Baurat Rösener, im Stile der Frührenaissance und reich an interessanten Details. Wir befinden uns im Bereiche der **Lastadie.**

Der Stettiner spricht das Wort dreisilbig aus, anders als in den übrigen Ostseestädten. Als Ursprung gilt das mittellateinische Wort lastagium, lastadium. Es bezeichnet die Stätte, wo Schiffsballast aus- oder eingeladen wurde und müßte den Ton auf der zweiten Silbe haben. Außerdem wurde hier Schiffsbau getrieben (Schiffsbaulastadie). Ursprünglich lagen auf der Lastadie ohne viel Ordnung Höfe, Schuppen, Speicher und Gärten, und erst später entstanden Häuser und Buden. König Friedrich Wilhelm I. schuf (1729—1738) Ordnung, und noch stehen einige der damals entstandenen schlichten und doch anheimelnden erkergeschmückten Häuser. Kontore und alte Speicher mit tiefen, ebenfalls noch bebauten Höfen (einige aus der Renaissance- und Barockzeit an der Speicherstraße) geben dem Ganzen eine eigene Note. Hier die dem Jahre 1897 entstammende schlichte Gertrudkirche und das Städtische Gesundheitsamt (Wallstraße).

Wir passieren die Gr. Lastadie und erreichen die **Parnitz. Freihafen** und **Feuerwache II** und neue Katholische Kirche. Hinter der Parnitzbrücke die belebte Altdammer Straße. Rechts Hauptgüterbahnhof, später industrielle Anlagen, Lagerplätze, überbrückte Wasserstraßen, alles im Bereiche des 1309 angelegten Dammes. Das riesige **Kraftwerk** an der Parnitz (links) und die Anlagen des Fliegerfunks (rechts). In der Ferne die Buchheide. Nach Überschreitung mehrerer Brücken folgt die Brücke über die **Große Reglitz** (1909—1911). Gaststätten und Gelegenheit zu Bootfahrten. Jenseits Endpunkt der Straßenbahn und Beginn der Omnibuslinien nach Altdamm—Rosengarten und Altdamm—Hökendorf; Anschluß mit Privatlinie nach Finkenwalde. Auf der Chaussee zu Fuß weiter und in ¼ Std. am **Flughafen.** Große Montagehalle, Hallen zur Abfertigung, Flughafenrestaurant, Stichkanäle zur Landung für Wasserflugzeuge und Rollfeld.

f) Fahrten die Oder aufwärts: siehe Abschnitt „Das Odertal mit seinen angrenzenden Hochländern!“

III. Buchheide-Höhenzug.

Schönstes Ziel des Stettiner Ausflugsverkehrs. Rund 16 km langer Buchheide-Höhenzug mit 26 000 Morgen Wald, teils Buchenmischwald (sieben Zehntel des Bestandes), teils Kiefernbestände (drei Zehntel). Höchste Erhebung im Bereiche eines von NNW nach OSO sich erstreckenden Kammes 147 m. Der Höhenzug teilweise Produkt des Eisschubes (daher ein Gemisch von Kreide, Tertiär und Diluvium), der Faltung infolge Seitendruckes und der Ablagerungen während einer Stillstandslage. Spätere Erosion hat sein Relief noch lebhafter gestaltet, und der Wechsel der Böden begünstigte das Aufkommen einer artenreichen Pflanzenwelt, vor allem einzigartigen Buchenwaldes. An Naturdenkmälern der Pflanzenwelt ist kein Mangel. Neben alten Eichen und alten Buchen die Elsbeere. Siehe auch Pflanzgarten bei Glien (1823 angelegt). Er ist 6 ha groß und enthält u. a. Juglans nigra, Carya alba, porcina, amara, eine Riesenmagnolie, Riesenhasel, Wellingtonia gigantea, Juniperus virginiana und andere seltene Nadelhölzer.

Die tiefsten und schönsten Täler sind die des Pulvermühlen- und Hökendorfer Baches. Mächtige erratische Blöcke, der Große Stein, der Pionierstein, der Wiegenstein usw. Im SW Binower Seesenke mit reizvollen Gewässern. Kreideschollen bei Finkenwalde und Friedensburg gaben Veranlassung zur Begründung der ältesten deutschen Zementfabrikation. Tertiäre Sande werden bei Podejuch und Mühlenbeck ausgebeutet. Braunkohlenvorkommen sind erschöpft oder nicht abbauwürdig. Bei Wanderungen unbedingt nötig „Buchheidekarte", Verlag H. Saran, Stettin! Gaststätten reichlich. **Zufahrtswege:** 1. Straßenbahn, Linie 1 bis Flughafen, mit anschließender Omnibusfahrt nach Hökendorf, 2. Eisenbahn: Strecke Stettin—Podejuch—Klütz. Strecke Stettin—Finkenwalde, anschließend Kleinbahn Finkenwalde—Hökendorf—Hohenkrug—Kellerbecker Mühle—Kolbatz. (Sonntagsfahrkarten und billige Mittwochsfahrkarten.) Es folgt eine kurze Auswahl von Wanderungen auf leicht zu findenden Wegen.

a) Finkenwalde—Pulvermühle—Podejuch.

Bahnfahrt bis Finkenwalde.

Finkenwalde, Villenvorort von Stettin, ehemalige friderizianische Siedlung, schön am Rand der Buchheide gelegen. Zahlreiche Ausflugslokale im Ort wie in der Umgebung. Kirche mit Ehrenmal davor. Denkmal auch an der Dorfstraße. Vorortverkehr, Sonntagskarten, verbilligte Fahrten auch Mittwochs.

Von der Bahnhofstraße rechts in die Dorfstraße. Nach 20 Minuten links Aufstieg zur **Finkenwalder Höhe.** Lokal und Turm. Aussicht: Odertal und Randlandschaften rings um den Fuß des Höhenzuges mit reicher Besiedlung. Hinter dem Turm Weg zur freien Höhe am Waldrand. Schöne Aussicht.

Rechts Weg nach Friedensburg, dicht oberhalb des Randes der verlassenen Katharinenhofer Kreidegrube. Nahebei Weg abwärts zum Grubeneingang. Tagebau. Diluvium, Tertiär und Kreide gemischt. Oberhalb, rechts vom Eingang, Prinzeneiche, am 31. 5. 1821 von den Prinzen Friedrich Wilhelm und Wilhelm gepflanzt.

Zurück zur Waldhöhe und am Waldrand weiter; bald durch Nadelwald. Über den Fahrweg, Richtung Friedensburg. Abermals am Waldrande weiter bis zum Ihlenpfuhl und rechts um das Kinderheim Bismarckhöhe hinab zur Waldchaussee. Auf dieser rechts zur **Pulvermühle.** Prächtiger Waldgrund. 1274 Besitz des Klosters Kolbatz, wie Teile der Buchheide. Anfangs Kornmühle, später zum herzoglichen Amt Kolbatz und Kupfermühle. Nach dem Dreißigjährigen Kriege schwedisch und Pulvermühle. 1659 abgebrannt und 1679 an Brandenburg. 1695 Mahlmühle. Im Anschluß an die Begründung der Zementfabrik „Stern" Pappmühle und nach Einstellung des Betriebes Gaststätte. (Bis hierher eine Stunde). Jetzt Weg über den Heiligen Berg und Isertal nach Podejuch. Rechts vom Mühlenteich die Stufen empor! Auf Wegebezeichnungen achten! Zuletzt auf breiter Talstraße und an Isertal (Lokal) vorüber. Bei der „Waldhalle" links und zum Bahnhof Podejuch. (1 Std.)

b) Hökendorf—Talweg—Kolower Weg—Podejuch.

Staatsbahn bis Finkenwalde; Kleinbahn bis Hökendorf. Oder Straßenbahn bis Flughafen und anschließend Autobus (stündlich). Längs durchs Dorf empor bis zu den Eichen bei Zietelmanns Gut (Prachtbäume von rund 6 m Umfang). An ihnen vorüber und links am ehemaligen Park entlang und aufwärts zur **Försterei Hökendorf.** Gaststätte. Aussicht. Von hier schöner Weg am Rande des Talgrundes des Hökendorfer Baches zum **Blocksberg.** Oder, leichter zu finden: bei dem Backhause abwärts zum wundervollen Talwege und hier rechts langsam bergan. Nach 1 km rechts Stufen empor zum Blocksberg mit reizvollem Durchblick. Am besten: zurück zur Straße und ihr folgend, empor zur Kolower Chaussee. Rechts einbiegen. Sie folgt dem Kamme des Höhenzuges, berührt den höchsten Teil der Buchheide und rechts einen provisorischen Aussichtsturm. Dann hinter der Klebower Straße direkt oder über „Isertal" zum Bahnhof Podejuch. Dreiviertel Tag nötig.

c) Buchheide, Südrand.

Bahnfahrt bis Podejuch.

Podejuch, Landgemeinde, 5800 Einwohner. Alte Siedlung auf wendischer Grundlage, am Rande der Waldhöhen gelegen. Landhausteil in reizender Lage. Vorort von Stettin. Vorortsverkehr, Strecke Stettin—Küstrin, Kraftdroschken am Bahnhof. Im Sommer Schiffsverkehr mit Stettin. Flußbad. Unterkunft: Gasthaus Hubert, Eichenplatz 7; Gasthaus Matzke, Eichenplatz 3; Podejucher Waldhalle, Kolower Weg. Dazu Ausflugslokale. Postamt. Lichtspiele. Greifenhagener Bank, Zweigstelle; Podejucher Spar- und Darlehnskasse.

Anschließend Dorf- und Landhaussiedlung **Sydowsaue,** nahe Bahnhof Podejuch. Reizende Lage. Stapelfaserfabrik Jordan & Co., Kunstseidenspinnerei.

Vom Bahnhof Podejuch aufwärts zum Walde. In die Fahrstraße rechts und Stufen empor in den Buchenwald. In ziemlich gleichbleibender Richtung zur Kolower Waldchaussee. Auf dieser in 15 Minuten zum rechts abbiegenden Wege nach Fliederbruch. Fußsteig über zwei Fahrwege. Gablung 7 Minuten nach der zweiten Fahrstraße. Rechts halten und durch den „Dunklen Grund' zur von Klütz kommenden Fahrstraße. Links einbiegen und nach 10 Minuten am Waldrand. Hier bezeichneter Weg zum Lokal **Binower Spitze** (Fremdenlogis). Nahebei im Walde der **Große Woglinsee.** Man kann im Bereiche von Waldhöhen, welligen Feldbreiten und Seen verschiedene Abschlußtouren machen:

1. Fahrweg nach **Klütz,** meist durch Nadelwald, später über Feld; durch das auf der Höhe über dem Odertal gelegene alte Dorf Klütz (Aussicht) und abwärts durch neuzeitliche Siedlung zur Haltestelle der Bahn nach Stettin (1 Stunde).

2. Zum **Binower See.** Von Binower Spitze südwärts am Waldrand und später nahe dem Binower See zum **Restaurant Seeblick** mit Fremdenlogis und Badegelegenheit. Nahebei Jugendherberge. Zurück denselben Weg und dann wie bei a), oder nach Binow und von dort den Landweg nach Binower Spitze und zurück nach Klütz, wie bei a).

3. Von der Waldecke bei Binower Spitze aus links, am Waldrand weiter. **Restaurant Fliederbruch!** Dann, wo der Weg in den Wald eintritt, Gabelung! Rechts halten! Nahe dem sagenumwobenen Kl. Petznicksee bis zum Waldrand. Auf dem Feldweg, links, aufwärts nach **Kolow** (4 km), 130 m hoch. Ehedem zum Kloster Kolbatz. Letzter Abt von Kolbatz entsagte 1635 seiner Würde und starb als Pfarrer von Kolow. In der Kirche die Grabplatte des Abtes Johannes Jordanus (1395). Von Kolow auf breiter Fahrstraße entweder nach Podejuch, oder kurz nach dem Erreichen des Waldes auf den Bergweg nach Hökendorf. Auch mag man bei günstiger Zugverbindung auf dem Königsweg, (500 m hinter dem Dorf, Abzweigung rechts), die Haltestelle Königsweg der Kleinbahn erreichen. (Kolow—Königsweg 5 km, Kolow—Hökendorf, Autohaltestelle, 6 km, Kolow—Podejuch 8 km.) Sämtliche Ausflüge ganztägig.

d) Nach Kloster Kolbatz.

Mit Staatsbahn nach Hohenkrug (Tuberkulosekrankenhaus der Stadt Stettin und Walderholungsstätte vom Roten Kreuz). Nahebei Siedlung Augustwalde (siehe unter „Altdamm"!). Vom Bahnhof Hohenkrug rechts ab, breite Waldstraße nach **Hohenkrug,** Dorf (2½ km). Lokal jenseits der Plönebrücke. Landsitz Henningsholm mit Naturpark an der Plöne. Eintritt gestattet. Dazu Papierfabrik an der Plöne, Filiale der „Feldmühle", Papier- und Zellstoffwerke. (Siehe auch „Odermünde" bei Stettin!)

Hohenkrug verfertigt Feinpapiere. Die Plönebrücke war einmal (nach 1648) Grenzbrücke zwischen Brandenburg und Schweden (bis 1679).

Seitenwanderung: Hohenkrug—Buchholz—Mühlenbeck—Jeseritz. Durch Hohenkrug, über die Kleinbahn und nach **Buchholz** (1 km). Dorf am Abhange des Buchheidehöhenzuges mit mächtiger Friedhoflinde (Ottolinde, der Sage nach von Otto von Bamberg gepflanzt, 8 m Umfang). Der Länge nach durchs Dorf und auf dem Landweg nach Mühlenbeck.

Mühlenbeck i. Pom., Sommerfrische, großes Buchheidedorf in schöner Lage. Ausflüge in die Buchheide. Station der Buchheidebahn (Stettin—)Finkenwalde—Kolbatz. Baugewerbe, Ziegeleien, Sägewerke usw. Gute Gaststätten und Unterkunftsverhältnisse. Kurhaus Krause, 5 Minuten ab Bahnhof Kellerbeck. — Christliches Erholungsheim Mühlenbeck, 10 Minuten ab Bahnhof Mühlenbeck. — Gasthaus Schleusener. — Gasthaus Studier u. a. m. — Banken: Mühlenbeck-Buchholzer Spar- und Darlehnskassenverein zu Mühlenbeck. — Postagentur Mühlenbeck und Postamt Hohenkrug.

Weiterwanderung: Ab Mühlenbeck nach Jeseritz oder nach „Kellerbecker Mühle“, bzw. „Kurhaus Kellerbeck“, beides von Sommerfrischlern besucht.

Fortsetzung der Wanderung ab Hohenkrug: Gegenüber dem Fahrweg nach Henningsholm in den Fahrweg nach **Jeseritz.** Zuerst nahe der Plöne und durch Wald; später Feldweg (2½ km). Gastwirtschaft am Fluß. — Über die Plöne und jenseits zum Wald. Hier links, nahe dem Wasser, in den Plöneweg, durch Wald und später auf Feldweg nach Kolbatz (9 km).

Kolbatz. Stätte des 1173 begründeten Zisterzienser-Klosters, das von großer Bedeutung für die Besiedlung des „Weizackers“ (siehe dort!) wurde und weite Strecken der Buchheide zu eigen hatte. Ein Teil derselben gehörte dem Johanniskloster, ein anderer Teil der Stadt Altdamm. (Alte Grenzsteine!) Erhalten sind von der stattlichen, unter dänischem Einfluß entstandenen Klosterkirche der Chor, das Querschiff (noch heute benutzt) und das Mittelschiff (Speicher) mit Fensterrose. Abgerissen sind Seitenschiffe und Kapellen. Das zweigeschossige Abtshaus ist verputzt und verbaut. Von dem Hause der Konversen erhielten sich die Keller. Dazu das jetzige Amtsgericht neben der Schule und eine mittelalterliche Scheune mit Strebepfeilern und Blenden. Säulen und schöne Kapitelle aus dem Abtshaus befinden sich im Provinzial-Museum zu Stettin. — Südöstlich von Kolbatz, jenseits der Plöne im Wiesengrund, ein Burgwall. Man nimmt an, daß hier im Südosten der Buchheide der Stammsitz der Greifen, des pommerschen Herzoggeschlechts, gewesen sei, da sie jedenfalls hier reich begütert waren. (Gasthof im Ort.) Von Kolbatz Kleinbahn bis Finkenwalde und von dort Staatsbahn nach Stettin. — Seitenwanderungen:

1. Von Kolbatz 3 km Chaussee oder Bahn nach **Neumark,** am Südostende des Buchheide-Höhenzuges gelegen. Großes Dorf, früh mit Marktgerechtigkeit versehen

und im 15. Jahrh. als „Städlein“ bezeichnet. Gelegenheit zur Übernachtung. Gasthöfe: Wilke, Plönzke, Schünke, Buchholz. Eine Wanderung Neumark—Dobberphul—Kolow —Podejuch folgt dem gesamten Kamme des Buchheidehöhenzuges. **Dobberphul** mit Weizackergehöften. Kirche, schlichter Granitquaderbau mit neuerem Turm. Gastwirtschaft. Über Kolow siehe vorher!

2. Von Kolbatz nach **Selow am Madüsee.** Zunächst Landstraße, Richtung Belkow. Nach ¼ Stunde Seitenweg rechts nach Selow. Altes Dorf am See. Motorbootfahrten. Gastwirtschaft Kandt. Kirche: Fachwerkbau mit freistehendem Turm und barocker Haube. Bei der Kirche die Eselslinde (Sage).

Andere und, den Weg betreffend, schwierige Wanderungen wolle man an Hand der unbedingt notwendigen Buchheide-Karte selber zusammenstellen!

IV. Zum Madüsee über Altdamm.

Bahnfahrt ab Stettin über Altdamm. Über die Oder mit schönem Blick links auf die Stadt. Zwischen Heringsschuppen der Silberwiese; links Grüner Graben, dann Parnitzbrücke u. Hauptgüterbahnhof. Das ehemalige Bruchgelände ringsum ist vielfach aufgespült. Bruchwald im Talgrund. Dann Brücken über die Gr. Reglitz. Bahnhof Finkenwalde. Links Rollfeld des Flughafens. In wenigen Minuten **Altdamm.** Stadt am Dammschen See und an der Plöne. 9000 Einwohner. Geschichtliches: Aus der 1121 zerstörten wendischen Feste Vadam oder Dambe entsteht ein deutsches Dorf, 1249 von Barnim I. zur Stadt erhoben (Magdeburger Recht). Im Besitz weiter Forsten, (Stadtforst über 6000 Morgen), eine Erwerbung aus den Tagen der Pommernherzöge. Als befestigter Brückenkopf Stettins hat die Stadt alle Kämpfe der größeren Nachbarin mit ausfechten müssen. 1637 schwedisch, 1720 preußisch, 1709 durch die Pest fast entvölkert, 1806 bis 1813 von den Franzosen besetzt, 1872 entfestigt. — Ein Sohn der Stadt: Geheimrat Baerbaum, der Erzieher des Prinzen Louis Ferdinand. In Altdamm hielt sich als Knabe (1806—1813) der spätere Kriegsminister v. Roon auf. Siehe „Denkwürdigkeiten“! — Schulwesen: Stadtschule seit der Reformation; seit 1918 Mittelschule.

Wirtschaftsleben: Natronzellstoff- und Papierfabriken, Kartoffelmehl- und Syrupfabrik, Kartoffelflockenfabrik, Holzbearbeitungs- und Faßfabrik, Chemische Waschanstalt und Kunstfärberei, Strohseilfabrik. — Verkehrswesen: Station der Strecke Stettin—Stargard und Stettin—Gollnow. Autobusverbindung mit Stettin, Rosengarten und Hökendorf. Schiffsverkehr Stettin—Altdamm (Badeanstalten). Nur im Sommer. — Unterkunft: Hotel Deutsches Haus, Stargarder Straße 162. — Karows Hotel, Lange Str. 25. — Hotel und Kaffee Fürst Bismarck, Lange Str. 27. Dazu Gasthöfe, Kaffees und Konditoreien. — Jugendherberge: Stadtschule. — Zwei Lichtspieltheater. — Banken: Städt. Sparkasse; Greifenhagener Bank; Spar- und Darlehnskasse. — Postamt. — Bäder: Kaltbadeanstalt am Dammschen See. —

Sehenswürdigkeiten: Volksbücherei in der Stadtschule. Marienkirche, spätgotische Hallenkirche, 1865 völlig umgebaut, 84 m hoher, schöner Turm. Das nach 1592 erbaute „Fürstenhaus“ nahe der Kirche. Kriegerdenkmal auf dem Markt von Lederer. Mauerreste an der Ring-

und Mauerstraße. — Das Fürstenhaus ist ein stattlicher, wenn auch schlecht erhaltener Renaissancebau. Einige malerische Winkel an der Plöne.

Wanderungen:

In die Buchheide (unter Benutzung der Omnibusverbindung bis Rosengarten), nach Königsweg oder mit der Bahn nach Finkenwalde und von hier weiter. — Zum Madüsee über Haltestelle Madüsee mit der Bahn (siehe unten!) oder über Hohenkrug (Staatsbahnhof — siehe unten!) zum Dorf und von hier weiter über Jeseritz nach Kolbatz. Ins Gelände — Wiese und Wald — östlich des Dammschen Sees und nach Gollnow. (Siehe dort!)

Weiterfahrt von Altdamm nach Hohenkrug, Staatsbahnhof. (Das Dorf liegt 2½ km entfernt.) Hier an der Haltestelle

Augustwalde, 1800 Einwohner, Siedlung und Sommerfrische, Molkerei, Fleischwarenfabrik, Sägewerk, Mühle, Vorortverkehr mit Stettin. Weite Waldungen.

Unterkunft: Kurhaus Waldfried, Bahnhofswirtschaft am Staatsbahnhof. Gasthöfe: Deutsches Haus, Gasthof Lunow. Ausflüge: siehe unter Hohenkrug! Evangel. u. kath. Kirche mit Glockenstuhl. Auskunft: Gemeindevorsteher. Bank: Spar- und Darlehnskasse Naugard, Zweigstelle; Nebenstelle der Raiffeisenbank. Postagentur.

Weiterfahrt ab Hohenkrug: Wald wie vorher, Moorwiesen, Felder, Gebiet des ehemaligen Haffstausees. Zunächst Karolinenhorst, dann Madüsee. Von hier durch Feld in 30 Min. zum Nordufer des Madüsees.

Sommerfrische Madüsee, Post Moritzfelde. Die am See befindlichen Siedlungen gehören zu Moritzfelde, zwischen Bahn und See gelegen. Badestrand, Bootfahrten, viel Verkehr.

Gasthöfe mit Unterkunft: Splinter in Moritzfelde; Müller, „Madüsee"; Schiersmann, „Seemöwe"; Vergnügungslokale am See: „Onkel Thoms Hütte"; Strandrestaurant Engel; Restaurant Seeblick und Restaurant Seemöve, dazu zwei Restaurants im Dorf. Kaffees: Daheim, am See. — Verkehrsverbindungen: Station der Strecke Stettin—Stargard. Omnibusverbindung mit Stargard und an manchen Wo. im Sommer mit Stettin.

Madüsee, 36 qkm groß, 16 km lang. Im N flach, größte Tiefe 41 m. Madümaränen und zwei blinde Krebstierchen als Relikten der Lithorinazeit. Im Bereiche der tiefsten Stelle einst ein Gletschertor, dessen Wasser sie ausstrudelte, während sie dem Weizackerstausee zuflossen. Siehe unter „Weizacker"! Sage von den Maränen im Madüsee und dem Abt von Kolbatz. 1770 ward der See um 8 Fuß gesenkt. Auf 36 000 Morgen Neuland entstanden die Orte Möllendorf, Schöningen, Friedrichstal, Neu Falkenberg, Löllhöfel, Schützenaue, Giesental, Raumersaue. Die Umgebung des Sees ist waldarm.

Im Norden des Madüsees lassen sich leicht die Dörfer **Kublank,** an der Chaussee, Richtung Stettin, 3 km, und **Belkow** 2½ km ab Kublank, erreichen. In beiden einzelne Höfe in der Bauart des Weizackers. In Kublank schöne Fachwerk-Kreuzkirche und „Kranzlinde", Naturdenkmal. Man kann alsdann auf dem Umweg über Reckow (2 km) nach Kolbatz (abermals 4 km) wandern. Reckow, ein ehemaliger Rundling; über Kolbatz siehe vorher!

V. Der Dammsche See und seine Umgebung.

Vor den Toren Stettins gelegen. Aussicht von der Hakenterrasse! Siehe den Abschnitt „Gr. Hafenrundfahrt"! Flacher verlandender Rest des Haffstausees, von Wiesen, Moor und großen Forsten gesäumt. Neben älteren Siedlungen zahlreiche aus friderizianischer Zeit. Täglich Dampferverbindung mit Bergland und Lübzin.

1. **Dampferfahrt:** Soweit nicht Sonderfahrt, geht das Schiff die Oder abwärts und bei Züllchow durch die Swante zum Dammschen See. Nach 1 Std. in

Bergland. Freundliches Dorf in Wiesenniederung. Badestrand, Restaurants. Wanderung: Über Wilhelmsfelde und Oberhof nach Gr. Christinenberg, 6 km Wiesenweg. Dort Station der Bahn Gollnow—Altdamm—Stettin. Weiterfahrt bis **Lübzin.** Badestrand, Gaststätten, hübsche Kirche. Viel besucht. Wanderung: Über Ibenhorst (der Ort liegt ähnlich den andern und zwar auf zwei getrennten Sandinseln im Wiesenmoor) nach Rörchen mit Gutshaus und Park. Haltestelle der Bahn Gollnow—Altdamm—Stettin. (Fußwanderung 8 km).

2. **Nach Friedrichswalde:** a) Stettin—Rörchen mit Bahn. Dann 1½ km südlich und auf dem (rechts) von Rörchen kommenden Wege links weiter durch Forst, Richtung Oberkarlsbach (7½ km). Von hier über Hinzendorf nach Friedrichswalde (4 km). — b) Stettin—**Karolinenhorst** mit Bahn. Dorf 800 Einwohner. 1783 von Friedr. d. Gr. gegründet. Torfwerk. Weite Waldungen nahebei. Post. Gasthöfe: Gerneth, 10 Min. ab Bhf.; Zum Waldkrug, 20 Min. ab Bhf. Restaurants: Röthig und Bahnhofsgaststätte. (Ausflüge Richtung Madüsee, Hohenkrug, Kolbatz usw.).

Zu Fuß von Karolinenhorst über Münsterberg nach Friedrichswalde (8 km).

Friedrichswalde. Stätte einst eines herzoglichen Jagdschlosses (16. Jahrh.) und glänzender Feste. Schloß und Schloßkirche verschwunden. In der aus neuerer Zeit stammenden Kirche untergebracht Kanzel und Altar, angeblich Schnitzwerke Barnims XI. (gest. 1561), ehemals in der Oderburg, später in der Friedrichswalder Schloßkirche. Im Turmraum links der Grabstein Claus Hintzens, des Hofnarren Herzogs Johann Friedrich. Ringsum weite Waldungen.

3. **Nach Gollnow:** a) Mit Schiff Stettin—Lübzin und Wanderung Lübzin—Gollnow. Chaussee durch Wiese und Forst, 3 Std. — b) Mit Bahn über Altdamm nach Gollnow.

Gollnow. Stadt an der schiffbaren Ihna, rund 13 000 Einwohner. Geschichtliches: Ursprung eine wendische Siedlung auf freier Stelle inmitten des Waldes (Golinowo, Golinog). Eine sich anschließende Deutschensiedlung nannte sich anfänglich Vredeheide-Friedensheide, später Gollnow. Stadtrechte 1268 durch Barnim I. Belehnt mit reichen Besitzungen. Noch heute 18 000 Morgen Forst. 1314 Beitritt zur Hansa und Teilnahme am Seehandel unter Benutzung der Ihna und eines Hafens an deren Mündung. Der Dreißigjährige Krieg hinterläßt Schutt und Trümmer und eine gewaltige Schuldenlast. 1648 an Schweden, 1720 an Preußen und langsame Aufentwicklung. Jetzt rege Siedlung. — Wirtschaftsleben: Holzverarbeitungsfabriken (Möbel), Kalksand- und Zementsteinfabriken; Schiffahrt auf der Ihna erschwert.

Unterkunft: Hotel Methling, Baustr.; Deutsches Haus, Bahnhofstraße; Bahnhofshotel, nahe Bhf. — Restaurants und Konditoreien: Schützenhaus mit Park; Wunderlich u. Mücke. — Theater und Lichtspiele: Theaterzug nach Stettin; ein Lichtspiel. — Banken: Städt. Sparkasse; Kreissparkasse Naugard; Pommernbank, Filiale; Gollnower Bank; Landw. Genossenschaftskasse. — Post. — Bäder: Wellenbad (Flußbad) an der Ihna nahe dem Schützenhaus. — Verkehrsverhältnisse: Bahn: Stettin—Gollnow—Kolberg; Stettin—Gollnow—Misdroy bzw. Cammin(—Dievenow). Kleinbahn: Gollnow—Massow. Postauto: Gollnow—Stargard i. Pom. — Jugendherberge: Im Wolliner Tor. —

Sehenswürdigkeiten: Rechts der Brücke im Zuge der Chaussee Altdamm—Gollnow schöner Blick auf die Stadt! Im Zuge der Stadtmauer (12 m hoch) links der Brücke der achteckige Münzturm, Schutz einer Wasserpforte. Dicht dabei Fangelturm (Gefangenenturm). Wenige Schritte in die Stadt: Markt mit Rathaus und Katharinenkirche. Rathaus: 18. Jahrhundert, mit gewalmtem Mansardendach. Im Giebelfelde Stadtwappen, das alte Koggenwappen der Hansazeit und das neue mit den Monden als Zeichen der Münzgerechtigkeit. Wohltuend wirken Blumenschmuck und farbiger Anstrich. — St. Katharinenkirche: dreischiffige Hallenkirche aus dem 15. und 16. Jahrh. Durch Brand im 17. Jahrh. des Turmes beraubt, 1865/67 umgebaut, 1882 Ausbau des Turmes (82 m hoch). Als Ganzes beherrschend im Stadtbild und von guter Fernwirkung. — Wolliner Tor: 26 m hoch, Granitquadersockel, viergeschossiger Staffelgiebel, Blenden und Wimperge (Spätgotik). Eingang ebenerdig auf Stadtseite. Angeln der Torflügel vorhanden. Jugendherberge.

Wanderungen:

1. Zum Forsthaus Lüttkenheide. Promenadenweg am Rande des oberen Ihnatales, 4½ km. — 2. Nach Massow, Pogrimsee usw., siehe unter Stargard Pom.! — 3. Nach Lübzin und zum Dammschen See, siehe vorher! — 4. **Gollnow—Hohenbrücker Forst—Stepenitz,** 23 km. (Auch Bahnfahrt bis Gollnowshagen bei Münchendorf.) Sonst Chaussee, meist Wald, bis Münchendorf. Hübsche Kirche, Eichenfachwerk. Im Innern Modell eines Vollschiffes. Gasthof. — Abermals Chaussee nordwärts, aber in den 2. Seitenweg links (bei Hölkenhorst), Richtung Amalienhof. Von hier nach Hohenbrück (Kleinbahn Cantreck—Stepenitz). Oberförsterei, an der Stepenitz. Über die Brücke und zur nächsten Weggablung. Geradeaus zur Försterei Köckeritz am Klingenden Wasser. Von hier nach NW geradeaus zur Stepenitzer Chaussee. Sie wird in der Nähe des Graseberges erreicht. Siehe unter Stepenitz! — 5. Nach Friedrichswalde und Umgebung. Siehe dort und unter Stargard Pom.! Am besten Bahn bis Gr. Christinenberg und von dort bis Ober-Karlsbach. — 6. **Ins Moorgebiet zwischen Ihna und Krampe.** Nur mit genauer Karte! Ortschaften mit marschhufenartiger Anlage. Über Eichberg und Langenhals nach **Hackenwalde.** Ausgedehntes Dorf. Große Gänsemästereien, zwei Mühlen. Gasthöfe: Ziese, Liesener und Völker, je zwei Betten und Gar. 9 km

ab Bhf. Gollnow. Kreissparkasse, Spar- und Darlehnskasse. Von hier über Fürstenflagge (5 km) nach Langenberg (5 km). Hier Fähre, Richtung Pölitz. — Man kann auch den vor der Ihnamündung gelegenen Siedlungen einen Besuch abstatten. Mit Camelsberg vereinigt zur Ortschaft Ihnamünde. Camelsberg: 1312 erscheint ein Ort mit dem Namen villa chamele. Erschließung und Siedlung unter Friedr. d. Gr. Malerisches Beieinander von Wiese, Bruchwald und Siedlungen. In Camelsberg Gasthof. — 7. Ausflüge in das Gebiet östlich und westlich der Bahn Gollnow—Cammin (ab Cantreck, Wietstock) siehe unter „Am Ostufer von Haff und Dievenow"!

2. Das obere Odertal mit seinen angrenzenden Hochflächen.

Vorbemerkung: Talgebiet oberhalb Stettins bis zur Grenze, 3—5 km breit. Über die Entstehung siehe unter „Pom. Land und Volk" und in der Einleitung zum Kapitel „Das Odermündungsgebiet und die Seestadt Stettin". Seit Friedr. d. Gr. Zeit von Meliorierung und Siedlung erfaßt. Fast vollendet sind von Deichen geschützte Polder mit Schöpfwerken, Wehren und Schleusen. Es gilt, den befruchtenden Winterfluten Zugang zu geben und sommerliche Überschwemmungen zu verhüten. So entstanden Flächen mit hochwertigen Gräsern (2 m hoch) und Ländereien für Garten und Gemüsebau. Blühende Viehzucht. Statt zahlreicher Oderarme bestehen heute als Großschiffahrtsweg nur Ost- und Westoder. Stromoder mit wechselndem Wasserstande ist die Ostoder. Die Westoder ist vielfach Kanalstrecke und möglichst hochwasserfrei. Darum höhere Eindeichung an ihrem Ostufer. Vereinigung beider außerhalb Pommerns in der Schleuse von Hohensaaten, wo Wasserwege nach Berlin und Schlesien abzweigen. Querverbindungen zwischen Ost- und Westoder mit Schleusen bei Schwedt und bei Gartz, ohne Schleuse zwischen Güstow und Klütz. Fisch-, Krebs- und Muschelfischerei. Letztere liefert Schweinefutter. Storch und Fischreiher häufig.

Östlich: Bahner Hochland, westlich: Randowhochfläche. Teilweise recht malerische Abhänge zum Odertal. Gehölze, Wälder, freundliche Ortschaften, im Frühling im Obstbaumschnee, alte Städte, Burgwälle aus vorgeschichtlicher Zeit spiegeln sich im blanken Strom. Segel, Dampfer, Schleppzüge gleiten dahin; Möven folgen ihnen.

Verkehrsverbindungen: Tägliche Fahrten der Schiffe der Greifenhagener Dampfschiffsreederei, ab Stettin bis Schwedt. Sonntags Sonderfahrten, in den Sommermonaten auch des Alltags. Gelegentliche Fahrten bis Oderberg und zur Treppenschleuse bei Nieder-Finow. Gelegenheit zu genußreichen Ausflügen unter Verbindung von Wasserfahrt, Wanderung, Bahnfahrt und Postautofahrt. Fahrpläne im Stettiner Verkehrsverein, Am Berliner Tor.

Die **Randow-Hochfläche,** vom Odertal im Osten und vom Talzuge der Randow — Welse im Westen begrenzt. Mittlere Höhe 40 m, höchste Erhebung 88 m. Flachwellig mit wenig Wald, aber freundlichen Seen bei Penkun als Begleiter einer Endmoränenbildung. Interessante Moränenbildung auch bei Neurosow. Das Randowtal, eiszeitliche Schmelzwasserrinne, später vertorfter Oderarm, ist mit hohen Rändern am reizvollsten zwischen Grünz und Radewitz. Mit Begradigung der Randow und Urbarmachung des Bruches bereits unter Friedr. Wilh. I. begonnen. Zu Ende geführt durch 1864 begründeten Randow-Welseverband und Randow-Regulierungsverband von 1905. Grassaatgut Borken erzeugt bodenständiges Saatgut. — Eiszeitlicher Schmelzwasserrinne folgt ab Radekow die Stettin-Berliner Bahn. An Talrändern hier wie an der Randow und an der Oder interessante Flora: pontische Pflanzen, Orchideen, nordische Moose auf Wanderblöcken. — Boden der Hochfläche weithin fruchtbarer Mergel; tertiäre Schollen sind öfter angeschnitten. Intensive Landwirtschaft. Weizen, Zuckerrüben, Raps, Tabak. Große Güter, stattliche Bauerndörfer. Braunkohlenvorkommen am Odertalrand geringwertig und aufgegeben. — Verkehrsverbindungen: Hauptbahn: Stettin—Berlin; Kleinbahn: Casekow—Penkun—Pommerensdorf (bei Stettin). Über Dampferfahrten siehe oben!

Das **Bahner Hochland.** Ansteigend aus der Seensenke südlich der Buchheide. Im Süden abgeschlossen durch das Tal der zur Oder fließenden Röhricke. Steilränder begleiten das Odertal auch auf dieser Seite. Eine eiszeitliche Stillstandslage mit waldbedeckten Höhen und schönen Waldseen quert das Land ab Wildenbruch und Bahn und läßt sich bis in die prächtige Kehrberger Forst (Mischwald) zwischen Nipperwiese und Fiddichow an der Ostoder verfolgen. Reizvoll das Tal der nordwärts fließenden Thue bei ihrem Abstieg zur Oder, südlich Greifenhagen (Erosionsrinne). — Boden im allgemeinen fruchtbar (Tabak), aber auch reich an Wald auf sandigerem oder bewegterem Gelände. Geschichtliche Erinnerungen knüpfen an das romantisch gelegene Schloß Wildenbruch an. Im Odertal zwischen Greifenhagen und Sydowsaue Kolonistendörfer aus friderizianischer Zeit, die heute Gemüsebau betreiben. Unter den dörflichen Kirchen der ersten Besiedlung (12. und 13. Jahrh.) vielfach Granitquaderbauten. — Verkehrsmittel: Hauptbahnstrecke: Stettin—Greifenhagen—Küstrin. Kleinbahn: Greifenhagen—Wildenbruch, bzw. Pyritz.

a) Westoderfahrt.

Mit Dampfer ab Schwedter Ufer (vor dem Hauptbahnhof Stettin). Es folgen: Bahnhofsbrücke, rechts Stadtteil Oberwiek mit Fabriken, links Silberwiese und später Kahnwerften und die Parnitz, Flußarm zum Dammschen See. **Man achte immer wieder auf das schöne Bild der entschwindenden Stadt.** Dann rechts Fabrikdorf Pommerensdorf mit den vielen Schornsteinen der chemischen Fabriken. Wiesen folgen links, ebenso rechts. Insel Piepenwerder, Pionierübungsplatz. Vorauf Riesendamm und Brücke der Güterumgehungsbahn (im Bau). Soll den Hauptbahnhof und die übrigen Bahnanlagen entlasten bei Transporten, die Stettin nicht zu passieren brauchen. — Rechts auf der Höhe Dorf Güstow mit hoch gelegenem Gutshaus. Links Querfahrt hinüber zur Ostoder bei Klütz. Rings Wiesen, in der Talmitte Bruchwald mit Reiherhorsten. Die Fahrt nähert sich dem Höhenrand rechts. Es folgt:

Kurow: mit ehemaliger malerischer Wassermühle; Wirtschaft am Wasser. Dahinter mit schönem Gehölz bedeckte Höhen und Aussicht. Gut und Kirche 53 m über dem Tale. Dann

Nieder-Zahden. Hinter den Häusern die steile „Bastei“, der Rest eines Wendenwalles. Über allem der 65 m hohe Mühlenberg mit prachtvoller Fernsicht.

Wanderung: Nieder-Zahden, Weg auf halber Höhe nach Kurow mit Rast und dann Wiesenweg über Güstow nach Pommerensdorf und Stettin, 6½ km.

Schillersdorf: Großes Gut. Gasthöfe Bartelt und Köhn, letzterer mit 4 Betten.

Wanderung: Im Dorf aufwärts bis zum Höhenweg, der in gleicher Richtung mit dem Höhenrand nordwärts über die Zahdener Höhe und nach Güstow führt. Von hier zur Haltestelle Scheune (Strecke Pasewalk—Stettin) oder zu Fuß weiter. 11 km. Siehe auch vorige Wanderung!

Unter-Schöningen: mit vielkuppigen Höhen und dem 45 m hohen und 8 ha großen **Hlg. Stadtberg,** der Stätte einer einst auch von Otto v. Bamberg besuchten großen Wendensiedlung. Malerisch und aussichtsreich. Am Südabhang, die zur Zeit (1931) abgebrannte „Schwarze Katze“, eine Gaststätte. Auf der Höhe, 2 km landein, Dorf und Gut Sch. mit Musterwirtschaft. — Weiterfahrt:

Vorauf Waldhöhen und Schloßturm von Staffelde. Dann Unter-Staffelde und durch Wiesengelände zur Mescheriner Brücke im Zuge der Chaussee Tantow—Greifenhagen. (Baubeginn 1911, Länge 132 m.) Nächste Haltestelle:

Mescherin: Ziegeleien. Gaststätten mit Gärten am Ufer und an der Brücke. Ausflugsort.

Wanderungen: 1. Über den Damm durchs Odertal nach Greifenhagen, 3½ km. Siehe „Ostoderfahrt“. — 2. Chaussee durch Wald aufwärts und über fruchtbare Hochfläche nach Tantow, Strecke Stettin—Berlin. 7½ km. — 3. Zum Gartzer Schrey, 3 km. Weg nahe dem Wasser.

Der Dampfer setzt seine Fahrt fort. Nächste Haltestelle:

Gartzer Schrey. Schöne Buchenwaldung am Odertalabhang. Vergnügungslokale: Waldlokal „Fernsicht“ mit Jugendherberge und „Försterei Schrey“. Volksmissionsfeste. Sommers täglich Dampfer von und nach Stettin. Pflanzliche Seltenheiten und schöne Fernsicht. Seit 1332 Besitz der Stadt Gartz a. O.

Wanderung: 1. Wie von Mescherin. — 2. Nahe der Westoder und hernach über freie Höhen nach Gartz a. O. 4 km. Und weiter nach

Gartz a. O. Stadt, 3800 Einw. Einst wehrhafte und viel umstrittene Grenzfeste zwischen Pommern und der Mark. 1124 besuchte Otto von Bamberg die Wendenburg Gartz. 1249 ist Gartz deutsche Stadt. 1278—1283 märkisch, ebenso von 1468—1477. Damals Eroberung und Zerstörung des Gartzer Schlosses durch die Pommern. Seitdem zu Pommern, von der Zeit nach dem Dreißigjährigen Kriege abgesehen.

Wirtschaftsleben: Sägewerk, Großtischlerei, Tabakhandel, Zigarren- und Tabakfabrikation. — Banken: Städt. Sparkasse; Vorschußverein. — Postamt. — Bäder: Flußbad und Städt. Warmbad. — Lichtspiele. — Unterkunft: Hotel Schwarzer Adler, Königsstraße 202; 10 Min. ab Bhf. — Hotel Kaiserhof, Königsstr. 172; 8 Min. ab Bhf. — Gasthof zum Deutschen Haus, Mühlenstr. 142; 6 Min. ab Bhf. — Restaurants und Kaffees: Stettiner Hof; Schützenhaus; Gesellschaftshaus; Kaffee Schäpe. — Jugendherberge: Mittelschule, Kl. Klosterstr. — Verkehrsverbindungen: Zweigbahn Tantow—Gartz a. O. — Dampfer Stettin—Gartz—Schwedt a. O.

Sehenswürdigkeiten: Stadtmauer zum Teil erhalten. Wallumwanderung lohnend. Nach der Oder zu der „Blaue Hut", Wartturm, unten rund, oben achteckig, mit Giebelchen und ehedem aus blauen Glasursteinen gemauerter Spitze. Auf der Nordwestseite Storchenturm. Nach der Landseite zu Stettiner Tor, Satteldach und Ziergiebel. In der Stadt Stephanskirche. 1259 genannt, 1772 und 1844 sowie in neuester Zeit ausgebaut. Spätgotische dreischiffige Hallenkirche. Einige Portale sehenswert. Inneres dürftig. Ecke Wollweber- und Heiligegeiststraße St. Spirituskapelle, 1793 als Hospital umgebaut. Schillstraße 43, Gedenktafel. Haus, in dem Schill vor seinem Auszug wohnte. Sehenswert auch der alte Friedhof. Am Bollwerk neben andern Tabakspeicher. Brücke zur Heuabfuhr.

Wanderungen: 1. Durchs freundliche Salveymühlental nach **Tantow,** 8 km. Betriebsames Dorf an der Bahn Stettin—Berlin mit Zweigbahn nach Gartz. Dampfmühle. Mehrere Gastwirtschaften. — 2. Zum Gartzer Schrey. Siehe dort! — 3. Über Hohenselchow nach Casekow, 13 km Chaussee, am Fuß der Odertalabhänge. Botanisch interessant. Hier weite Ausbuchtung des Odertales nach Westen, durchschnitten von der Chaussee nach Schwedt. Bei Heinrichshof zur Hochfläche empor. Auf der Höhe Hohenselchow. Mehrere Gasthöfe. Weiter nach **Casekow,** an der Strecke Stettin—Berlin gelegen. Kleinbahn nach Penkun. Betriebsamer Ort, Obst- und Gartenbaubetriebe. Gastwirtschaften. — 4. Nach Friedrichstal, 6 km. Zunächst Chaussee bis Heinrichshof wie vorher. Die Höhen nicht empor, sondern links auf Feld- und Waldwegen südlich bis zum Wege Pinnow—Friedrichstal. Auf diesem (später über die Chaussee, Richtung Schwedt) nach Friedrichstal. Hier mit Sonntagsdampfer zurück nach Gartz oder Stettin, zu Fuß nach Gartz oder Übernachtung. Über Friedrichstal siehe unten!

Weiterfahrt ab Gartz. Rückblick auf die Stadt! Nach kurzer Fahrt auf breiten Wassern in die Friedrichstaler Fahrt. Inmitten von Wiese, Wald und Obstgärten **Friedrichstal.** 1750 als Siedlung gegr. Obst- und Tabakbau.

Sommerfrischler. In der Kirche Barockkanzel aus der ehemaligen Marienkirche in Stettin.

Die Friedrichstaler Fahrt schneidet nach Passieren der märkischen Grenze die Heinrichsdorfer Forst. Es folgen jenseits der Grenze:

Gatow. Tabakscheunen und Tabakfelder geben ein fremdartiges Bild. In der Ferne Schloßturm von Vierraden. Das Schloß im Dreißigjähr. Kriege zerstört. Wanderung: Gatow—Vierraden—Schwedt, 7 km. — Dann

Schwedt a. O. Vorher rechts die Mündung der Welse, an der Vierraden liegt. Hier also der Anfang des Randow-Welse-Tales. Kurz vor Schwedt links Schleuse der Querverbindung nach Nipperwiese. Vorauf Schwedt mit Schloß und neuer massiver Bogenbrücke. Im Anschluß an sie links durch das Odertal führender schattiger Damm. Ende der Westoderfahrt.

Schwedt a. O., Stadt, 9000 Einwohner. Mittelpunkt des uckermärkischen Tabakbaues. Am Ufer das zwischen 1673 und 1719 erbaute und allmählich vollendete Schloß der Schwedter Markgrafen mit Park und Schloßfreiheit. Besichtigung sehr lohnend. Nahebei das Lustschlößchen Monplaisir. Beide im Besitz des ehemaligen Kaisers. Die Überlieferung beschäftigt sich viel mit Friedrich. Wilh., dem „Tollen Markgrafen", aus einer Seitenlinie der Hohenzollern (1711—1771). Unter der Hand der Schwedter Markgrafen ward die Stadt zur Barockstadt, wenn auch bescheidenen Ausmaßes. Sehenswert Rathaus von 1699 und reform. Kapelle an der Schloßfreiheit (1779), jetzt Ehrenmal. Gute Hotels im Ort. Bahn: Schwedt a. O.—Angermünde. Postauto: Schwedt—Königsberg i. Nm. Dampfer: Stettin—Schwedt. — Ausflüge: Über den Damm nach Nieder-Kränig und Nieder-Saaten mit dem dazwischen liegenden mit Wald und Obsthainen bedeckten aussichtsreichen Talhange des „Tal der Liebe". 10—12 km, hin und zurück. Wundervolle Lage der Kirche von Nieder-Saaten. Obstblüte! Gegend viel von Künstlern aufgesucht. Längere Wanderung: Schwedt—Nieder-Kränig—Nahausen—Uchtdorf (siehe dort!).

b) Ins Randow-Hochland.

Nach Penkun und zur Randow.

Fahrtmöglichkeiten: Ab Casekow (Strecke Stettin—Berlin) mit Kleinbahn oder ab Stettin mit Staatsbahn bis Scheune und mit Kleinbahn weiter nach Penkun. — Zu Fuß: Von Bhf. Petershagen (Strecke Stettin—Berlin) 8 km. Über den Charakter des Landes siehe vorher!

Bhf. Penkun liegt auf der Höhe, von der Stadt durch Seegrund getrennt. Hinab zur Chaussee und aufwärts zur Stadt. Rechts Schloßpark, Schloß und Gut.

Penkun, Stadt, 1800 Einw. Reizvoll zwischen Schloß- und Bürgersee. 1240 zuerst als Stadt genannt. Mediatstadt und mit Schloß ab 1614 fast ohne Unterbrechung im Besitz (jetzt Gutsherrschaft) derer von der Osten. Kirche 19. Jahrh. Im Wirtschaftsgarten nahe dem Schloßeingang ein Stück der Stadtmauer. **Schloß** und Park auf Scheitel und Abhang eines Hügels, im Halbkreis vom Schloß-See (Zwergseeschwalbe) umringt. Eingang von der Stadt. Ältester Teil das zierliche gotische Torwärterhaus. Dreiflügliges Hauptschloß mit bescheidenen Renaissance-Formen. Erdgeschoß überwölbt. Sehenswerte Renaissancetüren und Kamine. Park und See landschaftlich schön gelegen.

Verkehrsverbindungen: Kleinbahn Casekow—Penkun—Oder. Kraftpost Stettin—Penkun—Tantow in Vorbereitung (1931). — Unterkunft: Hotel Kaiserhof, Markt, 8 Min. ab Bhf. Hotel Drei Kronen, Breite Straße 2-3, 9 Min. ab Bhf. Dazu Gastwirtschaften mit Unterkunft. — Jugendherberge: St. Georgs-Hospital. — Restaurants und Kaffees: mehrere vorhanden. — Zwei Lichtspieltheater. — Banken: Städt. Sparkasse. — Bäder: Städt. Warmbad; öffentl. Seebadeanstalt.

Wanderung:

Penkun-Sommersdorf—Radewitz—Grünz—Randowtal u. zurück, 17 km. Die Chaussee folgt dem Seeufer; Blick auf das Schloß. Langsam aufwärts, durch Gehölz, über die Kleinbahn und auf der Hochfläche nach

Sommersdorf: Kirche viel verbaut. Friedhofsmauer mit Mordstein. Wappen und Inschrift (gotische Minuskeln) von 1423. Hinrik von Ramin ward hier angeblich von Bauernfrauen mit Spindeln erschlagen, weil er einer Gewalt antun wollte. — Gasthof. — Hinter der Kirche rechts ab, Landweg nach

Radewitz, Gutsdorf, Schloß und Park in hügeliger Umgebung. Alte schöne Bäume. Hinter der Schule Weg und schattiges Bachtal zur Randow, 20 Min. — Weiter auf Landweg (schöne Allee) nach

Grünz, Bauerndorf mit Dorfsee. Gasthof. Vom Dorf die Chaussee abwärts, in 10 Min. zur Randow. Oder hinter dem Ort, von der Chaussee rechts Seitenweg zum Mühlenberg (45 m). Schöner Ausblick ins Randowtal und hinüber in die Uckermark. Jenseits: Dorf Schmölln mit dem Räuberberg (Ruine). Hin und zurück 4 km.

Südwärts Grünz — 3 km — die Schwarzen Berge, 74 m, mit der besten Aussicht im Bereiche der Randow. — Von Grünz nach Penkun oder nach Wartin zur Kleinbahn.

Nach Löcknitz und zum Raminer Burgwall.

Bahn Stettin—Löcknitz (Richtung Pasewalk). Flachwelliges Land; hinter Grambow und vor Löcknitz Waldungen. Dann am Randowtal

Löcknitz. Marktflecken, 2000 Einwohner. Einst lebhafte Industrie. Wald und See (Badeanstalt). Hotels und Gaststätten vorhanden. Bahnverbindung Richtung Stettin und Pasewalk. Kleinbahn nach Brüssow (Uckerm.). Saatwirtschaft Randow-Bruch. Seit ältester Zeit wichtige Übergangsstelle über das Randowtal, in wendischer Zeit durch Wall und Siedlung gesichert; anschließend Burgwälle nördlich und südlich im Bereiche der Randow. 1267 deutsch unter dem Bistum Cammin, aber bald pommersch, bald märkisch. 1472 auf Schloß Löcknitz Werner von der

Schulenburg, Herr auf Gartz und Penkun. (Büste in der Siegesallee in Berlin beim Denkmal Albrecht Achilles). 1557 Joachim v. d. Sch., der reichste Edelmann Deutschlands. Das Schloß, im Dreißigjährigen Kriege dauernd seinen Herrn wechselnd, später verfallen. Erhalten: Rest eines Wartturms und ein verbauter Teil des Wohnbaues, nahe der Randow. — Vom Bhf. kommend, rechts in die Hauptstraße und in 10 Min. zur Ruine (links).

Wanderungen:

1. **Zum Retziner Burgwall.** Vom Bhf. kommend, links durch Wald zum See mit Bad und Gaststätte. Am Waldrand, nahe dem See, weiter; prachtvolle Eiche! Den Weg um das See-Ende rechts und zur Chaussee. Später in den zweiten Seitenweg nach rechts, am Waldrande entlang und in 15 Min. zum verwachsenen Burgwall über der Randow und nahe dem sagenumwobenen Leichensee (4 km). — 2. Nach **Rothenklempenow.** 8 km. Landstraße, links vom Bhf.; über die Strecke und in gleicher Richtung durch Nadelwald, der Ückermüder Heide angehörig. **Rothenklempenow,** 1295 als castrum erwähnt. Vom alten Schloß erhalten der schiefe Bergfried (1300). Kirche, barocker Putzbau von 1733. Zurück nach Löcknitz oder durch Forst 9 km nordwärts zur Haltestelle Stolzenburg-Glashütte der Kleinbahn Neuwarp—Stöwen, mit Anschluß nach Stettin. Näheres unter „Ückermünder Heide". — 3. Plöwen, Boock, Löcknitz. Genaue Karte nötig. Ab Löcknitz, Stettiner Chaussee bis links, Landstraße nach Plöwen, 4 km. Gastwirtschaften. Westlich davon das entwässerte Seebruch mit dem Hühnerwinkel, Stätte eines wendischen Burgwalles, zum Teil auf Fußwegen zu erreichen, und ebenso von dort nach Boock. Gasthöfe. Starke Siedlungstätigkeit. Zurück nach Löcknitz. — 4. Pasewalk usw. siehe dort!

Ostoderfahrt.

Bis Güstow, siehe „Westoderfahrt"! Hier quer durchs Tal, Richtung Kütz, zur Ostoder. Prächtiger Blick auf Buchheide, Talabhänge und zahlreiche Siedlungen. Manche Dampfer gehen vorerst in die enge Klützer Fahrt zur Haltestelle

Klütz. Dorf auf der Höhe, vom Kloster Kolbatz begründet. Spätmittelalterliche Findlingskirche und Holzturm. Im Tal die friderizianische Erweiterung des Ortes, am Abhang neuzeitliche Siedlung. Siehe auch unter Buchheidewanderungen!

Fortsetzung der Fahrt auf der Ostoder. Bald hinter Klütz links breite Talmündung zum Odertal, vom Klebower Mühlbach durchflossen, eine eiszeitliche Schmelzwasserrinne. Dann zwischen Strom und Höhenrand, bis gegen Greifenhagen hin, das Stettin versorgende **Gemüsebaugebiet** mit seinen Kolonistendörfern. Schwarzer Boden, sorgfältig entwässert, mit dem Spaten bearbeitet, bringt im Jahre drei Ernten. Dazu Treibhauszucht von Gurken und Tomaten. Sehr gut zu beobachten bei einer Bahnfahrt Stettin—Greifenhagen. Es folgen an Ortschaften: Retzowsfelde, am Höhenrand gelegen; Bienen-

Stettin, Rathaus und Manzelbrunnen

Photo: von Seelig

Stettin, Hakenterrasse

Photo: Wilhelm Geisler

Stettin, Sechsgeschossiger Schuppenspeicher im Hafen

Photo: Landgraf, Aue

Stettin, Ausfahrt des Gribeldampfers „Rügen“ nach Finnland

Photo: Dreblow Nachf.

Stettin, Altstadt mit Schloß;
rechts Türme der Hakenterrasse

Photo: von Seelig

Stettin-Umgebung: Bismarckturm auf dem Weinberg bei Gotzlow

Aus dem Photowettbewerb des Stettiner Verkehrsvereins

Stettin-Umgebung, Klappmühle

Photo: Ahrens, Stettin

Stettin-Umgebung, Buchheide, Försterei Hökendorf

Aus dem Photowettbewerb des Stettiner Verkehrsvereins

Altdamm, Strandbad am Dammschen See

Greifenhagen, Blick auf Stadt und Odertal

Photo: Reepel, Stettin

Oderbrücke bei Greifenhagen

Aus dem Photowettbewerb des Stettiner Verkehrs-Vereins

Schloß Schwedt a. Oder

Photo: Reepel, Stettin

Haffbad Ueckermünde

Neuwarp, auf einer Halbinsel im Warper See (Haff)

Anklam, Hafen

Demmin, Luisentor und Bartholomäuskirche

werder, einige Gehöfte im Wiesengelände; Ferdinandstein, am Höhenrand; Eichwerder, am Strom, mit Gut, Park und Kapelle; Mönchkappe, am Strom, Holzessigfabrik; Neu Brünken, Wintersfelde und Neu Damerow am Höhenrand.

Greifenhagen, Stadt, rund 8500 Einwohner, zwischen Ostoder und Höhenrand und von ihm malerisch überragt. — Geschichtliches: 1254 als deutsche Stadt von Barnim I. gegründet. Von Wehrbauten erhielten sich Bahner Tor und Stadtmauerreste. Nachdem eine Brückenverbindung bei Gartz im Dreißigjährigen Kriege durch Feuer zerstört ward, begann erst 1857 der Bau zweier Holzbrücken bei Mescherin und Greifenhagen, 1911 durch Eisenbrücken ersetzt. Die Greifenhagener Brücke ist 250 m lang.

Wirtschaftsleben: Durch Lage am Strom begünstigt. Filzwarenfabrikation von Weltruf, Schneidemühle, Fleischwaren- und Fleischkonservenfabriken, Mühlenwerke, Parkettfabrik, Marmeladenfabrik. Greifenhagener Dampfschiffsreederei. — Banken: Pommersche Bank für Landwirtschaft u. Gewerbe; Städt. Sparkasse; Kreissparkasse. Greifenhagener Bank. — Postamt. — Bildungspflege: Mittelschule, Landwirtschaftl. Schule. Volkshochschule. — Bäder: Flußbad, Badestrand. — Lichtspiele vorhanden. — Unterkunft: Hotel Pape, Markt. Gasthof zum Schwarzen Adler, Brückenstr. 24. Hafenrestaurant, nahe Dampferanlegestelle. — Restaurants und Kaffees vorhanden. — Verkehrsverbindungen: Station der Strecke Stettin—Reppen—Breslau. Vorortverkehr mit Stettin. Kleinbahn: Greifenhagen—Kl. Schönfeld—Wildenbruch(—Pyritz). Tägliche Dampferverbindung Stettin—Greifenhagen—Schwedt. —

Sehenswürdigkeiten: Hübsches Stadtbild von jenseits der Brücke oder von den Randhöhen. St. Nikolai-Kirche: 13. Jahrh., zunächst einschiffig mit Westturm. Granitquaderbau, typisch für das südliche Pommern. Später zur Kreuzkirche erweitert mit einschiffigem Chor. 1530 durch Brand zerstört. 1861—63 renoviert. 1901 von Prof. Seliger ausgemalt. — Bahner Tor, vierseitig, aus Granitquadern, turmartiger Oberbau aus Ziegeln. — Alter Friedhof, in Anlagen verwandelt. Dahinter, rechts vom Bhf., Aufstieg zu den aussichtsreichen Talabhängen mit Anlagen. Am Strom schöner Badestrand.

Wanderungen: Ins Thuetal, ins Bahner Hochland, in die Kehrberger Forst, siehe weiter unten! Vergl. auch „Westoderfahrt"! — 1. Talspaziergang, den Fluß abwärts. Nordwärts, am Schlachthaus vorbei, zum Ort hinaus und hinter der Bahnüberführung, links der Strecke, am Bache weiter. Später rechts weiter, nahe der Damerower Mühle nach Wintersfelde, 4 km, mit Bhf. Oder bis Ferdinandstein, abermals 3 km, mit Bhf. Die Wanderung führt durch das Gemüsebaugebiet des Odertals. — 2. Greifenhagen—Woltin—Kl. Schönfeld oder Wierow—Vogelsang. Vergl. Wanderungen ins Bahner Hochland! Ebenso nach Wildenbruch über Bahn. 3. Greifenhagen — Mescherin — Gartzer Schrey—Gartz. Siehe Westoderfahrt!

Weiterfahrt durch die Greifenhagener Brücke. Links Badestrand und Bootshaus. — Nach links weitet sich das Tal, und die Ortschaften liegen entfernt vom Strom. Näher liegt bereits Marwitz. Vor Marwitz rechts Querverbindung mit Schleuse nach Gartz zur Westoder. Links tritt der Höhenrand mit Feldern, Gehölzen und Wald dicht an den Strom. Zuletzt die **Wendenberge** mit Burgwall, und dann auf engem Raum zwischen Strom und Höhen,

Fiddichow, Städtchen, 3000 Einwohner. Der Strom bespült die Grundmauern der untersten Häuserreihe. Terrassenförmig bauen sich Häuser, Gärten und Straßen darüber auf. Steil empor streben einzelne Gassen (Himmelsleiter).

Geschichtliches: Ursprung ein wendischer Burgwall auf der Höhe am Strom, 1159 erwähnt und wichtige Zollstätte. 1373 deutsche Stadt. Wendenreste erhielten sich noch lange als Fischer im „Kietz". Mediatstadt adliger Geschlechter, Besitzer und Landesherrn oft wechselnd. 1478 zwischen Pommern und der Neumark geteilt. 1653 schwedisch, 1679 brandenburgisch. 1700 nebst dem Schloß auf der Höhe im Besitz des Magnus von Wulffen. Später Eigentum der Schwedter Markgrafen, die das Schloß durch ein Amtshaus im Fachwerk ersetzten; seit 1872 verschwunden.

Wirtschaftsleben: Landwirtschaft (Tabakbau), Schneidemühlen, Zigarrenfabrik, Rohrgewebefabrik, Mahlmühlen. — Banken: Städt. Sparkasse; Greifenhagener Bank. — Bäder: Flußbad. — Postamt. — Unterkunft: Kütbachs Hotel, 3 Min. ab Dampfer; Hotel Deutsches Haus, Bahner Str. 17; Hotel Schwanenhof, Schwedter Str. 13 — Restaurants, Kaffees: mehrere vorhanden. — Verkehrsverbindungen: Station Wilhelmsfelde-Fiddichow, Strecke Stettin—Reppen, 4 km ab Ort, Omnibusverbindung. Tägl. Dampferverbindung Stettin—Fiddichow—Schwedt. —

Sehenswürdigkeiten: Schöner Blick auf die Stadt vom Wasser. St. Nikolaikirche, einfacher abgeputzter Granitquaderbau.

Wanderungen: Näheres auch unter „Ins Bahner Hochland"! — 1. An der Oder abwärts, später rechts Wendenberge (Burgwall); weiter über Brusenfelde (Gutspark) nach Station Pakulent (Strecke Stettin—Reppen). — 2. Fiddichow—Nipperwiese, direkt durch Forst oder über Kehrberger Mühle. Auch Fiddichow—Kehrberg—Kehrberger Mühle—Nipperwiese.

Weiterfahrt ab Fiddichow, nahe dem schön bewaldeten Steilrande (Kehrberger Forst) nach

Nipperwiese. Dorf mit fruchtbarer Umgebung, von waldigen Höhen gerahmt. Gemüse- und Frühkartoffelbau. Kirche: Altar und Kanzel verbunden (16. und 17. Jahrh.). Gute Schnitzarbeit. Inneres 1902 ausgemalt. Wetterfahne mit Jahreszahl 1373. — Baden, Bootfahren, Angeln. — Unterkunft und Gaststätten: M. Wilke, Otto Karge, M. Bliefert, H. Klinksiek, je 4 Betten. — Verkehrsverbindungen: Bhf. Kehrberg 6 km, Strecke Stettin—Reppen. Dampfer: Stettin—Nipperwiese—Schwedt täglich.

Wanderungen:

1. In die Kehrberger Forst, siehe „Ins Bahner Hochland"! 2. Zum **Schloßberg.** Südwärts aus dem Ort hinaus; in wenigen Minuten am bewaldeten Abhang. Gegen das Tal der Röhricke vorgeschobene Höhe mit Burgwall und Aussicht.

Bemerkung: Wie die Randow ist die Oder rechts und links von wendischen Burgwällen begleitet. Reste finden sich bei Niederzahden, Schöningen, Gartz a. O. (Westrand des Tales), in der Brusenfelder Forst, auf den Wendenbergen, in Fiddichow und auf dem Schloßberg bei Fiddichow (Ostrand des Tales). Dazu Zufluchtsstätten auf Sandinseln im Talgrund.

Der Dampfer setzt seine Fahrt auf einer Querverbindung mit Schleuse, einem Rest des ehemaligen Hauptstromes, Richtung Schwedt, fort. Siehe dort!

Ins Bahner Hochland.

Nach Bahn und Schloß Wildenbruch mit Anschlußwanderungen. Mit Staatsbahn bis Greifenhagen; Übergang auf die Kleinbahn. Die Bahn folgt der Hauptbahnstrecke und steigt dann, links neben dem Thuetal, aufwärts zur Haltestelle Vogelsang, dem Anfang des reizenden Tales der Thue.

Wanderungen: 1. Durchs Thuetal. Kein Längsweg. Gleich zu Anfang, links der Mühle, am rauschenden Wasser abwärts. Später muß man sich selber durchfinden, möglichst von Mühle zu Mühle, zuletzt an der Thue entlang zur Chaussee und nach Greifenhagen. 6 km. — 2. Vogelsang—Greifenhagen, 3½ km Landweg über freie Höhen mit Fernsicht.

Die Bahn folgt der Thue ab Vogelsang durch Wald und Wiesen. Haltestellen Wierow und Kl. Schönfeld. Vor Kl. Schönfeld links Woltiner See. Bhf. Kl. Schönfeld mit Abzweigung nach Pyritz und Neumark. Weizacker-Grenzgebiet.

Wanderungen: Ab Kl. Schönfeld, nahe der Bahn, Richtung Wierow, und zum Ende des Woltiner Sees. Später nach rechts, Landstraße nach Wierow. Von hier durch Wald nach **Woltin,** nahe dem See gelegen. Großes, einst mit Stadtrechten begabtes Dorf. Kirchhofsportale und spätmittelalterliche Findlingskirche, 1690 umgebaut. Altar und Kanzel mit zierlichem Schnitzwerk, 17. Jahrh. Mehrere Gasthöfe. Auf der Chaussee, teils durch Wald, zurück nach Greifenhagen. 14 km.

Weiterfahrt durch waldarmes, welliges Gelände über Borin mit See, Gebersdorf und Liebenow nach Bahn. Vorher links, jetzt als breite Mulde, das Thuetal, später zur Seerinne erweitert, das Endmoränengebiet zwischen Bahn und Wildenbruch schneidend und auf die Hauptendmoräne, südlich Schönfließ, gerichtet.

Bahn, 2600 Einwohner, am Langen See. Seit 1230 Stadt, seit 1234 im Besitz der Templer und später Johanniter. Zeitweise märkisch, ab 1333 pommersch. Einst stark befestigt. Im 15. Jahrhundert berühmt durch seine Passionsspiele, bis 1498 mehrere Darsteller (des Heilandes, der Maria und des Longinus) im Streit erschlagen wurden. Sprichwort: „Es nimmt ein Ende wie das Spiel zu Bahn.‘

Verkehrsverbindungen: Kleinbahn Greifenhagen—Wildenbruch und Kraftomnibus nach Pyritz. — Gasthöfe: Hotel Drei Kronen, Markt; 5 Z. Hotel Kuhfuß, Gr. Kirchenstr.; 9 Z. Gasthof Zum Stern, Breite Str.; 5 Z. — Kaffees vorhanden. — Bildungspflege: Theatergemeinde; Vorstellungen der Pommerschen Landes-Wanderbühne. — 2 Lichtspiele. — Banken: Städt. Sparkasse. Genossenschafts-Bank. — Bäder: Seebadeanstalt. — Jugendherberge: Wirtschaftsgebäude des Krankenhauses.

Rundgang: Ab Bhf. (schöner Blick auf die Stadt) die Birkenallee abwärts. Rechts St. Georgskapelle (15. Jahrh.), Stätte der Passionsspiele. An der Ostwand der eiserne Haken, an dem das Kreuz des Erlösers hing. Nach Kreuzung mit der Landstraße in die Lindenallee und am Nordufer des Sees in die Stadt. Vorher Badeanstalt und Karl-Fischer-Platz mit Denkstein. In der Stadt Pfarrkirche der Maria Magdalena, 1690 eingeäschert, wieder aufgebaut und 1854 erneuert. Im Garten der Superintendentur Rest des Pulverturms. An der Westseite der Stadt Promenade mit schönem Blick über den Langen See. — Umgebung: Hügeliges Gelände, Wanderwege von Obstbäumen gesäumt. Ostwärts in 45 Min. zum Bahner Stadtwald. Südwärts, der Bahn folgend, in 45 Min. zur Forst Marienthal (Bauernbuschberge, 93 m hoch, Endmoränenbildung). — Dazu mit Bahn oder zu Fuß nach Wildenbruch.

Schloß Wildenbruch und Umgebung.

Bahnfahrt: Ab Bahn westlich der Seensenke (Bahner und Wildenbrucher Langer See), zur Haltestelle Marienthal und durch den Bauernbusch zur Endstation Wildenbruch. — **Wanderung Bahn—Wildenbruch,** 9 km. Fußsteig an der Ostseite des Langen Sees bis zum links von der Höhe kommenden Landweg; diesen abwärts, am nächsten Querweg abermals links zur Neuendorfer Mühle. Von hier dauernd südlich und später durch Wald (Hofkammerforst Wildenbruch). Nach 3 km am Waldrande; rechts nach Wildenbruch.

Wildenbruch: Großes Dorf, zwischen Seen gelegen. Oberförsterei, Sägewerke, Fischerei. Gasthof Masche, 10 Min. ab Bhf., 10 B. Mai bis September vorherige Anmeldung! Gasthof zum Schloß, 10 Min. ab Bhf., 5 B. — Bäder: Freibäder in den Seen. Jugendherberge: Rettungshaus in Linde. Massenquartiere auch bei Masche. — Kleinbahn, Endstation der Strecke Greifenhagen—Wildenbruch. Südlich vom Dorf, Gut und Schloß Wildenbruch.

Schloß Wildenbruch, Hauptort der „Lande Wildenbruch", auf ehemaliger Insel im Schloßsee. Einst Sitz einer Ordenskomturei des Johanniterordens, der als Nachfolger der Templer 1312 das Land übernahm und nach Zerstörung seines Ordenshauses in Rörchen seinen Sitz hierher verlegte. Nach wechselnden Schicksalen im 18. Jahrh. Jagdschloß der Schwedter Markgrafen, dann Besitz der Krone Preußens und dem ehemaligen Kaiser zugesprochen. Wohnung des Domänenpächters. — Ein wilder Zweig des Hohenzollernstammes, nicht ebenbürtige Kinder des Prinzen Louis Ferdinand, gest. 1806, erhielten den Namen „von Wildenbruch". Der Prinz war der Großvater des Dichters Ernst von Wildenbruch. — Vorschloß, Mauer und Bastei sind beseitigt. Auf einem Damm erreicht man den offenen Hof. Hauptschloß im 18. Jahrh. abgeputzt und nur wirksam aus der Ferne durch seine gewaltige Masse. Inneres verbaut. Im Untergeschoß: Hofstube, Kapelle, Komturszimmer und Kammer. Im ersten Geschoß: Komturszimmer, Rittersaal und Grüne Kammer. Schwere Treppen, Stuckdecken und Kamine. Der mächtige Bergfried (Meldung zur Turmbesteigung in der Schloßküche, 20 Pf.) vermittelt eine prächtige Aussicht. Auf der Plattform knorriges Kiefernbäumchen. Nach S: Schloß- und Griepensee und weite Waldungen; im W: freie Höhen; im N: das Dorf und der Lange See; im O: die bewaldeten Hünenberge (Endmoränengebiet). – Im Schloßpark alte Roßkastanien; im Orte alte Linde von 4,50 m Umfang.

Wanderungen:

1. Zum **Gr. Görensee.** Zur Mühle am Seeabfluß und in Richtung auf den Wald zu. Vorher bei Weggabelung rechts, in den Weg nach Gornow. Zum Waldrand und in 15 Min. links, etwas abseits der See. Am Ufer Eiche, 6,35 m Umfang. Einsames, schönes Waldgewässer. Nahebei ein Burgwall. Durch die schluchtenreichen Hünenberge nach Gornow, 4 km. Oder Wildenbruch—Gornow—Linde—Wildenbruch, wobei Wald- und Endmoränengebiet mehrmals gekreuzt werden, rund 12 km. In Linde Jugendherberge im Rettungshaus.

2. **Wildenbruch-Uchtdorf** (Bahnstrecke Stettin—Reppen), 20 km. Auf Landstraßen, teilweise sogenannten „Markgrafenstraßen", Alleen aus der Zeit, da das Land Wildenbruch zur Markgrafschaft Schwedt gehörte, vom „Tollen Markgrafen" als Verbindungen seiner Besitzungen angelegt. Zunächst Thänsdorf. In der Kirche sehenswerter Altaraufsatz aus dem 18. Jahrh.; dann Jädersdorf und von dort nach Uchtdorf mit Bahnstation. Hier auch Jugendherberge im „Marthahaus". — Anschließend zu empfehlen:

3. (Wildenbruch—) Uchtdorf — Nahhausen — Tal der Röricke—Reichenfelde—Grabow—Nieder-Kränig — Schwedt a. O.

4. **Wildenbruch—Bad Schönfließ Nm.** Man folge dem Fahrweg am Ostrand der Seensenke südwärts! Zunächst offenes Land; in einiger Entfernung der Schloßsee. Dann durch Wald zur Försterei am Doldensee. Bald darauf Seitenweg rechts zum Seeufer; kleine Halbinsel, starke Quelle (Rummelspring), prächtiger Seeblick. Von hier weiter nach Süden und später im offenen Lande an Groß Stresow vorbei nach Bad Schönfließ Nm. Moorbad, 2700 Einwohner; sehenswert: Stadtkirche, Rathaus und Wehrbauten.

Ins Gebiet der Kehrberger Forst.

Staatliches Forstgebiet, vom Odertalrand (Fiddichow und Nipperwiese) bis an die Bahnstrecke Stettin—Reppen. Kiefern- und Buchenmischwald, alte Eichen. Endmoränengebiet. Daher mehrere schöne Seen: Liebitz- und Marsekow-Seen. Zum Odertal Steilabhänge. Siehe auch „Ostoderfahrt"! Sonst mit der Bahn Stettin—Reppen (Stationen Wilhelmsfelde-Fiddichow, Kehrberg und Uchtdorf) zu erreichen.

Stettin — Kehrberg — Nipperwiese — Fiddichow — Bahnstation Wilhelmsfelde-Fiddichow. Zunächst Bahnfahrt Stettin—Kehrberg. Bis Greifenhagen häufig nach rechts reizvolle Blicke ins Odertal. Gemüsebaugebiet. Greifenhagen, siehe vorher! Die Bahn überschreitet die Thue und quert dann eine sandige einförmige Talterrasse, um hinter Neu Zarnow das Odertal zu verlassen und die wellige, freundliche Hochfläche bei Pakulent zu erreichen.

Wanderung: Pakulent—Brusenfelde—(Gutspark mit alten Bäumen) — Fiddichow. Man wandere ab Brusenfelde ein Stück die Straße nach Fiddichow und dann den Weg rechts nach Marienhof. Wald und später Blick ins Odertal. Ab Mariendorf am Rande der Odertalberge südwärts nach Fiddichow, 9 km.

Weiterfahrt ab Pakulent nach Wilhelmsfelde-Fiddichow. Rechts der Haltestelle der Liebitz-See. Nach Fiddichow 4 km; Omnibus.

Wanderung: Ab Bhf. 2 km bis Lindow. Dorf zwischen kleinen Seen. Einst mit Stadtrechten begabt. Gasthöfe. Dann Landweg, 3 km, nach Kladow mit sehenswerter Wehrkirche; Turm mit Zinnenkranz. Nach abermals 2 km Kehrberg. Siehe unten!

Weiterfahrt mit der Bahn ab Wilhelmsfelde-Fiddichow nach **Kehrberg.** Kirche mit interessantem Maßwerk am östlichen Giebel. Gasthof nahe der Bahn.

Anschließend Wanderung: Über die Bahnstrecke, der Chaussee (Richtung Nipperwiese) folgend, in den Wald. Wo sie nach rechts umbiegt, geradeaus; an der Oberförsterei vorüber, abermals zur Chaussee, Richtung Nipperwiese. Links Wiesengrund und bald danach die ehemalige **Kehrberger Mühle,** äußerst malerisch gelegen. In einem vom Bund Heimatschutz, Landesverein Pommern, geschaffenen Anbau das alte Mühlenwerk als technisches Kulturdenkmal. — Auf der Chaussee weiter nach Nipperwiese. Links zunächst der verlandende Spiegelsee; dann Wald und später Gemüsebaugelände (Frühkartoffeln). Über Nipperwiese siehe unter „Ostoderfahrt". Bis hier 5½ km. Von Nipperwiese nach Fiddichow Waldfahrstraße, 5 km. Von dort zu Fuß oder mit Omnibus zur Bahnstation Wilhelmsfelde-Fiddichow.

Bemerkung: An der Hand der Karte sind mancherlei andere schöne Wege möglich. Empfohlen sei: 1. Von Wilhelmsfelde-Fiddichow über Dorotheenwalde um Liebitz- und Marsekowsee nach Kehrberg. (Marsekow, im 15. Jahrhundert erwähntes, später verschwundenes Dorf). — 2. Kehrberg—Kehrberger Mühle, wie vorher, dann von der Chaussee rechts ab, Waldweg zur Chaussee nach Fiddichow. — 3. Kehrberg—Roderbeck—Nipperwiese—Kehrberg. Im Roderbecker Gutspark prachtvolle Eiche, 6 m Umfang, 30 m Höhe. Fachwerkkirche; jetzt verbaute Laubenhäuser; Tabakbau; Gasthof. — 4. Sehr warm zu empfehlen ist der Besuch von Königsberg Nm., Station der Strecke Stettin—Reppen. Sehenswert: Kirche, Rathaus, Wehrbauten. Postauto nach Schwedt a. O.

3. Die untere Oder und das südliche Haffufer.

Einführung: Bei Stettin entsendet die Westoder drei Arme, Parnitz, Dunzig und Swante, zum Dammschen See, der bereits die Ostoder aufnahm. Seeabfluß und Oder bilden gegenüber Pölitz den Damansch und später das Papenwasser, das beim Leitholm, einer künstlichen Insel mit Elektrizitätswerk und Schiffahrtszeichen, in das

Haff übergeht. Das Ostufer des Dammschen Sees (siehe „Der Dammsche See und seine Umgebung"!) ist flach, teils Wiesenmoor, teils Sandboden mit Kiefernwald. Auf der Westseite der Oder bis vor Pölitz der malerische Rand der Warsower Hochfläche. Dann folgen auch dort Wiesenmoor und dahinter weite Forsten (Ziegenorter und Ückermünder Forsten). Auch der Ostrand von Damansch und Papenwasser wird von Wiesenmooren mit Bruchwald eingegrenzt. Dahinter die Forsten von Gollnow und Stepenitz.

Das Haff. Fläche 798 qkm, Länge und Breite 20, bzw. 50 km. Das Südwestufer zwischen Ziegenort und Ückermünde säumen weite Waldungen. Bei Neuwarp und Köpitz finden sich Haffdünen. Fehlt es auch an größeren Erhebungen, entsteht doch aus dem Zusammenklang von Wasser, Wiesenmoor und Wald ein eigener Reiz. Dazu der Himmel mit seinen wechselnden Stimmungen. Im Bruch wird der Adlerfarn 3 m hoch; im einsamen Hochwald horsten Seeadler und Schwarzer Storch. Interesse weckt der Schiffsverkehr mit seinen Sicherheitseinrichtungen, Bojen, Baken, Leuchtzeichen usw.

Über den Verkehr zu Wasser, siehe unter „Stettin"! Den schönsten Überblick gewährt ein Flug mit der Bäderlinie Stettin—Swinemünde.

1. Stettin - Schwabach - Schwankenheim - Sommerfrische Stepenitz.

Alltags einfache, des Sonntags und in der Saison täglich auch Hin- und Rückfahrt mit Dampfern ab Stettin. — Über die Dampferfahrt bis zur Höhe von Pölitz siehe „Hafenrundfahrt"! Bei Pölitz hört links der Höhenrand auf. Rechts und links Wiese und Bruchwald. Zur Seite des Stromes, rechts, kleine Ortschaften, versunken in Wiesengrün und Baumschatten. Am Ausfluß des Dammschen Sees zuerst Camelsberg (wird nicht angelegt), dann die Mündung der Ihna und danach Langenberg mit Fähre Langenberg—Pölitz. Erste Haltestelle

Schwabach mit Gaststätte am Wasser. Hier

Wanderung: Zum Dorf; von dort durch Bruchwald nach Wolfshorst und weiter nach Schwankenheim zur Rückfahrt mit Abenddampfer. 7 km. Es folgt

Schwankenheim. Auch hier

Wanderung: An der Haltestelle links ab, auf niedrigem Deich nach Forkadenberg an der Krampe. Übersetzen nach **Kurhaus Krampe.** Schön gelegen. Einsame Bootfahrten die Krampe aufwärts. Übernachtung möglich. Sommergäste. Zurück nach Schwankenheim; im ganzen 1¼ Std.

Weiterfahrt ab Schwankenheim. Nach kurzer Zeit rechts das „Papenwasser", ehedem dem Kloster Jasenitz gehörig. In die Bucht hinein und nach 2 Stunden Gesamtfahrt zur

Sommerfrische Stepenitz, Strand und Bad am Papenwasser. Groß und Kl. Stepenitz. Ersteres mit stadtähnlicher Verfassung und kleinstädtischem, überaus freundlichem Charakter. Sandstrand; Wasser weithin flach, für Kinder geeignet. In der Umgebung Wiesen und landein Waldungen. Milde Wasser- und Waldluft. Segeln, Rudern und Angeln. In beiden Orten interessante Fischerkirchen. Ärzte und Apotheke. — Unterkunft (außer in Privathäusern): Hotel Deutsches Haus, Strandstraße, Passoth's Hotel. — Restaurants und Kaffees: „Strandschlößchen", „Schützenhaus", „Strandhalle", „Strandgarten und Seeterrasse". — Jugendherberge: Volksschule, Lange Straße 37. — Verkehrsverbindungen: Tägliche Dampferverbindung mit Stettin. Kleinbahnverbindung: Stepenitz—Cantreck zur Hauptbahnstrecke. Postauto: Stepenitz—Pribbernow—Rackitt.

Wanderungen:

Wald und Wiesen umgeben den Ort, erreichbar auf der Chaussee nach Pribbernow, 1½ Std. hin und zurück. Sonst

Stepenitz—Graseberg—Stepenitz. Chaussee, Richtung Pribbernow, an Försterei Schöneiche vorüber, und in den Wald. Bruchwaldvegetation: Heidekraut, Porst, Blaubeere, Preißelbeere, Moosbeere, Gagel, Andromeda, Königsfarn, Sonnentau usw. Über den Gubenbach. Nach 10 Min. Waldweg links. Ihm folgend, geradeaus in 15 Min. zur Landstraße Stepenitz—Wollin. Ein Stück rechts: Abhang des Graseberges, einer 44 m hohen Geschiebemergelbank, einst Insel im Haffstausee, als Höhenmarke vom Wasser aus sichtbar. Auf der Höhe einst herzogliches Jagdhaus in Gestalt eines fünfstöckigen Aussichtsturmes aus Holz. Alte Eichen, Buchen und Wacholder. Von hier auf der Chaussee zurück nach Stepenitz.

2. Stettin-Köpitz am Haff.

Über Schiffsverbindung Näheres im Stettiner Verkehrs-Verein. Fahrt wie vorher, aber am Leitholm links vorbei und zur östlichen Haffküste. Hier im Wiesengelände auf Sandinseln die Ortschaften Ganserin, Schwantevitz und Köpitz.

Köpitz, reizvoll am Haff gelegen. Außen schlichte Fachwerkkirche mit Holzturm nahe dem kleinen Hafen. Prächtige, teilweise barocke Innenausstattung und mächtige Votivschiffe; sehenswert. Nördlich des Dorfes die Brandheide mit Haffdünen. Zwei Gastwirtschaften.

Wanderung: Durch Grünlandmoor zunächst nach Schwantevitz, am Wasser gelegen. Dann nach **Ganserin,** ebenfalls am Wasser. Kirche von 1882. Autoverbindung mit Stepenitz; Dampfer nach Stettin täglich. Nächster Bhf. in Stepenitz. Zwei Gasthöfe. Von hier nach Stepenitz. Im ganzen 2½ Std.

3. Stettin-Ziegenort-Neuwarp-Ueckermünde.

Fahrpläne im Stettiner Verkehrs-Verein, Am Berliner Tor 5. Alltags einfache Fahrt, in der Saison und des Sonntags hin und zurück.

Dampferfahrt: Über die Fahrt bis ins Papenwasser siehe vorher! Geradeaus die Ausfahrt ins Haff mit dem Leitholm. Links Gr. Ziegenort mit dem baumbestandenen Wellenbrecher vor dem Hafen, das Ziel der Fahrt. 2 Std.

Bahnfahrt nach Ziegenort: Nicht uninteressant. Die Bahn umgeht Stettin nach Norden zu und berührt die Stadtteile und Vororte Neutorney, Westend, Zabelsdorf und Bredow. Dann nordwärts am Rande des Odertales über Züllchow, Frauendorf und Gotzlow usw. nach Messenthin und Pölitz. Zeitweise nach rechts hübsche Ausblicke über die Stadt und die Landschaft am Strom. Von Pölitz nach Jasenitz (siehe dort!) und weiter Richtung Ziegenort, durch wenig fruchtbares, ehedem mit Wald bedecktes und erst unter Friedr. d. Gr. besiedeltes Gelände. Haltestelle Damuster und Bhf. Königsfelde-Wilhelmsdorf. Königsfelde, friderizianische Siedlung aus ehedem 20 Gehöften. Zwei Gasthöfe.

Wanderung: Von Königsfelde zur Straße nach Hammer und weiter nach Carpin, nahe dem Carpiner See. Gastwirtschaft. Von hier schöne Waldstraße nach Ziegenort (siehe dort!).

Fortsetzung der Bahnfahrt durch Nadelwald nach Bhf. Ziegenort.

Ziegenort, Haffbad und Sommerfrische. Aus Gr. u. Kl. Ziegenort bestehende Fischerortschaft zwischen Wasser, Wiesen und meilenweiten Waldungen. Gr. Ziegenort: Hafen am Papenwasser, Dampferverbindung mit Stettin, Holzverladung. — Kirche: Putzbau des 18. Jahrh. Turm im Oberbau Fachwerk; Wetterfahne mit Jahreszahl 1745; zum Teil ältere Ausstattung; Votivschiffe. Nahebei das Pfarrhaus und das sogenannte Kapitänshaus, schlichte, aber feine Bauten, barock. — Kl. Ziegenort (15 Min.): Badestrand am Haff, 1½ km lang. Ungezwungenes, einfaches Leben. Strandkörbe, Badeanstalten, Arzt und Post. — Unterkunft (ohne Privatwohnungen): Gasthaus und Fremdenheim Seeschloß, Pflugradts Hotel. — Restaurants: Restaurant und Seebadeanstalt Schanzberg. Restaurant Haffkante, Gasthaus zum Walfisch usw. — Jugendherberge: Strandkasino. — Auskunft: Verkehrs-Verein e. V., Ziegenort. — Verkehrsverbindungen: Vorortbahn Stettin—Ziegenort. Dampferverbindung Stettin—Ziegenort.

Wanderungen:

Kartenmaterial: siehe „Reisewinke"! Über ausgedehnte Waldwanderungen lese man nach unter „Die Ückermünder Heide".

1. **Zum Herzberg.** Mützelburger Chaussee bis zum Waldrand; dort rechts der breite Rücken des Herzberges, 22 m hoch, doch mit schönen Durchblicken auf Ort und Haff. Am Waldrand weiter nach Kl. Ziegenort.

2. **Nach Horst und Elsenruh.** Mit Rückweg 9 km. Zum aussichtsreichen Schanzberg und um die nördlich gelegene Waldblöße bis zum bis an das Haff reichenden Forst. Dort auf niedriger Steilkante (Haffuferweg) weiter. Aussicht aufs Haff. An der Försterei Horst vorbei zum Gasthaus Elsenruh, dicht am Haffufer.

3. **Über Horst nach Neuwarp,** 22 km. Von Horst nach Althagen; hier Jugendherberge im Gasthaus Butzlaff. Durchs Dorf zum Waldrande; die Hauptstraße weiter nach Albrechtsdorf und Neuwarp. (Siehe weiter unten!)

Oder ab Althagen, nördlich nach Wahrlang, Dorf im Vorgelände des Haffes. Gasthof Schultz, 2 Z., Gasthof Dittmann, 2 Z. Von hier nach Neuwarp. Empfehlenswerter Richtsteig durch Moor und Wald. Genaue Karte nötig.

Weiterfahrt mit Dampfer ab Ziegenort nach Alt- und Neuwarp. Links die waldige Haffküste, später von Wiesen abgelöst. Das Schiff geht ziemlich weit nach NW hinauf, bis an die Grenze von Großem und Kleinem Haff, und steuert dann nach links die Einfahrt in den Warper See an.

Der Warper See: je 5 km lang und breit, Bucht des Haffes mit schmaler Einfahrt, rings von Wiese und Wald umgeben. An der Westseite der Einfahrt das Dorf Altwarp. Auf einer Halbinsel im See, abseits allen Verkehrs, das Fischerstädtchen Neuwarp. Am Südufer die Dörfer Albrechtsdorf und Rieth. Das ganze ein einsam-schönes Stück Erde. — Der Dampfer legt zunächst vor Altwarp an, quert den sogenannten Vordersee und erreicht die Nordbrücke des malerisch gelegenen, fast rings von Wasser umgebenen Ortes.

Neuwarp. Fischer- und Schifferstädtchen, 2000 Einwohner. 1352 zuerst genannt. Alle Chroniken vor 1439 bei Feuersbrünsten vernichtet; weitere Brände 1440, 1555 und 1692. Zur Sommerfrische gut geeignet. Bad, Segeln, Rudern, Angeln. Sehenswert: Fachwerk-Rathaus von 1692 mit schönem Blick vom barocken Turm. Marienkirche: Abgeputzter Ziegelbau. Innenausstattung nach 1692. Barocker Altaraufsatz, nicht üble Malerei. Im Rathaus der Zinnschatz der Neuwarper Schiffergilde. — Man beachte handwerklich gearbeitete Haustüren! — Als „Malerwinkel" oft von Künstlern aufgesucht (Prof Hartig, Berlin, Ehrenbürger der Stadt. Hans Lang-Wollin). — Verkehrswesen: Dampferverbindung mit Ückermünde und Stettin. Kleinbahn Stöven—Neuwarp. Fährverbindung nach Altwarp. — Unterkunft (ohne Privatwohnungen): Hotel Rupnow, am Wasser, nahe der Nordbrücke. Hotel Oesterreich, am Markt. Dazu mehrere Gasthöfe. — Auskunft: Der Magistrat.

Wanderungen:

Siehe auch unter „Die Ueckermünder Heide"!

1. Nach Altwarp, Fischerdorf. Sommerfrischler. Backsteinkirche ohne Turm, 18. Jahrh. Altarschrein mit Schnitzfiguren und Malereien von dem 1599 in Stettin eingewanderten Lüneburger Heinrich Kothe. Mehrere Gasthöfe bieten Unterkunft. Auskunft: Der Ortsvorsteher. Badegelegenheit. Post. Spar- und Darlehnskasse. Jugendherberge: Gasthaus Goldener Stern. Hinter dem Ort aussichtsreiche Höhen mit Blick über den Warper See. Gekennzeichnete Waldwege. Fährverbindung mit Neuwarp.

2. Nach Altstadt. Auf bewaldeter Halbinsel östlich der Einfahrt in den Warper See gelegen. „Strandhotel" und Erholungsheim der Betriebskrankenkasse Stettin. Dorthin mit Segelboot oder zu Fuß um den Vordersee. 3 km.

3. Nach Steinort am Haffufer. Auf der Promenade bis zum Waldrande, über die Bahn und auf dem zweiten Wege von links in 20 Min. zum hohen, aussichtsreichen Haffufer.

4. Nach Albrechtsdorf. Von der Promenade nach rechts abzweigender Weg, nahe dem Warper See, am Rande des Schützenwäldchens vorbei zur Chaussee und nach Albrechtsdorf. Schmiede und Gasthof sind Laubenhäuser. Sägewerke. Zwischen Albrechtsdorf und Haffufer interessantes Moorgebiet. 3 m hohe Adlerfarne, Königsfarn, Wasserschlauch. Kirche einfacher Fachwerkbau aus Eiche mit neuerem Backsteinturm.

5. Neuwarp-Rieth. Von Albrechtsdorf auf Wegen nahe der Bahn, an der Riether Mühle vorbei, nach Rieth. Gelegenheit zum Baden, Angeln, Bootfahren. Im See der Riether Werder. Kirche: Putzbau; Wetterfahne mit Jahreszahl 1731. Altaraufsatz spätbarock. — Haltestelle der Kleinbahn Stöven—Neuwarp.

6. Neuwarp-Ueckermünde. Durch die Altwarper Forst auf bezeichneten Wegen nach Försterei Warsin und Dorf Warsin, beide nahe dem Haff.

Warsin-Vogelsang, Landgemeinde von 600 Einwohnern. Fischerei, Kleinschiffahrt, Ziegeleien, mehrere Gasthöfe. In Vogelsang Schloß mit Park und prächtigem Blick aufs Haff. (Ritter Vidante von Muckerwitz auf Vogelsang erschlug 1295 aus Eifersucht Herzog Barnim II. Über das Barnimskreuz siehe unter „Ueckermünder Heide"!) Von Vogelsang weiter nach Bellin.

Bellin (Kr. Ueckermünde), großes Dorf mit Ziegelindustrie nahe dem Wasser. Haffbad und Wald. Sommergäste. Nächste Bahnstation Ueckermünde (Omnibusverbindung). Gasthof Glöde, 6—8 B., Gar. Dazu mehrere Gastwirtschaften. — Von Bellin nach Ueckermünde. (Vogelsang—Ueckermünde 8 km). Oder

Dampferfahrt Neuwarp—Ueckermünde. Näheres über Ueckermünde im Abschnitt „Die Ueckermünder Heide".

4. Ueckermünder Heide, Pasewalk und die Rothemühler Forst.

Vorbemerkung: Es handelt sich um das Waldgebiet zwischen Oder und Peene, Haffufer und Randow-Hochfläche, etwa 1550 qkm groß, davon zwei Drittel Hochwald mit acht staatlichen Oberförstereien. Das ganze ein ziemlich flaches, mit dem Sande und den Tonablagerungen des ehemaligen Haffstausees bedecktes Gelände, je nach Boden und Grundwasserstand mit Kiefernhochwald, Buchenmischwald, Bruch, Grünlandsmooren und Hochmooren bewachsen. Eiben finden sich in mehreren Schutzbezirken, ebenso Elsbeeren. Zarow, Uecker und Randow entwässern das Gebiet in breiten Moortälern. Seit 200 Jahren erst finden erfolgreiche Kolonisierungen und Meliorationen im Anschluß an das Siedlungswerk Friedr. Wilh. I. statt. (Amt Königs-Holland im Tal der Uecker.) In Torgelow begründete Friedr. d. Gr. eine Eisenindustrie (Raseneisenerz). — Reiche Tonlager haben rings um Ueckermünde eine ausgedehnte Ziegelindustrie entstehen lassen. Torgelow führt im Sommer Blaubeeren aus (bis nach England). — Die Heide ist reich an geschichtlichen Erinnerungen. Hier jagten die Pommernherzöge, kämpften mit ritterlichem Raubgesindel (Hasenburg in Torgelow), residierten auf Schloß Ueckermünde und waren Gäste adliger Herren (Schloß Vogelsang, Schloß Rothenklempenow). 1806—07 war die Heide die Stätte eines ausgedehnten Franktireurkrieges, dessen Führer in Neuwarp, Ziegenort und Stepenitz saßen. Noch heute ist die Heide ein unerschöpfliches Wandergebiet, einsam und reich an Wild.

Das Gebiet um Pasewalk mit Einschluß der Rothemühler Forst gehört der sogenannten glazialen Serie — Grundmoränenebene, kuppige Grundmoräne, Endmoräne — an. Geschichtlich trat es in vielfache Beziehungen, friedliche und kriegerische, zur Mark bzw. Altmark. Das erweisen die Granitquaderbauten in Pasewalk und Dargitz, aber auch fränkische Höfe und Häuser, ein Hinweis auf jene Siedler des 13. Jahrh., die etappenweise vom Niederrhein aus über die Altmark und die Mark das südliche Mittelpommern erreichten.

Verkehrsverbindungen: Am Ostrand: die Bahnstrecke Stettin—Ziegenort; am Südrand: Stettin—Pasewalk. Querbahnen: (Stettin)—Stöven—Neuwarp, (Stettin)—Jatznick—Ueckermünde. Dazu Omnibus: Stettin—Ueckermünde. — Über Kartenmaterial siehe den Abschnitt „Reisewinke"! Über die Umgebung von Ziegenort, Neu- und Altwarp siehe vorigen Abschnitt!

a) Stettin-Jasenitz (mit Bahn) -Entepöl-Barnimskreuz-Hintersee-Stettin.

Mit Bahn nach Jasenitz.

Jasenitz, betriebsame Landgemeinde am Rande der Ueckermünder Heide. Nach 1329 Stätte eines Klosters und mit Mönchen des Klosters St. Victor in Paris besetzt. Das Kloster war verschiedene Male vorher verlegt worden, ehe es endgültig nach Jasenitz kam. Die Mönche entfalteten weniger kolonisatorische Tätigkeit, als Seelsorge. Immerhin gehörte dem Kloster ein gutes Stück der Heide von Ziegenort bis Pölitz, das Papenwasser und Hopfengärten in Pölitz und Löcknitz. Nach seiner Aufhebung ward es Domäne, für 40 Jahre Sitz eines Pädagogiums (der Keimzelle des Stettiner Marienstifts-Gymnasiums) und später herzogliches Jagdschloß. Übriggeblieben ist ein schlichter, zweiflügliger Bau. Das Erdgeschoß stammt noch aus mönchischer Zeit. Im Anschluß daran die Kirche. Auf Schloß Jasenitz lebte eine Zeitlang in der Verbannung Elisabeth, die Gemahlin Friedr. Wilh. II. Hier verlebte seinen Lebensabend der Dichter und Forscher Ludwig Giesebrecht. Auf dem Friedhof an der Giesebrechtstraße sein schlichter Grabstein (gest. 18. 3. 1878). Er war Zeitgenosse und Freund Carl Loewes. — Banken: Jasenitzer Bank. — Postamt. — Hotel Deutsches Haus; Vereinshaus. — Verkehrsverbindung: Station der Strecke Stettin—Ziegenort; Dampferverbindung mit Stettin.

Wanderung.

Auf der Chaussee nach Hagen. 3 km. Links das flache Aalbachtal. Im Orte rechts und zum Walde, und nun in gleichbleibender Richtung (zunächst 4 km Waldweg, dann

2½ km Chaussee) nach Försterei Neuhaus. Nach 3½ km Waldwärterhaus Entepöl und Schankwirtschaft. Nach nicht ganz 2 km Kreuzung von Chaussee und Landstraße und hier, dicht an der Chaussee: **Barnimskreuz und Gedenkstein** mit der Jahreszahl 1295. Ritter Vidante von Muckervitz erschlug an dieser Stelle Herzog Barnim II. aus Eifersucht und seinen Getreuen Hans von Clempenow. — Nochmals 4 km Waldstraße:

Hintersee, stattliches Dorf am ehemaligen Ahlbecker See. Station der Kleinbahn Stöven—Neuwarp; Post Stettin—Ueckermünde. Zur Sommerfrische geeignet. Unterkunft: Gasthof Mietzner, 6 B.; Gasthof Diemke, 7 B.; Witwe Wichert, 4 B. — Sägewerke, Molkerei, Spar- und Darlehnskasse. Rückfahrt nach Stettin oder

Wanderung: Vom Barnimskreuz zurück nach Entepöl und auf der Chaussee nach **Stolzenburg,** Dorf, Gut und Schloß. Haltestelle der Strecke Stöven—Neuwarp. Autobuslinie: Stettin—Ueckermünde. Kirche mit prächtigem Turm und barocker Haube. Zur Turmbesteigung Meldung in der Schule. Lohnend! Gasthof im Ort. — Ringsum die schöne **Stolzenburger Gottesheide** mit Schloß- und Lenzensee. Nahe dem Vorwerk Lenzen aussichtsreiche Höhe 40, einst Insel im Haffstausee. Privatforst. Nur öffentliche Wege benutzen! — Wanderung auch von Stolzenburg über Lenzen und nahe der Bahn nach **Stolzenburg-Glashütte.** 1665 begründet, 1929 stillgelegt. Gasthof mit 2 B.

Seitenwanderung: Waldstraße Stolzenburg-Glashütte — Grünhof — Rothenklempenow — Löcknitz, 14 km. Siehe dort!

b) Stettin-Ueckermünde

unter teilweiser Benutzung des Fernautos, zweimal täglich. Gesamtfahrtdauer 2 Std. Siehe unter „Stettin"! — Zunächst durch die nähere Umgebung von Stettin. Später durch die Heide mit Entepöl und Hintersee (siehe vorher!).

Seitenwanderung: Hintersee — Gr. Mützelburg — Albrechtsdorf — Neuwarp. Über Hintersee siehe oben! Von hier durch Wald nach **Gr. Mützelburg.** Oberförsterei. Gasthöfe Siewert und Tornow. Bei Siewert Jugendherberge. Dann zwischen Gr. und Kl. Mützelburger See nach Kl. Mützelburg und weiter über Rieth und Albrechtsdorf nach Neuwarp. Siehe dort! Im ganzen 13 km.

Fortsetzung der Autofahrt. Am Rande des trockengelegten Ahlbecker Sees nach Ludwigshof. Kleinbahn Stöven—Neuwarp.

Seitenwanderung: Ludwigshof — Rieth — Albrechtsdorf—Neuwarp. Siehe dort!

Fortsetzung der Autofahrt ab Ludwigshof nach **Ahlbeck.** Großes Kirchdorf. Kirche: Fachwerk mit stattlichem Barockturm. Ende des 18. Jahrh. — Gastwirtschaften.

Seitenwanderung: Südwestlich Ahlbeck auf zwei Meilen Entfernung von keiner dörflichen Siedlung unterbrochener Waldbestand. Nur einsame Forsthäuser. Gequert von der in einem schmalen waldgesäumten

Moortal fließenden Randow. Ahlbeck—Jägerbrück—Torgelow, 16 km. Nur Wald! Über Torgelow siehe später!

Fortsetzung der Autofahrt: Ahlbeck—Eggesin, am Rande des vereinigten Randow- und Ueckertales. Dann über Hoppenwalde nach Ueckermünde.

c) (Stettin-) Pasewalk-Jatznick-Ueckermünde.

Bahnfahrt bis Löcknitz, siehe unter „Ins Randow-Hochland"! — Hinter Löcknitz durchs Randowtal. Links vorher Ruine Löcknitz. Nächste Haltestellen: Rossow und Zerrenthin, auf märkischem Boden. Dann Pasewalk, vorher links sichtbar. Über die Stadt siehe weiter unten! — Umsteigen und über Sandförde nach Bhf. Jatznick. Mitten im Walde gelegen. Hier Zweigbahn nach Ueckermünde. Oder

Wanderung: **Bhf. Jatznick — Hammer — Torgelow,** 7 km. Vom Bahnhof rechts ab und auf breiter Straße in den Wald nach Hammer. Dorf nahe dem Ueckertale, mit Sägewerk. Gasthaus Pom. Hof. — Erste Besiedlung des Tales durch König Friedr. Wilh. I., und zwar durch Holländer. Daher der Name „Holländereien" für die einzelnen Gehöfte. „Amt Königsholland". Mit Friedrich dem Großen begann die industrielle Entwicklung des Gebietes. — Von Hammer zur Uecker und auf dem Treidelweg zur Seite des Flusses nach Torgelow.

Torgelow i. Pom., Industriedorf, 7000 Einwohner. 1754 erfolgte die Gründung des ersten Eisenhüttenwerkes in Torgelow durch Friedr. den Großen. Man verhüttete zunächst Raseneisenerz. Heute Einfuhr aus dem Ausland: im ganzen 14 Eisenwerke. — Der Ort ist rings von Wald umgeben. Viele Blau- und Preißelbeeren. Handel und Ausfuhr. — Dazu Sägewerke und geringe Schiffahrt.

Banken: Gemeindesparkasse. Torgelower Bank. — Bäder: Fluß- und Warmbad. — Postamt. — Unterkunft: Hotel Deutsches Haus, 8 Min. ab Bhf., 25 B. Nahe Omnibushaltestelle Torgelow—Ueckermünde. — „Goldene Traube", 20 Min. ab Bhf., 5 B., Omnibus nahebei. — „Goldener Anker", wie vorher. — Restaurants u. Kaffees vorhanden. — Theater, Lichtspiele: Veranstaltungen der Kunstgemeinde. Lichtspiele von Schmidt (auch Tonfilm). — Jugendherberge: Mädchenschule, Pasewalker Str. 9/10. — Verkehrsverbindung: Station der Bahn Jatznick—Ueckermünde. Autoverkehr Torgelow—Ueckermünde (Haffbad). Im Sommer mehrmals täglich.

Sehenswürdigkeiten: Unter den Hüttenwerken das älteste, „Hütte Vollgold", 1754 gegründet. Nahe der Uecker-Klappbrücke mit schönem Blick ins Ueckertal die Reste der Hasenburg, der Stätte des Raubrittergeschlechts der Hase, 1465 zerstört. Dazu Ueckerstauanlage im Anschluß an das Eisenwerk von 1754, und Schiffahrtsschleuse. —

Von Torgelow nach Ueckermünde: mit der Bahn oder

Wanderung: 1. Durch die Jädkenmühler Forst (Chaussee) und über Liepgarten nach Ueckermünde. **Liepgarten:** stattliches Kirchdorf. Auf dem Friedhof ward Bogislav X. von einem Hirsch schwer verletzt. Kirche: später abgeputzte Backsteinkirche aus dem 15. Jahrh. Turm von 1774. Vor der Kirche links ab, über eine Seitenstraße und aufwärts zur Höhe 24 mit Aussicht. Gasthäuser im

Ort. — Weiter nach Ueckermünde. Im ganzen 16 km. — 2. Torgelow—Eggesin—Ueckermünde. Chaussee, Richtung Liepgarten. Aber 4 km hinter Bahnüberführung Seitenweg durch Wald ins Ueckertal mit einzelnen Gehöften. Von einem zum andern, bis zur Holländerei Alt-Torgelow. Über die Uecker setzen lassen! Auf der andern Seite der Schloßberg, Stätte der 1187 erwähnten Burg Ukra, den Muckervitzen gehörig. Von der Südwestecke Fußsteig zur Siedlung Binning und weiter nach

Eggesin, Industriedorf, über 3000 Einwohner. 1241 Eigentum des Klosters Grobe. Mehrere Gasthöfe und Restaurants, ein Kaffee, ein Lichtspiel, Spar- und Darlehnskasse. Ziegeleien, Eisengießereien, Holzhandel. Station der Strecke Jatznick—Ueckermünde. Fernautolinie Stettin—Ueckermünde. — Im Osten weite Waldungen. Nahebei Eggesiner See, Brutstätte des Höckerschwanes. — Wanderung: Eggesin—Ahlbeck—Warper See. Siehe vorher!

Bahnfahrt: Eggesin—Hoppenwalde—Ueckermünde.

Haffbad Ueckermünde. Kreisstadt von 8000 Einwohnern, an der schiffbaren Uecker, 2½ km vor ihrer Mündung ins Haff. 1276 als deutsche Stadt bezeichnet. 1260 ein Kloster des Hlg. Victor, Niederlassung einer französischen Brüderschaft, später verlegt und schließlich in Jasenitz. Schon vor der Zeit hier ein fürstlicher Wohnsitz, 1284 als castrum bezeichnet, damals an Brandenburg verpfändet. 1295 zu Pommern-Stettin gehörig und nach dem Entstehen eines mittelalterlichen Schloßbaues gern bewohnt. Dieses Schloß wird 1546 von Philipp I. prächtig ausgebaut. Ab 1720 preußisch und teilweise abgetragen. Nach den Ereignissen des Dreißigjährigen Krieges zählte die Stadt nur 8 Männer und 7 Witwen. Bis in die Mitte des vorigen Jahrh. bedeutender Segelschiffbau. Jetzt Mittelpunkt der Ziegelindustrie des Ueckertales, die eine Schicht feinen Taltones abbaut. Eisengießereien. — Rundgang: Vom Bhf. kommend, über die Ueckerbrücke. Hübscher Blick auf Stadt und Schloß. Schloßplatz eine flache Erhebung über Stadt und Fluß. Nur der südliche Flügel ist neben einem seine beiden Geschosse verbindenden Treppenturm und dem mittelalterlichen Bergfried (mit Barockhaube von 1909) erhalten. Hauptbau in obersächsischer Spätgotik. Im Erdgeschoß Sterngewölbe; der Treppenturm mit interessanter Wendeltreppe. Über dem Portal Flachrelief mit Inschrift. Vom Turm gute Aussicht. — Dazu Mauerreste der städtischen Wehrbauten in der Wall- und Gartenstraße. — Vor der Marienkirche Kriegerdenkmal von Raum-Berlin (1923). Marienkirche: Putzbau von 1752 mit Backsteinturm von 1863. — 2½ km ab Stadt am Haff das **Haffbad** mit breitem Sandstrand, Strandhalle und Ankleidehalle. Benutzung 20 Pf., sonst keine Kurtaxe. Motorbootverbindung vom alten Bollwerk, Autobus ab Markt, 10 Min. Dazu für Autos gesperrte Promenade mit Ruhebänken (½ Std.). —

Unterkunft (ohne Privatwohnungen): Zum Kronprinzen, Ueckerstraße 31, 12 Z. — König von Preußen, Anklamer Str. 4, 6 Z., Gar. — Zum Hohenzollern, Stettiner Str. 16, 21 B., Gar. — Goldene Traube, Ueckerstr. 44, 8 B. — Jugendherberge: Mädchenschule, Anklamer Str. 63. — Wohnungsvermittlung: Gemeinnütziger Badeverein. — Restaurants und Kaffees: Neben solchen in der Stadt, Strandhalle (Haffbad),

Konzert, auch Zimmer. — Verkehrsverbindungen: Nebenbahn Jatznick—Ueckermünde. Fernauto: Stettin—Ueckermünde. Privatlinien: Ueckermünde—Ferdinandshof—Eichhof; Markt—Strand. — Dampfschiffsverbindung mit Stettin, dreimal wöchentlich über Warp und Ziegenort. Motorboote zum Strand. — Wassersport. Mehrere Vereine.

Wanderungen:

Siehe auch „Neuwarp und Umgebung"! — 1. Zum Stadtgut Neuendorf, 3 km, nahe dem Haffufer, mit Blick auf Haff und Uferlandschaften; desgleichen Blick vom Molenkopf. — 2. Ueckermünde—Neuhof—Zarowmühle, mit Rückweg 5½ km. In Neuhof und Zarowmühle Provinzialheilanstalten. — 3. Nach dem Schützenwalde. Restaurants und städtischer Sportplatz. Von dort zum Apothekerberg bei Liepgarten mit Aussicht. — 4. Nach Liepgarten, Schloßberg und Eggesin, siehe vorher! Direkt zum Eggesiner See: zunächst Stettiner Landstraße, an der die meisten Ziegeleien liegen (Klinkerpflasterung). Dann im Walde den zweiten Querweg nach rechts. Auf diesem auf den zweiten Querweg links. Er führt bis zum Rande des Bruches, das den See umgibt. Höckerschwan!

d) (Stettin-) Pasewalk und die Rothemühler Forst.

Über die Bahnfahrt nach Pasewalk siehe vorher!

Pasewalk, Stadt, 11 800 Einwohner, am Ueckertal. — Geschichtliches: Urkundlich werden 1177 Kirche und Dorf Budessina in Pozdewolk (Pasewalk) genannt. Vielleicht an diese nahe dem Wasser und im Bereiche der heutigen Nikolaikirche gelegene wendische Siedlung schloß sich auf trockener Höhe die deutsche Oberstadt (13. Jahrh.). Die Wendensiedlung wiederum, später eingedeutscht, vereinigt sich mit der Oberstadt um Markt und Marienkirche zu einem stark befestigten Ganzen. Dreihundert Jahre Zankapfel zwischen Pommern und Märkern. Denkmal jener Kämpfe der „Kiek in de Mark", ein Mauerturm, den die Pasewalker erbauten, nachdem sich Kurfürst Friedrich II. von Brandenburg 1445 vor Pasewalks Mauern eine Niederlage geholt hatte. Damals hieß es: „Kiek in de Mark un trure nich, Markgraf Fredrich de deit di nix". — Zur Hansa gehörte Pasewalk nur zeitweise und mittelbar; immerhin besaß die Stadt behäbigen Wohlstand. Berühmt als Handelsware ein starkes Bier, die Pasenelle. Handelsblüte und Wohlstand vernichtete der Dreißigjährige Krieg. 1720 wird Pasewalk preußisch und erhält Garnison. Am 29. 10. 1806 die Kapitulation von Pasewalk. In jüngerer Zeit wichtiger Verkehrsknotenpunkt. —

Wirtschaftsleben: Mühle, Eisengießerei, Kartoffelflockenfabrik, Siemens-Schuckert-Werke, Tabakhandel. — Geistesleben: In Pasewalk geboren: Präpositus Dr. Bahr und Geheimrat Prof. Dr. Lemcke, ehedem Gymnasialdirektor und Provinzial-Konservator, Stettin. — Banken: Gewerbebank; Märkische Bank; Städt. Sparkasse. — Postamt. — Bäder: Flußbad. — Unterkunft: Hotel Monopol, Bahnhofstr., 3 Min. ab Bhf. — Hotel zum Kronprinzen, Marktstr., 5 Min. ab Bhf. — Hotel Struthmann, Marktstr., 15 Min. ab Bhf. — Hotel Edelweiß, Markt, 15 Min. ab Bhf. (Omnibusverbindung). — Restaurants, Kaffees: Mehrere vorhanden. — Theater: Berliner Gastspiele; Konzerte Berliner und Stettiner Künstler. — Verkehrsverbindungen: Station der Strecke Berlin—Pasewalk—Stralsund; dann Stettin—Pasewalk—Lübeck—Hamburg; Berlin—Pasewalk—Ducherow—Swinemünde. — Nahverkehr: Stadtomnibus.

Rundgang und Sehenswürdigkeiten: Stadtgrundriß: Planvolle Anlage als ostdeutsche Kolonialstadt.

Marienkirche und Markt am höchsten gelegen. Vom Bhf. über die Ueckerbrücke in die Bahnhofsstraße. An der Straßengabelung Marktstraße—Ueckerstraße beginnt die Altstadt. Wir folgen der Marktstraße. Farbige Fachwerkbauten und mit Liebe behandelte Haustüren und Oberlichtfenster! Marktstr. 51 — Hübscher Blick auf die über die Häuser emporragende Nikolaikirche. Über die Mühlenstraße; Blick links: Mauerturm. Nachher über den Häusern Turm der Marienkirche. Dann links

St. Nikolai in der ehemaligen wendischen Unterstadt, aus dem 12. und 13. Jahrh. Beispiel für Granitquaderbauten des märkisch - pommerschen Grenzgebietes. Nord- und Südgiebel aus Backstein mit Kalkputz und origineller Ornamentik, später entstanden. Am Ostgiebel Formen des ältesten Baues. Inneres belanglos. — Die Marktstraße weiter. Rechts Kl. Kirchenstraße mit alten Speichern. Zum Markt mit Denkmälern und Rathaus. — Das Rathaus: 1727 unter Beihilfe König Friedrich Wilhelms I. entstanden. Ehemals vorhandene Laube nachträglich geschlossen. Dann zur

Marienkirche, links über der Marktecke. Davor altes Steinkreuz, angeblich zur Erinnerung an die Ermordung des Priesters und Stadtschreibers Schünemann, 1367. — Marienkirche: 13. Jahrh.; vom ersten Bau nur noch Teile. Langhaus um 1300 in gotischen Formen. Achteckkapelle der Nordseite 15. Jahrh. 1734/35 neue Gewölbe eingebaut. 1841 Turmstumpf erneuert, 1845—50 das Äußere von Langhaus und Kapelle und 1860—63 das Innere. Dreischiffiger, wirkungsvoller Hallenbau. An der Ausgestaltung des Innern 1860—63 hat Stüler, Berlin, hervorragend mitgewirkt. — Nahebei abgeputztes spätmittelalterliches „Elendshaus“. Von hier in die Kalandstraße. Am Ende links in die Ringstraße, die der Innenseite der Mauer folgt. Bei Einmündung der Schulstraße Durchblick rechts auf das Offizierkasino. Pasewalk war Garnison des ehemaligen pommerschen Kürassier-Regiments Nr. 2, „Königin“, hervorgegangen aus den „Ansbach-Bayreuth-Dragonern“ des Siebenjährigen Krieges. Offizierkasino 1867 erbaut, mit vielen Andenken aus großer Zeit. — Dann über die Große Ziegelstraße zur Stettiner Straße mit Torwärterhaus. Weiter zum Turm in der Verlängerung der Mühlenstraße. In die Ueckerstraße mit den Hospitälern St. Georg und St. Spiritus (16. Jahrh.). Rechts Gasse zur Mauer und weiter zum Mühlentor. Einziger Schmuck: elf schmale Blenden im 2. Stock; einzig in seiner Art. In die Grünstraße, vorbei an Gymnasium und Amtsgericht. Geradeaus über den Häusern ein Mauerturm. Dort durch die Gr. Kirchenstraße nach rechts zur Mauerstraße. Links „Kiek in de Mark“ und Prenzlauer Tor. — In der Nähe der Stadt Kirchenforst und Stadtpark.

Wanderungen:

1. **Pasewalk—Dargitz—Jatznick.** Bis Bhf. Jatznick 11 km. — Über die Uecker und auf die Chaussee, Richtung Jatznick. Hinter der Chausseegabelung links Pflasterstraße nach Dargitz. Vor dem Orte wird Bahnstrecke Pasewalk—Neubrandenburg passiert; dann Wiesenniederung und Dorf. **Dargitz,** interessante Kirche. Granitquaderbau, 13. Jahrh.; typische

schmale Fenster. Turm des 17 Jahrh. Im Innern 1913 erneuerte mittelalterliche Wandmalereien, meist aus der Zeit der Erbauung. Auf der Nordseite 4 Apostel. An der Südwand 4 weibliche Heilige. Dazu in den Wandmitten szenische Darstellungen der Geburt Christi, des Weltgerichts usw. Dem 15. Jahrh. entstammen eine Kreuzigung und der Hlg. Christophorus. Hinter dem Barockaltar Sanduhr, Leipziger Fabrikat, um 1700. — Vor der Kirche einzigartige Granitmäler; dazu Friedhofportal. Im Orte Höfe und Häuser fränkischer Art. — Von Dargitz Landweg nach Jatznick. Im NW der waldbedeckte Höhenzug der Rothemühler Forst und dessen welliges Vorgelände.

Jatznick, großes Dorf mit Zementfabrik, Ziegeleien, Ton- und Kalklagern. Letztere gehören Kreide- und tertiären Schichten an, die am Rande des Endmoränengebietes der Rothemühler Forst emporgepreßt wurden. Kirche belanglos. — Gasthäuser: Döbler, Fremdenunterkunft; Gustke; Jaensch; Falk; Waldeshöhe usw. Station der Bahn Pasewalk—Stralsund. Vom Bhf. zum Ort 2½ km Waldchaussee, ebenso zur Haltestelle Sandförde.

2. **In die Rothemühler Forst** (über Sandförde—Jatznick). — Die Rothemühler Forst ist ein abwechslungsreiches Endmoränengebiet mit prächtigem Buchenwald auf vielgestaltigem Gelände. Im Vorgelände zwischen Hammelstall und Gr. Spiegelberg ein Wallberg, der sich östlich Blumenhagen über die Bahn fortsetzt und 13 km lang ist.

Bahnfahrt bis Sandförde. Zur Chaussee (links) hinüber und bis an den Anfang von Jatznick. Hier links Landweg nach Hammelstall. Durchs Dorf und in den Wald. Dort links ab und nach 10 Min. abermals links zum Waldrande: Römerberg, 123 m, schöne Fernsicht. Wer Karte hat: westwärts weiter und über Försterei Nettelgrund und Oberförsterei Rothemühl nach Dorf Rothemühl.

Rothemühl, 800 Einwohner, dicht an der märkischen Grenze. Weite Waldungen. — Unterkunft: Hotel Deutsches Haus; Gastwirtschaft Am Busch; G. Zorn, Gasthof mit Fremdenwohnungen. — Jugendherberge: Gastwirtschaft Zu den drei Linden. — Als Sommerfrische zu empfehlen.

Wanderungen: 1. Zum Bhf. Jatznick, 8 km. — 2. Zum Burgwall. Landstraße, Richtung Straßburg, 4 km. Ausgedehnte Anlage. Nahebei, 1761, Gefecht zwischen Preußen und Schweden. — 3. Nach Heinrichswalde. Großes Dorf am 2000 Morgen großen Galenbecker See, Moorkulturen. 3 km. — 4. Zur Bahnstation Ferdinandshof, 7 km. — Entweder über Eichhof und Wilhelmsburg oder über Friedrichshagen, Kolonistendörfer. Nachher durch Moorgelände, die Fortsetzung der Friedländer Wiese, eines Teiles des eigentümlichen altvorpommerschen Talsystems. Ende der Wanderung in

Ferdinandshof, Bahnstrecke Stargard—Stralsund. Kleinbahn Richtung Friedland i. M. Remontedepot und Remontemarkt. Jenseits der Rennbahnen die Scharmützelkirche aus der Zeit der Begründung des Ortes durch Friedrich Wilhelm I. Hier Sitz der Verwaltung des Amtes „Königsholland". — Unterkunft: Bahnhofshotel; Gasthof Deutsches Haus; Pommerscher Hof.

5. Usedom-Wollin.

Insel Usedom.

Vorbemerkung: Die Insel Wollin besteht aus Diluvialkernen, an- und zwischengelagerten Dünenwällen und alluvialen Ablagerungen. Von der Peene zur Swine zieht sich der geschlossene Bogen der vom Meere umkämpften Nordküste. Die südlich davon liegende Rumpfmasse der Insel wird durch das Achterwasser in zwei Teile geschieden, den Zinnowitzer und den Usedom-Swinemünder Abschnitt. Die wichtigsten meeresnahen Inselkerne des Zinnowitzer Teiles sind der schön bewaldete Glienberg bei Zinnowitz, die Halbinsel Gnitz mit ihren Höhen und der Streckelberg. Zwischen Zempin und Koserow die schmalste, vom Meere oft durchbrochene Stelle der Insel, nur 330 m breit. Bahn, Chaussee und Deich dicht nebeneinander. Am Strande, wo ein zur See ausstreichendes Torfmoor den Wellen nur wenig Widerstand bietet, Strauchpackungen und Buhnen, um Sandablagerungen zu begünstigen. Durchbrüche im 18. Jahrh. fünfmal. Dann 1872. 1883 und 1913/14. Dauernd unter der Einwirkung des Meeres litt der 60 m hohe Streckelberg, heute durch Uferbauten geschützt. Davor, 2½ km im Meere, das Vinetariff, vielleicht eine eiszeitliche Blockpackung. Weiter südwärts die Senke von Kölpin mit dem Kölpinsee, einer ehemaligen Wasserverbindung zum Achterwasser. Es folgen nach Heringsdorf zu Pagelunsberge und der Lange Berg. Damit betreten wir den Usedom-Swinemünder Inselabschnitt, eine wellige Moränenlandschaft mit dem Zierowberg und den Kalkbergen bei Swinemünde, den beiden Krebsseen, dem Schmollen- und Gothensee. Südlich davon das Thurbruch, das einst über Ahlbeck mit dem Meere in Verbindung stand. Östlich davon die durch Dünenzüge und alluviale Ablagerungen geschlossene Swinepforte mit ihren Steilrändern, an denen einst das Meer brandete, dem Golm bei Swinemünde und den Höhen der Insel Wollin zwischen Lebbin und Misdroy. Ganz im Westen der Insel das um seiner Vogelwelt willen berühmte Naturschutzgebiet des Peenemünder Hakens. An vielen Stellen im Untergrund der Insel liegt Kreide. Kreidegruben in den Kalkbergen und am Golm. Tiefbohrungen ergaben da und dort starke Solequellen. — Besiedlung der Insel durch Niedersachsen, wie die Bauernhäuser in niedersächsischer Form zeigen (Peenemünde). Im Lieper Winkel ward ehedem eine der Mönchguter ähnliche Tracht getragen. Kulturmittelpunkt in der Siedlungszeit war das Kloster Grobe, 1184 bei Usedom, später als Kloster Pudagla am Schmollensee gelegen.

1. Dampferfahrt Stettin—Swinemünde, 3 Std. In der Saison täglich, dazu Sonntags-Sonderfahrten. Auskunft: Stettiner Verkehrsverein GmbH., Stettin, und jedes Reisebüro. — Fahrt bis ins Haff, siehe vorher! Hinter dem Leitholm ins Haff. Bojen bezeichnen die Fahrrinne. Je nach der Beleuchtung sind die Küsten mehr oder minder gut sichtbar. Vorauf, links, der blaudunkle Buckel des Golm bei Swinemünde. Rechts, oft hell aufleuchtend, die Kliffküste der Lebbiner Berge auf Wollin. Nach einer Stunde vor den

Molen der Kaiserfahrt. Möwen! Die 9 km lange Kaiserfahrt, 1882 vollendet, kürzt die Fahrt durch die Swine ab. Die Swine bleibt rechts liegen. Im Bereiche ihres Wiesendeltas Kaseburg und Pritter. Die Kanalrinne schneidet bewaldetes Dünengelände. Kurz vor ihrem Ende die Kaseburger Fähre. Rechts das Fährhaus. Überführung der Chaussee Swinemünde—Kaseburg.

Reisende nach **Kaseburg** lassen sich ausbooten. Sonst mit Postauto oder Dampfer ab Swinemünde nach Kaseburg. Umgebung: Wiese, Wald und Wasser. Gasthöfe: Arndt; Kaisereiche. Sommerfrischler. Kirche aus dem 15. Jahrh. mit Altarschrein.

Durch die Mellinfahrt; rechts davon die Swine, und dann auf der Swine weiter. Links der Golm; geradeaus Swinemünde; rechts Ostswine. Kreuzung der Bahntrajektlinie Ostswine—Swinemünde. Im Hafen die Inseln „Eichstaden" und „Grüne Fläche" mit Kraftwerk, Werften und Bootshäusern; dann zum Bollwerk in Swinemünde.

2. Mit der Bahn nach Swinemünde. Bahnfahrt Stettin—Pasewalk—Ducherow—Swinemünde. Sonntags verbilligte Rückfahrkarten. Bis Pasewalk siehe vorher! Ab Pasewalk dem Höhenzug der Rothemühler Forst entgegen. Mitten im Walde Station Jatznick mit Abzweigung nach Ueckermünde (siehe dort!). Dann wechselnd Moor und Hochflächen. Stationen Ferdinandshof (siehe vorher!), Borkenfriede und Ducherow. Hier Abzweigung nach Stralsund und Swinemünde. Ab Ducherow rechts zur Station Rosenhagen und durch Wiesenmoor zum Peenestrom (Ausfluß des Haffes zur See). Über die Karniner Brücke. Dahinter Haltestelle und Dorf Karnin. Bald danach Station Usedom.

Usedom, Landstädtchen, 2000 Einwohner, am Usedomer See, einer Ausbuchtung des Haffes. Ehemals wendische Kastellanei. 1127 ward hier die Einführung des Christentums beschlossen. 1927 errichtetes Erinnerungskreuz! Ab 1159 bei Usedom das Kloster Grobe, 1307 nach Pudagla verlegt

Wirtschaftsleben: Handel mit landwirtschaftlichen Erzeugnissen. Sägewerk. Molkerei. Fischfang und Fischhandel. — Banken: Usedomer Bank. Städt. Sparkasse. — Postamt. — Unterkunft: Hotel Deutsches Haus, Swinemünder Str. 71. — Hotel Norddeutscher Hof, Markt, Tankstelle. — Hotel Usedomer Hof, Markt. — Verkehrsverbindungen: Station der Strecke Ducherow—Swinemünde.

Sehenswürdigkeiten: Marienkirche, spätgotisch, dreischiffig, 1893 erneuert. Turm mit Satteldach und Dachreiter. Reicher Blendenschmuck. — Anklamer Tor, spätgotisch. Anfang des 16. Jahrh., mit andern Bauten zusammen ein malerischer Winkel. — Gedächtniskreuz von 1927, außerhalb der Stadt gelegen. Schöne Aussicht!

Wanderungen: 1. Quer durch die Insel: Usedom—Mellenthin—Neppermin—Benz—Bansin. 20 km. Siehe unter „Bansin"! — 2. Quer durch die Insel: Usedom—Swinemünde, 20 km. Auf der Chaussee und viel durch Wald nach Stolpe. Schloß und Park. Besitz der Usedomer Linie des Schwerinschen Geschlechts. — Gastwirtschaft. — Weiter über Gummlin und Dargen (Haltestelle der Bahn Ducherow—Swinemünde), nach Zirchow. Wiesen und

Koppeln mit Vieh. Gastwirtschaften in jedem Dorf. Von Zirchow entweder über Corswandt nach Ahlbeck (siehe dort!), oder auf der Chausee durch reizvolle Wald- und Hügellandschaft zum Golm und nach Swinemünde (siehe dort!).

Weiterfahrt ab Usedom durch die Stadtforst. Dann die im allgemeinen freundlich-wellige Insellandschaft. Hinter Station Dargen links das große entwässerte Thurbruch. Rechts zeitweise Blick aufs Haff. Hinter Kutzow der Golm und links das Swinemoor mit seiner Fortsetzung (rechts) zum Haff. Dann durch Dünengelände zum Bhf. Swinemünde, bzw. Swinemünde-Bad.

Swinemünde, See- und Solbad.

An der belebten Swine gelegen, Kreisstadt (Usedom-Wollin), von Friedrich dem Großen gegründet (siehe auch „Stettin, Geschichtliches"), also zunächst Vorhafen von Stettin, aber nach der Verbesserung des Wasserweges dorthin und dem Aufblühen der Landeshauptstadt als Badeort zu neuer Bedeutung gelangt, seit den neunziger Jahren das größte Ostseebad. — 22 000 Einwohner. In der **Stadt** verschiedentlich noch die schlichten Häuser der Gründungszeit. Sehenswertes Heimatmuseum. — Rundgang: Vom Bollwerk zum Gr. u. Kl. Markt. Südwestlich ab Markt die Gr. Kirchstr. zum Hauptbahnhof. Rechts Christuskirche. Gegenüber, Ecke Färberstr., das Fontane-Haus, in dem der Dichter die Kinderjahre von 1827 bis 1832 zubrachte. Siehe die Romane „Meine Kinderjahre" und „Effi Briest"! Nördlich durch die Blücherstraße mit der Lutherkirche zum Seebad. — Östlich des Marktes der Rathausplatz mit Denkmal Kaiser Wilhelms I. von Calandrelli. Nahebei Denkmal des in Swinemünde geborenen Dichters Scherenberg (1839 bis 1905) und Eingang in die Königsstr., später Königsallee. Sie durchquert die prachtvollen, von Linné angelegten Anlagen mit Kaiser-Friedrich-Denkmal, Kriegerdenkmal, Tennisplätzen, Gaststätten usw. (seltene Baumbestände). In 20 Min. zum Strand. Sonst Autoverbindung ab Markt. — **Das Bad:** Bad und Stadt sind durch die Anlagen (Plantage) von einander getrennt. Omnibusverbindung. Zu Fuß 15 Min. Im Bade nur Häuser im Landhausstil. Promenade, Kurplatz, Kurmusik. Dazu Bhf. Bad. Kurgäste 1930: 36 000. Kurmittel: Kalte und warme Seebäder, Sole- und medizinische Bäder, Sole-Inhalatorium, Sonnenbäder, Waldluft. Sportliche Veranstaltungen alljährlich zahlreich. Der breite, ungefährliche Strand macht Swinemünde zu einem idealen Kinderbade. Seebrücke. — **Am Hafen:** Am Bollwerk entlang, in der Richtung auf die Mündung zu. Hinter dem Rathausplatz Schiffahrtsamt und Zeitball. Dann Dampffähre nach Ostswine. Weiter Hafenbauhof, Wasserturm, Kohlenlager u. Werften. Zuletzt Festungswerke mit dem roten Lotsenturm und Molen als Schutz vor Versandung der Swinemündung. 1817 erstmalig angelegt, später erweitert. Westmole 1100 m, Ostmole 1500 m lang, mit verschiedenen Seezeichen versehen. — **Zur Ostmole** bzw. nach **Osternothafen** und zum **Leuchtturm.** Mit Motorbooten ab Bollwerk. Leuchtturm.

70 m hoch, 1858 erbaut und später verstärkt. Prachtvolle Fernsicht (360 Stufen) über beide Inseln, vor allem die Swinepforte. Blinkfeuer, 30 km Reichweite. Vom Leuchtturm auf die Ostmole. In der Mitte Windbake und am Ende kleinerer Leuchtturm mit Rotfeuer, 15 km weit sichtbar. Vor den Molen das Lotsenschiff.

Verkehrsverbindungen: D-Zug-Strecke Berlin—Swinemünde (3 Std.). Dazu Stettin—Misdroy—Ostswine—Swinemünde. Dampferverkehr, in der Saison mehrmals täglich, Stettin—Swinemünde. Bäderflug: Berlin—Stettin—Swinemünde. Autostraßen: von Ostpommern über die Wolliner Brücke, von Berlin und Westpommern her über Anklam und die Usedomer Bäderbrücke bei Zecherin. Inselverkehr: Bahn Swinemünde—Wolgaster Fähre. Schiffsverbindung mit allen Seebädern auf Usedom. Dampferfernverbindung mit Rügen, Kopenhagen, Bornholm, Ostpreußen usw. Postautoverbindung mit Kaseburg. Dorthin auch Dampferfahrten. — Reisebüro: Seestr., MER-Vertretung. — Banken: Reichsbanknebenstelle: Städt. Sparkasse; Rostocker Bank; Pommernbank. — Unterkunft (außer Privatwohnungen): Hotel Hohenzollernhof, Färberstr. 34a, 34 B. — Jeschkes Hotel, Gr. Markt 11, nahe Hafen, 80 B., Gar. — Hotel Preußenhof, Bollwerk 21, 80 Z., Gar. — Hotel Wickinger Hof, Bollwerk 35, Gar. — Hotel und Pension St. Hubertus, Herrenbadstr. 1, nahe Strand. — Hotel Elisabeth, Damenbadstr. 3, 34 B., nahe Strand. — Schloßhotel, Dünenstr. 5, nahe Strand, 40 B. — Seerings Hotel, Königsallee 14, 44 B., nahe Strand, Gar. — Hotel-Pension „An de Waterkant", Dünenstr. 3, 52 B., Gar. — Hotel und Kaffee Jester, Dünenstr. 14, 54 B. — Park-Hotel, Augusta-Damenbadstr., 70 B. — Der „Walfisch", Augusta-Damenbadstr. 11a, 80 B., Gar. — Ostsee-Palast-Hotel, Augusta-Damenbadstraße 16/17, 85 B., Gar. — Viktoria-Hotel, Augusta-Damenbadstr. 22, 90 B., Gar. — Restaurants u. Kaffees: reichlich vorhanden — Jugendherberge: Feuerwehrgebäude, Neue Straße 63/64. — Auskunft: Kurverwaltung. — Ärzte, Apotheke. — Postämter.

Wanderungen:

1. Nach Kaseburg: Siehe Dampferfahrt Stettin—Swinemünde!

2. Nach Pritter, ähnlich wie Kaseburg im Delta der Swine gelegen. Übersetzen nach Ostswine und durch Wald nach Pritter. Gastwirtschaft. Von hier entweder durch Wald direkt nach Ostswine zurück, oder nach Bhf. Pritter zur Rückfahrt. An der Chaussee, bei km 60 (Einmündung des Weges von Pritter), die Normanns-Eiche, 5½ m Umfang. Im Heidegebiet: hoher Adlerfarn, Glockenheide, Krähenbeere, Moosbeere, Sumpfporst, Wasserschlauch, 8 bis 11 km Wanderung.

3. **Zum Golm.** Vom Hauptbahnhof aus Chaussee durch Dünengelände, später durch Moorniederung, südwärts zum Golm. 2½ km. Am ehemals vom Meere bespülten Steilabhang empor. Oben, 68 m, Gastwirtschaft und Aussichtsgerüst. Fernsicht: Stadt, Hafen, Swinedelta, Lebbiner Berge und Haff. Sage von der Golmprinzessin. Im Walde seltene Pflanzen. Manche Züge ab Swinemünde halten vor dem Golm.

4. **Zum Wolgast-See.** Gr. Kirchenstraße, Fischerstraße, Maaßnerstraße, über die Bahn bis zum Walde, 30 Min. Hier Wegweiser! Zunächst Richtung „Bollbrücke" bis zum nächsten Wegweiser. Dann rechts zum Wolgastsee. Siehe nächste Wanderung!

5. **Golm—Corswandt—Wolgastsee—Zierowberg—Ahlbeck.** 11—12 km. Vom Golm zur Chaussee und hier südwärts. Nach 10 Min. rechts Landweg nach Corswandt.

Corswandt: Sommerfrische, 270 Einwohner, nahe See und Wald. 3 km ab Ahlbeck. Unterkunft: Hotel „Idyll am Wolgastsee", 40 B. — Schimmels Gasthaus. — Bergte's Logierhaus. Einfache Wohnungen im Ort. Bhf. Ahlbeck. Fuhrwerke jederzeit. Baden und Angeln im Wolgastsee.

Von Corswandt zum **Wolgastsee** mit Wirtschaft und Bootfahrt. Historische Stätte: ein umgitterter Steintisch, an dem 1866 Kronprinzessin Viktoria ihren aus dem Kriege heimgekehrten Gatten begrüßte. — Vom Seeufer nordwärts auf bezeichneten Wegen zum Zierowberg, 59 m. Gasthaus. Wundervoller Fernblick aufs Meer. — Vom Zierowberg nach Ahlbeck 1 km. Von hier mit Bahn oder Motorboot oder zu Fuß nach Swinemünde. Auch Postauto.

Die Seebäder Usedoms (ohne Swinemünde).

Einführung: An der immer wechselnde Bilder zeigenden Waldküste Usedoms mit ihrem breiten Sandstrand reiht sich von Swinemünde westwärts Bad an Bad. Sie alle sind durch Bahn, Schiff, Postauto und Wanderwege miteinander verbunden. Jedes Reisebüro erteilt Auskunft. Unter anderm führt der „Inselweg" ab Swinemünde nahe dem Meere durch Wald, alle Bäder berührend, bis nach Karlshagen, ein idealer Wanderweg.

Im folgenden wollen wir ab Swinemünde die Bahn benutzen:

Von Swinemünde Hauptbahnhof zum Bhf. Bad und dann durch Kiefernwald auf Dünengelände. Später links der Zierowberg; über die Chaussee nach Corswandt und dann Bhf. Ahlbeck, am Rande einer Zierowberg und Präsidentenberg trennenden Niederung.

Seebad Ahlbeck,

auf und an den Dünen, am Fuße des bewaldeten Zierowberges gelegen. Rund 3800 Einwohner. 1929 26 000 Badegäste. Einst bescheidenes Fischerdorf, im 18. Jahrhundert gegründet. Erste Badegäste 1852. Mit Heringsdorf heute zusammenhängend. Mitten im Ort auf einer Düne die Kirche. Strand breit und feinsandig. 2 km Strandpromenade. Ihre Fortsetzung führt auf der einen Seite nach Swinemünde, auf der andern nach Heringsdorf. Dazu Seesteg.

Kurmittel: Kalte und warme Seebäder, Moorbäder, Waldluft. — Unterkunft (ohne Privathäuser): Hotel Kurschloß, Seestr. 8. — Hotel Ostende, Dünenstr. 23/24. — Hotel Pabst, Kaiserstr. 15. — Hotel Zur Post, Seestr. 17. — Restaurants und Kaffees: reichlich vorhanden. — Sport: Tennis, Schwimmen, Rudern. — Auskunft: Badeverwaltung, Lindenstr. 95. — Banken: Kreissparkasse; Rostocker Bank; Ahlbecker Bank. — Badearzt und Apotheke. — Verkehrsverhältnisse: Direkte D-Zug-Verbindung ab Berlin. Dampferlinie Stettin—Heringsdorf. Postautolinie: Swinemünde—Ahlbeck. Nahverkehr: Bahnlinie Swinemünde—Wolgaster Fähre. Motorbootverkehr: Richtung Heringsdorf und Swinemünde. Dazu Anschlüsse zu Fahrten nach Rügen, Bornholm, Kopenhagen usw. — Jugendherberge: Christl. Hospiz, Kaiserstr. 6.

Wanderungen:

1. Nach Swinemünde am Strande oder auf dem Promenadenweg; dazu Bahn, Motorboot und Postauto.

2. Zum Zierowberg. Aufstieg von der Chaussee nach Swinemünde bei Telegraphenstange 72. Weg gekennzeichnet; siehe vorher!

3. Zum Wolgastsee: direkt auf der Chaussee oder über den Zierowberg und weiter nach Corswandt. Siehe dort!

4. Zum **Jägerberg,** am Rande der Waldung des Präsidentenberges gelegen, bzw. am Rande der Niederung zwischen Ahlbeck und Heringsdorf. Zunächst Chaussee, Richtung Heringsdorf, und in den nächsten Weg links hinter der Gothener Landstraße. Aussicht Richtung Swinemünde und nach der Insel Wollin. Von hier in kurzer Zeit aufwärts zum Präsidentenberg. Siehe unter Heringsdorf!

5. Über alle weiteren Ziele westwärts siehe unter Heringsdorf, Bansin usw.

Fortsetzung der Bahnfahrt: Von Bhf. Ahlbeck in wenigen Minuten nach Bhf. Heringsdorf, Kopfbahnhof am Fuße des Präsidentenberges.

See-, Sol- und Moorbad Heringsdorf.

Geschichtliches: 1819 als Fischersiedlung gegründet durch Oberhofmeister von Bülow, Besitzer der Herrschaft Gothen und der Dörfer Neuhof und Neukrug. 1872 wurde das später entstandene Seebad Heringsdorf, nachdem es mehrere Male seinen Besitzer gewechselt hatte, von der Gräfin zu Stolberg-Wernigerode an eine Aktiengesellschaft verkauft, die unter Leitung der Familie Delbrück Heringsdorf zu einem Bad ersten Ranges machte. 1921 in den Besitz der Gemeinde übergegangen. Auf einer Reise von Swinemünde nach Wolgast, 1820, besuchte Friedrich Wilhelm III. die Schöpfung des Oberhofmeisters von Bülow und wohnte dem Heringsfang bei. Bei dieser Gelegenheit schlug der Kronprinz, später Friedrich Wilhelm IV., als Namen „Heringsdorf" vor. — Kurmittel: Solbäder, 1927 und 1928 in 400 m Tiefe erbohrte radiumhaltige 5prozentige Sole. Warme und kalte Seebäder. Moorbäder, auf den Moorwiesen der Gemeinde gewonnen. Trinkkuren und medizinische Bäder. Elektrotherapie, Hydrotherapie, Orthopädie, Extra-Massage. See- und Waldluft.

Badeärzte und Apotheke. — Auskünfte: Kurverwaltung und durch das Gemeinde- und Amtsbüro. Dazu MER-Reisebüro. — Postamt. — Banken: Rostocker Bank; Kreissparkasse. — Verkehrsverbindungen: D-Zug-Strecke Berlin—Swinemünde—Heringsdorf—Karlshagen-Trassenheide. Dampferverbindung: Stettin—Swinemünde—Heringsdorf—Zinnowitz—Rügen. Küstenfahrten ab Heringsdorf bis Zinnowitz. Kraftomnibus: Swinemünde—Heringsdorf—Zinnowitz. — Besondere Veranstaltungen: Spielkasino, Sport, Schönheitskonkurrenzen usw. — Seebrücke, 413 m lang, mit Basar. — Unterkunft: (ohne Privathäuser): Lindemanns Hotel, Wilhelmstr. 20, 80 B., Gar. — Hotel Quisisana, Kulmstraße 1/2, 100 B. — Schmidts Hotel, Kaiserstr. 16, 40 B., Gar. — Ostsee-Terrasse, Kulmstr. 30, 60 B. — Strand-Hotel, Liehrstr. 8, 53 B., Gar. — Heringsdorfer Hof, Karlstr. 10, 20 B., Gar. — Hotel Wiese, Schulzstr. 2/3, 45 B., Gar. — Hotel Bellevue, Langebergweg 17, 40 B. — Ottos Hotel, Kaiserstraße 31, 12 B., Gar. — Künstler-Klause, Strandstr. 6, 20 B. — Hotel Minerva, Kaiserstr. 39/40, 80 B., Gar. — Bahnhofshotel, Kaiserstr. 1, 8 B., Gar. — Hotel-Pension Vineta, Klenzestr. 1, 45 B., Gar. — Hotel-Pension Stephanie, Delbrückstr. 18, 80 B., Gar. — Kaffees u. Restaurants: reichlich vorhanden.

Von der See gesehen, verwächst Heringsdorf mit den waldigen Bergen dahinter. Links, am Fuße des Zierowberges, Ahlbeck; in der Mitte des Bildes mit der Höhe des Kulm Heringsdorf, rechts, jenseits der Senke des Schloonsees, Bad Bansin mit dem Langen Berg. Vom Kulm, 38 m, schöne Fernsicht (Langer Berg, Greifswalder Oie, Molen von Swinemünde und Steilküste von Wollin mit Misdroy). Südlich vom Kulm, im Walde, Heringsdorfer Kirche, 1848 erbaut; Ausgestaltung unter dem Einfluß Friedrich Wilhelms IV. Am Fuße des Kulms Strandpromenade, 12 km lang, Bansin, Heringsdorf und Swinemünde verbindend.

Wanderungen:

Heringsdorfs Aussichtswarte ist der **Präsidentenberg** mit dem Bismarckturm, dessen Zinnen 80 m über dem Meere liegen. Aussicht umfassend. Im Eintrittsraum ein Standbild Bismarcks. — Sämtliche Wege im Forstbezirk um den Präsidentenberg sind farbig markiert. Zum Wolgastsee über Ahlbeck, siehe dort! Ebenso zum Zierowberg. Zum Langen Berg über Bansin, siehe dort! Ebenso Ausflüge westwärts von Bansin.

Anschließend an Heringsdorf, am Westrande der Forst, ½ Std. ab Bhf. und Dampfer, nahe Bansin, liegt das

Ostseebad Neuhof auf Usedom,

Dorf von 1000 Einwohnern, dem sich über 50 Landhäuser, Pensionen und Hotels angegliedert haben. Kurgäste 1930: 3024. — Ruhiges Leben, schöne Umgebung. Gas- und Wasserversorgung. — Ärzte und Apotheke im nahen Heringsdorf. — Unterkunft: Hotel Sommerlust; Eggebrechts Restaurant und Logierhaus. — Auskunft und Wohnungsnachweis: Gemeindeverwaltung. — Verkehrsverbindungen: Bahn und Dampfer über Heringsdorf. Omnibus-Haltestelle der Strecke Swinemünde—Zinnowitz. — Wanderungen siehe unter „Heringsdorf“ oder „Bansin“!

Weiterfahrt mit der Bahn: Der Zug verläßt Kopfbhf. Heringsdorf zunächst in Richtung Ahlbeck und umgeht im Bogen nach Süden den Präsidentenberg, anfangs im Bereiche der Niederung, dann ansteigend durch den Gothener Forst. Schließlich freie Höhe und links Blick auf den tiefgelegenen Gothensee, einen Teil des Thurbruches, mit künstlichem Abfluß zur See. Dann Bhf. Bansin.

Ostseebad Bansin,

3½ km ab Heringsdorf, 1897 am Fuße des Langen Berges und im Anschluß an das 2 km entfernt am Gothensee gelegene Dörfchen Bansin entstanden. Der eigentliche Badeort macht den Eindruck einer Villenkolonie und bezeichnet sich als „deutsches“ Bad. Badegäste 1930: 9053. Elektrisches Licht, Gas, Wasserleitung. Klima: Reine Wald- und Seeluft, große Sonnenscheindauer, selten Nebel, angenehmer Herbst. Als Herbst- und Winteraufenthalt besonders empfohlen.

Kurmittel: Kalte und warme Seebäder, medizinische Bäder. — Ärzte, Apotheke, Krankenhaus. — Spielplätze, Sport und sonstige Unterhaltung. — Unterkunft: Hotel Meeresstrand, Strandpromenade. — Hotel Kurhaus, ebenda. — Hotel Germania, ebenda. — Hotel Reichskanzler, Seestraße. — Hotel „Zur Post“, Seestr. — Hotel Friedrichshof, Schloonstr. — Gesellschaftshaus, Seestr. — Jugendherberge: Restaurant Bergmühle im Dorfe Sallentin (2 km ab Strand). — Restaurants und Kaffees: reichlich vorhanden. — Kino: Ostseelichtspiele. — Banken: Bansiner Bank; Rostocker Bank. — Auskünfte: Badeverwaltung und MER-Reisebüro. — Verkehrsverbindungen: D-Zug Berlin—Bansin—Trassenheide. Postauto Swinemünde—Bansin—Zinnowitz. — Küstendampfer Heringsdorf—Bansin—Zinnowitz. Anschlüsse nach Rügen, Bornholm, Kopenhagen usw.

Ostseebad Bansin wird vom Langen Berg, 54 m, im NW überragt. Bis in den Ort hinein drängen sich die Vorposten des Hochwaldes, durch Wege erschlossen. Im Schloonsee Gelegenheit zum Angeln. Landein die abwechslungsreiche Seenplatte mit Gothen- und Schmollensee, stattlichen Gewässern, den kleineren Krebs-Seen und dem Achterwasser als Teil des Haffes.

Wanderungen.

1. Zum **Langen Berg.** Am Strande entlang bis zur Landungsbrücke am Langen Berg. Von hier aus Fahrweg und dann, Wegweisern folgend, zur Wirtschaft auf dem Langen Berg. Aussicht: Greifswalder Oie, Rügen, Streckelberg, Heringsdorf, Leuchtturm Swinemünde, Küste Wollin. (½ Stunde.)

2. **Zum Forsthaus „Fangel".** Durch den Ort zur Chaussee, Richtung Zinnowitz. Bei km 11,5 links ab zum Forsthaus mit einfacher Wirtschaft, zwischen den beiden Krebsseen und dem Schmollensee. Aussicht von der nahen Höhe!

3. **Um den Schmollensee.** Zunächst bis Forsthaus „Fangel". Dann Fahrstraße südwärts durch Wald und über die verwachsene Viktoriahöhe mit Gedenktafel zur Chaussee. Rechts einbiegen und zum Dorfe Benz, nahe dem Schmollensee. Dann durch Wiesenniederung zum Dörfchen Stoben und über den Fichtberg nach **Pudagla,** am Fuße des Glaubensberges gelegen. Seit 1309 hier das ehemals bei Wollin gegründete Prämonstratenserkloster. Um 1500 gehörte den Mönchen fast die ganze Insel. Landerwerb durch unlautere Mittel machte das Kloster berüchtigt. Die Klostergebäude verfielen später. Übrig geblieben nur ein stattliches Gebäude, das Herzog Ernst Ludwig 1574 seiner Mutter als Witwensitz errichtete. Über der Tür eingemauertes Relief mit Wappen und Inschrift. An einem Nebengebäude noch einige Spitzbogen. — Von Pudagla nordwärts zur Chaussee und auf dieser durch Wiese und Wald zurück nach Bansin. Im ganzen 14 km.

4. **Quer durch die Insel.** Rund 20 km. Von Benz (siehe vorige Wanderung!) nach Neppermin, an einer Bucht des Achterwassers. 3 km. Dann weiter nach **Mellenthin** mit Schloß. 4 km. **Das Schloß,** ein schlichter Bau aus dem 16. Jahrhundert, teilweise noch von Wasser umgeben. Im Innern Gewölbe, Stuckaturen, Kamine. In der Kirche mittelalterliche Wandmalereien, in jüngster Zeit freigelegt. — Von Mellenthin zur Chaussee und, rechts einbiegend, durch Wald nach Usedom. 9 km. Über Usedom siehe unter „Mit der Bahn nach Swinemünde"!

5. **Über Ückeritz zum Streckelberg.** (2 Std.) Von der Försterei Langer Berg zum Strand und zur Selliner Bootsstelle. Am Strande weiter oder auf dem „Inselweg" zum Ückeritzer Badestrand mit aussichtsreichen Dünen. Dann ein Stück landein, den ersten Weg rechts (Schneise) und in 40 Min. zum Kölpinsee. Jetzt abermals zum Strand mit den Badehütten des Bades Kölpinsee und in wenigen Minuten zum Südfuß des Streckelberges. Man über-

schreitet den Berg am Rande des Steilabhanges und gelangt nach Koserow. Über Berg und Bad siehe weiter unten!

Fortsetzung der Bahnfahrt ab Bansin: Durch reizvolles Gelände; links Schmollensee, rechts Hügel und Wald, später Wiese und Bruchwald, dann Bhf. Ückeritz. Wir befinden uns auf der schmalen, aus Inselkernen, Dünenbildungen und Wiesenmoor bestehenden Landenge zwischen Meer und Achterwasser, an der Seeseite oft durch Sturmfluten bedroht gewesen und öfter durchbrochen.

Seebad Ückeritz,

Fischerdorf am Achterwasser; neuerer Villenteil durch schmalen Waldstreifen vom Hochufer mit prächtiger Aussicht und vom Strande getrennt. Rings umher weite Waldungen mit dem nahen Wockninsee. Feinsandiger Strand.

Kurmittel: Kalte Seebäder. — Unterhaltungen: Tanzabende, Kinder- und Strandfeste, Dampferfahrten, Bootfahrten, Segeln, Angeln usw. — Auskunft: Badeverwaltung. — Postamt. — Badearzt im nahen Koserow. — Unterkunft (ohne Privatwohnungen): Gast- und Logierhaus „Zum deutschen Hause". — Restaurants u. Kaffees: Mehrere vorhanden. — Kinderheime: Kinder- und Erholungsheim Wockninsee. Kinderheim „Wald-Eck". — Verkehrsverbindungen: D-Zug-Haltestelle der Strecke Berlin—Swinemünde—Ückeritz—Trassenheide. Kraftwagenlinie: Swinemünde—Ückeritz—Zinnowitz. Anlegestelle der Küstendampfer ab Heringsdorf über Ückeritz nach Zinnowitz.

Wanderungen.

1. Mit Bahn, Dampfer, Kraftwagen oder zu Fuß nach den Nachbarbädern. Anschlüsse nach Rügen und Bornholm.

2. **Zur Försterei Stagniess.** Vom Mittelpunkte des Dorfes, nahe dem Achterwasser, südwärts zur Försterei mit Wirtschaft. Von hier durch Wald zurück.

3. Zum Kölpinsee, am Strande oder auf dem „Inselweg" nach Bad Kölpinsee, zum Streckelberg und nach Koserow. Zurück mit Bahn, Auto oder Küstendampfer.

Fortsetzung der Bahnfahrt ab Ückeritz: Nach kurzer Waldfahrt rechts der Kölpinsee, vom Meere nur durch niedrige Dünen getrennt; links Wiesenniederung zum Achterwasser; voraus rechts der Streckelberg. Haltestelle Kölpinsee.

Bad Kölpinsee

ist eine moderne Landhaussiedelung, 1897 gegründet. Ein Ort Kölpinsee soll im Dreißigjährigen Kriege zerstört worden sein. Politisch gehört Kölpinsee zu dem 2 km entfernt am Achterwasser gelegenen Bauern- und Fischerdorf Loddin. Die einzelnen Häuser liegen malerisch zerstreut im Walde und am Waldrande.

Post im Ort. — Unterkunft (ohne Privathäuser): Hotel „Zur Ostsee", Strandstr.. 25 Z., Gar. — Hotel Seerose, Strandstr., 20 Z., Gar. — Hotel „Wald und See", Strandstr., 12 Z., Gar. — Restaurants: mehrere vorhanden. — Besondere Veranstaltungen in einzelnen Häusern. — Auskunft: Badeverwaltung. — Verkehrsverbindungen: D-Zug-Haltestelle der Strecke Berlin—Kölpinsee—Trassenheide. Kraftwagenlinie: Swinemünde—Kölpinsee—Zinnowitz. Küstendampferverbindung: ab Heringsdorf nach Kölpinsee. Anschlüsse nach Rügen, Bornholm, Kopenhagen.

Wanderungen.

1. Zum Streckelberg. Siehe auch unter Koserow!

2. Strandwanderung nach Ückeritz, Bad und Dorf. Am Strande oder auf dem „Inselwege".

3. Nach **Loddin** und zum **Loddiner Höwt** am Achterwasser. Vom Bhf. zur Chaussee; dann Fahrweg am Wiesenrande, 2 km, nach Loddin. Das Dorf liegt auf einer Halbinsel, die steil zum Achterwasser abfällt. Fernsicht: Teile von Usedom, Türme von Anklam, Lassan und Wolgast. Zurück über den Galgenberg.

Weiterfahrt mit Bahn ab Kölpinsee: Voraus die Höhe des Streckelberges, dann links Wiesenrand und Achterwasser. Bhf. Koserow.

Seebad Koserow

liegt nahe der vom Meere am härtesten umkämpften und schmalsten Stelle der Insel Usedom, im Schutze des Streckelberges.

Der Streckelberg, 60 m hoch, mit prachtvollem Buchenwald bestanden, nur noch die Ruine einer vom Meere langsam zerstörten Erhebung aus diluvialen Ablagerungen. Vielleicht bezeichnet das sagenumwobene Vinetariff die Stelle, wo sich bei der Zerstörung des Berges freigewordene Gesteinsmassen in besonders großer Menge ansammelten. Man hat das Riff auch für eine Häufung von Steinen im Anschluß an ehemalige Hünengräber gehalten. Unwahrscheinlich! Jedenfalls aber hat die Handelsstadt Vineta hier nicht gelegen. Der Streckelberg ging im Bereiche der oberen Böschung von 1859 bis 1881 um je 1 m im Jahre zurück. Am Abhang nach Koserow zu die Fundamente einer früheren Bake. Sie mußte öfter landein versetzt werden. Jetzt schützen Buhnen, Steinpackungen und ein Riesenbollwerk aus Steinblöcken und Zement den Fuß des Berges. Am Abhang landein Buchenwald, dessen nicht selten bleiche Stämme von Efeu umrankt sind. Blick von der Höhe: Küste Rügens, Greifswalder Oie und, je nach dem Standort, die Küsten Usedoms ost- oder westwärts. Sage vom Seeräuber Störtebecker!

Nordwestlich des Ortes, nahe Försterei Damerow, die schmalste Stelle der Insel, 300 m breit. Zur See ausstreichendes Torfmoor unter dem Strandsand begünstigte hier nur zu oft das Vordringen der Flut. Durchbrüche: 1736, 1785, 1791, 1792, 1799, 1872, 1913. Die Flut vom 12. Nov. 1872 zerstörte das hier liegende Dorf Damerow. Nur das Forsthaus blieb bestehen. Die übrigen Bewohner ließen sich in Koserow nieder. Heute ist der Vorstrand breiter als früher; die Dünen sind höher, und ein Deich schützt Bahn und Chaussee.

Koserow ist alt. Kirche: teils früh-, teils spätgotisch mit spätgotischem Schnitzaltar. Hier wirkte als Pastor Wilhelm Meinhold (1797 bis 1851), der Dichter der „Maria Schweidler, die Bernsteinhexe" und der „Sidonia von Borck". — Zahl der Badegäste 1930: 6161. — Langgestreckter Strand, Freibad. — Kurmittel: Kalte und warme Seebäder. Günstiges Klima ohne Nebel. — Unterhaltungen: Kurkonzerte und Veranstaltungen in einzelnen Häusern. Badeleben ungezwungen. Sportplatz im Walde. Angelsport.

Ärzte im Ort. — Bank: Rostocker Bank; Spar- und Darlehnskasse. — Postamt. — Unterkunft (ohne Privathäuser): Strandhotel Seeblick, auf hohem Ufer, Gar. — Kurhaus „Hotel Vineta", Hauptstr. 35, Gar.

— Hotel und Pension Seeadler, Am Walde 2. — Hotel Deutsches Haus, Hauptstraße. — Hotel und Pension „Zur Ostsee", Hauptstr. 3. — Hotel und Pension „Kurhaus Charlottenhof", Gar. — Dr. Parow's Ostsee-Sanatorium. — Kaffees und Restaurants: mehrere vorhanden. — Auskunft: Badeverwaltung. — Verkehrsverbindungen: D-Zug-Station der Strecke Berlin—Swinemünde—Koserow—Trassenheide. Kraftpostlinie: Swinemünde—Koserow—Zinnowitz. Küstendampferlinie: Ab Heringsdorf über Koserow nach Zinnowitz. Anschlüsse nach Rügen, Kopenhagen, Bornholm. Fahrten zur Greifswalder Oie.

Wanderungen.

1. Auf den Streckelberg. Zahlreiche Wege, Anweisung unnötig.

2. Zum Loddiner Höwt. Siehe auch unter „Kölpinsee"! Auf der Chaussee, Richtung Swinemünde, bis kurz vor der Bahnüberführung und rechts in den Landweg nach Loddin. 4 km, ohne Rückweg.

3. Strandwanderungen nach Zempin, Kölpinsee, Ückeritz usw.

Fortsetzung der Bahnfahrt ab Koserow: Über die schmalste Stelle der Insel. Rechts Deich, links Chaussee und Wiesenniederung mit dem Achterwasser. Dann Bhf. Zempin.

Ostseebad Zempin,

Fischerdorf, am Achterwasser gelegen. Villenkolonie am Rande des 400 m breiten Dünenwaldes und wenige Min. ab Strand. Elektr. Beleuchtung, gutes Trinkwasser. Vom Dorf zum Strand 20 Min. Waldweg. Fischfang und Fischräuchereien. — Badearzt und Apotheke in Zinnowitz. Freibad. Unterhaltungen, dem einfachen Zuschnitt entsprechend; Tanzabende, Kinderfeste usw. — Postamt. — Banken: in Zinnowitz. — Unterkunft (ohne Privathäuser): Strandhotel. — Kurhaus Waldhotel, Gar. — Café Hietel. — Pommernheim, Gar. — Strandhotel. — Auskunft: Gemeindeamt. — Verkehrsverbindungen: D-Zug-Verbindung Berlin—Swinemünde—Zempin—Trassenheide. Küstendampfer ab Heringsdorf nach Zempin. Postautolinie Swinemünde—Zempin—Zinnowitz.

Wanderungen.

Dampferfahrten nach den benachbarten Badeorten, der Oie; Anschlüsse nach Rügen und Bornholm. — Bahnfahrten im Bereiche der ganzen Insel. — Wanderungen wie unter „Koserow" und „Zinnowitz".

Fortsetzung der Bahnfahrt ab Zempin: Durch Feld, Wiese und Wald, zuletzt mit dem Blick rechts auf den waldbedeckten Glienberg. Dann Bhf. Zinnowitz.

Seebad Zinnowitz.

Das alte Dorf landein ist eine Koloniegründung Friedr. des Großen. 1851 entstand das Seebad. Vom Dorfe her zieht sich die lange Strandstraße, am Bhf. vorbei und von Landhäusern gesäumt, zum Strand. Ein Teil des Badeortes liegt am Strande, ein anderer in Buchenwald gebettet, am Abhange und auf der Höhe des Glienberges (35 m). Umgebung reizvoll: Dünenstrand, Strandwald, Buchenhöhen mit schönen Fernsichten, Wiesenniederungen am Achterwasser, Felder. Schöne Strandpromenade. 400 m lange Landungsbrücke mit Restaurant. Feinsandiger Strand.

Unterhaltung: Wassersport, Tennis, Konzerte. — Badeärzte. — Kurmittel: Kalte und warme Seebäder, medizinische Bäder. — Zahl der Badegäste 1930: 11 072. — Unterkunft (ohne Privathäuser): Kurhaus Preußenhof, Am Strande. — Schwabes Hotel, Am Strande. — Richters Hotel, Am Strande. — Hotel zur Ostsee, Am Strande. — Hotel Glienberg. — Hotel Kaiserhof, Wilhelmstraße 8. — Bahnhofhotel, Alte Strandstr. 10. — Deutsches Haus, im Dorf. — Hotel Sanssouci, Alte Strandstr. 85. — Parkhotel. — Jugendherberge: Alte Strandstr. 63. — Dazu Restaurants u. Kaffees. — Auskunft: Badeverwaltung. Zinnowitzer Reisebüro (MER-Vertretung). — Banken: Spar- und Darlehnskasse. Rostocker Bank. Kreissparkasse. — Verkehrsverbindungen: D-Zug-Haltestelle der Strecke Berlin—Swinemünde—Zinnowitz. Dampferverbindung Stettin—Swinemünde—Zinnowitz—Rügen. Kraftpost Swinemünde—Zinnowitz. Küstendampferverkehr Heringsdorf—Zinnowitz; dazu Verbindung mit Rügen, der Insel Oie usw.

Wanderungen.

1. Nach der Meierei. Gastwirtschaft nahe Achterwasser, ½ Std. Durch die Waldstraße bis zur Gabelung. Hier rechts am Waldrande weiter und abwärts zur Chaussee. Rechts zur Meierei.

2. Nach Trassenmoor und Karlshagen, 2 Std. Von der Neuen Strandstraße, der Ecke mit photographischem Atelier, in den Weg nach Trassenmoor. Durch einsame bewaldete Dünenlandschaft zur Bootsstelle und zum Badestrand Trassenheide. Dem Wegweiser zur Försterei folgend. Von der Försterei nordwärts nach Karlshagen, siehe unten! Auch mit Segelboot oder zu Fuß am Strande.

3. **Zur Halbinsel Gnitz.** Vom alten Dorf Zinnowitz den Fahrweg südwärts, um den Cisberg zum bewaldeten Buchberg und zur Försterei. 5 km. Erfrischungen. Fernblicke! Von der Försterei westwärts zur reizend gelegenen Landungsstelle an der Krumminer Wieck. Von dort nach Neuendorf, 1½ km. Im Garten des Pächterhauses mächtige Eichen. An der Westseite der Halbinsel aussichtsreicher Höhenzug mit dem Storen-, Flieder- und Weißen Berg. Im Fischerhaus an der Wieck erfrage man den Weg von Berg zu Berg! Dort auch Erlaubnis zum Besuche des Waldes. Schönste Aussicht vom Weißen Berg bei Lütow. 5 km. Von hier zurück nach Zinnowitz. Die Höhenzüge des Gnitz sind eine Endmoräne mit zahlreichen Steinblöcken.

4. Nach Zempin, Koserow mit Streckelberg, am Strande oder auf dem „Inselwege". Auch mit Bahn oder Dampfer.

5. Mit Segelboot oder Dampfer zur **Insel Greifswalder Oie.** 1400 m lange, 600 m breite und 50 ha große Diluvialplatte, 6—25 m steil aus dem Meere ragend. Uferschutzbauten schützen die Insel nach Möglichkeit. Ausgedehnte Steingründe, besonders im Südwesten, reden von der Zerstörung durch die See, die das Nordufer von 1728 bis 1819 38 m zurückschnitt. 1291 schenkte Herzog Bogislav IV. die Insel der Stadt Greifswald. Damals wertvoller Stützpunkt der Heringsfischer-Flotten. Später verpachtet und als Weide genutzt. Schließlich bewohnt von drei Bauernfamilien. 1832 entstand eine erste Leuchtbake, 1855 durch einen Leuchtturm ersetzt. 1875 Fischereihafen. 1883 verkaufte die Stadt die Insel an den Staat. Interessant an der Ostseite ein kleines Inselwäldchen aus Weißbuchen, Linden, Ulmen, Eschen, Eichen und Stechpalmen. Weißdorne erscheinen als 8 m hohe Bäume. Die jetzige Bevölkerung: Bewohner eines Bauernhauses (Erfrischungen), Lotsen und Insassen eines Seemannsheims. Telephon und Telegraph. Im Winter zeit-

weise von allem Verkehr abgeschnitten. Der Leuchtturm zeigt nacheinander weißes und rotes Licht und Dunkelheit.

6. Nach Wolgast. Von Zinnowitz mit Bahn zur Wolgaster Fähre. Hübscher Blick vom Fährhaus auf Peene und Stadt. Ende der Bahnfahrt; übersetzen mit der Fähre. Brücke im Bau (1931). Näheres siehe unter „Wolgast"!

7. **Peenemünde, Peenemünder Haken und Insel Ruden.** Zunächst nach Karlshagen wie vorher. Dann Waldchaussee über Försterei Peenemünde (Erfrischungen) nach Peenemünde, 5 km. Man kann auch den Waldweg nahe dem Strande benutzen; er leitet zuletzt zur Chaussee und damit ebenfalls nach Peenemünde. Der Ort liegt an der Mündung der Peene und hat über 500 Einwohner. 1 km nordwestlich die **Peenemünder Schanze,** heute mit Lotsenstation. Hier Fernsicht: Ruden, Greifwalder Bodden, Rügen mit dem Jagdschloss Granitz. Dann mit Segelboot zur

Insel Ruden, 2 km ab Festland. Einst mit Rügen zusammenhängend, so daß der Abfluß der Peene zwischen Ruden und der Insel Usedom erfolgte. Noch heute dort 500 m breite, tiefe Rinne. Rügen und Ruden im 14. Jahrh. durch Sturmflut getrennt. Insel durch Steinbollwerk gesichert, mit kleinem Hafen auf der Ostseite (für Boote). Am Nordende ein Wäldchen. Der Schiffahrt dient eine Leuchtbake. Bewohner: Lotsenfamilien und ein Lehrer. Die Schule hatte 1927 nur einen Schüler. Auf dem Ruden landete am 25. 6. 1630 König Gustav Adolf von Schweden. Viele Entenarten bevölkern das Wasser um die Insel, so lange es im Winter offen ist. Hier die Stätte von Spielhagens Idylle „Auf der Düne". — Auf der Insel kleine Erfrischungen.

Das Nordwestende der Insel Usedom und das Gebiet westlich der Peenemündung, Sandbänke, Schilfinseln, Moorwiesen, ist Brut- und Raststätte zahlreicher „Wasservögel", Möven, Enten, Taucher, Schwäne usw., und als **Naturschutzgebiet Peenemünder Haken unter** Schutz gestellt. Das Sammeln von Eiern, jede Störung der Tiere und ihre Tötung sind verboten. — An das Ende des Peenemünder Hakens verlegt Prof. Schuchhardt Vineta bzw. die Jomsburg. Siehe Schuchhardt, „Arkona, Rethra, Vineta", Berlin 1926.

Weiterfahrt mit der Bahn ab Zinnowitz: Zwischen Wald- und Wiesenniederung nach Bhf. Karlshagen-Trassenheide. Endpunkt der D-Zug-Strecke. Personenzüge laufen bis Wolgaster Fähre.

Ostseebad Trassenheide,

Dorf am Waldrande und unmittelbar am Bhf.; 400 Einwohner. Landein weite Heideflächen. Weg zum Strande durch Dünenwald, 15 Min. Strand breit und feinsandig. Freibad. Einfaches Leben. Konzerte usw. in den Gaststätten. Fischfang und Räuchereien. Selbstbeköstigung möglich.

Badeärzte: in Zinnowitz, ebenso Apotheke. — Banken: Kreissparkasse, Annahmestelle Trassenheide; sonst in Zinnowitz. — Badegäste 1930: 1115. — Unterkunft (ohne Privathäuser): Gasthaus Pommerscher Greif. — Dazu Restaurants: Bahnhofswirtschaft, Strandhalle usw. — Auskunft: Badeverwaltung. — Postamt. — Verkehrsverhältnisse: Endpunkt der D-Zug-Strecke Berlin—Swinemünde—Trassenheide. Dampferverbindung ab Stettin bis Zinnowitz; dann Bahnfahrt (5 Min.). Autoverbindung im Ort.

Wanderungen: 1. Nach Zinnowitz, am Strande oder über Försterei Trassenmoor, 40 Min. Schöne Ausblicke auf die See. — 2. Zur Greifswalder Oie, nach Rügen, nach Wolgast und nach Peenemünde, zum Ruden und Peenemünder Haken, wie unter Zinnowitz.

Von Bhf. Karlshagen-Trassenheide mit bestelltem Fuhrwerk, Auto oder Wagen, nach

Ostseebad Karlshagen.

Das 1829 gegründete Fischerdorf hat 650 Einwohner. Im Osten reiner Kiefernwald (Forst Pudagla), im N und NW Laub- und Nadelwaldungen (Wolgaster Forst). Zwei Teile: Villenkolonie hart am Strande und Dorf, 10 Min. ab See. Badeleben ungezwungen und gesellig. Besucherzahl: 3500 Personen. Strand breit und feinsandig. Aussichtsreiche Strandpromenade. Fernsicht nach Zinnowitz, Rügen, Greifswalder Oie, Streckelberg und Wollin. An der Peene, im SW des Ortes, Hochsee-Fischerei-Hafen. Gute Anlegemöglichkeit für Sportfahrzeuge.

Unterkunft (ohne Privatwohnungen): Strandhotel. Hotel Meeresblick. Hotel Waldschloß. Gasthof Kiefernhain. — Auskunft: Badeverwaltung. — Kurmittel: Kalte und warme Seebäder, Luft- und Sonnenbäder, Waldluft. — Banken: Kreissparkasse Swinemünde. Karlshagener Spar- und Darlehnskassenverein. — Verkehrsverbindungen: D-Zug-Strecke Berlin—Swinemünde—Karlshagen-Trassenheide. Fuhrwerk oder Auto auf Bestellung am Bhf. Dampferverbindung ab Stettin bis Zinnowitz. Von dort Abholung mit Motorboot, Auto oder Fuhrwerk auf Bestellung. — Für Automobilisten: Schnellste Verbindung über Wolgaster Fähre oder Brücke bei Zecherin.

Wanderungen: Wie unter Trassenheide und Zinnowitz.

Die Insel Wollin.

Vorbemerkung: Die Insel besteht aus dem aus Dünenzügen aufgebauten Gebiete zwischen der Swine und dem Höhenrande von Misdroy—Lebbin, an dem einst die Wasser der Swinepforte brandeten, und dem übrigen hohen und umfangreichen Inselkern. Höchste Erhebungen im Westen und Nordwesten (Gosanberg mit 95 m); während die Insel nach Osten zu allmählich niedriger wird. Ihr Ostteil durch die Dievenow und den Camminer Bodden abgegrenzt. Der Ausfluß der Dievenow in die See ist künstlich offengehalten. Hauptteil der Insel stark hügelig mit einer Seenrinne von Warnow bis Kolzow. Im Westen prächtige Laubwaldungen, nach Osten zu Äcker und Wiesen. Die verlandende Rinne über Laatziger Ablage nach Misdroy war einst ein Abfluß des Haffs zur See. An verschiedenen Stellen im Untergrund der Insel Mergel, Kreide und Kalk.

Im Bereich der Swinepforte, gegenüber von Swinemünde und nachbarlich von Dünenwald und weiten Wiesenflächen,

Seebad Ostswine-Osternothafen.

Mehr landein Ostswine bzw. gegenüber Swinemünde-Stadt, während Osternothafen mit dem Leuchtturm und dem Fischerhafen dieselbe Lage wie Swinemünde-Bad hat. Beide Orte seit 1928 ein Gemeinwesen. Interessant der lebhafte Hafenverkehr. Osternothafen ist Liegeplatz einer Torpedobootflottille. Das nahe Swinemünde bietet seine

Vergnügungen als Ergänzung. Über den Leuchtturm und die Molen siehe unter „Swinemünde"! Strand feinsandig, 100 m breit und 3 km lang. Baden gefahrlos. Freibad. Postamt. Arzt.

Unterhaltung: Kinderfeste, Tanzabende, Wettbewerbe, Angeln, Rudern und Segeln. Dazu Motorbootfahrten. — Unterkunft (ohne Privathäuser): Kurhaus Sanssouci, Osternothafen, direkt am Hafen, 30 B., Gar. — Restaurant und Kaffee Brandenburg, Osternothafen, am Hafen, 12 B., Gar. — Pensionen, Kaffees und Restaurants vorhanden. — Im Ortsteil Ostswine: Hotel Kaiserhof, nahe Hafen, Fähre und Bhf., 20 B., Gar. — Hotel Goldener Anker, nahe Bhf. und Fähre, 16 B., Gar. — Hotel Pommerscher Hof, nahe Fähre und Bhf., 14 B., Gar. — Dazu Restaurants und Kaffees. — Auskunft: Badeverwaltung. — Verkehrsverbindungen: Stettin—Wietstock—Ostswine. Berlin—Pasewalk—Ducherow—Swinemünde (Trajekt)—Ostswine oder ab Swinemünde mit Motorboot oder Fähre. Dazu Dampfer ab Stettin nach Swinemünde und mit Fähre weiter. Flugverkehr: Bäderlinie Berlin—Stettin—Swinemünde.

Wanderungen.

Wie unter Swinemünde. Fortsetzung nach Misdroy (mit Bahn) und von Misdroy aus im Bereiche der Insel Wollin. Bei einem Ausflug nach den Lebbiner Bergen mit der Bahn bis Liebeseele und dann Wanderung.

Ostseebad Misdroy und Umgebung.

Dampferfahrt ab Stettin: Verbindung nur im Sommer. Hinter dem Leitholm geht der Dampfer übers Haff und bis dicht unterhalb der malerischen Lebbiner Berge mit Dorf und Zementfabrik. In Sicht der nahen Küste in den Vietziger See. Links das Wiesendelta der Swine mit den Häusern von Pritter vor dem Saum des Dünenwaldes. Dann im flachen Wasser zur Laatziger Ablage am Fuß hoher Waldberge. Vorher rechts reizende Blicke auf das Tal von Kalkofen und die Höhen von Vietzig. Ende der Fahrt: Laatziger Ablage. Von hier zu Fuß oder mit Omnibus nach Misdroy.

Ostseebad Misdroy, das einzige Großbad der Insel, an der Stelle gelegen, wo sich der westliche Dünenteil an den hohen Kern der Insel anfügt. Auf jenem baut sich der Ort auf, der sich nach W in den Dünenwald zieht und nach O zu die Waldberge erobert. Das ganze rings vom Walde gerahmt, ein Schutz, der Misdroy auch als Winterkurort geeignet und beliebt gemacht hat. — Geschichtliches: Erstmalig 1554 als Eigentum der Domprobstei Cammin erwähnt. Nach den Stürmen des Dreißigjährigen Krieges, nach Sturmfluten und Versandung Anfang vorigen Jahrhunderts nur wenige Kolonisten und Kleinbauern, die sich mit Fischfang beschäftigten. Von 1830 an einzelne Badegäste. Ab 1860 rasches Wachstum. Von 1872 an eines der führenden Seebäder. Nach dem Kriege 1870/71 weilte der damalige Kronprinz mit seinem Hof in Misdroy. 1862 Erbauung der Kirche auf der Königshöhe. Prächtige Aussicht vom Turm. Im Innern Altarbild von Prof. Amberg. Erste Seebrücke 1913 durch Sturmflut zerstört; Neubau im Weltkriege abgerissen. Jetziger Bau aus jüngster Zeit. — Zahl der Badegäste 1930: 21 115. —

Kurmittel: Warme und kalte Seebäder, medizinische Bäder, reichliche Sonnenbestrahlung, Waldluft. — Unterkunft (ohne Privathäuser): Hotel Seeblick mit Nebengebäuden, Strandpromenade 1 und 2. — Kurhaus mit Hotel Miramare und Stella maris, Strandpromenade 5—7. — Kaiserhallen, Strandpromenade 8. — Strandhotel, Strandpromenade 25. — Petersons Hotel,

Krausenstr. 3. — Parkhotel, Strandstr. 7. — Ostsee-Hotel, Bismarckstr. 18. — Genz' Hotel, Schwedenstr. 1. — Lübbes Hotel, Bahnhofstr. 1. — Bier-Konvent, Bahnhofstr. 4. — Hotel „Zur Alten Börse", Bahnhofstr. 12. — Hotel Misdroyer Hof, Marktstr. 10. — Jugendherberge: Bergstr. 11 und Gemeinde-Jugendheim. — Dazu Restaurants und Kaffees. — Kino: Kurlichtspiele. — Sport: Tennis, Gymnastik, Segeln, Rudern, Schwimmen, Reitsport, Schießsport. — Auskunft: Kurverwaltung. — Banken: Sparkasse Swinemünde. Rostocker Bank. Misdroyer Spar- und Darlehnskassenverein. — Verkehrsverhältnisse: Bahnverbindung Berlin—Stettin—Wietstock—Misdroy oder Berlin—Ducherow—Swinemünde—Misdroy. Dampfer: Stettin—Laatziger Ablage und von dort mit Kraftomnibus. Oder Dampfer von Stettin nach Swinemünde mit Bahnanschluß nach Misdroy. Gute Autostraße: Berlin—Stettin—Gollnow—Wollin—Misdroy. Flugverkehr: Berlin—Stettin—Swinemünde und mit Bahn nach Misdroy. — Nahverkehr: Kraftomnibuslinien Misdroy—Lebbin, Misdroy—Jordansee. Motorbootverbindung: Misdroy—Kaffeeberg—Jordansee.

Wanderungen.

1. Mit Motorboot, Eisenbahn, Fuhrwerk, Kraftfahrzeug nach den Bädern der Insel Usedom. Über Swinemünde Anschluß nach Rügen, Kopenhagen, Bornholm.

2. **Kaffeeberg—Gosanberg—Jordansee.** Weiß markiert.

Die wichtigsten Wanderwege in der Umgebung von Misdroy sind farbig markiert. Alles Nähere zeigt die „Wegekarte der Umgebung des Ostseebades Misdroy", herausgegeben vom Verkehrs- und Verschönerungs-Verein.

Von der Strandpromenade nach NO und am Ende empor zum **Kaffeeberg** (68 m) mit Wirtschaft. Der Name bedeutet Krähenberg. Aussicht: See, Strand, Misdroy, Swinemünde bzw. das niedrige Gelände der Swinepforte. (Auch mit Motorboot zum Fuße des Kaffeeberges und dann Strandtreppe.) Vom Kaffeeberg über den **Weißen Berg**, eine vom Flugsand verschüttete Waldparzelle, zum Gosanberg (ab Misdroy 1½ Std.). Weg weiß markiert. Dazwischen Wegweiser: „Durch Grünen Grund zum Rudolfssitz". Gedenkstein! Alsdann bei Wegteilungen links halten! **Gosanberg,** 95 m hoch, mit prächtiger Aussicht bis zur Greifswalder Oie. (Gosaar = Gänseaar = Seeadler.) Weiter zum Jordansee über Forsthaus Jordanhütte. Erfrischungen, Sommergäste. Wegweiser beachten! Kurz vor dem Forsthaus Wegweiser links: „Stinas Utkiek". (Am Jordansee lokalisiert die Sage von Stina, der Anführerin einer Räuberbande.) Hinter der Försterei, jenseits des Dünengeländes, in prachtvollen Buchenwald eingebettet, der vielgebuchtete **Jordansee,** eine Wasserausfüllung des kuppigen Bodenreliefs, deren Wasser durch Kreide- und Tonuntergrund am Absinken gehindert wird. Eine Beziehung von Jordansee und germanischer Nerthussage ist hier ebenso wie beim Herthasee auf Rügen ins Reich der Fabel zu verweisen. Sommerwirtschaft auf einer Insel im See; dazu Forsthaus Walhall. Bootfahrt über den See 20 Min.; sehr zu empfehlen. Rückkehr nach Misdroy mit Motorboot, Kraftomnibus oder zu Fuß auf der Chaussee, bzw. am Strande. Oder ab Jordansee

3. zum **Ahrensturm** (gelb markiert), auf dem 115 m hohen Greweberge, 24 m hoch. 1914 von Pionieren begonnen, 1915 von Leuten der Firma Schütt & Ahrens, Stettin, vollendet und nach dem Stifter benannt. 1 km. Aussicht: Der größte Teil der Insel und über die Dievenow

hinweg ein Teil des hinterpommerschen Festlandes. Von hier, gelb markiert, Weg zum Bhf. Warnow.

4. Misdroy — Marienhöhe — Ahrensturm. Auf der Neuendorfer Chaussee bis zum Chausseehaus. Hier oder kurz darauf Seitenweg rechts zur Neuendorfer Landstraße (gelb markiert). Nach 15 bis 20 Min. Wegemarke links zur 102 m hohen Marienhöhe mit Denkmal. Auf dem Kamm weiter, bis hinter einer Senke der Ahrensturm sichtbar wird.

5. **Zum Brandberg,** 1 Std., rot markiert. Zunächst zum Spitzberg in der Verlängerung der Elisabethstraße. Blick auf den Ort. Höhenweg südwärts weiter bis zum Wegweiser (links): „Zum Brandberg". 91 m. Schöne Aussicht über die Insel. — Stufen abwärts auf blau markiertem Wege zur Wolliner Landstraße; diese links, bis zum Wegweiser zum Forsthaus Laatzig. Erfrischungen. Ab Brandberg 20 Min. — Zurück: Wolliner Landstraße und nachher Chaussee nach Misdroy. Vor der Abzweigung der Swinemünder Chaussee Aufstieg rechts zur Dürings-Höhe mit Aussicht. Von hier (blau markiert) nach Misdroy.

6. **Lebbin und Stengow.** Nach Lebbin Fahrverbindung mit Kraftpost oder zu Fuß über den Brandberg und dann Chaussee, 9 km. Zunächst nach Laatziger Ablage. Weiter, dicht am Vietziger See entlang. Links auf malerischen Hügelabhängen das Dörfchen Vietzig mit Gasthof, später Wiesenniederung und im Tal links das schön gelegene **Kalkofen.** Beherrschend im Ort die größte Eiche der Insel. (Falks Hotel; Spielmann, Garten- und Schankwirtschaft.) — Weiter Richtung Lebbin: Links die Höhe des Comanchenberges. Dahinter Kreidegruben und später rechts Zementfabrik, 1856 von Kommerzienrat Quistorp gegründet. Aufwärts nach Lebbin.

Lebbin, Dorf von 1600 Einwohnern. Gastwirtschaft. Auf dem Friedhof alte Linde von 7½ m Umfang. Der Ort liegt schön, wenn auch das Dörfliche der Industrie zum Opfer gefallen ist. Schon zur Wendenzeit befand sich hier eine Siedlung. Später kam Lebbin an das Bistum Cammin und erhielt ein bischöfliches Lusthaus, das in der Gegend des heutigen Pfarrhauses stand. Vom Pfarrgarten aus schöne Aussicht übers Haff und das Swine-Delta. — Ostwärts zum Orte hinaus bis zur Bake auf freier Höhe und dann auf einem Fußsteig zum Strand hinab. Schöne bewaldete Steilküste mit großen Steinen. Nicht minder reizvoll ist der Blick von der Waldhöhe darüber, dem **Kneiskeberg.** Im NO des Ortes der Pohstenberg mit der **Karlasicht** (83 m). —

Links vom Kneiskeberg Weg in das reizende Waldtal von Stengow (blau markiert). Von Stengow über Laatziger Ablage nach Misdroy. Lebbin—Stengow—Misdroy rund 14 km. Man kann auch über Kalkofen zurückwandern.

7. **Lebbin—Wollin.** Von Lebbin aus ostwärts! Entweder auf der Fahrstraße, anfangs wie nach Stengow, und nach 20 Min. an der Gabelung rechts ab, Richtung Soldemin. Oder auf Fußwegen nahe dem Hochufer (mit schönen Ausblicken) nach Karzig und Soldemin, Ortschaften am Haff. Von hier über Plötzin nach Wollin (Stadt). — Oder ab

Soldemin links zur Chaussee; darüber hinweg und an Schloß Apenburg vorüber nach Gr. Mokratz mit Bhf. Näheres unter „Wollin"!

8. **Inselwanderung I.** Misdroy—Neuendorf—Kolzow—Wollin. Bis Jordansee, siehe vorher! Am Strande weiter und in ½ Std. zum Neuendorfer Badestrand. Durch Wald zum Ort. Auch Autoverbindung Misdroy—Neuendorf.

Ostseebad Neuendorf auf Wollin.

In einem reizvollen, von Hochwald und Höhen gerahmten Tal mit Seen gelegen. (Seerinne von Warnow bis Kolzow). Prächtiger Hochwald nach der See zu schützt gegen Seewinde und erlaubt Winterkuren. Vom Ort zur See 1 km. Auf dem 20 ha großen Neuendorfer See Angelsport. Strand breit, steinfrei; Wellenschlag kräftig.

Zahl der Badegäste 1930: 3000. — Postamt. — Ärzte und Apotheke in Misdroy (Autoverbindung). — Unterkunft (ohne Privatwohnungen): Kurhaus Neuendorf. Hotel Schössow. Robert Kuhn. — Auskunft: Gemeindeverwaltung. — Dazu Restaurants und Konditoreien. — Banken: Kreissparkasse Swinemünde. — Jugendherberge: Kinderheim Irmfried. — Verkehrsverbindungen: Berlin—Ducherow—Swinemünde—Warnow i. P. oder Stettin—Gollnow—Wollin—Warnow i. P. Von dort mit Kraftauto oder bestelltem Fuhrwerk nach Neuendorf. Dampfer: Stettin—Laatziger Ablage—Misdroy und Kraftauto nach Neuendorf. Nahverkehr: Privat-Kraftlinien Warnow—Neuendorf und Misdroy—Neuendorf.

Wanderungen: Zum Jordansee, auf der Waldchaussee oder am Strande entlang, ½ Std. — Nach Misdroy und Umgebung, nach Lebbin und Swinemünde, siehe unter „Misdroy"! — Nach **Forsthaus Warnow,** alte Buchen, Erfrischungen. 4 km. An der Westseite der Seerinne entlang. Hier auch ab Warnow rot markierter Weg zum Schloßwall im Warnower See! — Nach dem **Kiekturm,** einem Seezeichen, 2 km nordöstlich am Strande. Vom hohen Ufer nahe der Badestelle schöne Ausblicke.

Fortsetzung der Inselwanderung: Von Neuendorf nach Kolzow, Chaussee oder Fußsteig durch Wald, 3 bzw. 2 km.

Kolzow: Kirchenruine, Anfang des 14. Jahrh. Alte Grabsteine. Ein Sakramenthäuschen jetzt im Provinzialmuseum, Stettin. Empfehlenswerter Ausblick vom Turm der neuen Kirche. Östlich des Ortes aussichtsreiche Höhe 21. Von Kolzow Kraftpost nach Wollin (Stadt), 14,3 km. Oder Postfahrt nur bis Alt Tonnin und Wanderung über Darsewitz und nahe der Dievenow nach Wollin. (Nördlich Alt Tonnin, dicht vor Jambow, rechts im Wiesengrund ein Sandhügel, Rest eines wendischen Burgwalles.)

Wollin, auf der Insel Wollin, Stadt von rund 5000 Einwohnern, das alte slawische Julin, das oft in Kämpfe mit den Dänen verwickelt war (12. Jahrh.). Dazwischen fallen die Bekehrungsversuche Bischofs Bernhard, den die Wolliner „zwangsweise" aus der Stadt entfernten. Später wiederholt sie Otto von Bamberg mit besserem Erfolge; ja, bis 1176 ist Wollin sogar Bischofssitz. Dann wird das Bistum wegen der unablässigen Kämpfe mit den Dänen verlegt. Wollin ist im 13. Jahrhundert nur noch herzogliche Kastellanei. Einen Aufschwung bringt die Zeit der Hansa. — 1485 in Wollin Joh. Bugenhagen, der Reformator der Pommern, geboren. Die weiteren Schicksale der Stadt erscheinen nicht sonderlich bedeutungsvoll. Heute Sitz des Fischfanges und vieler Fischräuchereien und damit einer Fischerbevölkerung von altererbter Eigenart nach Sprache und Wesen. — Sehenswert: Nikolaikirche, spätgotischer, viel veränderter Ziegelbau mit barockem Westturm. Kanzel von 1637, Altar von 1668. Dazu Grabplatten aus dem 17. Jahrh., wertvolle Ölgemälde, eine Sanduhr u. a. m. Georgenkirche, 1861 fast gänzlich neu errichtet. Der Turm ist alt. Im Innern schöne Kanzel von 1659. Rathaus von 1881 und typisch für die Zeit. Schön ist der Blick von der Dievenowbrücke auf die Stadt. Nördlich der Bahnstrecke der „Silberberg". Wendische Begräbnisstätte. Römische und arabische Münzfunde bestätigen, daß Wollin (Julin) eine wichtige Handelsstadt gewesen ist. Ein Spaziergang südlich der Stadt führt zum Stadtwäldchen, der Plantage mit dem Jahndenkmal, dem Frauenberg mit dem 10 m hohen Ehrenmal der Weltkrieg-Gefallenen und an Sportplätzen vorüber zum **Galgenberge.** Reste wendischer Begräbnisstätten (Hügelgräber), ursprünglich für wikingisch gehalten, bis Prof. Schuchhardt-Berlin den Nachweis führte, daß Wollin und Vineta nicht identisch seien. (Siehe auch unter „Vinetariff" und „Peenemünder Haken"!) Prächtige Aussicht: Haff, Lebbiner Berge im Süden und Südwesten. Im Norden die Stadt und die Waldhöhen der Insel. Im Osten, jenseits der Dievenow, der „Ottoberg" hinter Gaulitz, wo Otto von Bamberg die ersten Wolliner getauft haben soll. Zum Festland führen drei Brücken. — Badegelegenheit: Badestrand am Fuße des Galgenberges.

Unterkunft: Straaks Hotel, Bugenhagenplatz, 20 B. — Hotel „Zum grünen Baum", Markt 10, 24 B. — Pommerscher Hof, Oberstr. 34. — Dazu Kaffees und Konditoreien. — Auskunft: Verkehrsverein, Lehrer i. R. Scheel. — Verkehrsverbindungen: Stettin—Misdroy—Swinemünde. Dampfer Stettin—Wollin—Cammin. Postauto Wollin—Kolzow.

Ausflüge auf der Insel: Siehe auch unter „Misdroy"! — 1. Wollin—Misdroy mit Bahn. Zunächst Bhf. Mokratz.

Seitenwanderung: Von Bhf. Mokratz durch Gr. Mokratz und links über die Bahn, Fahrstraße nach Soldemin. Vor dem Erreichen des Waldes links wird **Schloß Apenburg** sichtbar. Nach dem Verlassen des Waldes links: Mokratzer Berge, 67 m. Aussicht! Entweder auf der Chaussee oder über Soldemin—Plötzin zurück nach Wollin, 8 km.

Fortsetzung der Bahnfahrt nach Warnow.

Warnow: Gasthaus Waldschenke am Bhf. Gasthaus Lucht im Dorf. Von hier nach Neuendorf, Weg rot markiert; ebenso Waldweg nach Misdroy. Rot auch der Weg, der von der Neuendorfer Landstraße rechts ab zum Schloßwall im Warnower See führt. Gelb: Warnow—Ahrensturm—Jordansee.

Weiterfahrt mit Bahn durch Wald nach Misdroy (siehe dort!). — 2. Wollin—Kolzow (Postauto) und anschließend nach W, siehe unter „Neuendorf"! — 3. Wollin—Cammin mit Dampfschiff. (Siehe dort!) — **4. Wollin—Hagen—Gaulitz—Ottoberg.** Über die Brücke nach Hagen, jenseits der Dievenow.

Schöner Blick auf die Stadt. Weiter nach Gaulitz und zum Ottoberg. Aussicht: Dievenow, Haff, Galgenberg und anschließendes Verlandungsgebiet, Roof genannt, sowie die Stadt Wollin.

9. **Inselwanderung II.** Misdroy—Neuendorf—Heidebrink—Cammin. Am ersten Tage bis Neuendorf. Am zweiten Tage: Nordöstlich vom Kurhaus schöner Waldweg in 1 Std. nach Försterei Birkenhaus. Hier zum Strand und am Strand entlang zu den Badehütten von Heidebrink. Man kann vom Forsthaus ab auch die Chaussee erreichen und auf dieser über **Fischerdorf Swantus** (mit Erfrischungshalle) nach Heidebrink wandern. 1½ Std. zwischen Wiese und Wald.

Ostseebad und Solbad Heidebrink.

Der Badeort liegt 5 Min. jenseits hoher Dünen, auf schmaler Landzunge zwischen See und Camminer Bodden. Breiter, feinsandiger Strand; kräftiger Wellenschlag. — Kurmittel: Kalte und warme Seebäder, Solbäder. Freibad. — Unterhaltung: Konzerte, Tanzabende, Segeln, Angeln, Tennis, Motorbootfahrten. —

Post im Orte. — Auskunft: Gemeindeverwaltung. — Arzt und Apotheke in Berg-Dievenow. — Unterkunft (ohne Privathäuser): Hotel „Logierhaus“, Gar. — „Zur Post“, Gastwirtschaft, Solbad. — Hotel „Fortuna und Waltraut“. — Dazu Restaurants und Kaffees. — Verkehrsverbindungen: Direkte Dampferverbindung Stettin—Heidebrink. Eilzugverbindung Berlin—Stettin—Cammin (in der Saison). Dort Schiffsanschluß nach Heidebrink, oder direkte Bahnverbindung Stettin—Wollin oder Rehberg und Abholung mit Wagen oder Auto auf Bestellung (17 km). Von vielen Reichsbahnstationen direkte Fahrkarten zu wahlfreier Benutzung von Bahn und Dampfer ab Stettin oder Cammin.

Wanderungen: 1. Wanderungen westwärts auf der Insel Wollin, siehe vorher! 2. Nach Westdievenow 4 km; nach den Bädern um die Dievenowmündung und nach Cammin, siehe dort!

6. Stargard i. P. und Umgebung.

Die Stadt Stargard liegt an der Grenze zwischen dem Odergebiet und der ebenen Grundmoränenlandschaft Hinterpommerns, bzw. im Tal der aus dem Endmoränengebiet abfließenden Ihna.

Bahnfahrt Stettin—Stargard i. P. Über die Fahrt bis Madüsee siehe vorher! Es folgt nach dem Passieren von Wiesenniederung höheres Gelände mit der Haltestelle Seefeld. Gaststätte im nahen Wäldchen. Das Dorf liegt abseits. Wenige Minuten später, und links das reich besiedelte Ihnatal. Rechts Eisenbahnwerkstätten. Bhf. Stargard.

Stargard i. P.

Geschichtliches: Die Stadt liegt auf uralter Siedlungsstätte und an der Stelle des Überganges über die ehedem schwer passierbare Senke des Ihnatales. Vorgeschichtliche Funde reichen bis in die Steinzeit zurück. In wendischer Zeit auf der Ihnainsel im NO des Stadtgebietes, nahe dem „Weißkopf“, ein Burgwall, 1124 als „Zitarigroda“ bezeichnet. Gleichzeitig Verwaltungsmittelpunkt des Landes

Stargard und Schutz eines sich anschließenden Marktfleckens. 1229 befinden sich die Johanniter im Besitz eines festen Hauses in Stargard, und es entsteht von dorther, wo 1408 die Johanniskirche erbaut ward, nach Osten, auf die Wendensiedlung zu, eine erste deutsche Siedlung. Während aber dem Ort 1243 das Magdeburger Recht verliehen wurde, war bereits eine Erweiterung nach Süden nötig geworden, der Stadtteil um Markt und Marienkirche. Später wird auch das „wendische Viertel" eingedeutscht, und nur jener Stadtwinkel mit dem seltsamen Namen „Land Usedom" blieb längere Zeit noch wendische Zufluchtsstätte. Diese Entwicklung aber hat es mit sich gebracht, daß der Stadtplan von Stargard i. P. nicht jene Regelmäßigkeit und Klarheit aufweist wie der anderer Kolonialstädte. 1292 erhielt die Stadt das Lübische Recht. Von den pommerschen Herzögen mit Zollfreiheit im ganzen Lande und dem Rechte der Schifffahrt auf der Ihna belehnt, ward Stargard als Seehandelsstadt sehr bald Konkurrent Stettins. Zahlreiche Streitigkeiten erzählen von diesem Wettbewerbe. Im 14. Jahrh. Mitglied der Hansa. Es umgibt sich mit festen Wehrbauten und schmückt sich mit prächtigen öffentlichen Gebäuden und Privathäusern, den Zeugnissen eines selbstbewußten Bürgertums. Von dem damaligen ausgedehnten Besitztum der Stadt sind 6000 Morgen städtischer Waldungen zu beiden Seiten der Ihna übriggeblieben. Im Jahre 1635 ward infolge der vollständigen Zerstörung durch die Kaiserlichen die Blüte der Stadt für längere Zeit vernichtet. Damit kamen die schweren Zeiten des Dreißigjährigen Krieges, und eine Besserung der Verhältnisse trat erst ein, als 1679 die Regierung Hinterpommerns durch den Großen Kurfürsten nach Stargard verlegt ward. Später, unter König Friedrich Wilhelm I., kam sie nach Stettin, und Stargard trat mehr in den Hintergrund. Neues Leben brachte das 19. Jahrhundert und damit ein langsames, aber stetiges Wachstum. Das heutige Stargard, Stadtkreis mit 36 000 Einwohnern, ist als Behördenstadt Sitz des Landratsamtes für den Kreis Saatzig, eines Land- und Amtsgerichts, eines Hochbau-, Kulturbau-, Kultur-, Finanz-, Zoll-, Katasteramts und anderer Behörden. Dazu die Eisenbahnbehörden mit einem modern ausgebauten großen Ausbesserungswerk. Garnison: das I. Bataillon des 4. Inf.-Regts. An Schulen: Staatliches und Gröningsches Gymnasium, das seine Entstehung der Stiftung des 1631 verstorbenen Bürgermeisters Peter Gröning verdankt, und an städtischen Schulen eine Oberrealschule, die Königin-Luise-Schule (Lyzeum mit Oberlyzeum), Mittel-, Volks- und Berufsschulen. Wirtschaftsleben: Getreidehandel, Beziehungen zu der reichen landwirtschaftlichen Umgebung der Kreise Pyritz und Saatzig. Mühlenwerke, Baugewerbe, Holz- und Eisenindustrie, Likör- und Tabakfabriken, Brauereien.

Banken: Reichsbank-Nebenstelle; Stadtbank; Saatziger Kreissparkasse; Bankgeschäfte von Cantrowitz, Levy, Kämmerer. — Hauptpost, Holzmarkt- und Breite Str.-Ecke; Bahnhofspost neben dem Empfangsgebäude; Nebenstelle Carlstr. 16 mit Postkraftwagenstelle. — Theater, Lichtspiele: Regelmäßige Theatervorstellungen durch die Pommersche Landesbühne und die Freie Volksbühne. — Germania- und Kammer-Lichtspiele. — Badeanstalten: Bumcke Badeanstalt, Weidensteig 1; Uecker, Königstraße 20; Städtische Badeanstalt; Militärbadeanstalt und Schwimmverein in der Ihna, oberhalb des Wasserwerks. — Verkehrsverbindungen: D-Zug-Strecke Berlin—Stettin—Stolp—Danzig. Ab Stargard nach

Kreuz—Posen, Wulkow—Callies—Schneidemühl und Pyritz—Cüstrin. Saatziger Kleinbahnen nach Daber, Nörenberg, Dramburg und Jacobshagen. Kraftpostverbindungen der Reichspost: nach Massow—Naugard, nach Ihnazoll—Gollnow, nach Zachan—Ravenstein und nach Madüsee. Stadtomnibusverkehr zur Zeit auf den Strecken: Siedlung—Bahnhof—Markt—Eisenbahnsiedlung und Torfmoorweg—Markt—Friedhof—Siedlungsschule. Autodroschken auf dem Bahnhofs-Vorplatz und auf dem Markt. — Unterkunft: Prinz von Preußen, Poststr. 4/5, 12 Min. vom Bhf., Stadtauto 5 Min., 45 B., Gar. — Norddeutscher Hof, Markt 10, 12 Min. vom Bhf., Stadtauto 5 Min., 30 B., Gar. — Kaiserhof, Bahnhofstr. 5, 3 Min. vom Bhf., Stadtomnibuslinie, 25 B., Gar. — Pommerscher Hof, Bahnhofstr. 10, 2 Min. vom Bhf., Stadtomnibuslinie, 28 B. — Dazu Restaurants und Kaffees. — Jugendherberge: Im Pyritzer Tor (für Knaben) und im Walltor (für Mädchen).

Sehenswürdigkeiten und Stadtrundgang:

Die Stadt mit ihren Wehrbauten und Türmen lernt der Besucher am besten bei einem Rundgang auf den ehemaligen Wällen kennen, die jetzt als Anlagen zwischen dem Stadtkern und der Außenstadt einen Grüngürtel bilden. Vom Bahnhof durch die Bahnhofstraße. Links der Gerichtsplatz und halbrechts das große Rondell, neben dem durch den ehemaligen Wall das Johannistor in die Stadt führt. Rechts weiter auf der **Wallpromenade.** Rechts die Christuskirche und der Wasserturm, links im Zuge der Stadtmauer ein alter Wehrturm von 1513, das 34 m hohe **„Rote Meer"**, ursprünglich der Turm am Roten Meer (Moor). Der Unterbau ist 1869 für Fußgängerverkehr durchbrochen. Am Ende des Walles rechts die Heilig-Geist-Kirche (1877), dahinter das Finanzamt und die Königin-Luise-Schule auf dem sogenannten Alten Kirchhof. Wir gehen links durch das **Pyritzer Tor,** um 1439 erbaut. Unterbau aus Granitfindlingen mit spitzbogiger Durchfahrt. Darüber drei Geschosse, deren oberstes mit Wehrgang. Das Backsteinmauerwerk durch Putzblenden reich gegliedert. Dazu ein Satteldach mit Staffelgiebeln. Nach der Außenseite zu noch der Mauerschlitz für das Fallgatter. Haus Pyritzer Straße 43, neben dem Tore, mit wuchtigem frühzeitlichem Renaissancegiebel in Backstein, unten stark verbaut. Bemerkenswert auch Pyritzer Straße 36, mit Renaissancegiebel und zweigeschossigem Erkervorbau, der hier wie an anderen Stellen recht malerisch im Straßenbilde wirkt. Den Wollweberberg hinab, am Blockhausturm vorbei, einer ehemals vom Fürsten Blücher viel besuchten Tabagie, kommen wir zum **Eisturm,** ähnlich dem „Roten Meer" (15. Jahrh.). Auf dem Blücherplatz steht ein eigenartiges Blücherdenkmal, am Ende der Anlage neben der Ihna ein Denkmal zur Erinnerung an die 1870/71 gefallenen Offiziere des Kolbergschen Grenadier-Regiments Nr. 9. Über die Jungfernbrücke, längs der Ihna mit dem Blick auf alte Mauerreste und Wiekhäuser, kommen wir zum Neuen Tor. Wir gehen in das Stadtinnere. An der König- und Mühlenstraßen-Ecke zwei alte, zur Kirche gehörige Häuser aus dem 15. Jahrh. **Mühlenstraße 8,** das älteste Haus Stargards, bei dem die Verwendung von sechs verschiedenen Glasurfarben am Portal kunstgeschichtlich bemerkenswert ist. Dann zum Markt, beherrscht durch die Marienkirche. Die in Riesenmaßen emporstrebende **Marienkirche,** im 13. Jahrh. begonnen. Ursprünglich dreischiffige Hallenkirche ohne Türme; im 14. und 15. Jahrh., den Mitteln der reicher werdenden Stadt entsprechend und als Zeugnis des wachsenden Selbstbewußtseins der Bürger, Ausbau der Turmfassade, Erhöhung des Mittelschiffes und Anbau des hohen Chores. Letzte Renovierung nach mancherlei Schicksalsschlägen 1911 durch Architekt Deneke. Prachtvolle Glasfenster. Besonderheiten des Baues auf nordostdeutschem Boden die Triforiengalerie des Chores und die mit Konsolen und Spitzgiebeln versehenen Nischen in den Pfeilern des Mittelschiffes. Inneres von überwältigender Wirkung. Wegen der Besichtigung beim Küster, Gr. Mühlenstr. 5, melden! Von verschiedenen Seiten her gesehen, wirkt die Kirche im Stadtbilde wundervoll. **Rathaus,** im wesentlichen im 14. Jahrh. erbaut und im 16. Jahrh. mit dem spätgotischen Maßwerkgiebel versehen. Der Renaissancegiebel der Rückseite später entstanden. Ähnliche spätgotische Zierformen weisen die an der Marktecke stehende **Ratsapotheke** und das Haus Radestraße 19 auf. Man vergleiche damit die Zierformen des Loitzenhauses und des Ueckermünder Schlosses usw. Neben dem Rathaus die **Alte Wache** (18. Jahrh.) mit offener Halle auf gepaarten Säulen im Obergeschoß. Die Rathausseite des Marktes bis zur Marienkirche ist städtebaulich viel beachtet. Wir kehren zum Weidensteig zurück und kommen an der Ihna zum **Walltor** (mit Barockaufbau) und zum **Weißkopfturm.** Die Stadtmauer führt uns weiter zum **Mühlentor,** das den Stadtarm der Ihna überspannt, als Abschluß des ehemals oberhalb liegenden Hafens der Stadt. Als Wassertor ist es einzigartig. Sein Abbild ist als Helmzier in das Stadtwappen aufgenommen. Neben dem Mühlentor führt eine Treppe mit 51 Stufen auf den **Nachtigallensteig,** den Teil des Stadtwalles, der noch großenteils in seiner ehemaligen Höhe erhalten geblieben ist, mit Ausblicken auf die Innenstadt, und zurück zum Rondell. Hier an höchster Stelle der Stadt die mit ihrem 99 m hohen Turm weit in die Lande schauende **Johanniskirche.** Ihre ersten Anfänge gehen auf einen in der Mitte des 13. Jahrh. errichteten Bau des Johanniterordens zurück. Das Innere der 1883 erneuerten Kirche hat etwas Anheimelndes. In den Seitengewölben der Chorkapelle Netz- und Zellengewölbe. Von der reichen Ausschmückung der Kirche, die von dem großen Brande 1635 verschont geblieben ist, bemerkenswert der spätgotische Schreinaltar mit doppelten Flügeln und einer großen Zahl geschnitzter Bildwerke, von denen besonders Maria mit der Krone gerühmt wird. Sie wird jedoch übertroffen von der Maria in der Kreuzigungsgruppe, die neben einem lebhaften Ausdruck tiefen Seelenschmerzes von anerkannter Schönheit des Antlitzes und der Gestalt ist. Überaus prächtig die 1694 entstandene Kanzel. Zu erwähnen noch der gotische Taufstein von schwerfälliger Kelchform. (Küster: Breite Str. 9.)

Wanderungen:

1. Zum Nordufer des Madüsees (siehe dort!). Mit Bahn oder Kraftomnibus. — Zum Ostufer: zu Fuß über Schellin nach Verchland, 8 km. Von hier weiter nach Werben, siehe unter „Weizacker"!

2. Nach den Ausflugsgebieten zwischen Madüsee und Altdamm einschl. der Buchheide; siehe vorher!

3. Ins **Krampehltal,** zum **Wulkower Burgwall** und nach **Schloß Pansin.** Auf der Zachaner Chaussee nach Zartzig.

An der Kirche mit getrennt stehendem Holzturm (sonst Findlingsbau, innen gute Barockschnitzerei aus dem 18. Jahrh.) vorbei und auf dem Landweg nach der Hammermühle mit Gastwirtschaft. Hier links vom Bach Fußsteig, dem Tale folgend. Man halte sich möglichst nahe dem Krampehl, folge jedenfalls immer seiner tief eingeschnittenen Erosionsrinne mit den schön bewaldeten Abhängen und den über Steinblöcke schäumenden Wassern. **Einzigartig für Mittelpommern!** Hinter der Bleiche, unterhalb Wulkow, rechts empor zum hoch über dem Krampehl gelegenen doppelten **Burgwall.** Durch die Wallanlage und jenseits bei der Gabelung links und zum Feldrande. Geradeaus zur Pansiner Landstraße. Hier rechts einbiegen, nach Pansin (2½ Std.).

Dorf Pansin mit Schloß, im Tal und am Zusammenfluß von Krampehl und Gestohlener Ihna gelegen. Zwei Gastwirtschaften. **Schloß Pansin,** der schönste Burgbau Pommerns. Anfänglich um 1235 von Tempelrittern errichtet. Später Eigentum der Johanniter, der von Günthersberg, von Borcke und seit 1682 von Puttkamer. Durch ein einst zur Vorburg gehöriges Portal in den Park! Geradeaus, links des Weges, Rest der Schloßkapelle. Vor dem Schlosse stehend: links Bergfried, ältester Teil; dahinter das „Neue Haus", um 1600 erbaut; rechts vom Hofportal das „Alte Haus", Mitte des 16. Jahrh.; daneben ein Neubau von 1853. Sage von den Pansiner Ringen. Nahe dem Schloß Mühle, Mühlenteich und Mühlenwehr. Die Pansiner Kirche (sehenswert), Findlingsbau; wahrscheinlich 16. Jahrh. Spätgotisch bzw. Renaissance. Turmneubau vom Jahre 1906. Reiches Innere. — Pansin, Haltestelle der Strecke Stargard—Wulkow—Kallies.

4. **Stargard — Wittichow — Kremzow — Schöneberg — Pansin.** Zu Fuß nach Wittichow, 5 km. Kirche: Findlingsbau des späten Mittelalters; Friedhofsportale. Weiter über Schneidersfelde nach Kremzow, 7 km. Oder Bahnfahrt bis Drebelow und von hier 2 km abwärts ins Ihnatal. Am Treffpunkt mit der Straße von Stargard, links, **Bittkreuz,** nach 1580 von Leopold von Wedel im Anschluß an eine Wallfahrt nach dem Heiligen Lande errichtet. **Kirche in Kremzow:** Spätmittelalterlicher Findlingsbau, teilweise abgeputzt. Inneres reich und sehenswert (Renaissance und Barock nach 1607). Berühmtes Epitaph (1615) der Joachim und Cordula von Wedel. Porträtähnliche Marmorstatuetten. Dazu trophäengeschmücktes Epitaph von 1741. Prächtige Barockkanzel, Altaraufsätze von 1607 und 1797. Bemalte Holztaufe. Ahnentafeln. Holzdecke geschnitzt und bemalt. — Von Kremzow, gegenüber vom Schloß, auf dem Damm quer durch die Niederung, Richtung Schöneberg. An der Übergangsstelle, nahe der Ihna, malerisch zwischen Bäumen, **Schloßruine Kremzow,** Stammhaus der Wedel, aber seit 1500 verlassen. — Von hier hinauf nach **Schöneberg** (3½ km) mit Gut und Park. Teils aus Granitquadern, teils aus Findlingen erbauter Kirchengiebel, spitzbogiges Friedhofsportal und Ehrenmal davor geben ein äußerst hübsches Bild. Die Kirche zeigt Verwandtschaft mit den Granitquaderbauten der Übergangszeit in Neuvorpommern. Von hier aus durch parkartige Landschaft (Kuppen mit Ge-

hölzen und Seen mit Baumumrahmung) nach Treptow, 2 km, mit Gasthof, und abermals 2 km nach Pansin (siehe vorher!). Die Straße schneidet einen der für Mittelpommern typischen Wallberge.

5. Stargard—Zachan. Postautofahrt, 20 km.

Zachan, Landstädtchen von 1220 Einwohnern, 1269 im Besitz der Johanniter und Sitz eines Komturs. Das damals erbaute Schloß nicht mehr vorhanden. 1487 als „Städtchen" (ohne städtische Verfassung) bezeichnet. Im 17. Jahrh. ohne Mauer. Im 18. und 19. Jahrh. blühten in Zachan Spinnerei und Weberei. Zachaner Erzeugnisse gesucht auf den Märkten in Altdamm und Stargard. Noch 1825 im Orte 22 Meister. Wirtschaftsleben: Ackerwirtschaft. Handel mit landwirtschaftlichen Produkten, Sägewerk. Brauerei usw. — Bank: Ländliche Spar- und Darlehnskasse. — Unterkunft: Hotel Rosenthal; dazu Gastwirtschaften: Viergutz, Ruthsatz, Wobig, Leistikow. — Verkehrsverbindungen: Postauto Stargard—Zachan. — Sehenswürdigkeiten: Kirche: spätmittelalterlicher, später abgeputzter Findlingsbau. Turm mit Barockhaube von 1696. Bedeutsamer nur der Renaissance-Altaraufsatz von 1618, die bemalte Holztaufe von 1593. Dazu Epitaphien von 1662 und 1687.

Wanderungen: In den Wald am Abhang des Plönetales. — Das Plönetal abwärts nach Kremzow, siehe vorher!

6. Nach Friedrichswalde, Priemhausen, Gollnow. Postautoverbindung, 35 km. Bis Bruchhausen am Rande des Ihnatales, später durch Wald. Über Friedrichswalde siehe unter „Der Dammsche See und seine Umgebung"! — Hier dicht beisammen mehrere Ortschaften im Bereiche von Wald und Wiesental, Hinzendorf und Ober Karlsbach. (Karlsbach: Pfälzer Kolonie von 1784.) Gastwirtschaften: Halbreder, Ober Karlsbach; Leuow, Ihnazoll. Von hier auch nach Pützerlin, jenseits der Ihna. Kirche, spätgotischer Findlingsbau. Turmoberbau von 1850. Spätmittelalterliche Schnitzwerke und Malereien, dazu ein Gitter vor einer Heiligennische. — Oder nach Priemhausen, an der Postautostraße, Richtung Gollnow. Gastwirtschaft. Ein typisches Angerdorf. Kirche: Findlingsbau des 15. Jahrh. Reicher Blendenschmuck. Über „Gollnow" siehe dort!

7. In den Weizacker und nach Pyritz, siehe den nächsten Abschnitt!

8. **Stargard — Massow — Pogrimsee — Gollnow** (— Stargard). Postautofahrt Stargard—Massow, 21 km. Wir bewegen uns auf der ebenen Grundmoräne des Odergletschers, die hier von den Schmelzwassern des lebenden Eises besonders deutlich in Gestalt von Seenrinnen gefurcht erscheint, während an anderen Stellen, weiter östlich, langgestreckte Wallberge die Fließrichtung des Eises bezeichnen. Zunächst ab Stargard bis Buchholz Hochfläche ohne Abwechslung. Hinter Buchholz Beginn einer sich bei Massow gabelnden Seenrinne! Allerdings fehlt der Wald, und die Abhänge messen nicht mehr als 20 m. Man kann die Strecke auch recht gut wandern und dann an der Hand einer Karte abkürzen, bzw. reizvollere Strecken und Ausblicke suchen.

Massow, Landstädtchen von 3700 Einwohnern, 1233 zuerst urkundlich erwähnt und 1278 deutsche Stadt, Mediatstadt der Grafen Eberstein bis 1663. Lage: auf einem von Wiesenniederungen umgebenen Hügel. 1 km nördlich der teilweise von Bergen und Wald gerahmte Warsower See und 4 km nördlich die 1600 Morgen große Stadtforst. Ausgedehnte Spaziergänge. Die Stadt macht einen freundlichen und sauberen Eindruck. — Schneidemühlen, Wassermühle, Zweigstelle der Überlandzentrale Pommern. — Sehenswürdigkeiten: Hospital St. Georg mit Kapelle und alten, unter Schutz stehenden Linden. Bemerkenswerter Altarschrein. — Marienkirche, spätgotisch. Die vollständig erhaltene **Ringmauer** mit dem Franzosenturm. — **Kriegerehrenmal** (1926) nach Entwürfen von Prof. Rosenbauer, Stettin, in Gestalt eines burgartigen Ehrenhofes. — Ringpromenade, im Bereiche der ehemaligen Umwallung, heute inmitten von Gärten und mit dem Blick auf die Stadtmauer. —

Unterkunftsverhältnisse: Hotel „Monopol", Heerstr. 9; Hotel „Deutsches Haus", Heerstr. 8; „Amtskrug", Daarzerstr. 1; „Zum Schwarzen Adler", Gollnower Str. 5; „Zum Bahnhof", Gollnower Str. 22. — Jugendherberge: im neuen Schulhause. — Dazu Restaurants, Kaffees, Konditoreien. — Lichtspiele: Im „Deutschen Hause". — Banken: Städt. Sparkasse und Spar- und Darlehnskassenverein. — Postamt. — Bäder: Städt. Seebadeanstalt; Städt. Warmbad. — Verkehrsverhältnisse: Nebenbahn Gollnow—Massow. Postauto: Naugard—Massow—Stargard i. Pom. —

Spaziergänge: Rechts vom Warsower See zum Stadtwald und zur Försterei. —

Fortsetzung der Wanderung, Richtung Gollnow. Zu Fuß nach **Neuendorf,** nahe dem Pogrimsee. Kirche: Spätgotischer Findlingsbau. Holzturm mit geböschter Wandung und Barockhaube. Gastwirtschaft. Nordwärts, nach kurzer Zeit durch Wald und nahe dem Ufer des **Pogrimsees** weiter, Richtung Matzdorf. Nahe dem jenseitigen Waldrande Halbinsel mit Ausblick über den See und auf **Schloß Matzdorf.** Bis Matzdorf (ab Massow) 8 km. Im Orte links und auf die das Stepenitztal querende Straße. Hier — am Wege nach Burow — **Ruine Matzdorf,** von Bäumen beschattet. Einst Sitz des Geschlechts derer von Flemming. Dann in den Wald, Richtung Burow; nach 1 km in den Seitenweg links, über zwei Querwege und dann weiter nach Speck, 3½ km. **Schloß Speck,** ein schöner neuzeitlicher Bau im alten Park. Pfarrhaus, ein stattlicher Fachwerkbau, von Fichten beschattet. Entweder weiter nach Gollnow (siehe dort!) — oder Speck—Birkenwerder—Korkenhagen—Massow, 9 km Chaussee.

7. Pyritz und der Weizacker.

Einführung: Der Weizacker ist ein Gebiet großer Fruchtbarkeit. Tonige Ablagerungen und tiefgründig humifizierter Boden als Überbleibsel eines eiszeitlichen Stausees im Zuge der Plöneniederung. Im 13. Jahrhundert ward er zum Siedlungsgebiet des Klosters Kolbatz, das vor allem Siedler aus der Altmark (nachweisbar niederfränkischen Blutes) herbeizog. So entstand ein bäuerliches Kulturgebiet nach Bauweise (Höfe und Häuser einer fränkisch-niedersächsisch-ostdeutschen Mischform), Tracht und Sitte. Die ältesten Dorfkirchen sind tüchtige Granitquaderbauten von großer Schlichtheit. Desto mehr kommt die Kulturwelt des Weizackers in der Ausgestaltung des Innern zum Ausdruck. Schnitzereien und farbige Bemalung feiern in der Gestaltung von Decken, Altären und Kanzeln wahre Triumphe, und während der alte schöne Hausrat selbst aus den Häusern, die noch äußerlich das Gepräge des Weizackers haben, fast ganz verschwunden ist, haben sich noch recht viele Kirchen des Weizackers den Glanz einer selbstbewußten und lebensfrohen Vergangenheit bewahrt.

Eingangspforte für den Weizacker ist Stargard. Es kreuzt ihn die Bahn Stargard—Pyritz, während die Bahn Stargard—Kreuz bis Arnswalde seine östlichen Randgebiete berührt. Teile des Gebietes streift auch die Kleinbahn Pyritz—Plönzig.

(Es können im folgenden nur einige der um ihrer Kirchen willen besuchenswerten Ortschaften genannt werden. Man schlage nach in „Die Bau- und Kunstdenkmäler des Regierungsbezirks Stettin", Heft VII, „Der Kreis Pyritz"!)

Um das Südufer des Madüsees und nach Pyritz.

Bahnfahrt ab Stargard i. Pom. bis Bhf. Gr. Schönfeld. Die Bahn quert welliges, fruchtbares Land. Zunächst Bhf. Klützow mit Ziegeleien und Tonröhrenfabrik rechts und Tonlager links. Dann Bhf. Warnitz-Damnitz (Ortschaften abseits der Bahn) und weiter nach Gr. Schönfeld. 1180 erhielt das abseits gelegene Dorf als erstes einen deutschen Namen im Weizacker. Zur Fahrtrichtung rechts Landstraße nach Werben am Madüsee, 2½ km. Von der Höhe vor dem Dorfe Blick auf See und Buchheide im Hintergrunde. **Werben** hatte um 1300 städtische Gerechtsame. Spätmittelalterliche, jetzt stark verbaute und abgeputzte Kirche mit seit Brand unvollendetem, wuchtigem Turm mit Mauern aus Ziegeln und Findlingen. Schöner Innenraum mit Renaissance- und Barockausstattung. Kanzelaltar von 1738. Inschrift auf der Rückseite. Orgelempore Renaissance, Ende des 17. Jahrh. Prachtvoll gemalte Decke mit guten bildlichen Darstellungen. An der Herstellung der Barockausstattung nach Inschrift beteiligt der Werbener Tischlergeselle Köckeritz, ein Kind des kunstfertigen, farbenfreudigen Weizackers, der auch für die Kirche in Kl. Küssow gearbeitet hat. Vergl. Brietzig! Dazu Epitaphien, Grabplatten, Taufengel usw. Im Turm Anfänge eines Heimatmuseums. — Wichtig das Werbener Schöppenbuch (1552—1603) mit Aufzählung der Teile der Weizackertracht aus Anlaß von Erbteilungen. — Am See Strandhotel Neu-Vineta. Maränen! Motorbootrundfahrten. Dabei hübscher Blick vom See auf Gr. Küssow mit Schloß und auf Kl. Küssow mit Kirche. Gegenüber Selow, hübsch vor den dem See nahen Höhen gelegen.

Von Werben südlich zwischen Höhenrand und Seebruch nach Schöningen, 2 km, und weiter zur Pyritzer Chaussee und der Domäne Paß, an der Plönetalsenke. Von den mit pflanzlichen Seltenheiten ausgestatteten, teilweise geschützten Höhen der **Paßberge** schöne Fernsicht bis nach Pyritz und auf die breite, in früherer Zeit nur an dieser Stelle passierbare Senke, die heute der Schöningskanal als Verbindung von Plöne- und Madüsee benutzt. Auf der Paßhöhe oberhalb der Domäne Paß **Russenschanze,** 1758 von den Russen auf ihrem Rückzuge verteidigt und von den Preußen vergeblich bestürmt. — Die Schanze ist ein wendischer Burgwall. Auf der Chaussee durch die Paßsenke nach Friedrichsthal mit Zuckerfabrik, 1 km. Am Ende des Dorfes in den Landweg nach Gr. Rischow, 1½ km. Wenige Weizackerhöfe! — Es handelt sich um eine niedersächsisch-fränkische Mischform mit ostdeutscher Küche. Doch ist die ursprüngliche Raumeinteilung im Innern fast verwischt. Das Dorf hat sich seinen geschlossenen Charakter bewahrt. Von Gr. Rischow nach Horst, am Wiesenrande des Madüsees. Am Nordende des Ortes Burgwall mit Aussicht, 2 km. Noch schöner ist der Blick von der Höhe 52, westlich Horst, vor Möllendorf. Der Ausblick zeigt zu Füßen und nördlich weites Wiesengelände mit den friderizianischen Siedlungen: Giesenthal und Raumersaue. In **Giesenthal** nahe der Brücke das Gut mit achtseitiger Scheune (eine klassizistische Anlage). Kirche, nahe dem Kattengraben. — Von Horst Landweg nach Pyritz, 5½ km.

Pyritz und Umgebung.

Fortsetzung der Bahnfahrt ab Gr. Schönfeld: Hinter der Haltestelle senkt sich die Strecke zum Plönetal mit den oben genannten Paßbergen. Dann Friedrichstal (friderizianische Siedlung) mit Zuckerfabrik, und Gr. Rischow (siehe oben!). Links sichtbar Pyritz, und Bhf. Pyritz.

Pyritz, Kreisstadt mit rund 11 000 Einwohnern, auf Anhöhe über einer bachdurchflossenen Sumpfniederung gelegen. — Geschichtliches: Ursprung ein wendischer Burgwall, im Bereich des heutigen Altstädter Friedhofes gelegen, und die dazu gehörige Wendensiedlung im Bereiche der heute zu Pyritz gehörigen Gemeinde Altstadt. 1124 erscheint Otto von Bamberg und predigt und tauft hier die ersten Pommern (Ottobrunnen und Ottodenkmal). Im Talgrund nahe der Wendensiedlung siedeln 1184 die ersten Deutschen. Eine Wassermühle entsteht und ein Augustiner-Nonnenkloster (Rest: Altstädter Kirche), bis auf trockener Höhe über der Niederung eine Stadt-Neugründung erfolgt (Magdeburger Recht von 1263). Die Lage im Grenzgebiet bedingte eine besonders starke Befestigung und die Teilnahme an zahlreichen Grenzkämpfen zwischen Pommern und Märkern. Siehe die Reste der Wehrbauten! — Geistesleben: Am Franziskanerkloster wirkte und reformierte Joh. Kniepstroh, später Pommerns erster General-Superintendent. In Pyritz geboren der Dichter F. Brunold (Gedenktafel am alten Kloster). Ferner stammen aus Pyritz der Kunstmaler H. Völker-Wiesbaden und der Bildhauer Martin Meyer-Pyritz. — Schulwesen: Staatl. Bismarckgymnasium; Aufbauschule; Lyzeum; Berufsschulen; landwirtschaftl. Schule. Büchereien der Stadt und des Kreises Pyritz. — Wirtschaftsleben: Handel mit landwirtschaftlichen Produkten; Möbelfabrik; Ziegeleien; Gartenbaubetriebe; Molkerei; Maschinenfabrik; Straßen-, Tief- und Brückenbau. —

Banken: Städt. Sparkasse; Kreisbank. — Unterkunft: Hotel Sikora, Stettiner Str. 24; 30 B., Gar. — Hotel Deutscher Hof, Stettiner Str. 12/13. — Gasthof zur Eisenbahn, Bahnhofstr. 21. — Dazu Restaurants und Kaffees. — Verkehrsverbindungen: Station der Strecke Stargard i. Pom.—Pyritz—Küstrin; Nebenbahn Pyritz—Jädickendorf; Kleinbahnstrecken nach Plönzig, Greifenhagen. — Postamt. —

Sehenswürdigkeiten: Wie keine andere Stadt in Pommern hat sich Pyritz seinen Mauerring bewahrt. Gärten, zur Frühlingszeit ein Blütenmeer, füllen den Wallgraben; der Wall ward zur prächtigen **Promenade.** Einer Wanderung auf der Promenade wird man eine solche an der Innenseite der Mauer, so weit wie möglich, folgen lassen. — Vom Bahnhof kommend, erreichen wir zunächst das reichgegliederte, wehrhaft anmutende **Stettiner Tor** (15. Jahrh.). Besonders die Dachaufbauten sind äußerst wirkungsvoll. — Das Tor leitet in eine der beiden Hauptstraßen, deren jede auf der einen Seite mit einem Tor anhebt und an der andern auf einen Turm zuführt. So erreichen wir, rechts vom Stettiner Tor, die zweite Hauptstraße der Stadt, indem wir einen neben dem **Eulenturm** befindlichen neueren Mauerdurchbruch benutzen. Sie führt am andern Ende der Stadt auf das schlichtere **Bahner Tor** (15. Jahrh.) zu. Dem Eulenturm zur Seite ist die **Stadtmauer** in ihrer ganzen Höhe von 6 m erhalten und noch mit ihrer ursprünglichen, von Ziegeln gebildeten, gemusterten Abschrägung versehen, wie der Blick vom Wall am besten zeigt. Dazu folgen wir also, vom Bahnhof kommend und vor dem Stettiner Tor stehend, der Wallpromenade nach rechts und haben sehr bald den Blick auf Stettiner Tor und Eulenturm zusammen. Von Türmen grüßen uns später **Eisturm, Pulverturm** und **Mönchsturm.** Jeder hat seine besondere Note. Dazu kommen 26 mehr oder minder erkennbare Wiekhäuser. Nahe dem Gymnasium hat man die Stadtmauer dazu benutzt, um die Namen der Gefallenen der Anstalt zu verewigen. An höchster Stelle befindet sich der Mönchsturm. Dahinter das ehemalige **Franziskaner-Kloster,** verbaut, aber im Untergeschoß noch Kreuzgewölbe aufweisend und nach der Mauer zu mit einem jetzt freigelegten gewölbten Gang versehen. Nahebei der einstige Klosterbrunnen. Das alte Kloster wird das Heimatmuseum des Kreises aufnehmen (1931). Ein kleines Weizackermuseum auch im Gymnasium. In der Stadt die **Mauritiuskirche** aus dem 14. und 15. Jahrh. Mit massigem Westturm. Ein kleinerer Ostturm ist dem einen erhöhten Abschnitt des Chorumgangs aufgesetzt. Das Äußere ist schlicht gehalten; reicher sind die Portale, insonderheit das Chorportal mit der Kleeblattblende. Vielleicht ist ein basilikaler Ausbau geplant gewesen. Von der alten Ausstattung ist nichts übrig geblieben. Der Namen der Kirche weist auf siedlungsgeschichtliche Beziehungen zur Altmark und zum Niederrhein hin. — Dazu die einfache Heiligegeistkirche (Granitquaderbau). — Zum **Ottogarten:** durch das Bahner Tor zur Straßengabelung und links einbiegen! An der nächsten Gabelung wieder links, Landstraße, Richtung Megow. Nach 15 Min. ab Tor rechts „Ottogarten“ mit **„Ottobrunnen“** und **Ottodenkmal.** Stätte angeblich der Taufe durch Otto von Bamberg 1124. Im Jahre 1824 erhielt die Quelle ihre Graniteinfassung; 1902 ward gegenüber eine Büste des Bischofs, eine Gabe des ehemaligen Kaisers, aufgestellt. Vom Ottogarten aus führt die Straße durch die älteste Deutschensiedlung, das dörfliche **„Altstadt"** am Fuße der höher gelegenen Stadt. Links, gegenüber vom Eingang zum Ottogarten, führt ein Fußsteig am Bache entlang auf dem kürzesten Wege zum Friedhof auf dem ehemaligen Burgwall. Von hier wenige Schritte zur **Altstädter Kirche,** der ehemaligen Klosterkirche, einem Backsteinbau aus der zweiten Hälfte des 13. Jahrh., der ältesten des Weizackers. Alsdann aufwärts nach Pyritz und links im Anschluß an eine von Fachwerkhäusern umstellte wirkungsvolle Raumbildung: Franziskanerkloster, Klosterbrunnen, Mönchsturm und Mauer. — In den Anlagen Krieger-Ehrenmal, in der Siedlung Weinberg Kniepstroh-Denkmal. (Kniepstroh, ins Pyritzer Franziskanerkloster verbannt, wird hier zum Künder der Lehre Luthers und beschließt sein Leben als der erste pommersche Generalsuperintendent.)

Wanderungen:

a) Von Pyritz nach Wildenbruch. (Siehe „Ins Bahner Hochland"!) Bahnfahrt Pyritz—**Beyersdorf.** Storchnest auf Leitungsmast! Kirche: Quaderbau des 13. Jahrhunderts, Sakristei und Giebel um 1600 in Spätrenaissance umgebaut. Südlich Beyersdorf typische innere Stillstandlage (Endmoräne), leicht zu bewandern. Von Beyersdorf nach **Marienwerder** (Tabakbau). Kirche: Granitquaderbau des 13. Jahrhunderts mit Fachwerkturm des 19. Jahrhunderts, aber abgeputzt. Zwei Friedhofsportale. Vom Dorf Landweg nach SW und nach 1 km der von der Beackerung ausgesparte Endmoränenwall. Man wandere auf dem höchsten Teil — meist Ödland — westwärts. Steine und Geröll häufig! Von Höhe 102 Aussicht! Im S der Sander, z. T. mit Wald bedeckt. Nach 1 km an der Bahnstrecke Pyritz—Jädickendorf. Über die Bahn und in den Wald. Nach 1½ km an den Weg nach Krauseiche. Rechts einbiegen! In Krauseiche westlich weiter nach Linde und über die Hünenberge nach Wildenbruch (9 km). Siehe dort!

b) Pyritz—Megow (mit Bahn), **Lettnin—Brietzig—Lübtow—Sabes—Gr. Schönfeld** (Bahnstation). 20 km. — Gegebenenfalls auch zu Fuß bis Megow, 5 km. Kirche: Backstein, 13. Jahrhundert, aber 1861 ausgebaut. Gut geschnitzte Kanzel von 1604. Acht Wappentafeln der Familie Küssow. — Von Megow die Chaussee nach Lettnin, 2½ km. Hier einige der schönen alten Höfe. Auf dem Landwege nach **Brietzig,** 2 km. Am Dorfeingang rechts die geologisch interessanten Wattenberge mit tertiären Braunkohlen und Terrassenbildung des Stausees. Hier wie in Megow Haltestelle der Kleinbahn Pyritz—Plönzig. Großes Dorf mit bebautem Dorfanger und einer ganzen Anzahl typischer Höfe. Sehenswert die außen einfache **Kirche,** ein verputzter Granitquaderbau ältester Zeit mit daneben

Wolgast, Blick über die Peene zur Insel Usedom

Treptow a. Toll.

Greifswald, Rathaus und Nikolaikirche

Photo: Gebhardt

Greifswald, Markt und Marienkirche

Greifswald, Universität

Kloster Eldena

Photo: Reepel, Stettin

Stralsund, Altstadt und Rügenküste (im Hintergrund)

Fliegeraufnahme

Stralsund, Alter Markt mit Rathaus und Nikolaikirche

Stralsund, Remter des Katharinenklosters

Schloß Semlow, Krs. Franzburg-Barth

Ostseebad Zingst

Ostseebad Prerow

Photo: A. Wiese, Prerow

Sonnenuntergang am Nordperd auf Rügen

Photo: Franz Lardschneider

Saßnitz, Schwedenfähre

Photo: Reepel, Stettin

Rügen, am Kieler Bach

Photo: Reepel, Stettin

Rügen, Stubbenkammer-Königstuhl

Photo: Geyer & Co., Breslau

stehendem Glockenturm vom Jahre 1817. Prächtige holzgewölbte Decke mit Schnitzereien und reicher Bemalung. Abgesehen von den minderwertigen neueren Emporen stammen aus dem 17. Jahrh. die Kanzel mit ihrem feinen Schnitzwerk und Altarschranken und Altaraufbau. Bemerkenswert an den halbrund geschnitzten Figuren des Altars ist die an die Gotik erinnernde Schlankheit. Als Verfertiger eines Teiles des Schnitzwerkes nennt eine Inschrift den Müllerburschen Michel Pahl. Man lasse sich auch eine aus Eichenholz geschnitzte Pietà von starker Wirkung zeigen. Besonders im oberen Teile des Dorfes typische Höfe. Einfacher Gasthof. — Durchs Dorf und später am Bahnhof vorüber zur Chaussee, 1½ km. Rechts bis zur Chausseegabelung und dann links ab durchs Plönetal, nahe dem Westende des Plönesees (Pfahlbauten!) nach **Lübtow,** 3 km. Kirche mit getrennt stehendem Holzturme. Inneres sehenswert. Epitaphien von 1615 und 1734. Empore und Gestühl Renaissance; Kanzel und Altar verbunden, Barock. — Auf der Chaussee nach Sabes und weiter über Gr. Schönfeldt zum Bahnhof. Die Kirche in **Sabes** ist ein Ziegelrohbau der Barockzeit. Die Holzdecke ist ausgemalt und das Innere auch sonst sehenswert. In ähnlicher überraschend reicher Ausgestaltung gibt sich die Kirche in Gr. Schönfeld.

Stargard i. P.—Dölitz (mit Bahn)—Muscherin—Plönesee, Nordufer.

Fahrt bis **Dölitz,** Strecke Stargard—Arnswalde. Zum Dorf! Kirche: geputzter Findlingsbau von 1596. Westturm aus dem 18. Jahrh. Inneres belanglos. Großes betriebsames Dorf. Gastwirtschaften: Gasthaus „Zur Eisenbahn“, Fremdenheim und Gar.; Kasch; Reformgasthaus Repplin; Schmidt, Konditorei und Kaffee Schmidt. Von Dölitz nach **Muscherin,** Landstraße, 7 km. Deutsche Dorfkunst-Werkstätten. Handweberei. Jugendherberge. Von hier nach **Suckow,** nahe dem Plönesee, 4 km. Kirche: Spätgotik und gefällige Blendengliederung. Kanzel und Altar verbunden und mit guten seitlichen Stucktafeln von 1596 versehen. Dazu Epitaphien, Gestühl und Beichtstuhl usw. Weiter über Schöningsburg nach Fürstensee, 3½ km. Der Ort liegt im Plönetal. Kirche spätmittelalterlich. Altar und Kanzel verbunden, Barockschnitzerei und von ungewöhnlicher Form. Epitaphien. Friedhofsportal. Gastwirtschaft. Durchs Plönetal nach **Plönzig,** 3 km. Großer Ort und Endpunkt der Kleinbahn Pyritz—Plönzig. Gasthof Gohlke. (Übernachtung möglich.) Kirche: Findlingsbau des späten Mittelalters, drei mehrmals abgetreppte Portale, Giebel mit Blenden. Turm mit Zinnenkranz und aufgemauerter Spitze (Wehrkirche).

Von Plönzig mag man das stellenweise landschaftlich sehr reizvolle obere Plönetal der Länge nach bis ins Quellgebiet der Plöne bei Berlinchen Nm. durchwandern!

Sonst ab Plönzig mit der Kleinbahn nach Pyritz. (Siehe dort!)

Vorpommern.

Die vorpommersche Festlandsebene.

1. Um die Peene.

Einführung: Die Peene kommt aus Mecklenburg als Abfluß eines Seengebietes, das ihr so viel Wasser mitgibt, daß sie schon vor ihrem Eintritt in Pommern schiffbar ist und sich an ihr eine Anzahl von Städten entwickeln konnten, die ihren Vorteil von der Schiffahrt auf der Peene haben. Diese Peene aber vereinigt sich unterhalb Anklam mit dem gleichnamigen Abfluß des Haffes, dem „Peenestrom", der sich später zum Achterwasser erweitert und bei Peenemünde (siehe dort) das Meer erreicht. In der Geschichte der Schiffahrt hat die Peene schon sehr früh eine Rolle gespielt, und wenn sie heute hinter der Swine zurücksteht, so hat das z. T. seinen Grund darin, daß ihre Festlandsseite bis 1815 schwedisch war und Preußens Könige mit dem Ausbau der Swine eine von Zollschikanen freie Ausfahrt zur See gewinnen wollten. Heute sind an der Peenefahrt nur zwei am Peenestrom selbst gelegene Hafenorte beteiligt, Lassan und Wolgast.

Wir beginnen unsern Besuch in Anklam.

Anklam und Umgebung.

Bahnfahrt Stettin—Anklam. Bis Ferdinandshof siehe unter „Ueckermünder Heide"! Gleich dahinter die Zarow, und dann bis Anklam abwechselnd niedrige Sand- oder Mergelflächen oder Wiesenmoor. (Da und dort als Eiszeitrelikt Primula farinosa.) Es folgt Bhf. Borkenfriede. Kurz vorher, links neben der Bahn, Dorf Altwigshagen, eins der Stammgüter des im südlichen Anklamer Kreise begüterten Schwerinschen Geschlechts, heute allerdings in andern Händen. Dann

Ducherow, Abzweigung der Strecke nach Swinemünde. Große Landgemeinde von 1500 Einwohnern. Bugenhagenstift. Ziegelwerke. Hotel „Deutsches Haus" und Gastwirtschaft Teetz.

> Wanderung: Ducherow — Leopoldshagen—Mönkebude. Chaussee nach Osten über die Bahn und in den Wald, Anklamer Stadtforst und Ducherower Wald. Nach 3 km Waldrestaurant „Heidemühle". Von hier in stets nordöstlicher Richtung und später an der Kleinbahn nach rechts: **Leopoldshagen,** großes Dorf, Kinder-Walderholungsheim. Gasthöfe: Metelmann, Kage und Brasch. Kaffee Roloff. Kleinbahn nach Anklam. Von hier nach **Mönkebude** am Haff mit neu angelegtem Fischereihafen und Haffbad. Fischversand. Räuchereien. Gastwirtschaft Wörpel. (Ducherow—Mönkebude 11 km.) Der Ort liegt günstig zwischen Wald und Haff. Motorbootfahrten nach und von Anklam.

Fortsetzung der Bahnfahrt. Geradeaus links die Türme von Anklam. Bald darauf rechts und links die Wallreste der ehemaligen, das Stadtfeld schützenden Landwehr. Rechts die Wiesenniederung der Peene mit dem Fluß und dann Bhf. Anklam.

Anklam, Stadt von 15 000 Einwohnern, Kreisstadt und Hafen. — Geschichte und Rundgang: Anklam liegt an einer — wie immer — uralten Übergangsstelle und entstand als deutsche Stadt im Anschluß an eine wendische Siedlung. Den Charakter der ostdeutschen Kolonialsiedlung hat sich Anklams Altstadt bis auf den heutigen Tag bewahrt. 1243 urkundlich zum ersten Male erwähnt. Gründung seitens des nahen Klosters Stolpe an der Peene. Die Stadt lag auf einem Lehm- oder Kieshügel, der mit dem festen Lande nur im Osten durch einen festen Damm verbunden war. Alles andere war Wasser oder Sumpf. 1247 verlieh Barnim I. der Stadt und Gemeinde Tanchlym die Fischereigerechtigkeit in der Peene und 1264 Zollfreiheit. Das Recht der Stadt war das Lübische, was auf eine niedersächsische Einwanderung hinweist. Die Deutung des Namens, neben dem „Tanchlym" schon 1284 „Anclem" und 1478 Anclam, ist völlig unsicher. In der Folgezeit gehörte die Stadt dem Lübischen Drittel der Hansestädte an, nahm an der Schonenfahrt teil und entwickelte sich zu einem Gemeinwesen, dessen Bürgerstolz gar oft mit dem der im Süden des heutigen Anklamer Kreises angesessenen adligen Familien der Schweriner in Konflikt geriet. Die Schuld lag meist auf beiden Seiten. Nach dem Dreißigjährigen Kriege war Anklam von 1648—1720 schwedisch. Während des Siebenjährigen Krieges, bald in den Händen der Preußen, bald in denen der Schweden, litt die Stadt schwer. Nur Reste der mittelalterlichen Wehrbauten sind erhalten, u. a. im Zuge der deutlich erkennbaren Landwehr der **Hohe Stein** (Mitte des 15. Jahrhunderts), 3 km ab Anklam, an der Stettiner Chaussee. (10 m hohe, fensterlose Wände mit einem Zinnenkranz und einer sechsseitigen Pyramide als Abschluß). Er spielte in den Fehden mit den Schwerinen eine Rolle (daher auch Schwerinsturm). Der 30. 10. 1806 sah bei Anklam die kampflose Kapitulation einer preußischen Heeresabteilung vor Napoleons Waffen. — Bei der Kleinbahn-Wegkreuzung, gegenüber dem aufgeforsteten Exerzierplatz der ehemaligen Kriegsschule (1871—1914), neuzeitliche Siedlungen, darunter die Siedlung „Lilientalshof", benannt nach dem 1848 in Anklam geborenen Altmeister der Flugkunst (Gedenktafel am Geburtshause Peenstr. 8). Durch die Stettiner Vorstadt zum 32 m hohen **Steintor** mit schönem Staffelgiebel, einem spätgotischen Backsteinbau des 15. Jahrh. Dahinter die belebte Steinstraße (Nr. 24 altes Giebelhaus) zum 1 ha großen **Markt** (vergl. Köslin). Nr. 13 **spätgotischer Backsteinrohbau.** Ecke Keilstraße ein guter Barockbau (1742). Nordöstlich zum Markt, in typischer Stellung, die **Nikolaikirche.** Prächtiger Blick über den Markt zur Kirche. Mitte des 14. Jahrhunderts, mit 100 m hohem Westturm, schön durch Blenden gegliedert und mit edlem Westportal bzw. schön geschnitzter Tür. Das 1909 erneuerte und warm wirkende Innere hat einen gut geschnitzten Altarschrein, ein niederländisches Werk des 16. Jahrhunderts, Chorgestühl des 15. Jahrhunderts und an den Pfeilern spätgotische figürliche Darstellungen. Westlich vom Markt die **Marienkirche,** aus dem 13.—15. Jahrhundert, mit 102 m hohem Westturm von 1884. Sehenswert der dreiteilige geschnitzte Hauptaltar aus dem 16. Jahrhundert und mehrere Epitaphien. Die Türme beider Kirchen sind von guter Wirkung im Stadtbilde, besonders von fern gesehen. Von der Marienkirche bis zum Steintor wird die Altstadt von der Mauer umspannt. In der Mitte der 20 m hohe **Pulverturm,** einst die Sternwarte des Entdeckers der Sonnenflecken, Gymnasialprofessors Spörer, 1866—1874. Im Anschluß an die Stadtmauer ein 20 Morgen großer Stadtpark, im Herzen der Stadt gelegen, mit dem Gefallenen-Denkmal, „Verwundeter Löwe", von Prof. Kraus. In der ehemaligen Präparandenanstalt, Leipziger Allee 27, das Anklamer Heimatmuseum (Eintritt frei!). Nahebei, südlich, Soldatenfriedhof mit Kriegerdenkmal 1870/71. Ein Höhenweg ostwärts zum Sportplatz (15 Morgen groß mit 543 m langer Laufbahn). — Jenseits der Bahnanlagen der schöne Park Bluthslust mit der Wirtschaft „Schützenheim". — Vom Markt durch die Peenstraße zum Hafen mit der neuen Brücke im Zuge des Durchgangsverkehrs von Berlin bzw. Stettin nach Stralsund und den Bädern auf Wollin. Peenstr. 51, **reicher Barockbau** (Eleonorenstift). Giebelhäuser: Nr. 7, 17, 50 und 52. Peenstr. 46 Vaterhaus des einstigen Danziger Senatspräsidenten Dr. Sahm, jetzt Oberbürgermeisters von Berlin. Peenstr. 30/31 das **Rathaus** mit elf Brustbildern pommerscher Herzöge im Sitzungssaal. — Wirtschaftsleben: Acker-, Handels- und Industriestadt. Zuckerfabrik. Landwirtschaftl. Ein- und Verkaufsverein mit Silo; Kartoffelflockenfabrik. Möbelindustrie. Maschinenbau. Eisengießerei. Wollspinnerei. — Bildungsanstalten: Gymnasium, Lyzeum, Landwirtschaftsschule.

Postamt: Steinstr. 7. — Banken: Städtische Sparkasse; Kreissparkasse; Pommersche Bank für Landwirtschaft und Gewerbe. — Bäder: Warmbad, Demminer Str. 4/5. Dazu Flußbadeanstalt. — Kinos: Lichtspiele, Stettiner Str. 47, und U. T. Lichtspiel, Friedländer Str. 12. — Unterkunftsverhältnisse: Hotel zur goldenen Traube, Markt 26, 10 Min. ab Bahn, 32 B., Bad, Gar. — Hotel Deutsches Haus, Peenstr. 18, 12 Min. ab Bahn, 25 B., Bad, Gar. — Bahnhofs-Hotel, Stettiner Str. 18, 2 Min. ab Bahn, 25 B., Bad, Gar. — Gasthaus „Zur Eiche", Neuer Markt 2/3, 5 Min. ab Bahn, 12 B., Gar. Dazu kleinere Gasthöfe. — Dazu Restaurants, Kaffees, Konditoreien. — Jugendherberge: Brüderstr. 54, am Nikolaikirchplatz. — Auskunft: Rathaus, Zimmer 16, Bürodirektor. — Verkehrsverhältnisse: Schnellzugsstation Berlin—(Stettin—)Pasewalk—Saßnitz. Kleinbahnen: nach Janow, Leopoldshagen, Uhlenhorst(—Friedland i. M.) und Lassan. — Postauto: Anklam—Friedland i. M. Kraftfahrlinien: Anklam—Jarmen, Anklam—Crien—Treptow a. T., Anklam—Spantekow, Anklam—Lassan. Stadtomnibus. Frachtdampferverkehr nach Demmin, Stettin und Hamburg.

Wanderungen:

1. Nach Haffbad Mönkebude. Mit Motorboot, 2 Std., 1 RM. Siehe auch unter „Ducherow"!

2. In den **Murchiner Wald** (Buchen) mit romantischem See, dem Seeholz, „Von Wißmann-Platz" und „Schills Scheibenstand" 1807. 5 km. Der Murchiner Wald säumt die flachen Hänge des jenseitigen Peenetalrandes. Chaussee nordwärts und bei Gablung rechts. Murchin. Kirche mit

kleinem Schnitzwerk. 16 cm hohe Figuren. Spätmittelalterlich.

3. Buddenhagen, Bahnstrecke Züssow—Wolgast, inmitten weiter Laub- und Nadelwälder. „Jagdkrug" und „Kurhaus Waldfrieden". Sommerfrische.

4. Zum Anklamer Stadtwald. Bahnfahrt bis Ducherow. Restaurant „Heidemühle". (Siehe unter „Ducherow"!)

5. Görkeburg am Stegenbach, Wirtschaft mit schattigem Garten, ¾ Std. auf der Demminer Chaussee.

6. **Nach Stolpe,** auf der Jarmener Chaussee, zu den wenigen Resten des Benediktiner-Klosters (1153 gegründet), 11 km. — Rechts der Jarmener Chaussee, gegenüber von Grüttow, am Wiesenrande der **Wartislaw-Stein,** das älteste historische Denkmal Pommerns. Hier fiel der erste uns bekannte Pommernherzog, weil er das Christentum begünstigte, einem heidnischen Fanatiker zum Opfer.

7. Von Anklam nach Lassan. Kleinbahn- und Kraftwagenverbindung.

Lassan, Stadt von 2000 Einwohnern, am breiten Peenestrom. 1172 zuerst genannt, 1291 deutsche Stadt. Nahe der Stadt, am Wasser der Burgberg, niedrige Anhöhe, einst befestigt. Lebhafte Tischlerei-Industrie (Möbel). Größtes Sägewerk auf dem Garthof. Motorschiffsverbindung (Fracht) mit Stettin. Frachtschiffverbindung nach den Orten an Peene, Peenestrom und Haff. Im Sommer Verbindung mit Zinnowitz und Koserow (Personenschiffahrt). Kleinbahn: Anklam—Lassan. Kraftomnibuslinien: Anklam—Lassan, Lassan—Wolgast.

Auskunft: Verkehrsverein, Büro bei Kaufmann Bieck. — Unterkunft: Gasthaus Deutsches Haus, Markt. — Gesellschaftshaus, Bismarckstraße 1. — Gasthaus Pommerscher Hof, Vaststr. — Schützenhaus, in den Anlagen. — Gasthaus Stettiner Hof, Lange Str. — Gasthaus zum Bahnhof. — Mehrere Kaffees. — Lichtspiele: Schützenhaus und Gesellschaftshaus, wöchentlich einmal. — Banken: Kreissparkasse Greifswald; Spar- und Darlehnskasse Lassan; Lassaner Bank. — Jugendherberge: geplant. — Postamt. — Bäder: siehe „Rundgang"!

Sehenswürdigkeiten: Kirche St. Johannis. Chor aus Übergangszeit, vierseitig. Langhaus gotisch; drei gleich hohe Schiffe. Turm von der Breite des Mittelschiffes. Altar und Kanzel tüchtige Schnitzwerke (1720). Gefallenenehrung in Sgrafitto-Malerei. Lohnende Turmbesteigung. Eintritt frei; Meldung im Pfarrhause. — Volksbücherei im Schulhause (Freitags 6—7 Uhr).

Rundgang, Ausflüge:

1. Markt, Lange Straße, Bollwerk. Ausblick auf den Strom, den Bauernberg, nordwestlich bis Wolgast, auf das Achterwasser (Zinnowitz, Koserow) usw. Zurück durch Bachgasse zum Garthof; dann Birkenallee, Weidensteig, **Sandfurth mit Bad und Mole** (Aussicht auf Stadt und Strom) und Restaurant Littmann. Wiesenweg zum Schützenhause, Mühlenstraße, Landrat-Kogge-Straße, Bismarckstraße, Volksschule, Birkenallee, Lange Straße, Kirche, Wendenstraße, Markt.

2. Bootfahrten, Segelfahrten auf dem Achterwasser.

3. **Zum Bauernberg,** 1 Std. nördlich Lassan. Buchenwald. Einfaches Gasthaus. Gegenüber die Insel Usedom, bzw. die Südspitze der Halbinsel Gnitz. Wanderung auf der Chaussee, Richtung Wolgast.

4. Nach Buggenhagen und Janitzow mit Schlössern, eine Stunde südlich Lassan. (Näheres im „Verkehrsverein").

Über den „Grafenwinkel" mit seinen Schlössern siehe später!

Wir folgen der Peene aufwärts nach Jarmen. Kleinbahnverbindung oder Kraftwagen-Verkehr.

Jarmen an der Peene. Stadt von 3000 Einwohnern. Zuckerfabriken, Mühlen, Getreidesilo, Getreideverladung, Schiffahrt. — Post. —

Banken: Jarmer Bank; Kreissparkasse Demmin, Nebenstelle Jarmen. — Unterkunft: Heydens Hotel, Lange Str. 9; Hotel zur Sonne, Poststr. 6; Hotel Schützenhaus; Jaedes Hotel, Alter Markt 10; Gasthof Zirzow, Alter Markt 4. — Jugendheim: Wallstr. 1. — Verkehrsverbindungen: Kleinbahn Greifswald—Dargezin—Jarmen; Züssow—Dargezin—Jarmen; Demmin—Schmarsow—Jarmen; Jarmen—Demmin—Friedland. Kraftpoststrecke: Züssow—Gützkow—Jarmen—Demmin; Anklam—Jarmen (Privatpost).

Wanderungen:

1. Heydenholz, Cartlow, Tutow, Jarmen. Kleinbahn bis Müssenthin. Neben der Bahn durch das Heydenholz nach Wilhelminental. Hier rechts ab über Cartlow mit Schloß nach Kruckow. Rechts ab auf der Chaussee nach Tutow. Dahinter (östlich) Wäldchen und „Alte Schanze", und weiter auf der Chaussee nach Jarmen. 14 km.

2. Nach Gützkow, zu Fuß, mit Bahn oder Kraftpost.

Gützkow, Stadt von 2000 Einwohnern, nordöstlich Jarmen. 1140 als zum pommerschen Bistum gehörig genannt. 1353 erste Nachricht, daß Gützkow Stadtrecht habe. Nordöstlich der Stadt der Schloßberg, ehedem wendischer Burgwall, später Stätte einer Burg der Grafen von Gützkow, 1351 ausgestorben (Fundamentreste). 1163 und 1177 verbrennt König Waldemar von Dänemark Burg Gützkow. 1128 Otto von Bamberg in Gützkow. — St. Nikolaus-Kirche, 1241 genannt. Aus frühester Übergangszeit, eines der besten Beispiele für diesen in Neuvorpommern häufigen Typ. Teilweise Feldsteinbau. Überwölbung des Schiffes aus spätgotischer Zeit. Turm freistehend; nur das Untergeschoß ursprünglich (gotisch). — Nahe der Stadt der „Hasenberg" mit Gastwirtschaft.

Postamt. — Unterkunft: Hotel zur Reichskrone, Lange Str. 80. — Bank: Ländliche Spar- und Darlehnskasse Gützkow. — Verkehrsverhältnisse: Kleinbahn: Züssow—(Greifswald—)Dargezin—Wiek—Gützkow—Jarmen. Kraftpost: Züssow—Gützkow—Jarmen—Demmin.

Von Jarmen weiter nach Loitz. Eine direkte Verbindung kommt nur in Gestalt der Chaussee oder von Landwegen für Fußgänger in Betracht. Über Bahnanschlüsse siehe unter „Loitz“! Die Chaussee führt über Zemmin und Tutow bis zum Heidekrug. Nahe dem Dorfe Tutow die „Alte Schanze“, ein Burgwall. Beim Heidekrug rechts ab, Chaussee nach Loitz. Oder ab Zemmin Landweg nach Sophienhof und weiter nach Loitz.

Loitz, an der Peene gelegen, Städtchen von rund 4000 Einwohnern. Geschichtliches: 1170 überwies Kaiser Friedrich I. das Land Losize dem Sprengel des von Heinrich dem Löwen begründeten Bistums Schwerin. Später kommt die Landschaft an die zum Fürstentum Rügen gehörige Kastellanei Gützkow, dann an Mecklenburg und fällt als Lehen an den Ritter Detlev von Gadebusch, der seinerseits 1242 Loitz als deutsche Stadt begründete und ihr das lübische Recht verlieh. Seit 1245 pommersches Lehen, seit 1271 dem Herzogtum Rügen zugehörig und nach 1325 an Pommern-Wolgast. Im Anschluß an die Stadt bestand eine Burg. Beide waren wichtig in den häufigen Grenzkämpfen mit Mecklenburg. Ab 1592 gehörte die Stadt zum Leibgedinge der Herzogin-Witwe Sophie Hedwig, einer der wenigen bedeutenden Frauengestalten aus dem pommerschen Herzogshause. Neben der Förderung der Volkswirtschaft und der Künste und Wissenschaften dankt Loitz ihr die Anlage einer Apotheke. Rezepte verschrieb sie selber, da der Ort keinen Arzt hatte. Sie starb in der Notzeit des Dreißigjährigen Krieges 1631. Das Loitzer Schloß verfiel und verschwand allmählich. Loitz wurde zunächst schwedisch und erst 1815 preußisch. — Erwerbsleben: Eisenbahnschwellen-Dübelfabrik. Stärke- und Zuckerfabrik. Torfbrikettfabrik. Mühlen- und Maschinenfabrik. Sägewerke. — Sehenswürdigkeiten: Steintor mit Stadtmauer-Rest, meist aus Findlingen. Das obere Geschoß des Tores ist neueren Ursprungs. — Marienkirche, im 17. und 19. Jahrh. mehrfach in Stand gesetzt oder verändert. In den älteren Teilen des Langhauses romanisch, ohne besonderen Chor. Seitenschiffe und Turm unbedeutend. Turmbesteigung lohnend. Blick ins Peenetal. Meldung beim Küster. Trinkgeld! — St. Jürgen-Kapelle auf dem Friedhof (1619).

Unterkunftsverhältnisse: Hotel Brunner, Lange Straße, nahe Bhf., 8 B., Gar. — Hotel „Deutsches Haus“, Marktstr., 8 B., Gar. — Gasthof „Laudahn“, Mühlenstr., am Bhf., 3 B. — Jugendherberge im Schulhause, Steintor-Vorstadt. — Dazu Restaurants und Kaffees. — Lichtspiele: Elysium-Lichtspiele und Schützenhaus-Lichtspiele. — Banken: Sparkasse mit Bankabteilung. — Postamt. — Bäder: Städt. Flußbad und Städt. Warmbad. — Verkehrsverhältnisse: Von Bhf. Toitz—Rustow der Strecke Berlin—Neubrandenburg—Stralsund mit Kleinbahn in 22 Min. nach Loitz. Kraftpost: Demmin—Loitz—Greifswald. Dampfer- und Motorbootfahrten von Demmin über Loitz nach Anklam (nicht regelmäßig!).

Wanderungen:

1. Promenade um die Stadt mit Stadtgraben.

2. Nach Gülzow mit Park (Denkmäler).

3. Nach Demmin. Entweder mit der Bahn, mit Post-Autoomnibus oder auf der Chaussee am Nordrande des Peenetales, 10 km. Die Straße quert das Peene-Trebeltal vom Norden her. Rechts die Vereinigung beider Flüsse. In Sicht von Industrieanlagen nach

Demmin und Umgebung.

Demmin, am Zusammenfluß der schiffbaren Flüsse Peene, Trebel und Tollense. Geschichtliches: 1070 bezeichnet Adam von Bremen den an der „Königsstraße" liegenden Ort als „eine sehr große Stadt". 1128 treffen Bischof Otto von Bamberg und Herzog Wartislaw in „der stolzen und vornehmen Feste Demmin" zusammen. 1235 erscheinen die ersten Deutschen, Ritter, Mönche, Kaufleute und Bauern, meist aus Westfalen. Stadtrecht durch Urkunde von 1292 neu bestätigt. Bis 1607 Mitglied der Hansa. Seiner Lage wegen zwischen Pommern, Brandenburg und Mecklenburg oft in Grenzkämpfe verwickelt. Der Wohlstand der Stadt ging im Dreißigjährigen Kriege zu Grunde. Größer noch waren die Verheerungen im Kriege zwischen Brandenburg und Schweden. Bei der Belagerung durch den Großen Kurfürsten 1676 wurde die schöne Kirche zerschossen und die Stadt in Asche gelegt. Im Nordischen Kriege kam der Aufenthalt des Zaren Peter des Großen und der Kaiserin Katharina I. Demmin teuer zu stehen. 1715 wurde Demmin preußisch. Im Siebenjährigen Kriege ließ Friedrich der Große die Wälle abtragen. Nach der Franzosenherrschaft 1806—1813 stille und friedliche Entwicklung. Heute rund 18 000 Einwohner. Der Dichter des „Pommernliedes", „Wenn in stiller Stunde . . . .", Adolf Pompe, 1889 Superintendent in Demmin. — Bildungswesen: Staatl. Reformrealgymnasium, Lyzeum, Landwirtschaftliche Winterschule, Stadtknabenschule (gehobene Klassen, bis zur Mittelschulreife führend, angegliedert), Stadtmädchenschule, Kath. Privatschule, Berufsschulen. — Wirtschaftsleben: Mittelpunkt des Handels mit landwirtschaftlichen Erzeugnissen (Korn und Vieh), Ausfuhr nach Schweden, Dänemark, Holland. Große Getreidefirmen: Treptow-Demminer landwirtschaftlicher Ein- und Verkaufsverein. — Zuckerfabrik, Molkereigenossenschaft mit Käsefabrik, Textilwerke (Bindegarn), Faßholzfabrik (Butterfässer), Granitwerke, Zementwarenfabrik, Demminer Bockbrauerei, Getreidebrennerei, Städt. Elektrizitätswerk und Gaswerk mit Ferngasleitungen nach Jarmen, Grimmen, Gützkow und Loitz. Frachtdampfer der Firma Klänhammer und des Ein- und Verkaufsvereins. Stettiner Ippen-Linie.

Banken: Reichsbank; Demminer Bank; Demminer Kreisbank. — Unterkunftsverhältnisse: „König von Preußen", Luisenstr., 23 Z. — „Zur Sonne", Holstenstr. 17, 25 Z. — „Zur Reichspost", Anklamer Straße, 12 Z. — „Stadt Potsdam", 8 Z. — „Mecklenburger Hof", 6 Z. — „Schweriner Hof", 7 Z., sämtlich am Markt. — Dazu Restaurants und Kaffees. — Bäder: mehrere Flußbäder. — Jugendherberge: für Jungen in der Stadtknabenschule, für Mädel in der Stadtmädchenschule.

Rundgang und Sehenswürdigkeiten: Jenseits des Bahnhofs waldbedeckter Höhenzug, die **„Tannen"**, mit dem wenn auch umstrittenen, so doch gedanklich interessanten **Ulanen-Denkmal** von Richter-Elsner. Tannen-Restaurant und hübscher Ausblick auf die Stadt. — Zur Stadt: Bahnhofstraße, Gilsaplatz, Augusta-Platz (links) mit dem stattlichen Kreishaus. (Heimatmuseum und Bücherei.) Die Bahnhofstraße weiter, über den Wilhelmplatz mit Denkmälern (Kaiser Wilhelm I. und Kriegerdenkmal). Dazu rechts alte Ulanen-Kaserne, links Kath. Kirche. In die Anklamer Straße. Links ein feiner alter Barockbau von 1763 (der Eichblatt'sche Hof). Es lohnt auch sonst, nach Bauten des 18. und der ersten Hälfte des 19. Jahrhunderts Umschau zu halten! Über den Mühlengraben zum spätgotischen **Luisen- oder früher Kuhtor.** Schöner Staffelgiebel; dazu Steinrosetten. Der Name Luisenstraße (auch Luisentor), Ehrung für die Prinzessin Luise von Preußen, die 1821 Demmin auf der Reise nach Putbus berührte. Links des Tores die Turmstraße mit dem Reste des **Pulverturms** (14. Jahrh.). Die Luisenstraße zum Markt. Vorher links mit dem von Linden beschatteten Kirchplatz die **Bartholomäuskirche.** Angeblich 1128 erbaut und 1164 niedergebrannt, verschiedentlich wieder aufgebaut und immer aufs neue geschädigt. Die jetzige Gestalt aus den Jahren 1856—1867. Westturm 100 m hoch und wirkungsvoll im Stadtbilde. Luisenstr. 17 und 24 hübsche Giebelhäuser aus dem 18. Jahrh. Markt mit **Rathaus** aus den letzten Jahrzehnten des 18. Jahrhunderts und 1886 umgebaut. Ecke Markt- und Mentzerstraße schöner alter Barockbau. Dahinter Speicher. Durch die Mentzerstraße zum Schwedenwallweg an der Nordmauer mit schönem Blick ins Peenetal. Zurück zum Markt und in die Holstenstraße zum Apollonienmarkt (einst Lumpenmarkt). Weiter Bauhofstraße und in die Heilige-Geist-Straße; abwärts zur Brücke über die Peene. Bollwerk mit Hafenverkehr. Über die **Peenebrücke;** ein Stück weiter und dann Rückblick auf die Stadt. Im Wiesengrund rechts auf dem **„Blumenberg“** malerische Fischerhütten. — Zurück über die Kahldenbrücke und die Heilige-Geist-Straße empor. Gegenüber der Kahldenstraße (links) ehemalige Heilige-Geist-Kapelle aus dem Ende des 13. Jahrhunderts und rechts ein Patrizierhaus von 1825. Vom Apollonienmarkt nach der entgegengesetzten Seite in die Loitzer Straße und zur Meyenkrebsbrücke über die Peene. Hier industrielle Anlagen und im Rückwandern wieder schöner Blick auf die Stadt. Empfehlenswert auch zur **Südmauer!** Blick ins Peene-Tollense-Tal. Links sichtbar, zur Seite der Chaussee nach Vorwerk, inmitten einer Baumgruppe, das **Herrenhaus Haus Demmin** mit der Ruine des Bergfrieds der um die Mitte des 17. Jahrhunderts gesprengten Burg. In der Verlängerung der Südmauerstraße im Bogen nach links zur Frauenstraße; rechts einbiegen und dann in die Wollweberstraße mit dem alten Marienfriedhof mit Kapelle aus dem 18. Jahrhundert. — Unterhaltungen, Theater usw.: Gastspiele des Stralsunder Stadttheaters und des Theaters der deutschen Bühnengenossenschaft. — Konzerte des Demminer Konzertvereins. Musikalische und Vortragsabende des Städt. Bildungsausschusses. — Lichtspiele: Kammerlichtspiele, Passagetheater, Tivoli-Lichtspiele.

Verkehrsverhältnisse: D-Zug-Station der Strecke Berlin—Stralsund—Saßnitz(—Trelleborg). Kleinbahnen nach Jarmen und Treptow a. T. — Stadtomnibuslinie. — Postomnibus nach Dargun, Loitz und Greifswald. Dazu Vergnügungsfahrten mit Dampfer „Werner“ und Motorschiff „Hertha“ nach dem Verchener (Cummerower) See, Gravelotte, Salem, Neukalen, Malchin, Loitz, Jarmen, Anklam.

Wanderungen:

1. In die **„Tannen“** mit dem Tannenrestaurant. (Siehe unter Rundgang).

2. Nach dem **„Devener Holz"**. Über die Kahldenbrücke und dann links den Weg nach dem Walde am Rande des Peenetales (20 Min.). Pfründts Gesellschaftshaus. Voelschowberg-Lokal.

3. Waldwanderungen: Devener Holz mit einzelnen schönen Punkten, dahinter über einen Seitenbach, den Weg weiter durch den Wolkower Wald, später am Waldrand weiter, dann 7 Min. in den Wald hinein und rechts ab (nach Norden) bis zur Chaussee und auf der Chaussee zurück. (16 km.)

4. Nach Loitz, 3 Std. Über Meyenkrebs in die Demminer Stadtforst und über Försterei Wolde und Kronwald nach Loitz.

5. **Nach Vorwerk.** Auf der Treptower Landstraße südlich, über Mühlgraben und Tollense. (Gleich dahinter rechts ab nach **Haus Demmin,** siehe vorher!) Zur Landstraße zurück und zum Gut Vorwerk (bis hierher 1¾ km). Westlich in 3 Min. zum hochgelegenen Friedhof mit schöner Fernsicht. Nach der Peene zu die von Quellschluchten gefurchte **„Vorwerker Schweiz"**.

6. **Zum Cummerower See** (Verchener See). Der See bezeichnet eine eiszeitliche Schmelzwasser-Rinne von über 10 km Länge (28 qkm), teils zu Pommern, teils zu Mecklenburg gehörig. Das pommersche Ufer ist hoch und steil. Lohnende Dampferfahrten ab Demmin (siehe unter Verkehrsmittel!). Oder zu Fuß nach Verchen am Nordufer. Landweg ab Vorwerk (siehe dort!) nach Klenz, Klenzer Mühle und immer nach Südwesten weiter (12 km) bis nach Verchen.

Verchen: Fischer- und Bauerndorf. Schöner Sandstrand zum Baden. Sommerfrische. Kirche um 1270 begonnen; frühgotischer Ziegelbau. Im Chorschluß alte Glasmalereien aus dem 15. Jahrhundert, 1862 erneuert (Kreuzigung). — Unterkunft: Gasthaus zum Verchener See; Gastwirtschaft Barnickow.

Am Ostufer weiter, zunächst nahe am Seeufer, dann die Höhen empor. Weite Blicke über den See, im Süden bis zu den Bergen der Mecklenburgischen Schweiz am Malchiner See. Kleine Quellbäche plätschern zum See herab. Dann als Ziel das idyllische **Gravelotte** (Gasthof Fernow), beliebter Ausflugsort. — Zurück nach Demmin über Meesiger. Von Gravelotte den Landweg südwärts. Großes Angerdorf. Gastwirtschaften. Auf der Landstraße nach Borrenthin, Haltestelle der Kleinbahn Stavenhagen—Demmin. Rückfahrt nach Demmin. — Oder zu Fuß über Lindenhof und Vorwerk nach Demmin (15 km). — Oder Borrenthin-Metschow zu Fuß (2½ km Chaussee) und dann mit Kleinbahn nach Treptow (Toll.). (Siehe „Im Tollense-Winkel!)

7. **Nach Buschmühl und ins Augrabental.** Zunächst bis Vorwerk (siehe vorher!) und an der Straßengabelung links. Später bei abermaliger Gabelung rechts und in 1½ Std. nach Buschmühle, reizvoll im Talgrund und um den Dorfteich gelegen. Nahe der Schmiede gewaltige Eiche von 8 m Umfang. Ostwärts durch den Ort und am linken Talrand des Augrabens durch Laub- und Nadelwald, immer

dem Tale folgend, gegebenenfalls bis zur Chaussee und links einbiegend, über Vorwerk nach Demmin. Die Talwanderung erschließt reizende Landschaftsbilder.

8. Ins **Tollensetal**. Siehe den Abschnitt: „Im Tollense-Winkel"!

b) Im Tollense-Winkel.

Es handelt sich um das Gebiet zwischen Augraben und Tollense, bzw. bis zum Landgraben und zur Grenze im Osten. Das ganze ist Hochfläche, die ihre Reize durch ihre Talzüge erhält. Andererseits ist diese Hochfläche geologisch nicht uninteressant. Sie erscheint als eine ziemlich hoch gelegene Scholle, in der darum auch ältere Schichten zutage treten. Salzquellen befinden sich bei Seltz und Golchen. Die Umgegend von Treptow hat Kreide und Gruben tertiärer Tone. Wirtschaftlicher Mittelpunkt ist Treptow (Tollense).

Bahnfahrt: Demmin—Treptow (Toll.). Hauptbahn-Haltestellen: Zachariae, Utzedel, Sternfeld, **Gnewkow.** Hier Kirche des 17. Jahrhunderts mit Schnitzgruppen der Geschichte Jesu (aus dem 16. Jahrhundert) am Altarschrein. Dann **Gültz,** frühgotischer Granitquaderbau; Kanzel mit Täfelung, ehem. Altarschranken vom Ende des 16. Jahrh. Dazu Grabstein des Achim von Maltzahn, gest. 1565. Oder

Mit Kleinbahn Demmin—Metschow—Treptow (Toll.) — Bis Metschow, siehe unter „Demmin"! Von dann an „kreuz und quer" durchs Land. Unterwegs: **Tützpatz** mit sehenswertem Schloß und Hünengräbern in der Nähe, und Wildberg mit schönem gotischen Chor in der Kirche.

Treptow an der Tollense.

Stadt mit 5000 Einwohnern. Geschichtliches: Um 1105 wird in einer Kirche zu Trybethowe eine Urkunde vollzogen. Der Ort ist also schon aus einer heidnisch-slavischen Siedlung zu einer christlich-deutschen Siedlung geworden. Auf dem Klosterberge stand bereits eine hölzerne Marienkirche. 1190 wird Tribetkow Stadt mit Lübischem Recht. Die folgenden Jahrhunderte bringen neben Aufschwung auch Fehden mit Nachbarstädten und Adligen, sowie mancherlei Störung durch Grenzkämpfe. Die weiteren Schicksale der Stadt sind die einer Landstadt ohne größere geschichtliche Bedeutung. — Geistiges Leben: Von 1850—1856 lebte in Treptow **Fritz Reuter** und schrieb seine „Läuschen und Riemels" und „De Reis' nach Belligen". Zu den Orten, die im Leben Reuters eine Rolle gespielt haben, gehören: Thalberg, 3 km südlich der Stadt (Herrenhaus mit dem Reuterfenster), das Gut seines Freundes Peters; Kl. Teetzleben, 5 km südlich der Stadt, wo „Luise" zwei Jahre Hauslehrerin war, auch Gr. Teetzleben, Siedenbollenthin, im Nordosten (Kleinbahn) usw. — Von 1897—1914 wirkte hier der Schriftsteller Dr. Theo Malade als Arzt. Treptow ist der Geburtsort des Dichters **Wilh. Henschel** (Berlin). — **Wirtschaftsleben:** Ziegelei, Sägewerke, Landwirtschaftl. Ein- und Verkaufsverein.

Banken: Stadtsparkasse. Treptower Bank. — Hauptpostamt. — Bäder: Flußbadeanstalt und Städt. Warmbad. — Unterkunft: Bahnhofshotel, 2 Min. ab Bhf., Bad, Gar. — Jonscher's Hotel am Markt, 7 Min. ab Bhf., Gar., Bad. — Hotel Deutsches Haus, Oberbaustr., 10 Min. ab Bhf., Gar. — Gasthaus zur Traube, Demminer Str., 10 Min. ab Bhf. — Gasthaus Müller und Gasthaus Mecklenburg, am Markt. — Jugendherberge: Städt. Mittelschule, Schulstr. 23. — Dazu Konditoreien und Kaffees. — Lichtspiele: Lichtspielhaus Pauli, Kaiserstr.

Sehenswürdigkeiten: **St. Petrikirche.** Auf dem höchsten Punkt der Stadt erbaut. Westteil 13. Jahrh., Ostteil 15. Jahrh. Dreischiffige Hallenkirche mit Chor (Achteck) und Umgang nebst Kapellenkranz. Hölzerne Turmendigung aus der Mitte des 18. Jahrh. Schöne Fernsicht. An der Südseite des Chors Anbau mit wertvoller Kirchenbibliothek. Im Chor wertvolles gotisches geschnitztes Gestühl. Altarschrein, 15. Jahrh. Spätromanischer Taufstein aus Granit. — **Katholische Kirche,** modernster Bau, auf der „Gesolei“ in Düsseldorf ausgestellt gewesen. — Im Süden der Stadt **Neubrandenburger Tor,** spätgotisch; Blenden und Staffelgiebel. Dazu **Demminer Tor, Reuter-Häuser** in der Oberbau- und Demminer Straße. In der Mittelschule wertvolle Stein- und Vogelsammlungen. Ehrenfriedhof. Im Norden der Stadt der **Klosterberg** mit schönen Anlagen und riesigem Findling, dem Bismarckstein. — Die Stadt bietet das Bild einer Kleinstadt von erfreulicher Einheitlichkeit. Das zeigt schon ein Blick vom hochgelegenen Bahnhof. Eine malerische Ecke bilden auch Mönchgraben, Stadtmauer und Neubrandenburger Tor. Dazu die Mühlenstraße mit ihren alten Fachwerk-Schulhäusern. — Rundgang: Vom Bhf. durch Bahnhofstraße zum Markt mit Rathaus und Sparkasse. Durch Rathausstraße, Oberbaustraße (Denkmal) bis zum Amtshof; rechts zum Neubrandenburger Tor. Links durch die Anlagen an der Tollense mit schönem Blick ins Tollensetal bis zur Tollensemühle; durch die Mauerstraße mit „Feuerwehr“ zum Klosterberg und Reuter-Turnplatz. Dort Kastanienallee zum Bismarckstein, und weiter zur Stadt. In der Demminer Straße links Demminer Tor, und durch Prinzen- und Poststraße zum Markt.

Verkehrsverhältnisse: Station der Strecke Berlin—Neubrandenburg—Stralsund. Kleinbahn: Treptow—Metschow—Demmin; Treptow—Siedenbollenthin—Demmin. Kraftwagen: Treptow—Anklam.

Wanderungen:

1. Durch die Fritz-Reuter-Straße zum Fuchsberg (½ Std.) mit Aussicht auf die Stadt und ins Tal. Weiter durch die Fährbergtannen zum Gasthaus Waidmannslust.

2. Nach dem Gute **Thalberg,** ½ Std. (Siehe vorher über Fritz Reuter!) Chaussee südwärts, oberhalb des Tollensetales, und nach 25 Min. Seitenwegs links.

3. **Zum Berg-Restaurant Clatzow.** Nordwärts zur Stadt hinaus. Nach 2 km Dorf Clatzkow. Aussicht bis Neubrandenburg und ins Tollensetal.

4. Nach dem Stadtwald. Westwärts, am Staatsbahnhof vorüber, Staatsbahnstrecke und Kleinbahn passierend. Chaussee ¾ Std. Oder an der Chausseegabelung

hinter dem Walde links und über Wolkow nach **Wildberg** (5 km) mit sehenswertem Kircheninnern. (Siehe vorher!)

5. Nach der Seltzer Forst, über die Ölmühle nach der Goldbachmühle (1¼ Std.).

6. **Nach der Burgruine Lanzkron.** Am besten mit der Kleinbahn bis Wodarg und von dort über Waldwärterhaus Heideholz nach Lanzkron (45 Min.). Von der Haltestelle rechts ab und auf den Landweg und im übrigen geradlinig weiter. (Über Lanzkron siehe „Im Grafenwinkel"!). — Oder — nicht minder zu empfehlen — über Siedenbollenthin und Wodarg nach Lanzkron.

Siedenbollenthin: Auf dem einst seinem Freunde Fritz Peters gehörigen Gute weilte häufig Reuter. Im Park unter alten Eichen die Reutergrotte. Unterkunft: Gasthaus Krohn (mit Post). Gasthaus Braasch, Fremdenzimmer, Gar., Mietsauto. — Als Ehrenmal ein Heldenhain. Badegelegenheit.

7. **Zur Ruine Clempenow,** im Tollensetal gelegen. Direkte Verbindung durch Kleinbahn-Auto. Sonst mit Kleinbahn bis Breest und in ½ Std. nach **Clempenow.** Sehenswerte Ruine, Turm und Tor. Erlaubnis beim Domänenpächter. Anschließend nach Golchen, 3½ km. Hier und im benachbarten Seltz geologisch interessante Salzquellen. Gasthof vorhanden. — Durch Golchen und den Weg am Rande des Tollensetales nordwärts bis zur reizend im Tal gelegenen friderizianischen Kolonie **Tückhude** (1770). Gasthof. Blick auf Schloß Wietzow am jenseitigen Talrande. — Oder hinüber! Kahnfähre! Ausblick von der Schloßterrasse sehr schön. Erlaubnis einholen!

8. Fortsetzung zu Nr. 7. Tollensetal-Wanderung. Von Tückhude waldein durch schönen Mischwald und an der Waldblöße rechts ab in die Landstraße nach Hohenbüssow (2½ km). Dann auf ansteigender Straße nach Buchholz (2½ km). Vom Wege, 82 m über dem Tollensetal, weite Fernsicht. Nach Brook, 2 km, am Rande des Tales, mit schönem Park und abwärts zur Gastwirtschaft im Talgrunde. Jenseits nach Alt Tellin, Haltestelle der Kleinbahn, Richtung Demmin (2½ km).

c) Der Grafenwinkel.

Unter dem „Grafenwinkel" verstehen wir den südlichen Teil des Kreises Anklam, und zwar als kulturhistorische Einheit. Während mit der Eindeutschung des Landes im Norden als Stützpunkte des Deutschtums das Kloster Stolpe an der Peene und die Stadt Anklam in die Erscheinung traten, kamen um 1230 die Schwerine ins Land und begründeten im südlichen Teile desselben einen Besitzstand, den sie trotz aller Kämpfe mit den stolzen Bürgern Anklams und des mecklenburgischen Friedlands als Grenznachbarn zu behaupten wußten, sei es durch Anlage starker Burgen, sei es, indem sie, im Grenzgebiet — hie Pommern, dort Mecklenburg — gelegen, klug die Fürsten beider Länder gegeneinander auszuspielen verstanden. So haben sie ihren Anteil sowohl am Guten, wie am Bösen mittelalterlicher Tage, um später dem preußischen Staat und dem Deutschen Reiche tüchtige Feldherrn und Staatsmänner zu liefern! Da erinnert der „Hohe Stein“, südwärts Anklam, an jene mittelalterlichen Fehden zwischen Stadt und Ritterschaft. Da liegen noch ein Stück weiter Aurose und Dargebell, einst Güter des Obersten der Ansbach-Bayreuth-Dragoner in der Schlacht bei Hohenfriedeberg, Martin von Schwerin. Westlich Ducherow liegt das Vorwerk Mollwitz, das der alte Feldmarschall von Schwerin so nannte. Von Altwigshagen war als einem der Stammgüter der Schwerine schon früher die Rede (seit 1654 in anderen Händen). Ein Sproß dieser Linie war des Großen Kurfürsten Minister und Freund, Otto von Schwerin. Usw. Nebenbei bemerkt, von drei Brüdern von Schwerin, die sich um 1230 in Pommern niederließen, wandten sich zwei in das Anklamer Gebiet (Altwigshagen und Spantekow) und einer nach der Insel Usedom (heute auf Stolpe auf Usedom).

Verkehrsverbindungen: Es empfiehlt sich, nur unbedingt notwendige Strecken zu wandern, da das gleichförmige Land lange Wanderung leicht eintönig erscheinen läßt. Kleinbahnstrecken sind vorhanden, doch ist der Zugverkehr äußerst gering. Als Ausgangspunkt empfiehlt sich Anklam (natürlich auch Treptow (Toll.)). Unter Benutzung der Kleinbahn Anklam—Janow ist Lanzkron zu erreichen, vom Haltepunkt Dennin derselben Strecke Spantekow. Die Strecke Anklam—Uhlenhorst mit den Haltestellen Schmuggerow oder Löwitz gibt Gelegenheit zum Besuch von Schwerinsburg, Löwitz und Putzar. Dazu kommt die Postautostrecke Anklam—Friedland mit den Haltestellen Sarnow oder Boldekow und anschließenden längeren Wegen nach Putzar, Löwitz und Schwerinsburg. Auch eine regelmäßige Privatlinie Anklam—Spantekow und eine andere Anklam—Treptow, die uns wieder Janow nahebringt und damit Lanzkron, ist vorhanden. Man wird gut tun, die genannten Verkehrsmittel je nach den Umständen zu kombinieren.

1. Schwerinsburg—Putzar—Sophienhof—Löwitz.

Schwerinsburg ist ein neuerer Bau, 1720—1733 vom Feldmarschall von Schwerin als Wohnsitz errichtet. Auf dem Schloßhof sein Standbild, 1790 von Dannecker geschaffen. Das Innere (nicht zugänglich!) birgt sein lebensgroßes Bild. — Von Schwerinsburg nach Putzar 4,3 km. **Schloß Putzar** nahe dem Putzarer See (Schwäne). 1470 in Schwerinschen Besitz gekommen. An die Stelle eines älteren Baues setzte Großhofmeister Ulrich von Schwerin 1576 einen Neubau, heute verputzt und schlicht. An seine Söhne Ludolf und Joachim vererbt, erbaute Joachim noch ein zweites Schloß 1580 daneben, heute malerische Ruine (Spätgotik). Häufige Kämpfe mit der Stadt Friedland, jenseits des das Landgrabental überbrückenden Kavelpasses. Sehenswert Kirche und Friedhof. In ersterer eine Standarte aus Herzogstagen, Geschenk an Detloff von Schwerin. Auf dem Friedhof das Grab des Pfarrers Adelung, des Vaters des großen deutschen Sprachforschers. Im Orte Reformgasthof. 2 Z. —

Von Putzar 3 km östlich neben dem Kleinbahngeleise nach **Sophienhof,** ehemals Hagedorn geheißen. Ebenfalls Schwerinscher Besitz mit Schloß aus neuerer Zeit. Im Park seltene Koniferen. Große Moorkulturen. — Nach 15 Min. **Löwitz,** Dorf und Schloß. Haltestelle der Kleinbahn Anklam —Uhlenhorst—Friedland. Geburtsstätte des 1757 bei Prag gefallenen Generalfeldmarschalls Grafen von Schwerin. Sein Denkmal im Schloßhof. Das Schloß, ein stattlicher Renaissancebau. Gedächtnistafel. — Gastwirtschaft im Ort. — Der Feldmarschall liegt in Wusseken begraben, 2½ km nordwestlich Schwerinsburg. Westlich und, je nach Planung, leicht zu erreichen die Chaussee Anklam—Friedland mit Boldekow, dem **Kavelpaß** und der **Ruine Grafenstuhl** (Autopost-Strecke!). Am Kavelpaß 1760 siegreiches Gefecht der Husaren des Obersten von Belling mit den Schweden. Bei dieser Gelegenheit ward der schwedische Junker von Blücher, der spätere Generalfeldmarschall, gefangen. Ruine Grafenstuhl, ehedem ein von den Schwerinern aufgeführter Wartturm zur Beobachtung der Grenze. — Es empfiehlt sich, einen Abstecher nach dem nahen **Friedland** in Mecklenburg zu machen. Sehenswert: Tore, Türme, Stadtmauer, Wallpromenade, Rathaus und Kirche.

2. Spantekow und Lanzkron.

Spantekow, stattliches Dorf. Arzt, Apotheke, Gastwirtschaft. — Wiesen, Wasser und Wälle mit Kasematten umschließen noch heute Burg Spantekow. Über dem dunklen Burgtor das Relief des Erbauers der Burg, Ulrich von Schwerin und seiner Gattin. (Bau von 1558—1567.) Hier in höchster Not letzter Unterschlupf der Glieder des Schwerinschen Geschlechts. Im Dreißigjährigen Kriege vergeblich belagert. 1677 von den Brandenburgern gesprengt. Mitten darin der neuzeitliche Wohnbau auf älterem Untergeschoß. Er überragt den Wall nur um ein Stockwerk. — Nach Lanzkron: entweder von Spantekow zu Fuß nach Dennin (3,2 km) und von Dennin mit Kleinbahn nach Janow, oder ab Anklam mit Autobus bis Haltestelle Iven und zu Fuß über Iven und Janow nach Lanzkron (8 km). — Iven (Gastwirtschaft) mit Gut. — **Janow,** mit Schloß aus dem vorigen Jahrh. und großem Park. Hier Landweg südwärts und in 25 Min. zur malerischen **Ruine Lanzkron,** auf einer Erhöhung im Landgrabental gelegen, von alten Bäumen beschattet. Einfache Gastwirtschaft im Burghof. Die Anlage, in einzelnen Teilen erhalten, umfaßte Hauptschloß, Schloßkirche, Vorburg, Mauern, Wälle und Gräben und wurde als prunkvoller Bau 1576 von Ulrich von Schwerin, einem der Söhne des Großhofmeisters von Schwerin (Spantekow), errichtet. Ein Relief des Erbauers, ähnlich dem auf Spantekow, ist verschwunden. Schicksal und Kriegsnot ließen Lanzkron verfallen, aber zu einem ungemein idyllischen Stück pommerscher Erde werden.

Von Lanzkron nach Treptow/Toll. siehe vorher! Nach Ruine Clempenow im Tollensetal: Am besten zurück über Janow und zur Chaussee, Richtung Treptow/Toll. Dort links ab nach Clempenow.

d) Wolgast und der Peenestrom.

Mit dem Passieren des Peeneflusses haben wir Neuvorpommern betreten, d. h. jenes Gebiet Pommerns, das erst 1815 zu Preußen kam. Es ist aber auch in natürlicher Weise vom übrigen Vorpommern gesondert. Breite Talfurchen (vergl. die Vorbemerkung zu dem Abschnitt „Die vorpommersche Festlandsebene“!), ob heute Moortäler, ob Meeresteil oder Haffabfluß, aber immer einst Schmelzwassertal, begrenzen es. Hier das Peenetal und der Peenestrom, dort Ziesetal und Bodden, auf der andern Seite das Trebel-Recknitz-Tal. Das ganze ist Hochfläche und nun seinerseits noch durch Talfurchen gegliedert, ohne daß dadurch eine lebhaftere Modellierung entstände. Erheben sich doch die höchsten Erhebungen, Endmoränenbildungen, zu nicht mehr als 50 m. Das Land ist in hoher landwirtschaftlicher Kultur und hat nur wenige größere Forsten. Großgrundbesitz! Das Ziesetal schneidet nördlich Wolgast als selbständige Erhebung das „Land Wustrow ab. (Wustrow — vom Wasser umflossen. Vergl. den mecklenburgischen Ort Wustrow auf dem Fischlande!).

Am Peenestrom liegt neben den Städten Lassan und Wolgast der Fischerhafen Kröslin. Über den „Peenestrom“ siehe vorher! — Nach Lassan, siehe unter „Anklam“! — Nach Gützkow, siehe unter „Jarmen“! —

Verkehrsverbindungen: Strecke Pasewalk—Stralsund bis Züssow; dort Zweigstrecke nach Wolgast. Oder ab Züssow mit Kleinbahn-Auto nach Wolgast, Stadt und Hafen. Dazu Kraftverkehrslinien nach Wolgast über Lassan und ab Greifswald. Mit Wolgaster Fähre auf Usedom Fährverbindung. Brücke im Bau. (1931.)

Bahnfahrt ab Anklam: Achtung bei der Abfahrt! Links Blick auf Stadt und Hafen mit Speichern, Rathaus und Brücke. Rechts die Peeneniederung, teilweise durch Deiche vor Überflutungen geschützt. Alsdann über Hochfläche mit Haltestelle Kl. Bünzow nach Züssow. Weiter ab Züssow. Vor Wolgast durch schönen Mischwald mit

Luftkurort Buddenhagen. „Jagdkrug“ und „Kurhaus Waldfrieden“. Spaziergäge in die waldreiche, hügelige Umgebung. Dazu Schloß Wrangelsburg, der Schwarze See und ein Burgwall. Autobusverbindung mit Wolgast. Jugendherberge im Kurhaus. Nach Wolgast 8 km, meist durch Wald.

Die Bahn passiert hinter Buddenhagen hügeliges Gelände. Bei Hohendorf mit dem schönen Mühlental senkt sich die Bahnstrecke zum Ziesetal. Links die bewaldete Erhebung des Zieseberges. Rechts Peenestrom, Zementfabrik. Neustadt und dann Bhf. Wolgast. Reisende mit durchgehenden Fahrkarten nach der Insel Usedom verlassen den Zug erst auf dem Hafenbahnhof.

Wolgast, die alte Herzogsstadt, liegt am schiffbaren Peenestrom, der hier nur 260 m breit ist. Die Schloßinsel, auf der einst ein Herzogsschloß stand, ist heute von der Industrie in Anspruch genommen. Dahinter baut sich am Festlandssaum die Stadt auf. Nordwärts weitet sich der

Peenestrom zur Spitzenhörner Bucht, von grünen Hügeln überhöht. Geschichte: In wendischer Zeit ist W. Mittelpunkt einer Kastellanei; auf der oben genannten Insel erhebt sich ein Burgwall; am Festlandsufer haben sich Fischer angesiedelt. Nach Einführung des Christentums und nach dem Erscheinen deutscher Siedler entsteht die deutsche Stadt, 1282 mit lübischem Recht belehnt. 1295 wird W. Sitz der Wolgaster Linie der Pommernherzöge. Zu dauerndem Wohnsitz erhält es 1330 ein festes Schloß. Die Hansazeit bringt Kämpfe und Erfolge. Nachdem dann das pommersche Land zeitweilig in einer Hand vereinigt war, erfolgt 1552 abermals eine Teilung, und als der alte Schloßbau 1557 das Opfer eines Brandes wurde, entstand 1563 ein Neubau, von Herzog Philipp I. stattlich ausgestattet, wie uns die Bilder bei Lubin und Merian verkünden. (Das „Goldene Zeitalter Pommerns"!) Aber das Wolgaster Herzogshaus starb aus, der Dreißigjährige Krieg und der Kampf Brandenburg — Schweden brachten Raub und Zerstörung. Die Reste des Schlosses wurden aber auch in Friedenszeiten geschändet, bis 1792 nur noch eine Ruine am Peenestrom stand, die Beschauer und Künstler anlockte. Aber mehr und mehr schwindet das alte Gemäuer, und 1843 entsteht an der Stelle des Schlosses ein Kornspeicher. Der bekannte Marinemaler Prof. Stöwer hat das Schloß nach zeitgenössischen Bildern gemalt. — Kriegsnot schädigte in gleicher Weise auch die Stadt, die bis 1815 schwedisch blieb. Doch ist die erste Hälfte des 19. Jahrh. eine Zeit der Blüte (Segelschiffahrt, Werften, Getreidehandel, Fabriken). In Wolgast lief 1855 der preußische Kriegsschoner „Frauenlob" vom Stapel. Wohl brachte die Verbesserung der Swinefahrt der Stadt an der Peene manchen Schaden; doch hat die Entwicklung zum Industrieort Wolgast mit neuem Leben erfüllt. Sie zählt rund 7400 Einwohner. Geistesleben: In Wolgast geboren der Maler Philipp Otto Runge (13. 7. 1777 — 2. 12. 1810), Marinemaler Prof. Willy Stöwer-Berlin, geb. 22. 5. 1864. Botaniker Dr. Theodor Marsson (1816—1892). Der Dichter Kosegarten hielt sich von 1785—1792 in Wolgast auf. — Wirtschaftsleben: Schiffsverkehr. Gußstahlwerk, Eisengießereien (Hufeisen), Zementfabrik des Pommerschen Industrievereins, Holzhäuser-Bau-Gesellschaft, Holzschneidemühlen, Kistenfabrik, Schiffswerft, Sensenschärferfabrik, Rohrgewebefabriken, Zementwarenfabriken, Getreidehandlungen. — Rundgang: Beginn auf der Schloßinsel. An der Stelle des Schloßspeichers von 1843 einst das Schloß. Zwei Löwengesichter im Giebel stammen vom Schloß her. Zwei Brücken (Laufsteg und Betonbrücke) führen zum festen Lande und zum Bollwerk mit Hafenbahnhof und Kleinbahn nach Lubmin und Greifswald. Geradeaus die Kronwiekstraße. Haus Nr. 45 Geburtshaus von Phil. Otto Runge, Nr. 23 das des Malers Prof. Stöwer. Zurück zum Hafen! Am Eingang zur Burgstraße altes Wohnhaus mit zwei kupfernen Morgensternen auf dem Dach, die einst ein Kapitän aus fremden Landen mitbrachte. Rechts Badstubenstraße Nr. 50, schönes Fachwerk. Durch die Burgstraße. Stattliche Kaufmannshäuser des 18. Jahrhunderts mit mehrstöckigen Dachgeschossen und zahlreichen

Bodenluken zum Aufspeichern der Waren. Einzigartig für Pommern. Man beachte hier wie anderswo schöne alte Haustüren, Handwerkszeichen usw. Burgstraße 8 aus dem 16. Jahrh. Gewölbte Keller. In die Lange Straße. Haus Nr. 19 mit prächtiger Haustür. Zum Markt mit Rathaus, 1718—1724 neu ausgebaut, der Turm 1780. Doch klingt die mittelalterliche Architektur durch. Zwei Säulenstücke an den Giebelecken aus Kalkstein stammen wohl vom Herzogsschloß. Am Markt einige ältere Gebäude. Die Apotheke war drei Jahrzehnte die Wirkungsstätte Theodor Marssons. — Zur **Petrikirche.** Mitte des 14. Jahrh., dreischiffige Basilika mit drei angebauten Kapellen. Links des Portales teilweise sichtbare wendische Grabstelle im Turmfundament. Das Innere ist nach dem Brande von 1920 schlichter als vorher, aber immerhin sehenswert. Außer der Herzogsgruft unter dem Chor zahlreiche Bilder und Grabplatten. Messingepitaph des Herzogs Philipp I. von 1560; Wandmalereien; Bibliothek und die unter Leitung von Prof. Kutschmann-Berlin hergerichtete südliche Seitenkapelle. Prachtvolle Aussicht vom Turm über Festland, Insel Usedom, Peene, Achterwasser und See. (Grenzen der Sicht: Stralsund, Präsidentenberg bei Heringsdorf, Anklam.) — Kirchplatz 3 das Kosegarten-Haus (Rektor von 1785—1792). Zurück in die Lange Straße. Nr. 17 ältestes Haus der Stadt. Nr. 15 einstiges „Packhaus" aus Herzogstagen. Weiter zum Wall mit Resten der Stadtmauer. Am Ende der Breiten Straße die St. Jürgenkirche. Spätgotisch. Heute Gemeindehaus. Dazu alte Ulme mit 7,25 m Stammumfang. — Sehenswerter auf dem Alten Friedhof (mit schönen alten Grabmälern) die **St. Gertrudkapelle** (1496). Zwölfecksbau mit mächtiger Rundsäule und prachtvollem Sterngewölbe. Darunter Gruftanlage.

Bäder: Flußbadeanstalt und Warmbad (Breite Str. 6 d). — Banken: Städt. Sparkasse; Kreissparkasse; Vorschuß- und Sparbank; Wolgaster Bank (Filiale der Rostocker Bank). — Postamt. — Unterkunftsverhältnisse: Hotel Deutsches Haus, Steinstr. 15, 20 B., Gar. — Hotel Goldener Löwe, Bahnhofstr. 65, 18 B., Gar. — Hotel Zur Post, Bahnhofstraße 2, 15 B., Gar. — Hotel Preußischer Hof, Bahnhofstr. 1, 10 B. — Dazu Konditoreien und Kaffees. — Jugendherberge: Im Realprogymnasium, „Wilhelmschule", Ostwall 7. — Lichtspiele: Deutsches Lichtspielhaus, Kapitol. — Auskunft: Rathaus, Zimmer 5. — Verkehrsverbindungen: Nebenstrecke Züssow—Wolgast der Hauptstrecke Berlin—Stralsund—Rügen. Fährverbindung zum Anschluß an die Bäderzüge der Insel Usedom. Fern-Autoverkehr nach Züssow, Greifswald, Lassan, Lubmin. Stadt-Autoverkehr Bahnhof und Fähre. — Im Sommer Personen-Schiffsverkehr nach Seebad Karlshagen, Insel Ruden, Insel Oie und Rügen. (Siehe auch „Führer durch Wolgast i. P.", Verkehrsverein Wolgast).

Wanderungen:

1. Zu den **Anlagen auf dem Galgenberg** mit Restaurant und Aussichtsturm (nahe dem Bahnhof). Prächtige Fernsicht. Im Südwesten Zieseberg und Hohendorf mit Mühlental. Im Nordwesten der kahle Schanzenberg, der Fuchsberg, das Ziesetal, die Netzebander Heide und das ebene Land am Wusterhusen. — Nahebei Ehrenmal von Prof. Dammann-Berlin.

2. Zum **Tannenkamp** (1½ Std.), Waldpark, Ruhebänke. Kindererholungsheim. Schützenhaus, Waldhalle und Försterei Tannenkamp.

3. Zum **Zieseberg** (49 m hoch). Durch die Anlagen und am Ehrenmal vorüber, durch Kleingärten und Felder (½ Std.). Laub- und Nadelwald. Promenadenwege. Aussicht.

4. Mit der Fähre über den Peenestrom zum reizenden **Fährhaus Wolgaster Fähre** mit hübschem Blick auf Stadt und belebten Strom.

5. Nach **Karlshagen** (Seebad) mit regelm. Motorbootverbindung (im Sommer). Sonntagsfahrten zur Oie, zum Ruden und nach Rügen.

6. Nach **Luftkurort Buddenhagen.** Wanderung meist durch Wald, 2 Std. Siehe vorher!

7. Nach **Hohendorf mit dem Mühlental.** Zunächst Chaussee südwestlich, dann vor dem Ziesetal links ab, Richtung Buddenhagen, und jenseits des Tales links auf die Chaussee nach Hohendorf (1 Std.). Malerische Kirche, Friedhofportal. Gast- und Logierhaus Baresel.

8. **Von Wolgast nach Freest und Lubmin,** bzw. durch das **Land Wustrow.** Mit Kleinbahn oder Auto-Fernverbindung. Ab Kleinbahnhof, Haltestellen Schlachthof, Tannenwäldchen usw. bis **Cröslin.** Fischerhafen am Cröslincr See, einer Ausbuchtung des Peenestromes. Gasthaus „Zum Goldenen Anker". Gastwirtschaft Krohn.

3 km nordwestlich Cröslin das **Fischerdorf Freest.** Beachtliche Teppichknüpferei der Fischer. Einfache **Sommerfrische** an der Mündung des Peenestromes. Ausgedehnte Waldbestände. Nadelwald, Eichen- und Buchenbestände. Guter Strand, aber geringer Wellenschlag. Freibad. Elektr. Licht.

Unterkunft (ohne Privatwohnungen): Gasthof Heilmann, 15 B. Joh. Lüder, 12 B. Verkehrswege: Autoverbindung mit Freest, Cröslin, Wolgast, Greifswald. Postagentur. Auskunft: Gemeindeverwaltung. Ruder-, Segel- und Motorbootfahrten.

Fortsetzung der Bahnfahrt Richtung Lubmin. Über Rubenow und Pritzwald nach **Wusterhusen.** Hochgelegenes Dorf mit weithin sichtbarer Kirche. 1271 von Bischof Hermann von Cammin geweiht. Chor aus der Übergangszeit als Quaderbau; doch hat ein Erweiterungsbau im 14. Jahrh. stattgefunden, und zwar unter Verwendung von Ziegeln. Turm (mit Feldsteinsockel) von 53 m Höhe. Aussicht! — Gastwirtschaft Jarling.

Fortsetzung der Bahnfahrt: nach wenigen Minuten Haltestelle Lubmin-Dorf und 1 km weiter Lubmin-Seebad.

Ostseebad Lubmin.

700 Einwohner; beachtliche Teppichknüpferei durch Fischer. Seit 1886 Badeort. 1927: 3200 Badegäste. Im Anschluß an das freundliche Fischerdorf Lubmin entstanden, teilweise im Hochwald gelegen. Guter, fast steinfreier Strand, mäßiger Wellenschlag. Ziemlich hohe Dünen. Geselligkeit ohne übertriebenen Luxus. Baden vom Strandkorb aus gestattet. Warme Seebäder.

Badearzt. Zahnarzt. Post. Banken: Zahlstelle der Sparkasse des Landkreises Greifswald. Wusterhusener Spar- und Darlehnskasse zu Lubmin. Unterkunftsverhältnisse (ohne Privathäuser): Kurhaus Beug's Hotel, nahe Strand, Tankstelle, Gar. — Strandhotel und Kaffee Kurpark, auf der Düne. — Hotel Seeblick, nahe Strand. — Gasthaus

Paul Nauke. — Gasthaus Frz. Jakobs. — Bahnhofswirtschaft. — Jugendherberge: Eigenheim. — Auskunft: Badeverwaltung. — Verkehrsverhältnisse: Station der Kleinbahn Greifswald—Wolgast. Von vielen größeren Stationen direkte Fahrkarten, auch direkte Gepäckabfertigung. Übergangsstation am besten Greifswald. — Kraftwagen-Verbindung Greifswald—Lubmin. Sonderanschlüsse an Ferienzüge. — Dampferverbindung Greifswald—Lubmin.

Wanderungen:

1. Ausflüge mit Segel- und Motorbooten nach Rügen, Ruden, Greifswalder Oie. — 2. Durch schönen Forst zum Fischerdorf **Freesendorf**, 5 km, und zum **Struck**, der nordöstlichen, dem Peenemünder Haken ähnelnden Ecke des Landes Wustrow (Vogelschutzgebiet). — 3. Nach Freest (siehe vorher!), zum Fischerdörfchen Spandowerhagen (kein Gasthaus) oder zur Försterei Warsin. Wege sind markiert.

e. Greifswald und Umgebung.

Bahnfahrt (Anklam—)Züssow—Greifswald. Züssow (siehe vorher!). Nebenstrecke nach Wolgast. Kleinbahn nach Gützkow und Jarmen. Autoverbindungen: Züssow—Wolgast, Züssow—Jarmen—Demmin.

Greifswald.

Universitätsstadt, ehemalige Hansastadt, am Ryckfluß, 27 000 Einwohner. Geschichtliches: Greifswald verdankt seine Entstehung Anfang des 13. Jahrhunderts den Mönchen des Zisterzienser-Klosters Eldena und dem Vorhandensein ergiebiger Salzquellen. Die günstige Lage am schiffbaren Ryck und in Nähe der Ostsee förderte die Entwicklung der Stadt. Im Jahre 1233 zur Stadt erhoben. 1250 wurde ihr das Lübische Recht verliehen und im Jahre 1278 ist ihre Zugehörigkeit zur Hansa nachgewiesen. Als blühendes, kräftiges Gemeinwesen ein wichtiges Mitglied der Hansa; Handel und Schiffahrt die Grundlagen ihres Wohlstandes. Der Dreißigjährige Krieg, der Brandenburgisch-Schwedische Krieg, der Nordische Krieg, der Siebenjährige Krieg und der Krieg 1806/07 zerstörten den Wohlstand der Stadt. Ihre Entwicklung ist aber stetig wieder aufwärts gegangen, besonders seit dem Übergang Neuvorpommerns an Preußen 1815. Aus der fast zwei Jahrhunderte dauernden Zugehörigkeit Neuvorpommerns zu Schweden ist zu erklären, daß die Städte in Neuvorpommern (auch Greifswald) nach einem besonderen Stadtrecht verwaltet werden und sich infolgedessen eine größere Selbständigkeit bewahrt haben. In neuerer Zeit infolge der Verlegung der großen Handels- und Verkehrsstraßen aus seiner einstigen handelspolitischen Vorrangstellung zurückgedrängt. Von um so größerer Bedeutung war darum für die Stadt die Gründung der Universität durch den Greifswalder Bürgermeister Rubenow mit Unterstützung des Pommernherzogs Wartislav IX. im Jahre 1456, die der Stadt im Laufe der Jahrhunderte ihr Gepräge gegeben und die großen Anteil an der weiteren Entwicklung der Stadt und ihrer Wirtschaft hat. Die Universität befindet sich auf der Höhe wissenschaftlicher Forschung und Schulung; ihre Einrichtungen entsprechen den neuzeitlichen Errungenschaften. Im Sommer 1930 waren hier 2300 Studenten immatrikuliert. Erwähnt sei, daß Ulrich von Hutten in Greifswald studiert hat und Ernst Moritz Arndt hier einige Jahre akademischer Lehrer gewesen ist. Neben den Universitäts-Instituten aller Geisteswissenschaften, der Universitäts-Bibliothek mit nahezu 400 000 Bänden, der Volksbücherei und verschiedenen Privatbüchereien bestehen eine Reihe von Vereinen zur Förderung aller Kulturbestrebungen, die das geistige Leben weit über die Grenzen der Stadt und in der ganzen Provinz befruchten. Genannt seien: „Konzertverein", Bachstiftung, Madrigalchor und Singverein. (Alle zwei Jahre Musikfeste). Ferner „Verein für Kunst und Literatur"; Geographische Gesellschaft; Geschichtsverein; der Naturwissenschaftliche und Philosophische Verein, das Nordische Institut, das Institut für Finnlandskunde u. a. m. Greifswald hat ein gutes Theater (Oper, Operette, Schauspiel). — Wirtschaftsleben: Absatz von Getreide, Kartoffeln, Rüben, landwirtschaftlichen Maschinen, Holz, Bausteinen, Brennmaterialien, Kreide, Fischkonserven-Fabriken, Möbel-Fabriken, Kreide-Fabrik, Maschinen-Fabriken, Fleischverarbeitungswerke, Molkereien, Brauereien, Essigfabrik, Fabriken für Bearbeitung von Steinen.

Banken: Reichsbanknebenstelle; Greifswalder Bank; Pommernbank; Neuvorpommersche Bank; Stadtsparkasse; Kreissparkasse. — Hauptpostamt am Markt, Bahnpostamt. — Auskunft: Verkehrsamt des Magistrats, Rathaus; Verkehrsverein, Bismarckstr. 32; Reisebüro, Markt 2. — Unterkunft: Deutsches Haus, Bismarckstr. 27, 45 B. — Preußischer Hof, Baderstr. 3, 40 B. — Nordischer Hof, Markt 28/29, Gar. — Burmeisters Hotel, Lange Str. 14, 20 Z. — Hotel zur Traube, Bismarckstr. 2, 15 Z. — Hotel Schwarzer Adler, Lange Str. 84, 20 B. — Wichmanns Gasthof, Lange Straße 20, 12 B. — Dazu Restaurants, Kaffees, Konditoreien. — Theater, Lichtspiele: Stadttheater, Oper, Operette, Schauspiel; geöffnet Oktober bis April. Dazu Kammerlichtspiele; Zentraltheater und U.T.-Lichtspiele. — Jugendherberge: Städt. Jugendheim, Pestalozzistr. 14/15 (für Knaben), Mädchenmittelschule, Knopfstr. 36/38 (für Mädchen). — Verkehrsverbindungen: D-Zug-Strecke Berlin—Pasewalk—Greifswald—Stralsund—Schweden. Dazu: Greifswald—Grimmen—Tribsees. Kleinbahnen: Greifswald—Gützkow—Jarmen; Greifswald—Lubmin—Wolgast. — Stadtomnibuslinie; Autobusverbindungen nach: Eldena—Wieck, Lubmin, Loitz—Demmin, Grimmen, Gristow—Neuenkirchen. — Schiffsverbindungen: Ganzjährige Motorbootverbindung nach Eldena—Wieck; in den Sommermonaten Dampferverbindung mit Rügen (Thießow—Baabe—Göhren—Sellin mit Anschluß nach Lauterbach und Binz), sowie nach dem Ostseebade Lubmin.

Greifswald als Bade- und Kurort.

Städtisches Sol- und Moorbad, inmitten des Stadtparkes gelegen, verabfolgt Reinigungs- und alle medizinischen Bäder; Massagen, Inhalatorium. Die 3,5%ige Sole ist nach fachmännischem Gutachten eine der heilkräftigsten Deutschlands und infolgedessen von vorzüglicher Heilwirkung (Bromeisen, strontiumhaltig). Das Moor ist reich an mineralischen Bestandteilen und besitzt eine außerordentliche Wärme-Tiefenwirkung.

Sport: Im Jahre 1927 geschaffene fünfzig Morgen große, mit allen neuzeitlichen sportlichen Einrichtungen versehene Kampfbahn mit (neuerdings) acht Tennisplätzen; daneben die Möglichkeit zur Ausübung des Jagdsports, des Ruder-, Segel-, Schwimm- und Angelsports.

Denkmäler und Gedenktafeln: Siegessäule mit Siegesgöttin und Brunnen auf dem Marktplatze; Kaiser-Wilhelm-Standbild auf dem Wilhelmsplatz; Kaiser-Friedrich-Büste vor dem Oberlyzeum in den Wallanlagen; das in Zinkguß ausgeführte Rubenowdenkmal vor der Universität; die

Büste des Bürgermeisters Paepke am Bahnhof; der Gedenkstein für den Botaniker Münter in den Wallanlagen; der Gedenkstein für den Geographen Credner in den Anlagen; der Hindenburg-Gedenkstein in den Wallanlagen; der Bebelstein in den Anlagen und viele Gedenktafeln für berühmte Männer, z. B. Bürgermeister Rubenow, Geschichtsforscher Gesterding, Silhouettenschneider Paul Konevka, Afrikaforscher Nachtigal, Otto von Bismarck, Ernst Moritz Arndt, Kosegarten, Naturforscher von Hagenow, Botaniker Marsson, Dr. Beseler, die Dichter Löns, Engel, den Maler Kaspar David Friedrich (die letzten beiden gebürtige Greifswalder) und viele andere.

Rundgang und Sehenswertes: Ab Bhf. links über die Paepkebrücke und nach kurzem Gang rechts in die Domstraße. Hier links Jakobikirche und Rubenow-Platz, rechts Universität. **Jakobikirche:** frühgotische Hallenkirche, zweite Hälfte des 13. Jahrh.; weiträumig. Schönes Westportal! Im Innern zahlreiche alte Grabsteine, granitene Taufe. 13. Jahrh. — Domstraße 9, Kosegarten-Gedenktafel. Siehe auch unter „Altenkirchen a./R."! — Auf dem Rubenowplatz das **Rubenow-Denkmal** (von Stüler; Figuren von Stürmer und Afinger, 1856). Gegenüber dem Rubenow-Platz die **Universität** (1750, Renaissance, von Andreas Mayer). In der Aula Denkmal des Herzogs Ernst Ludwig (gestorben 1595), einst im Wolgaster Schloß. Zur Universität gehörig: Geologisches Museum, Bismarckstr. 12. — Botanischer Garten und Museum, Grimmer Straße 88. — Geologische Landessammlung von Pommern, Langefuhrstr. 23d. — Altertumssammlung, Domstr. 9. — Münzkabinett, Seminargebäude. — An das Universitätsgebäude schließen sich an: Physikalisches Institut, Augenklinik, Hygienisches Institut, Physiologisches Institut, Geographisches Seminar und **Universitäts-Bibliothek.** Hier u. a. schwedische Literatur, 350 Inkunabeln, 1500 Handschriften usw. Besondere Sehenswürdigkeiten: 36zeilige Bibel aus der Zeit Gutenbergs; der kostbare Croy-Teppich, 1554, Gobelin: Luther predigt vor der sächsischen und pommerschen Fürstenfamilie; der „Luther-Becher" (1525), Augsburger Goldschmiedearbeit. — Weiter durch die Domstraße zur **Nikolaikirche.** Ursprünglich Hallenkirche des 13. und 14. Jahrh., in spätgotischer Zeit zur Basilika erhöht. Markanter Turm, 98 m hoch, „der lange Nikolaus", das Wahrzeichen der Stadt. Untergeschoß frühgotisch, Mittelgeschoß mit Zinnenumgang und Türmchen 14. Jahrh., Achteck-Zylinder später, Barockhelm von 1652. Das Innere 1830/32 erneuert. Rubenow-Bild, Luther-Fenster, Grabsteine, Kirchenbibliothek. — Ostwärts durch die Lappstraße zum **Markt** (Fischmarkt und Gr. Markt) mit **Rathaus.** 1713, Barock auf mittelalterlicher Grundlage, ausgebaut. Ratsstube, Archiv, Keller! Urkundensammlung (1250 bis 1800). Am Markt Postgebäude von 1896. Sehenswerte **spätgotische Backsteinbauten,** Markt 11 und 13, wenig verändert. Man beachte auch alte Bauten: Baderstr. Nr. 1, 2 und 25; Rakowerstr. 10; Lange Str. 38; Brüggstr. 9; Knopfstr. 21, 23 und 33; Steinbeckerstr. 33. — Vom Markt durch den „Schuhhagen" und nach links durch die Brüggstraße zur **Marienkirche.** Eine der schönsten Hallenkirchen Norddeutschlands aus dem 13. und 14. Jahrh. Mächtiger Westturm; schöner blendenverzierter Ostgiebel. Im Volksmunde „die dicke Marie". Vor dem Südportal zierlicher Kapellenanbau von 1320. Im Innern: vorzügliche Holzkanzel von 1587; Holzschnitzwerk, Grablegung, Ende des 15. Jahrh. — Von der Marienkirche aus die Kuhstraße rechts weiter; links durch den „Schuhhagen" und das „Mühlentor" hinunter zum Hohenzollernplatz, Haltestelle der Kleinbahn nach Wieck und Eldena. Hier Stadthalle mit Theater, Terrasse und Garten. Zurück und rechts durch den Schießwall an den Hafen. Links, flußaufwärts, zum Steinbecker Tor (1830) und am Krankenhaus vorüber zum **Stadtpark** (Credner-Gedenkstein), zur Frauenklinik und zum **Kurhaus an der Waldpromenade.** — Dazu in der Verlängerung der Grimmer Straße zum Neuen Friedhof mit Krematorium und Urnenhain. Westlich davon der „Heldenhain".

Wanderungen:

1. **Nach Neuenkirchen,** 45 Min. Fußweg oder mit Autobus. Durch das Steinbecker Tor auf die Stralsunder Chaussee und nach ¼ Std. rechts ab. **Neuenkirchen:** Kirche, Chor aus der Übergangszeit, rechtwinklig und gewölbt. Schiff spätgotisch. Altargemälde, Kopie aus der Schule der Rubens oder van Dyk. Alter Friedhof. Vor dem Westportal drei alte Grabsteine, einer mit Gestalt eines Geistlichen (gestorben 1378). Ferner Grab des schwedischen Philosophen Thomas Thorild, gestorben 1808 als Bibliothekar in Greifswald. Im Orte mehrere Ausflugslokale. Nahebei schöne Waldungen und das Kieshöfer Moor, Naturschutzgebiet der Universität.

2. **Nach Potthagen—Weitenhagen,** 7 km südlich Greifswald. Zu Fuß oder mit Kleinbahn. Gastwirtschaft bei der Haltestelle. Laub- und Nadelwald. Hünengrab, Langer Berg mit Aussicht bis Rügen. Auf dem Friedhof von Weitenhagen mächtige Linde.

3. Eldena-Wieck, 45 Min. zu Fuß oder mit Autobus, Kleinbahn oder Motorboot. (Viertelstunden-Verkehr.)

Wieck bei Greifswald. Stranddorf am Greifswalder Bodden, 900 Einwohner. Kleiner Hafen an der Dänischen Wiek, Lotsenstation. **Einfaches Seebad,** Ausflugsort. Wellenschlag gering. Badeanstalten, Freibadestrand. Badearzt im nahen Eldena, Apotheke in Greifswald.

Unterhaltung: Konzerte, Tanzfeste, Angeln, Bootfahrten und Segelsport. — Kurmittel: Kalte Seebäder. Warme und sonstige Bäder in Greifswald. — Auskunft: Gemeindevorstand. — Post in Eldena. — Unterkunft (ohne Privathäuser): Gasthof Jakobs; Gasthaus „Zur Fähre", beide mit Restaurants, am Hafen. — Dazu mehrere Restaurants. — Ausflüge: Nach Eldena, siehe unten! — Strandwanderung nach Wampen, nordwärts, 4 km. — Segelbootfahrten und Motorbootfahrten nach verschiedenen Zielen. — Regelmäßige Dampferfahrten nach Rügen. — Jenseits des Rykflusses liegt

Eldena bei Greifswald, Stranddorf von 750 Einwohnern am Greifswalder Bodden. **Einfaches Seebad,** Ausflugsort. Seebadeanstalten, Freibadestrand. Landwirtschafts-Schule, Höhere Landwirtschafts-Schule. Kreis-Geflügelhof des Landkreises Greifswald. Brauerei. Brennerei.

Bank: Kreissparkasse Greifswald, Zahlstelle Eldena. — Badearzt im Ort; Apotheke in Greifswald. — Kurmittel: Kalte Seebäder. Warme und andere Bäder in Greifswald. — Auskunft: Gemeindevorstand. — Postamt. — Unterkunft (ohne Privathäuser): Gasthof zur Kaiserblume; Hotel Hilda. — Unterhaltung: Konzerte, Tanzabende, Bootfahrten, Angeln. Regelmäßige Dampferfahrten nach Rügen.

Sehenswert: Reste der **Zisterzienser-Abtei Eldena (Hilda).** 1199 von Jaromar I. von Rügen gegründet. Die Klosterkirche war eine kreuzförmige Basilika, der östliche Teil aus dem zweiten Viertel des 13. Jahrh., der westliche Teil des Langhauses gegen Ende des 14. Jahrh. weitergeführt, die Westseite im Anfang des 15. Jahrh. vollendet. Nach Verfall im 16. und 17. Jahrh. jetzt sehenswerte Ruine innerhalb schöner Parkanlagen. Umfangreiche kolonisatorische Tätigkeit des Klosters in Vorpommern und auf Rügen (Mönchgut). Aus einer der Gründungen des Klosters entstand Greifswald. Der stattliche Landbesitz der Abtei ging 1626 und 1634 an die Universität Greifswald über. — Spaziergänge: Elisenhain mit Sommerwirtschaft. Von der Ruine nach Südwesten, die Hainstraße entlang, 10 Min. Parkanlagen und anschließend Buchen- und Eichenwald. — Zum Forsthaus Strohkamp (Erfrischungen) bei Friedrichshagen, 30 Min. Waldweg ab Elisenhain.

4. **Nach Hanshagen,** Dorf und Haltestelle der Kleinbahn Greifswald—Wolgast. Im Walde gelegen. Kirche: Chor im Übergangsstil mit Hängekuppel; Schiff gotisch; hölzerner Westturm. Vom Pfarrgarten aus am Bach entlang, Schluchtweg zur **„Wassermühle“** mit Besuch der Wirtschaft. Baumblüte! Von hier zum „Hellbusch“ bei Kemnitzerhagen (Haltestelle der Kleinbahn).

5. Nach Buddenhagen, Luftkurort. Strecke Züssow—Wolgast, siehe dort!

6. Nach Lubmin, Ostseebad, mit Kleinbahn, Autobus oder Dampfer. Siehe unter „Lubmin“!

f. Neuvorpommersche Landstädte.

Wir zählen dazu Grimmen, Tribsees, Franzburg und Richtenberg. Mit Ausnahme von Franzburg sind sie alte Gründungen und von einst größerer Bedeutung. Als Landstädte erscheinen sie heute lediglich mit ihrer Umgebung wirtschaftlich verwachsen. Dennoch fehlt es nicht an Zeugen einer größeren Vergangenheit, die einen Besuch lohnend machen, ganz abgesehen von dem Hauche einer schlichten Lebensführung und den malerischen Zufälligkeiten, die mit dem Begriff Kleinstadt untrennbar verbunden sind.

Bahnfahrt Greifswald—Grimmen. Die Bahn quert ein Gebiet, das mit seinen zahlreichen „Hagen“-Dörfern auf die intensive Kolonisationsarbeit des Klosters Eldena und anderer einst hier tätiger Kolonisatoren hinweist. Hier wie in andern Gebieten Neuvorpommerns treten die slavischen Namen ganz zurück. — Die Bahn überschreitet Rykfluß und Rykniederung und wendet sich westwärts. Zahlreiche Haltestellen. Größere Ortschaft nur **Horst.** Kirche: Chor aus der Übergangszeit, Schiff und Türen spätgotisch. Altarschrein aus dem 15. Jahrh. Schöne Arbeit. Darstellungen aus dem Leben des Heilandes. Untersatz zeigt in zehn Abteilungen verschiedene Heilige. Kanzel Renaissance, Greifswalder Arbeit von 1602.

Seitenwanderung: Horst—Jeeser. Zwischen Horst und Jeeser (an der Staatsbahnstrecke Greifswald—Stralsund) liegt ein Waldgebiet, das man 3 km nordwärts ab Horst berührt und zum Teil durchwandert. Nahe der Haltestelle das „Waldschlößchen".

Grimmen.

Stadt von 5300 Einwohnern, auf flacher Erhebung am Südrande des hier nach Westen umbiegenden Trebeltales gelegen, bzw. am Rande der durch den Rykfluß und die Trebel bezeichneten Talsenke, der von Tribsees über Grimmen nach Greifswald eine uralte Salzstraße folgte. In ihrem Zuge lag auf Grimmener Feldmark wahrscheinlich schon eine vorwendische germanische Siedlung. Die spätere wendische Niederlassung wird im Bereiche des „Schloßberges" östlich der Stadt vermutet, während 1267 zum ersten Male die deutsche Siedlung Grimmen erwähnt wird. Wahrscheinlich ist Grimmen 1285 zur Stadt erhoben worden. Das 1306 erstmalig genannte Schloß des Landesfürsten ist im Dreißigjährigen Kriege zerstört worden. Im Verlauf der Rügisch-Pommerschen Erfolgekriege (14. Jahrh.) mehrmals umkämpft und belagert. Ab 1648 schwedisch, 1815 an Preußen. — Geistesleben: Geburtsort des Theologen und Historikers G. Mohnike, der die beste Übersetzung der Frithjofs-Sage schuf. Geb. 6. 1. 1781 im Hause Sundische Straße Nr. 5, gest. am 6. 7. 1841 als Geistlicher in Stralsund. (Daselbst Gedenktafel in der Langen Straße.) In Grimmen nach ihm die Mohnikestraße benannt. — Auf dem Gute Holthof bei Grimmen lebt der Schriftsteller Steinmüller. — Lebhafte Neubautätigkeit. — Wirtschaftsleben: Landwirtschaftl. Ein- und Verkaufsverein, der größte in Deutschland: Große Speicheranlagen, Maschinenreparaturwerkstätte, elektr. Großmühle, Flockenfabrik, Groß - Bäckerei. Groß - Ziegelei. Dampfmolkerei. Größere Bauhandwerks-Betriebe.

Banken: Grimmer Kreissparkasse. Grimmener Bank. — Postamt. — Bäder: Städt. Warmbad. Kaltbad im Trebeltal. — Unterkunft: Hotel „Zum weißen Rößl" (Bahnhofshotel), 2 Min. ab Bhf., 15 B., Bad, Gar. — Hotel Deutsches Haus, Lange Str., nahe Markt, 10 Min. ab Bhf., 9 B., Gar. — Hagemeisters Hotel, Sundische Str., 10 Min. ab Bhf., 10 B. — Hotel Zur Traube, Norderhinterstr., 10 Min. ab Bhf., 6 B., Gar. — Dazu Gasthäuser. — Jugendherberge: Im Wohlfahrtsamt, Friedrichstraße, nahe Bhf. — Mehrere Restaurants und Kaffees. — Theater, Kino: Während des Winters „Gemeinnützige Schaubühne" im Kaisersaal. Kino: „Schauburg". — Verkehrsverbindungen: Station der Strecke Berlin—Neubrandenburg—Grimmen—Stralsund. Privatbahn: Grimmen—Greifswald und Grimmen—Tribsees (beide ab Staatsbahnhof). Fernautolinien: Greifswald—Grimmen—Gremersdorf. Grimmen—Miltzow—Reinberg.

Stadtrundgang: Führung, Auskunft: Rathaus, Zimmer 3. — Vom Bhf. durch Bahnhofstraße und Tribseeser Straße. Rechts Landratsamt, links Friedhofanlagen und Friedhof mit Bismarckdenkmal, Denkmal für 1870/71 und **Gefallenen-Ehrenmal von Richter-Elsner.** Auf dem Friedhof einige alte schmiedeeiserne Mäler. Über die Trebelbrücke und durch das **Tribseeser Tor** (15. Jahrh.) in die Mühlenstraße. Das Tor, auch Mühlentor, ist 25 m hoch, dreigeschossig und im zweiten Stock mit unregelmäßig angeordneten Blenden auf Feld- und Stadtseite versehen. Durch die Mühlenstraße zum Markt. Hier schönes gotisches **Rathaus,** 14. Jahrh., mit ehemals offener Laube im Erdgeschoß. Der Dachreiter im 17. Jahrh. heraufgesetzt. An der Vorderseite des Rathauses die „Schandkette". Vom Markt reizvoller Blick auf **St. Marienkirche.** (Man vergleiche St. Marien in Greifswald!) Dreischiffige, frühgotische Hallenkirche; Westturm aus gotischer Zeit; Chor und Umgang spätgotisch. Zwei Kapellenanbauten. Reste des Gestühls (Ratsgestühl) mit Schnitzwerk aus gotischer Zeit, anderes im Renaissancestil gehalten. Reich geschnitzte Kanzel, alte Grabsteine. Meldung beim Kirchendiener Peters, Mühlenstr. 11. — Dem Turm gegenüber, Schulstraße, gotisches Giebelhaus, im Giebel schmale Blenden. Fenster und Eingang verändert. Ehedem Kapelle, 1436 von Herzog Barnim errichtet. — In der Schulstraße alte Fachwerkhäuser. — Am Ende der Sundischen Straße das **Stralsunder Tor.** Reicher Blendenschmuck und mit Zinnen geschmückter Staffelgiebel. Als Abschluß der Langen Straße das **Greifswalder Tor.** Dachgeschoß aus späterer Zeit. — Im Süden der Stadt Anlagen mit schönem Baumbestand. Siehe Stadtplan in der Bahnhofstraße und im Rathause!

Wanderungen:

1. Durch die Greifswalder Vorstadt und über den **Mühlenberg** mit Rundblick zum **Stadtwald,** 20 Min. Alter prächtiger Buchenbestand. Restaurant vor dem Walde.

2. Durch das Trebeltal. Wiesenweg hinter der Post bis zum „Sandberg" (Ginsterberg) mit Blick über das Trebeltal.

3. Nach Clevenow und Poggendorf. Auf der Chaussee, Richtung Loitz, bis Clevenow, 4 km. Gut mit Park. Bald danach Poggendorfer Wald und Poggendorf, 4 km. Der Forstbezirk ist sehr verstreut. Ein zweiter Teil, 2 km südlich Poggendorf, von der gleichen Chaussee geschnitten. Ein dritter schließt sich östlich bei Pustow an; hier Hünengräber. Ein vierter, der „Kronwald", liegt westlich Loitz. Jagen 77 „Spielhagen-Buche" und alte Fichten, 170jährig. Jagen 20 a alte Linden als Waldbäume. Poggendorf, Unterkunft: Juhnke, Gastwirtschaft und Fremdenhaus. — Von hier nach Loitz 10 km. Siehe vorher!

4. Nach Loitz mit der Bahn über Bhf. Toitz—Rustow (Seitenbahn). Die Bahn schneidet einen Teil des Poggendorfer Forstgebietes und den Demminer Stadtwald. Vorher quert sie das breite Tal des Ibitzgrabens. Hier am Südrande zwischen Wolthof und Zarnekla Spuren einer besonders umfangreichen Burgwallanlage wendischer Zeit. Zu ihrem Besuch: mit Bahn bis Gr. Rackow und zu Fuß über Bretwisch und durchs Ibitztal nach Wolthof bzw. zum Wolthöfer Wald. Das Gebiet gehört zum Rittergut Jahnkow. Ohne Führung schwer zu finden.

5. Nach Quitzin. Stralsunder Chaussee bis Greifswalder Strecke. Links ab, und auf der Chaussee an der Nordseite des Trebeltales westlich. Über die Stralsunder Strecke. Nach 1½ km den Richtsteig links, über den Holthofer Zufahrtsweg, zweimal durch Wäldchen und wieder auf die Chaussee und nach **Quitzin.** Schloß, schlichter Bau vom Jahre 1607. Dreigeschossig. Bis hier 6 km.

6. Nach T r i b s e e s mit Bahn, bzw. unter Besuch von T u r o w. H i n t e r Haltestelle Vietlipp liegen die Ortschaften meist abseits der Strecke. Zum Besuch von Turow: Fahrt bis Strelow und südwärts über Dorf S t r e l o w nach **Turow,** 3 km. S c h l o ß u n d P a r k: Auf ehemals umflossenem Gebiet, 16. Jahrh., und später stark verbaut. Anschließend Wanderung Turow—Voigtsdorf—Grammendorf. Letzteres größerer Ort. Gastwirtschaften.

Tribsees.

Stadt, 3400 Einwohner, liegt an der Stelle, wo sich das Trebeltal mit dem Grenztal — hie Pommern, hie Mecklenburg — vereinigt. Während die T r e b e l innerhalb des Grenztales nach SO fließt, wendet sich die nur 6 km entfernt von der andern Seite her kommende R e c k n i t z in demselben breiten Schmelzwassertale nach NW. Innerhalb einer von Tribsees ostwärts streichenden wendischen Befestigungslinie war Tribsees (Tribuses) als Kastellanei ein wichtiger Punkt und schon 1140 erwähnt. Ein mächtiger Burgwall noch heute bei der Siedlung Oberschlag, östl. der Stadt. Siehe unter „Wanderungen"! 1267 deutsche Stadt; 1285 bestätigt ihr Wizlav II. von Rügen das Lübische Recht. Gleichzeitig hören wir von einem Schloß und von der Stätte der ehemaligen Burg. Die weiteren Schicksale der Stadt sind belanglos. Heute ist sie eine stille Landstadt. Der längliche Hügel faßt beinahe die ganze Stadt als Einheit zusammen, und besonders von Norden her, über grüne Wiesen gesehen, bietet sich ein Stadtbild von wundervoller Geschlossenheit. — W i r t s c h a f t s l e b e n: Ackerwirtschaft, Zementwarenfabrik, Maschinenfabrik.

B a n k e n: Kreissparkasse Grimmen, Nebenstelle Tribsees. Ländl. Spar- und Darlehnskasse. — P o s t a m t. — B ä d e r: Flußbadeanstalt an der Trebel. — G e i s t e s l e b e n: Geburtsort des Landschaftsmalers Louis Douzette (1834—1924). — U n t e r k u n f t: Hotel „Deutsches Haus", Langeheerstr. 11. Bahnhofshotel, Bahnhofstr. Hotel „Mecklenburger Hof", Langeheerstr. 24. Konzerthaus, Kaiser-Wilhelm-Str. 50. Pommerscher Hof, Langeheerstr. 4. Gastwirtschaft Holtz, Langeheerstr. 19. — Dazu ein Kaffee. — L i c h t s p i e l e: Tribseer Lichtspiele, Konzerthaus; „Schauburg", Pommerscher Hof. — J u g e n d h e r b e r g e: Herbergsvater Rendant Zoufahl, Auf dem Amt.

Vom Bahnhof kommend, das **Steintor.** Spätgotisch, mehrfach im 18. Jahrh. verändert und mit Stützpfeilern versehen. Am anderen Ende der Stadt das **Mühlentor,** derselben Zeit entstammend. Staffelgiebel mit Blenden und Zinnen. **St. Thomaskirche.** (Genannt nach dem heilig gesprochenen englischen Geistlichen Thomas Becket, Erzbischof von Canterbury, ermordet 1170.) Frühgotische, dreischiffige Hallenkirche aus Ziegeln auf Findlingssteinfundament mit wuchtigem Turm. 1702 bis auf die Umfassungsmauern abgebrannt. Eigentliche Wiederherstellung 1861—1869. Sakristei mit zierlichem Netzgewölbe. **Berühmter Altarschrein** aus dem 15. Jahrh., hinter dem nüchternen Altar aus dem 18. Jahrh. aufgestellt. 1857 von Bildhauer Holbein, Berlin, wiederhergestellt. Dreiteilig; Mittelstück und zwei aufklappbare Flügel. Die zahlreichen figürlichen Darstellungen und Gruppen stehen im Zusammenhang mit einander und stellen eine Allegorie der Transsubstantionslehre der Kath. Kirche in der Gestalt der „Mühle des Sakraments" dar:

Mittelschrein

Fegefeuer Abendmahl der Geistlichen Apostel	Gott-Vater Die Cherubim Kirchenlehrer	Verkündigung Apostel Abendmahl der Laien

Die Flügel zeigen in je vier Abteilungen übereinander die Leidensgeschichte Christi. Über Mittelschrein und Flügeln ein Aufsatz, der unter 12 Baldachinen die Brustbilder der Propheten mit Spruchbändern trägt. Das ganze von hohem Kunstwert. — An der Ostwand des südlichen Seitenschiffes Christusfigur aus dem 15. Jahrh. Reste einer Kanzel von 1577 in der Südsakristei stammen aus der Jakobikirche in Lübeck. Epitaph, Grabplatten usw. und im Anschluß an den jüngeren Altar ein Bild, „Der Apostel Thomas kniet vor dem Heiland“, 1869, von Händler. Zur Besichtigung Meldung im Kirchenbüro; Eintritt frei. — Kriegerdenkmal (1920) in den Anlagen. Kaiser Wilhelm I.-Denkmal.

Verkehrsverhältnisse: Bahnlinien: Tribsees—Rostock, Tribsees—Grimmen, Tribsees—Franzburg—Stralsund, Kleinbahn Tribsees—Velgast.

Wanderungen:

1. **Zum Tribseeser Burgwall.** Ab Bhf. 1 km auf Grimmener Chaussee. Links Landweg nach Oberschlag, bis kurz vor dem Orte ein Graben, die Simmersdorfer Beeke. Ihm 200 m nach Norden folgen! Dreifache konzentrische Umwallung. Äußerste nicht mehr erhalten.

2. Tribseeser Stadtwald. Wie oben, aber gegenüber dem Oberschlager Wege rechts ab und nach 2 km Stadtwald, schöner Buchenmischwald.

3. Nach Bad Sülze in Mecklenburg. Bahn, Richtung Rostock oder auf der Chaussee durchs Landgrabental, 9 km.

4. **Nach Nehringen.** Mit der Bahn, Richtung Grimmen, bis Grammendorf (siehe unter „Grimmen“!). Hier Gastwirtschaften. Richtsteig nach **Keffenbrink** mit Schloß aus der Mitte des vorigen Jahrh. Weiter nach **Nehringen** am Trebeltal. Bis hier 6½ km. Gutsdorf. Von den Randhöhen schöne Aussicht nach Mecklenburg. In der Nähe waren die Blücher und Moltke begütert. Im Schloßpark alter Turm einer früheren Burg auf einer ehemals umflossenen künstlichen Erhebung, aus dem späten Mittelalter stammend und jetzt Ruine. Kirche: Turm von 1744, gleichzeitig mit der wehrhaft anmutenden Friedhofmauer. Kirchengebäude vom Anfang des 17. Jahrh., im Innern 1722 verbessert. Mehrere Grüfte. — Zurück nach Tribsees: zu Fuß über Dorow nach Bassendorf. Weg nahe dem Trebeltal. Dann nordwärts durch die Stubbendorfer Forst nach Tribsees (rund 4 km).

5. **Nach Cavelsdorf, Eixen und Semlow.** Nördlich Tribsees sind die Ränder des Landgrabentales etwas höher und darum reizvoller. Ihnen als Fußwanderer zu folgen, etwa bis Damgarten, erscheint darum schwierig, weil in den Gutsdörfern selten Unterkunft und Verpflegung zu finden sind. Eixen und Semlow nennen wir ihrer Gotteshäuser wegen. Sie sind typisch für die schlichten frühgoti-

schen Dorfkirchen im Gebiete nördlich der Peene mit ihrem vierseitigen Chor, teilweise in Granitquadern ausgeführt und in Ziegeln vollendet. Im Giebel des Chors oft ein in Ziegeln gemauertes Kreuz in Gestalt einer Blende. — Zunächst bis Cavelsdorf! Kleinbahn, einmal alltags! (Hier auch nächster Übergang nach Sülze, jenseits des Landgrabens. Der Weg geht südwärts vom Dorf zum Waldrand und abwärts und gibt vom Tal aus den Blick rückwärts frei auf die bewaldeten vielgestaltigen Ränder des Landgrabentales von Cavelsdorf und Stormsdorf. Rechts die Siedlung „Im Moor". Gelegenheit, „Entdeckungsreisen" zu machen! (Karte!) Man kann alsdann nach Sülze wandern (4 km) und mit Bahn Tribsees wieder erreichen. (Zu Fuß 9 km.) — Sonst ab Haltestelle Cavelsdorf rechts ab auf Landweg nach **Eixen** (2 km). Kirche aus frühester Übergangszeit. Schiff mit Balkendecke. Mauerwerk aus Feldstein. Ohne Turm. Spätgotischer Altarschrein von guter Arbeit. — Nach Semlow! Am besten Landweg nordwestlich bis zum nächsten Querweg, Richtung Forkenbeck; hier rechts und dann nach 10 Min. links zum Dorf **Semlow** (5 km). Gut mit großem Park. Kirche: Früheste Übergangszeit. Chor mit Hängekuppel, Schiff mit Balkendecke, Mauerwerk fast ganz Feldstein, ebenso der Turm. Oberster Teil jünger (18. Jahrh.). Reiche Innenausstattung. Bilder, Epitaphien, Grabmäler, Kanzel von 1590, Taufe von 1576, Wandmalereien im Chorraum. Friedhofportal spätgotisch. Zu Fuß zurück nach Tribsees. Weg der Kleinbahn folgend rund 13 km.

6. ...oder ab Semlow nach Damgarten (13 km). Chaussee ab Semlow, Richtung Marlow in Mecklenburg. Dann an der Hand einer amtlichen Karte kurz vor dem Wiesengrund auf Waldweg rechts, Richtung Gruel, und über Pantlitz zur Chaussee nach Damgarten (Siehe dort!) Proviant mitnehmen!

7. Tribsees—Franzburg (mit Bahn). Zunächst Haltestelle Tribsees-Stadtwald. Bald darauf Trebeltal. Dann wellige Hochfläche; kurz vor Franzburg die Hellberge, dann Bhf. Franzburg.

Franzburg.

Stadt von 1600 Einwohnern, am Rande eines flachen Talzuges gelegen und von dem Nachbarstädtchen Richtenberg durch den stark verlandeten Richtenberger See getrennt. Geschichtliches: Die Stätte der Kirche bezeichnet den Ort des 1231 von Wizlav von Rügen gegründeten und einst durch seine Kolonisationsarbeit bedeutsamen Klosters Neuenkamp. Nach der Säkularisation 1535 wurden große Teile des Klosters und der ehemaligen Klosterkirche abgerissen und die Steine anderweitig verwertet. Herzog Bogislaw XIII. ordnete 1580 die Erbauung eines Schlosses an und schritt 1587 zur Begründung einer neuen Stadt, Franzburg (nach dem Namen seines Schwiegervaters, Franz von Lüneburg). Eine phantastische Gründung; denn sie sollte mit dem oft widerspenstigen Stralsund rivalisieren. Künstler, Kaufleute und Gewerbetreibende sollten darin ihren Wohnsitz und der Adel die Herrschaft haben. Man legte Wollmanufakturen,

Ziegel- und Kalkbrennereien und eine Münze an und erreichte vorübergehend eine Scheinblüte. ·Als die fürstliche Unterstützung aufhörte, ging es auch mit der Stadt langsam wieder zurück. Franzburg hat eine Aufbauschule mit Internat.

Erwerbsverhältnisse: Franzburg-Richtenberger Molkereigenossenschaft, elektr. Mühle, Möbelfabrik, Sägewerk, Baugeschäfte usw. — Banken: Kreissparkasse des Kreises Franzburg-Barth, Nebenstelle. Vorschußverein Franzburg. — Postamt. — Unterkunft: Hotel „Deutsches Haus", Lange Str. 39. — Gasthaus „Zum Hindenburg", Lange Str. 9. — Drahnsches Gasthaus, Lange Str. 77. — Gastwirtschaft „Zur Traube", Lange Str. 24. — Gastwirtschaft „Zum Bahnhof", Lange Str. 55. — „Pommerscher Hof", Lange Str. 89. — Jugendherberge: in der Stadtschule. — Auskunft: Der Magistrat. — Verkehrsverhältnisse: Bahnstrecken: Tribsees—Franzburg—Stralsund mit Anschlüssen nach Berlin und Stettin. Kraftautolinie: Franzburg-Barth, zweimal wöchentlich. Autovermietung.

Sehenswürdigkeiten: Das Städtchen hat nur eine Längsstraße, die sich zum Markt erweitert, der mit seinen Rotdornbäumchen und freundlichen kleinen Häusern ein Miniaturbild abgibt. Das **Rathaus** am Markt, ein feiner, schlichter Barockbau, der mit zwei Seitenflügeln mit Mansardendächern einen alten Hof umschließt. (Erbaut vom Amtshauptmann von Boltenstern um 1745.) Auf dem Markt Kriegerdenkmal von 1870/71. Größere Häuser am Markt einst Stadthäuser des Landadels. Man beachte hier wie in der Langen Straße manche der Haustüren! Auch die bunten Farben des Hausanstrichs beleben das freundliche Bild. Man folge der Langen Straße, Richtung Richtenberg; dann links in die Brunstraße, über die Rosmarienstraße, und an der Superintendentur vorbei zum Kirchplatz. Links Park des alten Landratsamtes, eines schlichten Gebäudes, das einst die herzogliche Verwaltung beherbergte. Die **Kirche** ist der Rest der ehemaligen Zisterzienser-Klosterkirche, und zwar ein Arm des ehemaligen Kreuzbaues vom Anfang des 14. Jahrh. In der Kirche eine „Madonna auf der Mondscheibe" aus Holz aus dem 15. Jahrh. Sie trägt das Christuskind auf dem Arm. Auf der nördlichen Empore Epitaph aus Sandstein. An der äußersten Nordwand die Grabsteine zweier Äbte. Der Kirche gegenüber schöne alte, geschützte Linde. Über eine Promenade, am alten Schützengarten vorbei, zum Mönchbrunnen (aus der Klosterzeit). Auf dem Bismarckplatz das Bismarckdenkmal. Sehenswert: **Heimatmuseum,** Besitzer Erik von Schmiterlöw.

Wanderungen:

1. Südlich der Stadt liegen die mit oberem Diluvialsand bedeckten **Hellberge,** mit einzelnen knorrigen Kiefern bestanden und mit Ginster und Heidekraut bedeckt. Der Weg dorthin führt von der Stadt am alten Friedhof vorbei. Schöner Baumbestand, Heldenhain. Im Bereiche der Hellberge Promenadenwege. Nach dem steilen Trebeltal zu, im Westen, **Segelflugschule** des Segelflugvereins Franzburg.

2. Östlich an die Hellberge anschließend, der staatliche Forst Abtshagen. Waldspaziergang zum Lokal Eichholz.

3. **Nach Abtshagen,** 8 km. Schöne Waldchaussee. Schwerins Gasthof. Kirche: Ende des 14. Jahrh. Ohne Turm. Bebretterter Glockenstuhl; Chorfenster mit Glasgemälden aus dem 17. Jahrh. Grabplatten.

4. Über Abtshagen (siehe vorher!) nach Stralsund. Von Abtshagen nach Gr. Elmenhorst, 4 km, teilweise wieder durch Wald. Gartenrestaurant „Waldhorn". Bhf. Elmenhorst. Fahrt nach Stralsund.

5. Nach Richtenberg. Mit der Bahn, 13 Min., oder zu Fuß um den Richtenberger See, 2½ km. Der See ist Naturschutzgebiet seiner seltenen Vogelwelt wegen.

Richtenberg.

Stadt von 1666 Einwohnern, am Nordende des Richtenberger Sees. Geschichtliches: Bei der Begründung des Klosters Neuenkamp 1231 (siehe unter „Franzburg") ward die junge Zisterzienser-Abtei auch mit mehreren Dörfern belehnt, unter ihnen auch mit „Richeberg". Dazu gesellte sich das Patronat über die Kirche und das Salzwerk. Das letztere ging später ein, ward 1733 wieder in Betrieb genommen, ohne aber Bestand zu haben. 1333 wird Richtenberg als Flecken bezeichnet. 1351 ist ein Rat vorhanden, Richtenberg also inzwischen Stadt geworden. — Erwerbsleben: Ackerbau und Viehzucht. Einzige Industrie: Korn-Brennereien („Richtenberger").

Postamt. — Unterkunft: Hotel Karl Frisch, Lange Str. Auto-Unterstellung. 3 Z. — Hotel „Zur Sonne", Lange Str. 16. Dazu vier Gastwirtschaften. — Bank: Richtenberger ländl. Spar- und Darlehnskasse. — Verkehrsverbindungen: Bahnstrecke Tribsees—Richtenberg—Stralsund. Fernautolinie: Richtenberg—Barth und Richtenberg—Stralsund.

Sehenswürdigkeiten: Auf niedriger Höhe über dem See die Kirche. Chor aus der Übergangszeit mit Hängekuppel. Das dreischiffige Langhaus gotisch, ebenso der an den Ecken durch Pfeiler verstärkte Turm.

Wanderungen:

1. Siehe unter „Franzburg"!

2. **Richtenberg — Jakobsdorf — Steinhagen — Stralsund.** Durch den angeschlossenen Ortsteil Papenhagen nordwärts zum Walde (Forst Schuenhagen), 2 km. Nach 1½ km Waldwanderung in den Fahrweg rechts und nach 1½ km am Waldrande. Der Weg folgt dem Waldrand bis kurz vor Jakobsdorf (nochmals 1½ km). Gast- und Logierhaus im Orte. — Von Jakobsdorf durch Wald südöstlich und über die Bahnstrecke nach **Steinhagen,** 3 km, nahe dem Krummenhagener See. Kirche: frühgotischer Ziegelbau ohne Hervorhebung des Chors mit einem Seitenschiff. Jedes Schiff mit besonderem Satteldach. Kreuzigungsgruppe aus dem 15. Jahrh. Friedhofportal. Von Steinhagen über Seemühl nach **Negast,** 5 km, nahe Borgwallsee (Welse!). Kruggehöft „Borgwallsee"; Gastwirtschaft Lautemann; Bahnhofswirtschaft. Von hier Fahrt nach Stralsund.

g) Stralsund und Umgebung.

Bahnfahrt Greifswald—Stralsund. Die Bahn überschreitet den Rykfluß und quert bald darauf Mischwald. Haltestelle Mesekenhagen im anhebenden Wiesenmoorgebiet. Dann wieder Wald und Haltestelle Jeeser. Wellige Hochfläche. Bhf. Miltzow.

W a n d e r u n g: 1. **Miltzow—Reinberg—Glewitzer Fähre—Rügen.** Miltzow Bhf.—**Reinberg** 3 km. Dorf an der Chaussee Greifswald—Stralsund. **Die mauerumwehrte Kirche mit ihrem Friedhofportal und der Riesenlinde dahinter ist ein Idyll.** Kirche der Übergangszeit (siehe Eixen und Semlow). Chor viereckig aus Granitquadern. Alle drei Seiten mit Rundbogenfries. Langhaus frühgotisch mit Balkendecke und aus Ziegeln erbaut. Turm zweigeschossig. Dazu gotische Vorhalle mit Sterngewölbe. Im Innern: Gekreuzigter, gute Renaissance-Schnitzerei. Teilweise aus derselben Zeit stammendes Gestühl. Grabplatten. Taufstein. — Die **Friedhoflinde,** seit Jahrhunderten gerühmt, da an der alten Poststraße gelegen, hat einen Umfang von 12½ m. Dazu das Grab des Vaters des berühmten Chirurgen Billroth, geb. 1829. — Seitwärts an der Friedhofsmauer **Mordwange** aus Kalkstein, der Sage nach aufgestellt zum Gedenken des Landvogts Raven Barnekow, der 1452 in Stralsund zum Tode verurteilt wurde. — Gasthaus Bleudorn, Gar., Tankstelle. Gastwirtschaft Weiß. — Von Reinberg 3 km nach S t a h l b r o d e und zur G l e w i t z e r F ä h r e, bzw. zur Überfahrt nach Rügen (Fährhaus mit Wirtschaft).

2. Genau südlich Miltzow liegt das unter Naturschutz stehende M a n n h a g e n e r M o o r, zur Domäne Mannhagen gehörig.

F o r t s e t z u n g d e r B a h n f a h r t: Bhf. Wüstenfelde.

W a n d e r u n g: **Wüstenfelde—Brandshagen,** 2 km. **Brandshagen,** großes Dorf in freundlicher Lage. Auf dem Schloßberg einst ein fürstliches Schloß. Stattliche Kirche auf einer Erhebung inmitten des Ortes. Chor vierseitig. Übergangszeit. Kreuz im Giebeldreieck. Spitzbogenfries. Langhaus dreischiffig, frühgotisch. Hallenkirche. Turm teilweise in Fachwerk ergänzt. Gute Kreuzigungsgruppe aus dem 15. Jahrh. Barockaltar von 1707. Die Kirche ist 1905 und 1906 renoviert und im Innern ausgemalt. — Alte Dorflinde. — Gastwirtschaft Meier, Gastwirtschaft Zeeck. — Von Brandshagen nach **Niederhof,** 3 km. Prächtiger, der Öffentlichkeit zugänglicher Park am Wasser.

F o r t s e t z u n g d e r B a h n f a h r t. Hinter Wüstenfelde nähert sich die Bahnstrecke rasch dem Strelasund, der für kurze Zeit sichtbar wird (rechts). Dann Franken-Vorstadt, Frankenteich mit Blick auf St. Marien und Bhf.

Stralsund.

Hafen-, Industrie- und Handelsstadt in prächtiger Lage am S t r e l a s u n d, einem Rügen vom Festlande trennenden Meeresarm. Die Altstadt von Teichen umgeben, die das neue Stralsund von seinem alten, geschichtsberühmten Kern trennen. — **Geschichtliches:** Stralsund ist aus einem slawischen Fährdorf hervorgegangen und zum ersten Male 1234 als Stadt erwähnt. Schon Ende des Jahrhunderts hatte die Stadt mit dem Bau der drei großen Pfarrkirchen und der beiden Klosterkirchen begonnen und den Umfang erreicht, den sie sich bis zum Beginn des 19. Jahrhunderts bewahrt hat. Dem Handel verdankt die Stadt diese rasche Entwicklung, die bereits 1249 die Eifersucht des mächtigen Lübeck erregte und zu Überfall und Zerstörung führte. Aber bereits um 1300 erstreckte sich der städtische Handel nach den skandinavischen Ländern, Rußland, England und Frankreich. Zur großartigsten Entfaltung kam er durch den Zusammenschluß der Städte im Bunde der deutschen Hansa. Von jenem Zeitpunkt an bildeten die Städte des Nordens eine geschlossene wirtschaftliche und politische Macht, welche den Fürsten und Königen gleichberechtigt gegenübertrat. Das entscheidende Ereignis wurde der große Krieg sämtlicher Hansestädte gegen den dänischen König Waldemar IV. Atterdag. Neun Jahre dauerte der Kampf, von 1361 bis 1370, der schließlich mit einem glänzenden Sieg der Städte über die Könige des Nordens endete. Am 24. Mai 1370 wurde der Friede in Stralsund geschlossen. Mit diesem Siege gewannen die Städte, an deren Spitze Lübeck und Stralsund standen, die Vorherrschaft im ganzen Ostseegebiet, und sie haben diese Machtstellung bis zum Beginn des 16. Jahrhunderts behauptet. Während das 14. Jahrhundert alle Kräfte des Stralsunder Bürgertums auf die siegreiche Durchführung der Außenpolitik konzentrierte, sind im 15. Jahrhundert die Kräfte in erster Linie auf den innerpolitischen Kampf des Rates und der Geschlechter mit den Gewerken und Innungen gerichtet. Dazu zeigten sich in diesem Zeitraum schon die ersten Symptome des Verfalls der katholischen Kirche (Pfaffenbrand am Sunde im Jahre 1407). Äußerlich stand Stralsund im 15. Jahrhundert auf der Höhe seiner Macht, aber innerlich gab es genug Spuren der Schwächung und Zerrüttung. Für diesen Wandel bedeutet das 16. Jahrhundert die Entscheidung. Mit der Reformation gewann die Demokratie die Oberhand und verwickelte Stralsund in einen unglücklichen Krieg gegen die Dänen, in dem die einstige Großmachtstellung der Hansa erschüttert wurde (1534 bis 1536). Dazu kam, daß die großen überseeischen Entdeckungen um die Wende des 15. Jahrhunderts die Entfaltung des spanischen, holländischen und englischen Handels zur Folge hatten. Die Holländer kamen sogar mit ihren großen Schiffen in die Ostsee und machten den Hansestädten Konkurrenz. Mit dem Rückgang des Handels sank auch die Machtstellung der Städte, und die Landesherren und Fürsten gelangten zu immer größerem Einfluß. Fast ein Jahrhundert hat Stralsund im Kampf mit seinem Landesherrn, dem Herzog von Pommern, gelegen, bis es diesem schließlich 1615/16 gelang, die politische Souveränität der freien Hansestadt zu erschüttern. Das folgende Jahrhundert brachte die Katastrophen, welche zum Zusammenbruch führten. An ihrem Anfang steht die unvergleichliche Heldentat des Stralsunder Bürgertums, das 1628 dem bis dahin unbesiegten Wallenstein mit schwedischer Hilfe erfolgreich widerstand. Der Sieg mußte jedoch teuer erkauft werden. Im Westfälischen Frieden 1648 kam Stralsund an Schweden. Die Verbindung mit dem Skandinavischen Reich ist der Stadt nicht zum Segen geworden. Sie wurde mehrere Male der Schauplatz der Kriege, welche Schweden auf dem europäischen Festlande führte. In den Napoleonischen

Kriegen wurde die Stadt nicht weniger als fünfmal belagert; mehrere Jahre wurde sie von französischer Besatzung ausgesogen; Schills heldenhafter Zug fand hier 1809 sein tragisches Ende. 1815 kam die Stadt an Preußen. Von diesem Zeitpunkt an war ihre friedliche Entwicklung gesichert. Dem 19. Jahrhundert blieb es vorbehalten, Stralsund einer neuen Entwicklung zuzuführen, die sich in der Vergrößerung der Stadt am offensichtlichsten kundtut. Stralsund hat gegenwärtig 43 000 Einwohner. — Die Stadt ist Durchgangspunkt für den Bäderverkehr nach Rügen und Hiddensee, sowie den Auslandsverkehr nach Schweden und Norwegen und erfreut sich steigenden Zustromes von Fremden, welche die vielen Sehenswürdigkeiten der alten Hansestadt anlocken. — Wirtschaftsleben: Bedeutender Handel in Getreide und anderen landwirtschaftlichen Produkten. Zuckerfabrik. Fischerei und zahlreiche bekannte Fischkonservenfabriken und Räuchereien. Bedeutender Export von Zucker nach den nordischen Ländern und England. Umschlag in Getreide, Zucker, Kohlen, Holz, Baumaterialien, landwirtschaftlichen Bedarfsartikeln. Überlandzentrale mit großem Stromversorgungsgebiet. Lackfabrikation; bekannte Brauerei, sehenswerte historische Gaststätten.

Banken: Deutsche Pächterkreditbank (Domänenbank), Zweigniederlassung Stralsund. Neuvorpomm. Spar- und Kreditbank AG. Pommersche Bank für Landwirtschaft und Gewerbe, Zweigniederlassung Stralsund. Provinzialbank Pommern (Girozentrale), Zweiganstalt Stralsund. Rostocker Bank, Filiale Stralsund. Städt. Sparkasse, Alter Markt. Stralsunder Bank eGmbH., Semlower Str. 43. — Vize-Konsulate: Dänemark, Neuer Markt 7. — Finnland, Heilgeiststr. 30. — Niederlande, Frankenstr. 10. — Norwegen, Heilgeiststr. 29. — Schweden, Alter Markt 8. — Hauptpostamt. — Unterkunft: Hotel Goldener Löwe, Alter Markt 2/3, 45 B., Gar. — Hotel Zum Bahnhof, Tribseer Damm 4, 75 B., Gar. — Hotel Schweriner Hof, Neuer Markt 1, 55 B., Gar. — Hotel Zur Post, Tribseer Str. 21, 45 B., Gar. — Hotel Brandenburg, Mönchstr. 21, 42 B., Gar. — Hotel Germania, Am Hauptbahnhof, 30 B., Gar. — Hotel Zum König von Preußen, Neuer Markt 14, 25 B., Autounterkunft. — Hotel Kronprinz, Tribseer Str. 3, 22 B., Gar. — Hotel Bismarck, Mühlenstr. 20, 30 B., Gar. — Hotel Baltischer Hof, Frankenstr. 7, 16 B. — Hotel Zur Sonne, Badenstr. 28, 15 B. — Hotel Stralsunder Hof, Tribseer Damm 61, 30 B., Gar. — Hotel Berlin, Alte Rostocker Str. 1, 12 B. — Dazu Logierhäuser: Rostocker Hof, Bleistr. 1, 22 B. — Zum Lachs, Badenstr. 27, 7 B. — Zur Ostsee, 15 B. — Brinkmann, Tribseer Str. 15, 16 B. — Zum Goldenen Anker, Lange Str. 38a, 12 B. — Gasthof „Insel Rügen", Wasserstr. 82, 18 B. — Norddeutscher Hof, Neuer Markt 22, 20 B., Gar. — Logierhaus Born, Tribseer Str. 18, 14 B. — Fremdenheim Büttner, Barther Str. 1, nahe Hauptbahnhof, 12 B. (Entfernungen sämtlicher Hotels vom Bhf. nicht mehr als 15 Min.). — Restaurants, Bierstuben, Konzertkaffees., Gartenlokale: In großer Zahl vorhanden. — Theater, Kabarett, Tanzstätten: Stadttheater, Sarnowstr., Trocadero (Kabarett und Tanzdiele), Katharinenberg 13. — Kinos: Scala-Lichtspiele (Tonfilm). Union-Theater (Tonfilm). Bismarck-Lichtspiele. — Jugendherberge: Im Jugendheim am Kütertor 1 (Auskunft für Jugendwanderer). — Segelgelegenheit: bis 7 Personen A. Sievert (auch Hotel „Zur Sonne"). Außerdem bis 4 Personen Tel. 1814. — Bootsunterkunft: Allgemeine Kanuunterkunft, Johanniskloster, Bootsanlegestelle Hindenburgufer. Schlüssel in der Feuerwache, gegenüber der Hansaschule. Kanuabteilung der Freien Turnerschaft; Kanuunterkunft für Mitglieder der Freien Turnerschaft in der Nähe der Nordmole. Inhaber von Jugendherbergsausweisen können im Jugendheim am Kütertor übernachten. Mitglieder des Deutschen Ruderverbandes haben Unterkunftsmöglichkeit im Bootshaus des Stralsunder Ruderklubs, an der Hindenburg-Promenade. — Bäder: Städt. Seebadeanstalt, Hindenburgufer. Städt. Warmbadeanstalt, Sarnowstr. 5. Seebadeanstalt Altefähr a. Rügen. — Verkehrsverbindungen: D-Zug-Verbindung Berlin-Stralsund—Schweden; dazu direkte Verbindung mit Hamburg, Lübeck, Stettin, Rostock. Kleinbahn: Stralsund—Altenpleen—Barth. Nebenbahn: Stralsund—Franzburg—Tribsees. Bahnverbindung über Velgast und Barth nach Darß-Zingst. Bahnverbindungen nach allen Teilen Rügens. — Straßenbahnlinien: Linie 1, Hauptbahnhof—Altstadt—Frankenvorstadt. — Linie 2, Heilgeiststr.—Kniepervorstadt. — Autobuslinie (3), Heilanstalt—Siedlung—Hauptbahnhof—Altstadt—Fährbrücke. — Autobuslinie (4), Hauptbahnhof—Weidendamm—Frankenvorstadt. Reichsbahnverkehr: Zwischen Hauptbahnhof und Fährbrücke mit Autobussen für Reisende mit durchgehenden Fahrkarten. — Auto-Ausflugsverkehr (bei schönem Wetter während der Saison): 1. Nach Devin (Strandbad mit Wald). 2. Nach Negast (Forst). — Auto-Überlandverkehr ab Alter Markt: 1. Stralsund—Prohn. 2. Stralsund—Brandshagen. 3. Stralsund—Reinberg—Glewitzer Fähre. — Fährverbindung (Personen- und Fahrzeugverkehr nach Altefähr auf Rügen). Abfahrtstelle: Fährbrücke, Seestr. Je nach Tages- und Jahreszeit stündlich bis halbstündlich, an Festtagen Pendelverkehr. — Dampferverbindungen, Abfahrtstelle der Tourendampfer Seestr., an der Fährbrücke: Nach Hiddensee (Neuendorf, Vitte, Kloster), Rügen (Wiek, Breege), Rügen (Baabe—Sellin). Außerdem Sonderfahrten nach Rügen, Hiddensee; Rügenrundfahrten, Abendpromenadenfahrten. — Luftverkehr: Landungsplatz Hindenburgufer. Im Sommer: Bäderstrecke Berlin—Stettin—Swinemünde—Sellin—Stralsund—Hiddensee. — Auskunftsstellen und Reisebüros: Städt. Verkehrsabteilung, Badenstr. 39. Stralsunder Verkehrsverein, Badenstr. 39. Reisebüro des Verkehrsvereins (MER-Vertretung), Mönchstr. 24.

Geistiges Leben: In Stralsund geboren: Architekt Nicodemus Tessin, geb. 1615, gest. 1681 in Stockholm. Chemiker (Entdecker des Sauerstoffs) Karl Wilh. Scheele, geb. 19. 12. 1742, gest. 21. 5. 1786 in Köping. — Ernst Moritz Arndt, geb. 26. 12. 1769 in Gr. Schoritz auf Rügen, war mehrere Jahre Schüler des Stralsunder Gymnasiums (gest. 29. 1. 1860 in Bonn). Arndt-Bibliothek und Arndt-Sammlung im Heimatmuseum. Arndt-Büste im Hof des Gymnasiums. — **Stadttheater:** 1913—14 erbaut, 800 Sitzplätze. Es hat über die Provinz hinaus einen ausgezeichneten Ruf; Uraufführungen deutscher und schwedischer Autoren. An der Pflege lebhafter kultureller Beziehungen zwischen Stralsund und Schweden hat das Stadttheater starken Anteil. — **Stralsundisches Heimatmuseum für Vorpommern und Rügen:** 1857 gegründet. Seit 1929 im östlichen Teil des Katharinenklosters neueingerichtet. Geöffnet 15. Mai bis 30. Juni täglich von 11 bis 13 Uhr. — 1. Juli bis 31. August täglich von 11½ bis 13½ Uhr. — 1. September bis 15. Oktober von 11 bis 13 Uhr. — 16. Oktober bis 14. Mai Sonntags von 11 bis 13 Uhr. — Wochentags nach Anmeldung bei der Museumverwaltung von 11 bis 13 Uhr. — **Stadtbibliothek:** Neustiftung schwedischer Literatur. 1700 Bände in schwedischer Sprache.

Sehenswürdigkeiten: 1. Kirchen. Drei gewaltige Kirchen recken über dem Häusermeer von Stralsund ihre Türme gen Himmel und kennzeichnen damit das Stadtbild der Gotik: St. Nikolai, St. Jakobi und St. Marien. Alle drei sind Basiliken und unter dem Einfluß westlicher Vorbilder, Lübeck usw., entstanden, aber gleichzeitig Steigerung und Vollendung der Backsteingotik. — **St. Nikolai,** nahe dem Alten Markt, eine meisterhafte Raumgestaltung. Chor mit Umgang und Kapellenkranz. Zweitürmig. An der Stelle ehemals spitzer Helme hat nur der Südturm einen Abschluß, eine barocke Haube. Himmelstürmende Kraft der Gotik und niederdeutsche Erdgebundenheit kommen im Gegenspiel aufstrebender Blenden und wagerechter Geschoßgliederungen zu wundervoller Wirkung. Im Innern prachtvolle Ausstattung (Mittelalter und Barock). Spätgotischer Hochaltar. Reiche Steinkanzel von 1611. Viele Einzelaltäre. Standbild der Heiligen Anna. Wandmalereien usw. — In der südlichen Turmhalle neuzeitliche Bronzeplastik, Christus, von Prof. Schwegerle, München; 3,10 m hoch, Ehrenmal für die im Kriege gefallenen Gemeindeglieder. — (Geöffnet im Sommer: 15. 5. bis 30. 9. von 11 bis 13 Uhr; des Sonntags von 12 bis 13 Uhr. Außerhalb dieser Zeiten Meldung beim Kirchenvogt!). — **St. Jakobi,** Jakobiturmstr. Alle Wirkung geht von dem einen Westturm und der Westfassade aus. Insonderheit der Turm überrascht durch eine Schmuckfreudigkeit ohnegleichen, die im Rahmen enger Straßen doppelt zur Wirkung kommt. Hochaltar von 1786; Gemälde von I. H. Tischbein-Kassel. Reiche steinerne Kanzel, 1627 bis 1635. Geschnitzte Tür von 1681. Dazu einige spätgotische Altäre. (Geöffnet, im Sommer: 15. 5. bis 30. 9. von 9 bis 18 Uhr; des Sonntags von 12 bis 13 Uhr. Außerhalb dieser Zeiten Meldung beim Kirchenvogt!) — **St. Marien,** am Neuen Markt. Mit Chorumgang und Kapellenkranz. Kreuzkirche; Querhaus dreischiffig. Westseite verbreitert, mit dem Turm eine einzigartige Anlage. Malerische Massengliederung bei verstärkter Aufwärtsbewegung und größter äußerer Schlichtheit. Im Innern 32,40 m hoch. Dazu die achteckige spätgotische Apollonienkapelle. (Geöffnet, im Sommer: 1. 3. bis 15. 10. von 6 bis 18 Uhr. Des Sonntags von 12 bis 18 Uhr. Außerhalb dieser Zeit Meldung beim Kirchenvogt). — Heilgeistkirche, Wasserstraße. Aus dem 14. Jahrh. Dreischiffiger Hallenbau ohne Chor. An die Ostwand sich anschließender Innenhof von südlichem Renaissancegepräge. Geöffnet nur auf Wunsch. — St. Johanniskirche, Schillstr. — Siehe auch Johanniskloster! Geöffnet nur auf Wunsch. — Kath. Kirche, Frankenstr.; geöffnet nur auf Wunsch. — 2. Klöster: **Johanniskloster,** Schillstr. Jederzeit geöffnet. Nach dem Brande des Klosters von 1624 wurde der Chor als Kirche eingerichtet, und an die Stelle des Langhauses trat ein Kreuzgang. Im übrigen bilden mittelalterliche Reste und spätere Baulichkeiten in ihrem Beieinander die Grundlage für einen wundervollen Stimmungszauber. Siehe auch „Räucherboden“ und Rosengarten! — **Katharinenkloster,** jetzt Museum. Ursprünglich eine der stattlichsten Klosteranlagen Norddeutschlands (Dominikaner), später übel verbaut. Heute offenbart insonderheit der **Remter** bei einem Museumsbesuch seine weihevolle Schönheit. — Heilgeist-Hospital, bei der Heilgeistkirche. Jederzeit offen. — 3. Stadttore: **Kniepertor,** Knieperstr. — **Kütertor,** Heilgeiststr. — **Semlowertor,** Semlowerstr., urkundlich 1287 erwähnt, stammt in jetziger Gestalt vom Ende des 16. Jahrh. — 4. Öffentliche Gebäude: **Rathaus,** Alter Markt (Besichtigung von 10 bis 13 Uhr, 20 Pf. Außerhalb der Zeit 40 Pf. Meldung beim Kastellan, Rathausdurchgang). Ursprünglich zwei zur Ossenreyerstr. parallele Giebelbauten mit einer Straße dazwischen. Erweiterung im 14. Jahrh. durch einen verbindenden Saalbau mit reich gegliederter Schauwand zum Alten Markt (vergl. Lübeck!). Der offene Hof erhält nach 1680 barocke Galerien. — Regierungsgebäude, Badenstr., 1726—1730. — **Kommandantur,** Alter Markt; um 1750, feines Beispiel für den klassizistischen Stil. — 5. Privathäuser: **Haus des Bürgermeisters Wulflam,** Alter Markt 5. Zweite Hälfte des 14. Jahrh. **„Der schönste weltliche Giebel des norddeutschen Backsteinbaues“.** Fassade der Wohngeschosse 1929 erneuert. — Dazu Giebelhäuser in der Semlower- und Badenstr. Neben wenigen Beispielen gotischer Giebel die Giebel der Renaissance und des Barock. Giebelstellung zur Straße ist beibehalten, auch die innere Aufteilung lehnt sich an das gotische Haus an. — Diele: Frankenstr. 28. — Gotik außerdem: Nikolaikirchplatz 2, schlichte Ausführung. Fährstr. 10, von 1660, also später Bau. Das 18. Jahrhundert bringt die Wandlung des Stadtbildes durch die Traufstellung der Häuser: Früheres **Palais des Grafen Wrangel,** Heilgeiststr. — **Haus des letzten schwedischen Gouverneurs,** heute Ressource-Gesellschaft, Ossenreyerstr.

Gedächtnisstätten: Mohnike-Haus, Lange Str. 56. (Siehe unter „Grimmen"!). — Vock-Haus, Heilgeiststraße 70. (Geschichtsforscher). — Schills Todesstätte: Fährstraße 21; Schill-Denkmal: Sarnowstr.; Schills Grab: St. Jürgen-Friedhof. — Steinwich-Denkmal, Alter Markt. — Gedenkstein für den Schwedenkönig Karl XII., Frankendamm. — Kriegerdenkmal I. R. 42, 1914—1918, gegenüber dem Kütertor. — Hindenburg-Promenade.

Das neue Stralsund: Die Altstadt liegt auf einer Insel, die durch Dämme mit dem Festland verbunden ist. Die drei jenseits der die Stadt umgebenden Seen liegenden Vorstädte, Tribseer-, Franken- und Kniepervorstadt, wachsen infolge lebhafter Bautätigkeit. In der Kniepervorstadt herrscht die offene Bauweise, in der Franken- und Tribseervorstadt die geschlossene. Interessant die Neubauten in der Frankenvorstadt, am Wulflamufer, mit ihren großzügigen Anlagen. **Hier, vom Wulflamufer, wie von der Kniepervorstadt aus** (Brücke zwischen Moor- und Knieperteich) **bieten sich schöne Blicke auf die rings vom Wasser umgebene Altstadt mit ihren Mauern und Türmen,** Blicke, wie sie wenige deutsche Städte haben.

1. Spaziergänge.

1. Vom Alten Markt durch Kniepertor (links Stadttheater), dann rechts abbiegen, an „Hansaschule am Sunde" (1914 vollendet, zuerst städt. Oberlyzeum, jetzt staatliche Studienanstalt) und Feuerwache vorbei zum Strande. Weit nach Westen reichende Anlagen mit Rasenflächen, Rosenbeeten, Sträuchergruppen, Ruhebänken und unvergleichlich schönem Blick auf Sund, Rügen und Hiddensee.

2. Vom Alten Markt durch Kniepertor, Sarnowstraße (Schilldenkmal), Brunnenaue, an St. Jürgen-Friedhof (Schills Grab) und Lackfabrik vorbei zur Schwedenschanze, einer geschleiften Befestigungsanlage mit Gastwirtschaft. Blick über den Sund und nach Hiddensee. Zurück am Strande, über die Hindenburgpromenade zum Hafen (hin und zurück eine Stunde).

3. Vom Kütertor über die Brücken des Küterdamms und durch den Mönchenhof zum Stadtwald, einer Anlage am Moorteich mit reizenden Partien und schönem Blick auf die Kirchtürme der Stadt; zur Stadtkoppel — Gasthof mit Garten — (Fußweg 30 Min.). Zurück durch den Stadtwald (Nordseite der Teiche!), an der Bürgerressource vorüber zum Kniepertor.

4. Vom Alten Markt wie unter 3 zur Brunnenaue (früher Heilquelle) mit schönem Baumbestand (Turnplatz mit Turnhalle). Zurück am Bürgergarten, dessen Parkanlagen eine

Besichtigung lohnen, vorbei, die Teichstraße entlang. Von der Brücke im Zuge der Teichstraße selten schöner Blick auf die Westseite der Stadt mit ihren stolzen Türmen und auf die spiegelnde Fläche der Teiche. Nach Westen prächtiger Blick auf Moorteich und Stadtwald. Dann Alter Jungfernstieg, Küterdamm; hier dauernd lohnender Blick auf Teiche und Stadt; zum Kütertor. Nahebei Tierpark!

5. Vom Hauptbahnhof aus: Tribseer Damm, halbrechts Anlagen am Frankenteich (hinter dem Eisenbahnbetriebsamt). Um die Mühlenbastion; Frankenwall, Weidendamm; links ab durch Anlagen des Wulflamufers, entlang am Frankenteich (herrlicher Blick auf die Altstadt mit den drei Kirchen), am Teich weiter bis Frankendamm (gegenüber Kaserne). Frankendamm links ab, rechts in der Mauer der Frankenkaserne Karl XII.-Gedenkstein; daneben Eingang zum Heilgeisthospital. Wasserstr., Semlower Tor, Semlower Str., Alter Markt.

2. Kurze Wanderungen.

1. Ab Fährbrücke mit Dampfer „Altefähr" in 15 Min. nach **Altefähr** auf Rügen oder mit Eisenbahnfähre vom Hafenbahnhof nach Grahlerfähre auf Rügen; am Strande zu Fuß nach Altefähr. Steilufer mit schönen Anlagen, Kurhaus, herrlicher Blick auf Stralsund. Badestrand und Badeanstalt. Jugendherberge.

2. **Barhöft.** Fischerdorf mit Zoll- und Lotsenstation, gegenüber der Südspitze von Hiddensee. Vom Lotsenturm herrlicher Rundblick: Hiddensee, Rügen, Stralsund, Barth, Halbinsel Zingst. Gelegenheit zum Überfähren nach Hiddensee. Auch mit Segel- und Paddelbooten zu erreichen. Geschützte Anlegestelle vorhanden. Sonst zu Fuß (rund 13 km) und in Verbindung mit Kleinbahnfahrt, Stralsund—Altenpleen—Klausdorf.

3. Mit der Bahn (Stralsund—Tribsees) in 15 Min. nach **Negast.** Große Waldungen, Borgwallsee.

4. **Devin,** am Strelasund, Badestrand, Wäldchen. Kurhaus, 12 Z.; Logierhaus Gleß, 25 Z. Zu Fuß 1½ Std. über Greifswalder Chaussee und Strand zu erreichen. Im Sommer Dampfer- und Autoverbindung.

5. **Drigge.** Halbinsel im Sund mit idyllischen Waldpartien und „hohen Schanzen", von denen aus einst die Einfahrt in den Sund gesperrt wurde. Von Altefähr aus in 1½ Std. zu Fuß zu erreichen oder mit der Kleinbahn von Altefähr bis Gustow.

6. **Niederhof.** Der Öffentlichkeit zugänglicher Park. Wundervolle Lage am Sund. Fußmarsch auf der Greifswalder Chaussee bis Brandshagen (Besichtigung der Kirche). im Dorfe Abzweigung des Landweges nach Niederhof.

3. Tageswanderungen.

Zur Beachtung: Über die einzelnen Örtlichkeiten und ihre Sehenswürdigkeiten wolle man unter „Rügen", „Hiddensee", „Darß-Zingst" usw. nachlesen!

1. **Stralsund—Saßnitz—Stubbenkammer.** Ab Stralsund-Hauptbahnhof über Bergen auf Rügen nach Saßnitz. Mit Dampfer — Anschluß an die Züge stets vorhanden — nach Stubbenkammer.

2. Von Stralsund mit Bahn nach **Sagard;** Fußwanderung über die Höhen (prächtiger Rundblick über Jasmunder Bodden und Rügen) nach **Lohme** (2 Std.). Uferweg nach **Stubbenkammer** (1½ Std.).

3. **Bergen—Putbus,** Bahnfahrt. Schloß und Park. Wanderung bis Lauterbach (½ Std.), übersetzen nach Insel Vilm.

4. **Granitz—Binz—Sellin.** Bahnfahrt über Bergen, Putbus, dann Kleinbahn bis Jagdschloß Granitz. Fußweg (1 Std.) nach Binz, Höhenuferwanderung bis Sellin (1¾ Std.) oder Baabe. Rückfahrt mit der Bahn.

5. Sonderfahrten (siehe Anschlag an der Fährbrücke) mit Dampfer nach **Hiddensee:** Kloster, Dornbusch, Vitte und Neuendorf.

6. **Stralsund—Altenpleen—Kinnbackenhagen—Pramort—Sundische Wiese—Zingst—Prerow.** Von Stralsund mit der Kleinbahn nach Altenpleen. Wanderung über Gr. Mohrdorf (mit beachtenswerter Kirche) nach Kinnbackenhagen. Überfähren nach Pramort, auf dem östlichen Endpunkt der Halbinsel Zingst gelegen. Dünenbildung! Von hier Fußmarsch am Strande oder auf dem Landwege über Sundische Wiese, Müggenburg nach Zingst oder Prerow.

7. **Stralsund—Ribnitz—Wustrow—Niehagen—Althagen—Prerow.** Ab Stralsund mit dem Frühzug nach Ribnitz. Dampferfahrt über den Saaler Bodden nach Ostseebad Wustrow. Von hier Wanderung über das Hoheufer oder an der Binnensee entlang über Nie- und Althagen nach dem Ostseebad Ahrenshoop. (Siehe unter „Darß-Zingst"!).

8. **Stralsund—Greifswald—Eldena—Wiek.**

9. **Bahnfahrt Stralsund—Richtenberg.** Am Richtenberger See vorbei nach Neu-Bauhof und auf der Waldchaussee bis zur Kreuzung des Weges Sievertshagen—Steinhagen (Jagen 125, 126). Diesem nach Norden folgend zum Waldsaum und an Steinhäger Bauernhöfen und dem Schwarzen See vorüber nach Station Steinhagen oder vom Kreuzungspunkt an der Waldchaussee nach Abtshagen und Windebrak und durch den Abtshäger Forst nach Station Elmenhorst. Der Abtshäger Laubwald gehört zu den prächtigsten Waldungen in Vorpommern.

10. Von Stralsund nach Station Berthke, durch Wald nach **Jakobsdorf.** (Siehe unter „Richtenberg"!). Von dort zunächst nach Heide an den Endinger Wald, dann am Waldsaum nach Westen in stundenlanger Waldwanderung an den Landeshäger Weg (Jagen 105, 106), diesem nach Nordwesten folgend über den Wolfsbach an Lendershagen vorbei zur Barthe und zur Oberförsterei Schuenhagen. Von dort nach Station Velgast der Rostocker Bahn.

11. **Von Stralsund nach Ralswiek.** Mit Bahn nach Bergen, weiter mit der Kleinbahn, vorüber an Patzig (größtes Hünengräberfeld Rügens) nach Bubkevitz; von dort über Rappin (Kirche, Rüstungen und Wappen rügenscher Adelsgeschlechter, alte Bibel) zu den Banzelvitzer Bergen (Blick über den großen Jasmunder Bodden), über Moisselbritz nach Ralswiek (Schloß, Park mit seltenen Gehölzarten, Kapelle, prachtvolle Ausblickpunkte) nach Forsthaus Augustenhof zur Bahnstation Lietzow.

12. **Von Stralsund nach Lietzow und Mukran.** Bahnfahrt nach Lietzow (Heideberg mit prachtvollem Rügen-Panorama). Wanderung über Saiser am Wostevitzer See vorüber zum Hülsenkrug in Neu-Mukran. (Blick über Prorer Wiek auf Küstenlandschaft von Binz und Mönchgut; Naturdenkmal alter Stechpalmen-Bäume).

13. **Von Stralsund zur Schmalen Heide und Binz.** Bahnfahrt nach Station Lietzow. Vom Bahnhof am Lietzower Ufer entlang durch Wald nach den Truper Tannen und Mukran. Auf der Binzer Fahrstraße durch Kieferndünenwald der Schmalen Heide (Steinfelder der Sturmflut von 1872); dann links an die See zur schönsten Strandwanderung nach Binz. Rückfahrt mit Bahn nach Stralsund.

14. Von Stralsund nach **Glowe, Schloß Spyker, Bobbin und Quoltitz.** Mit der Bahn nach Bergen, dann Postauto nach Glowe. (Blick vom Königshörn). Fußwanderung an Ruschvitz vorüber nach Schloß Spyker und Kirchdorf Bobbin (Blick über den großen Jasmunder Bodden) zu dem Opferstein in Quoltitz.

Darß-Zingst und das Südufer der Vorpommerschen Binnengewässer.

Die Halbinsel Darß-Zingst, durch die vielgestaltigen Vorpommerschen Binnengewässer vom Festland getrennt, gehört bis auf das zum festen Lande führende Bindeglied, das mecklenburgische Fischland, zu Pommern. Sie besteht zum Teil aus älteren Ablagerungen, zum größeren aber aus Alluvium, Dünensanden und Wiesenmoor. Solche „Kerne“, Moränenbildungen, die festen Eckpfeiler des Halbinselbaues (vergl. die Insel Usedom!), finden sich bei Ahrenshoop, bzw. Wustrow auf mecklenburgischer Seite, dazu im Bereiche der waldbedeckten Heidesandflächen des Darßwaldes, nördlich Wiek und Born, und auf Zingst bei Sundische Wiese. Das nach der Lithorinasenkung an diesen Inselkernen nagende Meer verband sie zunächst durch Ablagerung der Sandmassen mehr oder minder fest, und es lagert noch heute den gewonnenen Sand hier im Schutze des Landpfeilers von Darßer Ort und dort in der Verlängerung von Zingst auf der umfangreichen Sandbank des „Bockes“ ab. Die stille Boddenküste dagegen unterliegt dauernder Verlandung. Von den einstigen Verbindungsstraßen zwischen Bodden und Meer ist der Prerow-Strom 1876 künstlich geschlossen worden. Eine zweite, die Straminke, tritt deutlich östlich von Zingst in die Erscheinung. Malerische Dünenbildungen finden sich östlich von Prerow und bei Pramort auf Zingst. — Drei Viertel der Halbinsel sind mit Wald bestanden. Wundervoll in seiner Urwüchsigkeit und nahe dem Meere in den Kampfgestalten seiner Gewächse ist der 22 000 Morgen große, einsame **Darßwald.** Was den deutschen Wald an Bäumen, Büschen und Kräutern kennzeichnet, das findet sich hier; außerdem die in Neuvorpommern und auf Rügen ihre Ostgrenze erreichende Stechpalme (Ilex). Dazu kommt die wechselnde Flora von Strand, Dünentälern und Dünenhöhen. Auf Zingst liegt der nicht minder urwüchsige Fresenbusch (Kiefern, Erlen, Birken, Stechpalme, Riesenfarne usw.). Östlich Zingst Straminker Forst, Müggenburger und Stralsunder Forst mit Waldmooren (Kiefern, Erlen, Eichen, Birken, Ebereschen, Buchen usw.). Reich ist der Wildbestand. Die Bewohner der Halbinsel sind als tüchtige Seeleute geschätzt. Volksfest ist das Tonnenreiten. — Die Darß-Zingster Bäder sind zu Dauerniederlassungen zahlreicher Maler geworden. Maler des Darß sind, bzw. waren Louis Douzette, Müller-Kämpf, Müller-Kurzwelly, Schorn, Wagner, von Glaß und Schultze-Jaßmer. — Seebäder: Zingst, Prerow und Ahrenshoop. Sommerfrischen: Wieck und Born. Die Wege nach der Halbinsel Darß-Zingst führen über die Boddenstädte Barth und Ribnitz i. M. Kurz vor der Recknitz-Mündung liegt das Grenzstädtchen Damgarten.

1. Zwischen Stralsund und Damgarten.

Bahnfahrt Stralsund—Damgarten: Ab Hbf. Richtung Rostock. Flachwellige Landschaft, fruchtbar. Weizen, Zuckerrüben. Mehrere Male Buchenwälder. Stationen: Kantelitz und Martensdorf.

Seitenwanderung: 2 km ab Martensdorf nordwärts, **Nipars.** Malerische Kirche aus der zweiten Hälfte des 13. Jahrh. Dreischiffig; doch fehlt das südliche Seitenschiff. Kreuzgewölbe. Chor vierseitig. Nördliches Seitenschiff mit Satteldächern abgedeckt, ebenso Vorhalle und Sakristei. Giebel mit reichem Blendenschmuck.

Weiterfahrt ab Martensdorf: Es folgen Cummerow und Velgast. Ab **Velgast** nordwärts Bahn nach Barth und Darß—Zingst und Kleinbahn nach Tribsees. — Spätgotische Kirche, Chor dreiseitig geschlossen. Kreuzgewölbe. Kragsteine der Gewölbegurte rohgeformte Menschenköpfe, Tauben, Vierfüßler, Affen. — Zwei Gastwirtschaften.

Seitenwanderung: Von Velgast schöne Waldwanderung nach Richtenberg.

Weiterfahrt ab Velgast zur Station **Starkow.** Interessante Kirche. Mittelschiff von 1242, ebenso die Seitenschiffe. Ersteres selbständig beleuchtet. Chor später, fünfseitig geschlossen. Kreuzgewölbe. — Dann Station Staatl. Horst, an der Chaussee Barth—Franzburg. Postautostrecke Barth—Franzburg—Richtenberg.

Weiterfahrt ab Staatl. Horst nach **Langenhanshagen.** Beachtenswertes Gotteshaus. Schiff aus Granitquadern, Balkendecke. Chor fünfseitig geschlossen, Kreuzgewölbe, teilweise Ziegel. Altarschrein mit Flügeln, 15. Jahrhundert. Glasmalereien von 1596 und früher. Renaissance-Kanzel. Mittelalterliches Sakramentshäuschen. — Es folgt Altenwillershagen und dann Bhf. Damgarten.

Damgarten.

Stadt von 1900 Einwohnern, an der Recknitz, bzw. am Mecklenburg-Pommerschen Grenztal gelegen. Im Jahre 1258 von Jaromar II. von Rügen als deutsche Stadt begründet, in den mittelalterlichen Kämpfen und bis zum Anfang des

19. Jahrh. (Schill) als Grenzstadt heftig umstritten; jetzt stille, freundliche Landstadt. — Getreidehandel.

Unterkunft: Hotel Deutsches Haus, Fährstr. 7, 7 B., Gar. — Gasthaus Karl Benz, Lange Str. 74, 6 B. — Pommerscher Hof, Lange Str. 22, 2 B. — Dazu mehrere Restaurants. — Lichtspiele: Damgartener Lichtspiele. — Verkehrsverbindungen: Station der Strecke Stralsund—Rostock. Dazu Kleinbahn Stralsund—Barth—Damgarten. — Schiffsverkehr: Hafen für kleine Dampfer und Segelfahrzeuge. Im Sommer Fahrten nach den nahen Seebädern. — Bäder: Flußbad. — Angelsport, Ruderbootfahrten auf Recknitz und Bodden. — Postamt. — Bank: Städt. Sparkasse. Neuvorpommersche Spar- und Kreditbank.

Sehenswürdigkeiten: Kirche. Chor frühe Übergangszeit, rechtwinklig geschlossen; Balkendecke. Schiff spätgotisch, mit hölzernem Tonnengewölbe. Fachwerkturm. Schnitzaltar vom Ende des 15. Jahrh. — An der Südseite der Kirche Kriegerehrenmal von 1924. — Rathaus; alte Giebelhäuser in Fachwerk.

Wanderungen:

1. Zu den Städt. Tannen mit Tannenhäuschen und Sportplatz.

2. **Nach Ribnitz i. M.,** zu Fuß ¾ Std., oder mit Bahn. Hier Anschluß an die Dampfer nach dem Fischlande mit Weiterwanderung nach Ahrenshoop usw.

3. Die Ortschaften zwischen Damgarten und Barth inmitten eines fast ebenen, fruchtbaren Landes werden durch die Kleinbahn Barth—Damgarten erschlossen. Die Boddenküste ist von einer Verlandungszone (Schilfdickicht und Moor) umgeben. Waldungen, meist Laubwald, aber auch Nadelforst, meidet die Bahn; sie liegen also abseits. Haltestellen: **Saal,** großes Dorf, 560 Einwohner, nahe dem Bodden. Frühgotische Kirche, Langhaus mit drei gleich hohen Schiffen. Chor fünfseitig geschlossen; Kreuzgewölbe. — Gastwirtschaften im Ort. — **Lüdershagen,** frühgotische Kirche; zweischiffiges Langhaus, von zwei Mittelpfeilern getragene Kreuzgewölbe. Kleine farbige Glasscheiben mit figürlichen Darstellungen. — Frauendorf, bzw. 2 km davon entfernt, **Divitz** mit Schloß und Park. Ältester Teil desselben, einem ehemaligen Turm zugehörig, aus dem 16. Jahrh. Jüngerer Bau vom Anfang des 18. Jahrh.

2. Barth und Umgebung.

Bahnfahrt Stralsund—Barth: Wie vorher bis Velgast. Hier Abzweigung nordwärts. Haltestellen Saatel und Kenz.

Kenz: Im Mittelalter berühmter Wallfahrtsort mit wundertätigem Marienbilde (Maria Pomerana) und heiliger Quelle. Die Quelle — heute eine einfache Pumpe — vor 200 Jahren als Heilquelle besucht und genutzt; Kenz der erste vorpommersche Badeort mit Logierhäusern usw. Letzter Rest ehemaliger Herrlichkeit die alte Allee im Dorfe und die Kirche. Ziegelbau des 15. Jahrh. mit Kreuzgewölben. In der Kirche vor dem Chor das **Grabmal des Herzogs Barnim VI.,** gest. 1405. In einem Schrein die geschnitzte ruhende Gestalt, farbig bemalt, 1904 wiederhergestellt. Reste von farbenprächtigen **Glasmalereien** aus dem 15. Jahrh. im Chor; dazu Holzschnitzgruppe, Maria mit dem toten Heiland, aus derselben Zeit. — Gasthof: „Die Wunderquelle". — Weiterfahrt nach Bhf. Barth.

Barth.

Kreisstadt am Barther Bodden, 7300 Einwohner. — Geschichtliches: Ursprung der Stadt eine ehemalige wendische Siedlung im Anschluß an zwei Burgwälle. Im Norden der heutigen Stadt der „Borgwall“: im Süden einst die „Alte Burg“, letztere Verwaltungsmittelpunkt. Zuwanderung deutscher Kolonisten im 13. Jahrh. 1248 ist die Marienkirche bereits vorhanden. 1255 erhält die Siedlung das Lübische Recht durch Jaromar II. von Rügen. 1325 Bau einer festen Mauer. In demselben Jahre starb auf seinem Schlosse in Barth der letzte Rügenfürst, Wizlaw III., der Minnesänger und erste pommersche Dichter. 1326 wird Herzog Wartislaw IV. von Pommern durch König Christoph von Dänemark auf dem Friedhofe zu Barth mit dem Fürstentume Rügen belehnt. Viele Grenzkriege mit Mecklenburg! Dazu Brände, Sturmfluten und Pest. Die Seeräuber Claus Störtebecker und Gödeke Michel, angeblich in der Nähe der Stadt beheimatet, finden Unterstützung durch Barnim VI. und Wartislaw III. — Barnims VI. Grabmal (der Herzog starb 1405 an der Pest) im nahen Kenz (siehe dort!). 1478 vereinigt Herzog Bogislav X. die pommerschen Lande in seiner Hand und residiert zeitweise in Barth. Von 1561 bis 1605 hält Bogilav XIII. Hof in Barth, baut das Schloß um, richtet eine Apotheke ein und gründet die „förstlike Druckery“. Barths Blütezeit! Schiffswerft, Seehandel, Barther Bier. — Nach dem Dreißigjährigen Kriege ward Barth schwedisch und erst 1815 preußisch. 1710/11 bewohnte der flüchtige Polenkönig Stanislaus Leszcynski das Schloß und fiel den Bürgern zur Last. 1722 hatte der Ort nur noch 76 Häuser. Das Schloß war verfallen, und nachdem der Schwedenkönig Friedrich I. den Grund und Boden 1733 der Ritterschaft Neuvorpommerns und Rügens geschenkt hatte, entstand an seiner Stelle das „Adlige Fräuleinstift“. Neue Blütezeit der Stadt nach dem Siebenjährigen Kriege! Schiffsbau und Segelschiffahrt. 1783 besaß Barth 40 Schiffe. 1795 520 Häuser und 3150 Einwohner. Nach der Franzosenzeit und der Vereinigung mit Preußen auf wirtschaftlichem und geistigem Gebiet neuer Aufschwung. — Geistesleben: Berühmte Barther Bürger: 1. Prof. Louis Douzette, geboren am 25. 9. 1834 in Tribsees, gestorben 21. 2. 1924 in Barth. Ehrenbürger. Ein Bild von ihm, „Barth im Mondlicht“, im Sitzungssaal des Rathauses. Grabstätte auf dem Unteren Friedhof. Plakette im Gedenkstein von Götz, Dresden. — 2. Adolf G. Döring, Kupferstecher, Graveirer, Maler (Fischertypen vom Darß usw.), jetzt in Berlin. — 3. August Siebert, geboren 1. 4. 1854 in Barth, gestorben 1923 in Frankfurt a. M., Direktor des Frankfurter Palmengartens. Sein Bild in der Realschule. — 4. Friedrich Nobert, geboren 17. 1. 1806, gestorben 21. 2. 1881. Mechaniker. Verbesserte Fernrohr und Mikroskop usw. Grabstein auf dem Unteren Friedhof, rechte Ecke. Tafel: Haus, Lange Straße 26. — In Barth gebürtig der Heimatdichter Worm, zuletzt in Alt-Reddevitz a. Rügen. Gestorben 1931. — An der Realschule in Barth wirkte von 1921 bis 1927 der Graphiker Wilh. Schmidt-Hild, jetzt Hanau. — Schulanstalten: Neben Volks- und Berufschulen eine Realschule und eine Mädchen-Mittelschule. — Wirtschaftsleben: Barther

Lederfabrik. Aktien-Möbelfabrik. Barther Zuckerfabrik. Jute-Spinnerei und Weberei. Barther Fischkonservenfabrik. Pommersche Eisengießerei. Barther Hanf- und Drahtseilerei. Molkerei-Genossenschaft.

Banken: Reichsbank-Nebenstelle. Barther Spar- und Kreditverein. Rostocker Bank. Kenzer Spar- und Darlehnskasse. Städt. Sparkasse. Kreissparkasse Franzburg-Barth. — Postamt. — Bäder: Warmbad, Wannenbäder. Seebadeanstalt. — Lichtspiele: Kammer- und Burg-Lichtspiele. — Unterkunft: Hotel Zur Sonne, Lange Str. 60, 5 Min. ab Bhf., 12 B., Gar. — Hotel Gebr. Peters, Lange Str. 47, 6 B., 5 Min. ab Bhf. — Gasthaus Seeblick, Am Hafen, 9 B. — Gasthaus Zum schwarzen Bären, Badstüberstr. 38, 7 B. — Gasthaus Zur Börse, Barthestr. 2, 6 B. — Dazu Restaurants und Kaffees. — Jugendherberge: Städt. Jugendheim, Sundische Str. 8. — Verkehrsverbindungen: Bahnlinien Barth—Velgast—Stralsund—Berlin; Barth—Velgast—Rostock—Hamburg; Barth—Zingst—Prerow; Barth—Franzburg—Richtenberg. Kleinbahn: Barth—Damgarten; Barth—Stralsund. Reichsbahnomnibusverkehr: Barth—Zingst; Barth—Fuhlendorf; Barth—Franzburg—Richtenberg. — Schiffsverkehr: Barth—Zingst; Barth—Wieck—Born.

Rundgang: Bahnhof: Ausblick auf den Wasserturm. Seit Jahrhunderten wird das Wasser der Alkunquelle (für Brauereizwecke geschätzt) von den Sundischen Bergen bezogen. Neben dem Wasserturm St. Jürgenkapelle, einst außerhalb der Stadtmauer gelegen. 14. Jahrh. Heute mit Altersheim. Durch die Chausseestraße mit der besuchenswerten Kakteen-Züchterei von Klissing & Sohn. Links „Anlagen", die Stätte der Burgsiedlung der Wendenzeit. Dann nach links in die Sundische Straße. Hier das „Jugendheim". Nahebei Blick durch eine Gasse auf Knabenvolksschule und Turnhalle am Bleicherwall. An der Gabelung Lange Straße—Baustraße betreten wir die Altstadt. Hier Kloster St. Spiritus (rechts). Lange Straße 16 und 14 Rathaus und Polizeiwache. Dann der stattliche **Markt,** von der Marienkirche überragt, ein hübsches, in sich abgeschlossenes Bild. Dazu einige Patrizierhäuser älterer Zeit. Markt 2, das jetzige Logenhaus, beherbergte 1800 den schwedischen König Gustav Adolf IV., 1856 König Friedrich Wilhelm IV. von Preußen. Vom Markt zur **Marienkirche** mit dem feinen alten Kirchhof und seinen beschnittenen Hecken und Bäumen. (Meldung beim Küster, Papenstr. 2). Frühgotische Hallenkirche, begonnen mit dem rechteckigen Chor. Das Innere wurde 1856 von Stüler in Berlin ausgebaut. Im Chor Wandgemälde von Pfannschmidt, Berlin, (1857—60), „Maria mit dem Kinde", „Der Auferstandene", „Die zwölf Apostel". Pfannschmidt leitete auch die Bemalung der übrigen Wandflächen. Aus älterer Zeit vorhanden: Epitaph der Herzogin Clara, Renaissance von 1597; Gekreuzigter, mittelalterliche Schnitzarbeit; Hängeleuchter, Geschenk Bogislavs XIII., ein Bild des Herzogs von 1644; Truhen von 1616. Interessante Kirchenbücherei (alte Messebücher, „Barther Bibel"). Vom 72 m hohen Turm vortreffliche Aussicht. — Westlich der Kirche die Papenstraße mit Pfarrhäusern und Realschule. Dazu die alte Mauer des „Papenhofes". Links in die Dammstraße mit dem **Dammtor** (15. Jahrh.). Dann zurück zum Markt und in die stille, vornehme **Klosterstraße** mit feinen älteren Bauten und dem abschließenden **„Adligen Fräuleinstift".** Besichtigung der Kapelle nach Meldung bei der Frau Priorin. Man beachte Portal und Inschrift! — Am Stift vorüber zum Hafen; Ausblick nach links zum Borgwall-

Restaurant und zur Bootsstelle des Seglervereins. Im N Darß-Zingst. — Dann an der Rückseite des Stifts vorbei, zum Gefallenen-Ehrenmal, zum Burg-Restaurant, zur neuen Siedlung in der Klosterkoppel, zum Schützenhaus, Sportplatz, Kreishaus, durch die Kastanienallee des Kirchhofwalles zum **Friedhof mit Kreuzberg** und vorbei an der Kreissparkasse zum Bhf. — Empfehlenswert auch der kurze Gang über den **Bleicherwall,** am besten aber eine auf alle Gäßchen und Winkel ausgedehnte Entdeckungsreise (auch zum Fangelturm).

Wanderungen:

1. Zu den **Fuchsbergen.** Vom Hafen zum Borgwall-Restaurant und auf dem Deich am Barther Bodden entlang. Schöner Ausblick. Wasservögel.

2. Nach **Tannenheim.** Westwärts auf der Chaussee bis zur Gabelung bei Haltestelle Tannenheim, 3 km (auch Bahnfahrt). — Hier Kurhaus Tannenheim in der Stadtforst, beliebter Ausflugsort.

3. In den **Stadtwald.** Nach Tannenheim wie vorher. Dann zum nahen Stadtgut Planitz; südwärts durch Wiesen und wieder in den Wald und zur Wundereiche. An der Eiche vorbei südwärts und in die Divitzer Forst (Buchenwald). Über die Planbek und dann östlich nach **Dorf und Schloß Divitz.** Siehe vorher! Zurück Landweg neben der Kleinbahn oder auf der Chaussee Franzburg—Barth. 4 Std.

3. Darß-Zingst.

Wege dorthin: Zu Fuß über die kleine Sommerfrische Bresewitz, mit Bahn oder Postauto. Im Sommer auch Fahrten mit Dampfern oder Motorschiffen ab Barth und Ribnitz.

Bahnfahrt: Zunächst westwärts bis Tannenheim (siehe vorher!) am Rande weiter Forsten und dann nach Norden. Rings niedriges Wiesenmoor, tief einschneidende Buchten, Wasser und ein weiter Himmel. Zunächst Pruchten mit dem (rechts) Barthe-Strom und der 500 m langen Klörbrücke. Links der Bodstedter Bodden. Dann Bhf. Bresewitz.

Sommerfrische Bresewitz, zwischen Wiesen und Wasser. Landwirtschaft und Fischerei.

Unterkunft: Zwei Gasthöfe, Woldt und Heinrichs. Gut und billig. Posthilfsstelle. Arzt und Apotheke im nahen Barth bzw. in Zingst. Auskunft: Der Gemeindevorsteher. Verkehrsverbindungen: Station der Strecke Stralsund—Barth—Zingst. Postautohaltestelle (Barth—Zingst).

Fortsetzung der Bahnfahrt: Es folgt die 700 m lange Brücke über die Meiningenfahrt für Bahn- und Wagenverkehr! Rechts Barther, links Bodstedter Bodden. Dann nach kurzer Fahrt Bhf. Zingst. (Allgemeines über „Darß-Zingst" und den „Darß-Wald" siehe zu Beginn des Kapitels „Darß-Zingst und das Südufer der Vorpommerschen Binnengewässer".)

Ostseebad Zingst,

auf Zingst, Dorf mit rund 2000 Einwohnern. Weit zerstreute Anlage mit Gärten, Obstbäumen und Hecken. Breiter, feinsandiger Strand; bewaldete Dünen; benachbarte Buchen- und Eichenwälder. Badeleben ruhig und ungezwungen. Kirche nach Entwürfen König Friedrich Wilhelms IV. erbaut.

Kurmittel: Kalte und warme Seebäder. — Klima: des Sommers gemäßigt, Luft staubfrei, schöner Spätsommer. — Badearzt im Orte. — Unterhaltung: Konzerte, Bälle, Volksfeste. Sonderfahrten nach Hiddensee, den benachbarten Bädern, der dänischen Insel Möen. Angeln, Fischen, Rudersport, Tennis. — Banken: Zingster Spar- und Darlehnskassenverein; Kreissparkasse Franzburg-Barth, Nebenstelle; Rostocker Bank, Nebenstelle. — Post. — Auskunft: Gemeinde- und Badeverwaltung. — Unterkunft (ohne Privathäuser): Zentralhotel; Schützenhaus; Heidelberger Faß; Hotel Preußenhof; Wichmanns Hotel; Hotel am Meer; Hotel Berliner Hof. — Jugendherberge: im Hause Godendorff, Birkenstr. — Viele Privathäuser auch mit Küche. — Dazu Restaurants und Kaffees. — Verkehrsverhältnisse: Direkte Wagen Berlin—Stralsund—Velgast—Zingst. Hamburg—Velgast—Zingst. Stettin—Stralsund—Velgast—Zingst. Leipzig—Berlin—Stralsund—Velgast—Zingst. — Reichsbahnauto: Zingst—Barth. — Schiffsverbindung (in der Saison) mit Barth, Stralsund, Ribnitz. Sonderfahrten (siehe vorher!)

Wanderungen:

1. Nach Prerow und dem Darß. Am besten mit der Bahn. Weitere Wanderungen siehe unter „Prerow". — 2. **Sundische Wiese** und Gasthaus Waldesheim. Durch den Straminker Forst, 1½ Std. Auch mit Segelboot oder mit Sonderfahrt. — 3. Nach **Barth,** zu Fuß oder mit der Bahn, 12 km. — 4. Dazu Spaziergänge im nahen **Freesenbruch,** in 10 Min. zu erreichen.

— Von Zingst nach Prerow. Zu Fuß nicht zu empfehlen! Kurze Bahnfahrt. Die Bahn folgt dem Außendeich (rechts). Links Wiesenniederung und Prerowstrom. Kurz vor Prerow rechts die hohen Dünen, eine in einzelnen Kuppen aufgelöste Dünenwelt. Dann Bhf. Prerow.

Ostseebad Prerow.

Dorf von rund 1800 Einwohnern, zwischen der See und dem meilenweiten Darßwald gelegen, von grünen Wiesen umkränzt. Die freundlichen Landhäuser von riesigen Pappeln und alten Eichen beschattet, von heckenumhegten Gärten umgeben. Alte Fischerhäuser da und dort . . . Zahl der Kurgäste 1930: 6300. Badeort seit 1880. Kirche von 1726. Im Pfarrgarten alte Eibe (Taxus), auf 600 Jahre geschätzt. Alter Friedhof mit Resten einer bodenständigen Grabmalkunst. Gemäßigtes Meeresklima; schöne Spätsommertage. Prachtvoller, völlig steinfreier Sandstrand; geringe Tiefe des Meeres nahe dem Ufer. Bewaldetes Dünengelände zwischen Ort und See, als Kurpark erschlossen.

Kurmittel: Seebäder — Freibad —, warme Seebäder und medizinische Bäder. — Arzt, Apotheke, Dentist, Krankenschwester im Ort. — Unterkunft (ohne Privathäuser): Hafen-Hotel; Deutsches Haus; Zentral-Hotel; Mührikes Hotel; Strand-Hotel; Haus Rheinland. Leben ruhig und behaglich. — Jugendherberge: 1. Hafenstr., 1. 4.—31. 10., 2. Schützenstraße, Ecke Schulstr. — Dazu Restaurants und Kaffees. — Banken: Kreissparkasse Franzburg-Barth, Nebenstelle. — Postamt. — Auskunft: Badeverwaltung. — Verkehrsverbindungen: Endpunkt der Reichsbahnstrecke Stralsund—Velgast—Barth—Prerow. In der Saison Sonderzüge von Berlin, Sachsen, Mitteldeutschland mit durchlaufenden Wagen bis Prerow. Postauto: Prerow-Wiek—Born.

Wanderungen:

1. Richtung Zingst und Barth siehe unter „Ostseebad Zingst"!. — 2. Zur **Hohen Düne,** östlich Prerow, 16 Min. Am Bhf. vorbei und Landweg, Richtung Zingst.

Schöne Aussicht auf Meer und Binnenwasser. — 3. Zum **Leuchtturm Darßer Ort,** 1½ Std. Ab Strandhotel westwärts zum Waldrand. Waldfahrweg mit Wegweisern, „Darßer Ort“, an allen Kreuzungen. Leuchtturm 30 m hoch; Fernsicht bis zur Insel Möen. Nahe Leuchtturm windgeschorene Bäume. Zurück am Nordstrand. Weg vom Turm zum Strand, Erkundigung einziehen! — **4. Zum Weststrand.** Empfehlenswert der Besuch von Esper-Ort, einer der sehenswertesten Stätten des Kampfes der Stürme mit dem Strandwald. Jegliches Gewächs, Baum oder Strauch, hat seine kampfgeprägte Gestalt. Am besten mit Karte! 6 km. — Zurück über Leuchtturm Darßer Ort (3½ km) nach Prerow (4 km). Siehe Nr. 3! — In den Dünen des Weststrandes zahlreiche verlandende Seen. — 5. Von Prerow nach Wieck. (Auch mit Postauto). Der Chaussee folgend, durch den Ostteil des Darßwaldes nach „Wieck auf dem Darß“. 3½ km.

Erholungsort Wieck (auf dem Darß). Am Bodstedter Bodden gelegenes Dorf (Fischer, Seefahrer, Bauern) von 750 Einwohnern. Gesunde Lage auf sandigem Boden. Malerisch in der Wahrung des fast völlig dörflichen Charakters. Nähe des Darßwaldes. Badeanstalt am Bodden. Gemildertes Seeklima. Angeln, Segeln, Rudern.

Unterkunft (ohne Privathäuser): Gasthaus Heyden. — Auskunft: Der Verkehrsverein. — Verkehrsverbindungen: Autoverbindung Prerow—Wieck—Born im Anschluß an die Bahn. Dampferverbindung ab Barth: Montag, Mittwoch, Sonnabend im Anschluß an den Berliner Zug. Dazu die täglichen Postdampfer von Barth über Zingst nach Wieck.

Ausflüge zu Schiff nach Stralsund, nach dem Fischland, nach Hiddensee usw. laut Bekanntmachung. Wanderungen: siehe unter „Prerow“! An der Hand einer Karte zum Nord- und Weststrand, Ahrenshoop usw.

Von Prerow nach Born. Autoverbindung oder zu Fuß (2 Std.) ab Prerow.

Born „in Pommern“, Dorf von 1200 Einwohnern mit Oberförsterei, am Koppelstrom, der Verbindung von Bodstedter und Saaler Bodden, gelegen. Vom Darßwald und von Wiesen umgeben. — Badegelegenheit. Einfache Sommerfrische.

Unterkunft (ohne Privatwohnungen): Borner Hof; Schützenhaus; Gasthaus zum Weißen Hirsch. — Auskunft: Der Verkehrsverein. — Verkehrsverbindungen: Im Anschluß an die Züge an Prerow: Autoverbindung Prerow—Wieck—Born. Dampfer: Barth—Zingst—Wieck—Born. Sonst wie bei Wieck!

Prerow—Ahrenshoop. Am besten an Hand der Karte! Zunächst zur Südförsterei. Geradeaus weiter, aber nach 2 km rechts abbiegen und westsüdwest weiter. Bei gleichbleibender Hauptrichtung wird sicher der Westrand erreicht. Hier Fahrweg südwärts nach Ahrenshoop, rund 12 km. Meist prächtige Waldwanderung. Viele Farne.

Ostseebad Ahrenshoop.

Fischerdorf, auf der schmalen Landzunge zwischen Saaler Bodden und Meer, der Brücke zum Mecklenburgischen Festland, gelegen und ganz im Banne von See und lichterfüllter Himmelsweite. Seit 1890 Künstlerkolonie und auf diesem Wege zum Badeort geworden. — 1930: 2000 Kurgäste. Strand nicht ganz steinfrei; aber kräftiger Wellenschlag. Gemäßigtes Inselklima. Leben einfach und völlig ungezwungen. Kleines Wäldchen, „Ahrenshooper Gehölz“, mit Promenadenwegen, 10 Min. — Zum Darßwald 2½ km. Schöne Fernsichten vom „Hohen Ufer“ und vom Schifferberge (vier Leuchttürme sichtbar).

Unterkunft (ohne Privathäuser): Kurhaus und Hotel Baltischer Hof. — Dazu Restaurants und Kaffees. — Kino: Baltischer Hof. — Kunstausstellung: „Bunte Stube“. — Bank: Spar- und Darlehnskasse Fischland e.G.m.b.H. — Badearzt und Apotheke in Wustrow. — Auskunft: Badeverwaltung. — Verkehrsverbindungen: Mit Bahn über Rostock oder Stralsund nach Ribnitz. Ab Ribnitz mit Dampfer oder Autobus auf der Fischlandchaussee.

Wanderungen:

1. Mit Segelboot zum Darßer Ort, nach Ribnitz usw. Dampfer- und Motorbootfahrten nach Warnemünde, Müritz-Graal, Rügen, Hiddensee. — 2. Wanderung über das Hohe Ufer nach Alt- und Niehagen und Wustrow, 4 km. — 3. In den Darßwald, nach Wieck und Born, Prerow und Zingst, siehe vorher!

Die Inseln Rügen und Hiddensee.

Rügen.

Vorbemerkung. Die schönste deutsche Insel ist alljährlich das Ziel ungezählter Scharen von Wanderern und Badegästen, und mit Recht; denn sie alle nehmen jene Sehnsucht beim Scheiden als unverlierbar mit heim, die der Insel großen Sohn, Ernst Moritz Arndt, dichten und sprechen ließ:

„O Land der dunklen Haine,
O Glanz der blauen See,
O Eiland, das ich meine,
Wie tut's nach dir mir weh!
Nach Fluchten und nach Zügen
Weit über Land und Meer,
Mein trautes Ländchen Rügen,
Wie mahnst du mich so sehr!“

Erdgeschichtliches Werden und Vergehen, durch geologische Zeiträume bis auf den heutigen Tag fortgesetzt, dazu Vorgeschichte und Geschichte, sie einen die Hauptinsel Rügen mit ihren großen und kleinen Nebeneilanden Hiddensee, Ummanz, Pulitz, Vilm u. a. m., zu einem Ganzen, einer Inselwelt, die eine Nordsüdausdehnung von 48 km hat und von Thiessow auf Mönchgut bis zum Dornbusch auf Hiddensee rund 50 km mißt. In zahlreichen Buchten dringt das Meer ins Land, schäumt am Strande weit vorgestreckter Halbinseln und umkränzt küstennahe Inseln: Meer und Land in innigster Berührung, sich schönheitlich ergänzend und steigernd, das ist Rügen, wie es schon ein Blick auf die Karte erkennen läßt. Dem weniger gegliederten südwestlichen Kern, Stralsund gegenüber, schließt sich nach drei Seiten der von Buchten zerteilte Saum an. Stillen Binnenwasserufern stellen sich am Außenstrande vom Meer und von der Verwitterung im ewigen Kampfe gestaltete wundervolle Kreide- oder Mergelkliffküsten zur Seite, und während im Südwesten fruchtbare Ackerbreiten vorherrschen, grüßt

Schloß Putbus a. Rügen

Der Stettiner Bäderdampfer „Hertha“ auf dem Haff

Photo: Reepel, Stettin

Schifferkirche in Köpitz am Haff

Aus dem Photowettbewerb des Stettiner Verkehrsvereins

Ostseebad Swinemünde

Cammin i. Pom., Dom

Gülzow i. Pom.

Ostseebad Misdroy

Dünen bei Heidebrink

Aus dem Photowettbewerb des Stettiner Verkehrsvereins

Seebad Bansin

Photo: W. Steinl, Stettin

Wollin i. Pom.

Seebad Ahlbeck

Seebad Heringsdorf

Gollnow, Rathaus und Katharinenkirche

Photo: Paul Dumrath, Gollnow

Regenwalde, Wassermühle mit Wehr a. Rega

Kamp a. Rega

Photo: Reepel, Stettin

Ostseebad Kolberg

von den Binnenhöhen, die mit dem **Rugard** als Mittelpunkt die Insel von SO nach NW durchziehen, stolzer Buchenwald, deckt Schattendunkel Strandhöhen und zerrissene Kliffkanten um Buchten kristallklaren Wassers.

Rügen ist nicht nur ein ideales Wandergebiet, sondern hat auch zahlreiche Seebäder. Soweit sie am Außenstrande liegen, haben sie lebhaften Wellenschlag und kräftige Luftbewegung; doch ist der Strand nicht überall steinfrei. An Binnenwassern und Buchten des Ostens und Südens ist die Wellenbewegung natürlich geringer (Sommerfrischen). Klima gemäßigt. Schön der Spätsommer; wundervoll als Wanderzeit, wenn im Herbst der Buchenwald sich färbt. Spät kommt der Frühling; aber um so herrlicher schmückt er den Buchenwald mit seiner leuchtend grünen Pracht.

Über Verkehrsverbindungen wird im Anschluß an die einzelnen Orte Auskunft gegeben. Zu Pfingsten, bzw. Anfang Juni, setzt der Ausflugs- und Bäderverkehr zur See ein, um dann nach Ende August allmählich aufzuhören. Wer früher oder später wandert, ist auf die Bahn und die Postautolinien angewiesen.

Reise nach Rügen.

Rügen ist zur See und mit der Bahn zu erreichen. Mit der Bahn über Stralsund; denn die kurze Trajektfahrt über den Strelasund kann nicht als Seefahrt gelten; außerdem ist ein Rügendamm im Bau. Eine Seefahrt hat vieles für sich, sofern der Reisende seefest ist.

1. **Stettin—Swinemünde—Rügen.** Die großen, schönen Dampfer der Stettiner Dampfschiffahrts-Gesellschaft J. F. Braeunlich, GmbH., verlassen Stettin (Bollwerk unterhalb der Hakenterrasse) 11 Uhr vormittags und enden die Tourfahrt (des Sonntags Sonderfahrten!) in Saßnitz 19.45 Uhr. — Über die Fahrt bis Swinemünde siehe früher! Der Dampfer legt in Swinemünde an. (Siehe unter „Swinemünde"). Weiterfahrt auf der Swine: links Zeitball, Bauhafen, Lotsenstation; rechts Ostswine und Leuchtturm. Dann die Molen und nach NW in See. Rückblick rechts: das niedrige Sand- und Waldgebiet der Swinepforte, Misdroy und die hohen Ufer von Wollin. Links: Swinemünde-Bad und der Strand und Höhengelände zwischen Swinemünde und Ahlbeck. Über Swinemünde der Golm; über Ahlbeck der Zierowberg. Vorauf Heringsdorf (Seebrücke) mit dem Präsidentenberg. In Heringsdorf Anschluß an die Küstendampferlinie nach Ueckeritz, Kölpinsee, Koserow, Zempin. — Weiterfahrt: rechts von Heringsdorf Bansin mit dem Langen Berg. Später als deutliche Landmarke der Streckelberg mit Bake. Davor die durch Bojen bezeichneten Untiefen des Vinetariffs. Am Fuße des Berges: links Kölpinsee, rechts Koserow. Jetzt Richtung Zinnowitz, Seebrücke! Über dem Bade der Glienberg. Ab Zinnowitz Kurs nach N. Nach ½ Std. links die Greifswalder Oie mit Steilufern und Leuchtturm. (Siehe unter „Greifswalder Oie"!). Bald danach, je nach der Sicht, links Türme von Greifswald und vorauf die dämmernden Umrisse von Mönchgut; über dunklem Walde der Turm des Jagdschlosses in der Granitz. Es gleiten vorüber das hohe Ufer des Südperds, des südöstlichen Zipfels der Halb-

insel, mit Thiessow, dann das nicht minder steile Nordperd mit Göhren. Hier wird ausgebootet, da keine Brücke für große Dampfer vorhanden ist. Küstendampferanschluß nach Thiessow und Baabe. — Dann nach kurzer Fahrt entlang am Steilufer nach Sellin mit Seebrücke und weiter in Sicht der wundervollen waldigen Küste nach Binz, ebenfalls mit Brücke. Zum Schluß quer über die Prorer Wiek, Richtung Saßnitz. Achtung vorauf! Höher wachsende Ufersäume mit dunklem Wald, einzelne Flächen leuchtender Kreide; dann Saßnitz mit Hafen und den Kreidebrüchen im Hintergrunde. Kurz vor der Einfahrt links in herrlicher Lage Schloß Dwasieden; in die Molen (links Fährschiffe der Linie Saßnitz—Trälleborg) und zum Bollwerk.

2. Greifswald—Thiessow—Baabe—Sellin. In Greifswald Autobus mit Gepäckbeförderung vom Bhf. zum Dampfer. Ab 14.45, den Rykfluß abwärts und bei Wiek und Eldena (siehe dort!) in den Greifswalder Bodden. Nach 2½ Std. Thiessow auf dem Südperd (siehe vorher!). Anlegestelle im Zicker See. Dann an der stillen Boddenseite um Zickersches und Reddevitzer Höft, die letzten Enden hoher, schmaler Halbinseln, in „Die Having" und auf schmaler Rinne in den Selliner See nach Baabe und Sellin (an 19 Uhr). Reizvolle Fahrt, freundliche Bilder.

3. **Bahnfahrt:** Berlin — (Stettin—) Stralsund — Altefähr (hier auch Kleinbahn nach Garz—Putbus—Binz—Sellin—Göhren)—Bergen (ab Bergen mit Kleinbahn nach Altenkirchen oder auf Nebenbahn nach Putbus—Lauterbach; ab Putbus Kleinbahn nach Binz—Sellin—Göhren)—Saßnitz.

4. **Postautolinien:** Sagard—Altenkirchen. — Bergen—Binz. — Sagard—Lohme. — Bergen—Garz. — Samtens—Garz. — Bergen—Gingst.

5. **Flugverkehr:** Bäderlinie Berlin—Stettin—Swinemünde—Sellin—Stralsund—Hiddensee.

Wanderpläne.

Tageswanderungen ab Stralsund und zurück, siehe unter „Stralsund"!

Ab Stettin in vier Tagen.

1. Tag: Ab Stettin, 11 Uhr, mit Dampfer bis Göhren. Zum Nordperd. — 2. Tag: Morgens mit Bahn oder Dampfer nach Sellin. Strand und Landungsbrücke. Zu Fuß über Jagdschloß Granitz nach Binz. Abends Überfahrt mit Dampfer nach Saßnitz. — 3. Tag: Morgens zu Fuß nach Stubbenkammer und weiter nach Lohme. Von dort mit Dampfer zurück. Abends mit Bahn nach Bergen a. R. — 4. Tag: Morgens auf den Rugard. Mittags mit Bahn nach Stralsund. Gang durch die Stadt. Abends mit Personenzug nach Stettin usw.

Ab Stettin in sechs Tagen.

1. und 2. Tag: wie vorher. — 3. Tag: Zu Fuß oder teilweise mit Dampfer über Stubbenkammer und Lohme nach Glowe. — 4. Tag: Unter Postautobenutzung bis Altenkirchen. Von hier nach Arkona und zurück nach Wiek a. Arkona. — 5. Tag: Frühzug Altenkirchen—Bergen a. R. Auf den Rugard! Mit Bahn Bergen—Putbus. Lauterbach und Insel Vilm! — 6. Tag: Frühzug der Kleinbahn Putbus—

Altefähr oder über Bergen nach Stralsund. Wer mit der Kleinbahn fährt, benutzt ab Altefähr die Fähre. Rundgang durch Stralsund. Nachmittags nach Stettin.

Ab Greifswald in vier Tagen.

1. Tag: Mittagsdampfer über Thiessow nach Sellin. — 2. Tag: Fußmarsch Sellin—Jagdschloß—Binz. Abenddampfer nach Saßnitz. — 3. Tag: Saßnitz—Stubbenkammer—Lohme zu Fuß. Zurück mit Dampfer nach Saßnitz. Abends mit Bahn nach Bergen a. Rügen. Rugard! — 4. Tag: Von Bergen nach Stralsund. Stadtbesichtigung. Rückfahrt nach Greifswald.

Ab Greifswald in sechs Tagen.

1. Tag: Mittagsdampfer ab Greifswald nach Sellin. — 2. Tag: Wanderung Sellin—Jagdschloß—Binz. Dampfer nach Saßnitz. Im übrigen wie die sechstägige Fahrt ab Stettin, nur Abschluß am sechsten Tage in Greifswald.

Ab Stralsund in drei Tagen.

1. Tag: Frühzug Stralsund—Saßnitz. Wanderung Saßnitz—Stubbenkammer. Dampfer zurück nach Saßnitz und anschließend Dampfer nach Binz. — 2. Tag: Binz—Jagdschloß—Sellin zu Fuß. Bahn bis Putbus. Lauterbach, Vilm! — 3. Tag: Putbus—Bergen mit Bahn. Rugard! Bahn Bergen—Stralsund.

Ab Stralsund in sieben Tagen.

1. Tag: Stralsund—Altefähr und Kleinbahn bis Garz. Burgwall am See. Zu Fuß über Neuenkamp am Bodden mit Schanzen und Denkmal nach Putbus. — 2. Tag: Lauterbach—Vilm und weiter zu Fuß durch die Goor-Waldung nach Freetz und Gr. Stresow mit Denkmal, bzw. zur Haltestelle Seelvitz. — Fahrt nach Göhren. — 3. Tag: Dampfer Göhren—Sellin. Fußwanderung Sellin—Jagdschloß—Binz. Dampfer nach Saßnitz. — 4. Tag: Zu Fuß Saßnitz—Stubbenkammer—Lohme. — 5. Tag: Teils zu Fuß, teils Autobus bis Breege, gegebenenfalls über Quoltitz und Schloß Spyker. — 6. Tag: Breege—Nobbin—Vitt—Arkona (Hochuferweg). Dampfer nach Saßnitz. — 7. Tag: Bahn Saßnitz—Lietzow. Zu Fuß nach Bergen und dem Rugard. Abendzug nach Stralsund. Sofern am 6. Tage Dampferfahrt Arkona—Saßnitz nicht möglich ist, zur Übernachtung nach Altenkirchen. — 7. Tag: Bahnfahrt Altenkirchen—Bergen. Rugard! Mit Bahn nach Stralsund.

I. Stralsund—Altefähr—Bergen—Sagard—Saßnitz.

Über Stralsund siehe vorher! Fahrt nach Altefähr-Dorf mit der Fähre vom Hafen; sonst mit der Bahn (Strecke Stralsund—Saßnitz) und dann mit dem Trajekt ab Hafenbahnhof nach Bhf. Altefähr. In jedem Fall **wundervolles Bild der sich über den Wassern des Sundes aufbauenden Stadt mit ihren gewaltigen Gotteshäusern,** ebenbürtig dem Schönsten in deutschen Landen.

Altefähr,

Seebad, Kirchdorf mit 800 Einwohnern, auf hohem Ufer, gegenüber von Stralsund. Das alte Dorf zieht sich in einer

Uferschlucht empor (Litendorf). Uralte Fährstätte. Prachtvolle Aussicht auf Stralsund. Aussichtsreicher alter Park mit Kurhaus. Spielplätze. Sandstrand, Badehäuser und Freibad. Wellenschlag nur gering. — Kurmittel: Kalte Seebäder.

Arzt und Apotheke. — Unterhaltung: Konzerte, Tanzabende, Bootfahren, Segeln, Angeln, Sport. — Auskunft: Badeverwaltung. — Postamt. — Unterkunft (ohne Privathäuser): Kurhaus, im Park, Aussicht! — Hotel Putbus. — Gütschows Hotel, nahe Strand und Brücke. — Jugendherberge: Pfarrhof. — Verkehrsverbindungen: Station der Strecke Stralsund—Altefähr—Saßnitz. Oder ab Stralsund-Hafen direkt mit Fähre nach Altefähr-Dorf. — Bahnhof Altefähr liegt 2 km ab Ort. Auch mit Flugzeug (Berlin—Stettin—Swinemünde—Sellin—Stralsund) nach Stralsund und von dort weiter.

Wanderungen:

Wie unter Stralsund nach Vorpommern, Darß-Zingst und Hiddensee, bzw. nach allen Teilen Rügens.

Bahnfahrt Altefähr—Bergen. Ebenes Land. Hüben und drüben alte Einzelhöfe mit mächtigen Satteldächern und alten Bäumen. **Bhf. Rambin.** Gotische Kirche ohne Turm mit dem Grabstein eines Geistlichen von 1335 mit geritzter Zeichnung. — Links in der Ferne Kubitzer Bodden, rechts Hünengräber (Die neun Berge, Hügelgräber). Dann Bhf. Samtens.

Von Samtens täglich Privatkraftwagenverbindung nach **Gingst:** Marktflecken von 1300 Einwohnern. Spätgotische Kirche. Hotel Deutsches Haus, Markt 23. Hotel Zur Post, Markt 7. Von hier Chaussee nach **Waase** auf der **Insel Ummanz.** Kirche mit Schnitzaltar aus dem 16. Jahrh., ehemals in der Nikolaikirche in Stralsund, seit 1618 hier. Antwerpener Arbeit. „Gasthaus zum Hafen". Auf Ummanz malerische alte Höfe.

Fortsetzung der Bahnfahrt. Zunächst ebenes Land, dann langsam welliger und ansteigend. Blick rechts auf die hochgelegene Stadt Bergen und Bhf. Bergen.

Bergen auf Rügen.

Kreisstadt mit 4800 Einwohnern. Hoch gelegen und nahe dem Rugard (91 m), dem Gliede einer bewaldeten, malerischen Endmoränenbildung (siehe „Vorbemerkung" zu „Rügen"!). Im Mittelpunkte der Insel; als Stammquartier für Touristen und als Sommerfrische zu empfehlen. — Geschichtliches: Bergen entstand im Anschluß an das 1193 vom Fürsten Jaromar I. begründete Zisterzienser-Nonnenkloster, erhielt aber erst 1613 städtische Gerechtsame. Auf dem Rugard befand sich in spätwendischer Zeit ein Burgwall, der nunmehr Fürstensitz ward. Auch eine Kapelle entstand (zwischen 1285 und 1291). 1325 starben die Rügenfürsten aus, und Bergen ward wie die Insel mit dem übrigen Pommern vereinigt, um bis zum Jahre 1648 sein Schicksal zu teilen.

Unterkunft: Hotel zum Ratskeller, Markt 27, 11 Z., Gar. — Hotel zum Bahnhof, 16 Z., Gar. — Gesellschaftshaus, Arndtstr., 5 Z. — Hotel Prinz von Preußen, 10 Z., Gar. — Hotel Preußischer Hof, Bahnhofstraße 5, Gar. — Hotel Mecklenburger Hof, Bahnhofstr. 67. — Jugendherberge: Joachimberg. — Dazu Restaurants und Kaffees. — Banken: Stadtsparkasse; Kreissparkasse; Neuvorpommersche Spar- und Kreditbank; Rügensche Bank. — Postamt. — Bäder: Warme und medizinische Bäder im Lazarett. — Verkehrsverbindungen: D-Zug-Station der Strecke Stralsund—Saßnitz; Seitenstrecke Bergen—Putbus—Lauterbach; Kleinbahn Bergen—Altenkirchen. Kraftpostverbindung: Bergen—Binz im Anschluß an die Fernzüge, Bergen—Garz, Bergen—Gingst. — Auskunft: Stadtverwaltung. — Geistiges Leben: Geburtsstätte des Chirurgen Th. Billroth (geb. 26. 4. 1829). Daher: Billrothstr. —

Rundgang und Sehenswertes: Vom Bhf. steilauf durch einen jüngeren Stadtteil zum Markt. Hier das „Hotel zum Ratskeller" an der Stelle eines uralten „Kruges", der älter war als Stadt und Kloster. Rathaus aus der Mitte des vorigen Jahrhunderts mit Altertumssammlung. Kriegerdenkmal, 1864, 1866, 1870/71. Seitwärts die **Marienkirche,** deren schlanker Turmhelm weithin über die Insel sichtbar ist. Im Anschluß an das 1193 entstandene Kloster begründet. Zunächst als spätromanischer Ziegelbau und Basilika errichtet. Chor und Querschiff frühgotisch gewölbt. Nach dem Brande von 1445 als spätgotischer Ziegelbau mit erhöhten Seitenschiffen und mit Kreuzgewölben erneuert. Wandgemälde des ursprünglichen Baues, 1897—1902 aufgedeckt und erneuert, im Chor und Querschiff, 13. Jahrh. Köstlich naive religiöse Darstellungen, die diesem Teil der Kirche einen heiteren Charakter geben. Trotzdem der Umbau des 15. Jahrhunderts die Raumwirkung umgestimmt hat, wobei das Eigenleben des Chores eine Beeinträchtigung erfuhr, webt in ihrem farbigen Innern eine freudige Feierlichkeit. Taufstein von 1623, Kanzel von 1742. Vor dem Altar Grabstein der Prinzessin Elisabeth (1461—1473 Äbtissin des Klosters zu Bergen). Links vom Haupteingang im Fundament eingemauert ein **wendischer Grabstein** des 9.—11. Jahrhunderts (also kein Götzenbild). (Besichtigung: 12—14, 15—18; Karten im Küsterhaus neben der Kirche.) Neben der Kirche **Adliges Damenstift** Rügens, die 1732—1736 völlig umgebauten Klostergebäude. Die schlichten zweistöckigen Bauten mit den mächtigen abgewalmten Mansardendächern, der alten Klostermauer, mit Hof und Garten bilden einen überaus reizvollen stillen Winkel. Außerdem an der Billrothstr. das **Billrothhaus,** ein feiner alter Bau, und das **Kreishaus,** der ehemalige Probsteihof, der in späteren Zeiten den Pommernherzögen (seitdem umgebaut) des öfteren als Wohnung bei vorübergehendem Aufenthalt diente. Zum Markt zurück und durch die Vieschstraße zum **Rugard** (91 m hoch). Schon vom Wege dorthin prächtiger Blick über welliges Moränengebiet. Der ehemalige **Burgwall,** teilweise noch heute erhalten, bestand aus dem Hauptwall und einem Vorwall, der den ersteren in einem Halbkreise nach O und NO umschließt. Nach dem sich anschließenden Höhenzug im W zu ist der Wall 10 m hoch. Der **Arndtturm,** 26,7 m hoch, ist 1877 vollendet worden. Im Untergeschoß die Büste des Freiheitssängers. Vom Turm überraschend schöner **Rundblick über die ganze Insel.** Man orientiere sich selber nach der Karte! Nahebei Restaurant Pahnke. — Unfern, am Waldrande des Krähenberges (Wegweiser am Eingang zum Rugard), ein **stimmungsvolles Ehrenmal,** eines der besten in Pommern; auch hier schöne Fernsicht auf Bodden und Meer. Vom Rugard in 20 Min. zum Höhenzug des Raddas mit verschiedenen Ausblicken, Promenadenwegen, Schützenhaus und Restaurant zum Raddas.

Wanderungen:

1. Über den Rugard zur **Bootsstelle am Jasmunder Bodden.** 45 Min. Schön gelegenes Gasthaus, als Sommerfrische geeignet. Badegelegenheit.

2. Waldweg nach Putbus und Lauterbach und mit Bahn zurück.

3. Landweg nach Tilzow (südlich Bergen) und durch Forst Mölln nach Sehlen und Teschenhagen. Rückfahrt mit Bahn.

4. Wiesenweg zum Nonnensee, nördlich Bergen, nahe der Kleinbahnstrecke. Landweg nach **Patzig.** Geschnitzter Schreinaltar in der Kirche (um 1500). Romanischer Taufstein und Grabplatte (1339). Nordwärts, 20 Min., Dorf **Woorke** mit **13 Hünengräbern.** Zurück mit Kleinbahn oder auf der Chaussee nach Bergen.

5. Mit Bahn nach Lietzow (siehe später) und zu Fuß nach **Ralswiek,** 5 km. Renaissanceschloß des 17. Jahrh., vom Grafen Wrangel erbaut. Dazu das neue Schloß der Grafen Douglas mit prachtvollem Park (botan. Seltenheiten). Erlaubnis im Gärtnerhaus, links vom Parkeingang.

Bahnfahrt Bergen—Lietzow. Nordwärts, rechts Raddas-Höhenzug, Rückblick auf die Endmoränenlandschaft, dann (rechts) Niederung und weiter zwischen Wald und kleinem Jasmunder Bodden (rechts). Im SO die dunkle Granitz mit dem Turm des Jagdschlosses. Dann auf schmaler Landzunge und Brücke durch den Bodden nach Lietzow, Bhf.

Lietzow,

Sommerfrische und Boddenbad, reizend auf ansteigender Landzunge zwischen Großem und Kleinem Jasmunder Bodden gelegen. Wald in nächster Umgebung. Erbaut im Bereiche vorgeschichtlicher Siedlungen bzw. steinzeitlicher Feuersteinschlagstätten. **Sammlung in Heidtmanns Gasthaus.** —

Unterkunft (ohne Privathäuser): Gast- und Logierhaus Heidtmann, nahe Bhf. Logierhaus und Pension Kl. Lichtenstein, auf der Höhe mit Aussichtsturm. — Gastwirtschaft Tuschey. — Auskunft: Gemeindeverwaltung. — Postagentur. — Bad: Badestrand am Jasmunder Bodden, Freibad. — Verkehrsverbindungen: Station der Bahn Stralsund—Saßnitz. In der Saison Dampfer nach Hiddensee.

Bootfahrten und Wanderungen:

1. Bootfahrt nach Ralswiek. Näheres und über die Wanderung siehe vorher! — 2. Zur **Bootsstelle Bergen.** Siehe auch unter „Bergen"! Vorbei an der **Insel Pulitz** mit Reiherkolonie. Betreten verboten! — 3. Nordwärts am **Gnewer Ufer** (Steilufer und Wald) entlang. Im Walde Schloß Semper. — 4. Wanderung ostwärts, teilweise durch Wald, nach Bad Neumukran, 4½ km. In den Waldungen die Stechpalme, Ilex.

Neumukran, Post Sagard. Bad und Sommerfrische für eine kleine Anzahl von Gästen. Ursprünglich einige Fischerhütten am Anfang der bewaldeten, wildreichen Schmalen Heide, der Verbindung verschiedener Kerne der Insel, vor allem der Jasmunder und Mönchguter Kerne durch eine Sandnehrung. Freibad am feinsandigen Strand, der nach Binz zu noch fester und feinsandiger wird. —

Unterkunft: Hotel zur Ostsee; Gasthaus Hülsenkrug; Pension und Kaffee Strandhaus. — Post Sagard. — Bahnstation: Lietzow der Strecke Stralsund—Saßnitz.

Weiterfahrt ab Lietzow: Die Bahn folgt dem Seeufer und steigt dann zur unbewaldeten Hochfläche der Halbinsel Jasmund empor. Weite Blicke! Rechts Wostewitzer Teich, links Borchtitzer Hünengrab, und — Achtung! — dann links, kurz vor Sagard, das größte Hügelgrab der Insel, der **Dubberworth** (12 m hoch, 170 Schritte Umfang; ältere Bronzezeit), sageumwoben!

Sagard,

Marktflecken von 1700 Einwohnern, der Mittelpunkt Jasmunds. Straßen und Häuser in malerischer Enge um die romanisch begonnene, unglaublich verbaute Kirche. Hinter dem Pfarrhaus die ihrer starken schwefeleisenhaltigen Quellen wegen sehenswerte **Brunnenaue.** Früher als Heilquellen benutzt. —

Unterkunft: Hotel zur Fürstenkrone, Markt 5; Zentral-Hotel, Bahnhofstr. 10; Deutsches Haus, Breite Str. 10. — Postamt. — Bad: im Bodden, ½ Std. Wanderung. — Ärzte, Apotheke. — Verkehrsverbindungen: Station der Strecke Stralsund—Saßnitz. — Postauto: Sagard—Altenkirchen—Arkona; Sagard—Lohme—Nipmerow.

Wanderungen:

1. Zum **Dubberworth** (siehe vorher!). Auf der Chaussee, Richtung Lietzow. Nach ¼ Std. links im Felde der gewaltige Hügel. Aussicht!!

2. In die **Promoiseler Berge** mit weiter Fernsicht. Karte nötig. Fußsteig ab Brunnenaue, 3½ km. Gasthaus. Zurück Landstraße über Volksitz.

3. Nach **Bobbin und Schloß Spyker.** Zu Fuß auf Chaussee oder mit Postauto. Wellige Landschaft, links der Bodden. **Bobbin** (4 km), malerisch mit Häusern und Kirche am Hügelhang. Gastwirtschaft. Vom **Heidberg,** nahe dem Dorfe, prachtvolle Aussicht. Hinter Bobbin, links im Wiesengrunde, **Schloß Spyker.** 1650 vom schwedischen Feldmarschall Graf Wrangel erbaut, jetzt zur Herrschaft Putbus gehörig und Wohnung des Domänenpächters. Schöne Stuckdecken!

4. Nach **Quoltitz.** Ab Sagard nordwärts, Richtung Bobbin; aber bald hinter dem Friedhof auf die Landstraße, rechts, Richtung Nipmerow. Nach 1½ km Fahrweg links über Neddesitz nach Quoltitz, 4 km. Beim ersten Hause rechts ab, an Kreideschlämmereien vorbei und zum sogenannten **Opferstein.** In der Umgebung mehrere Hünengräber. Fernsicht!!

5. Nach Neumukran-Bad, 5½ km.

6. Nach **Stubbenkammer.** Zunächst Landstraße wie unter Nr. 4, aber weiter, Richtung Nipmerow. Aussichtsreich. Bei Jägerhof rechts ab nach Hagen (siehe unter „Stubbenkammer“!) und waldein zur Stubbenkammer, 11 km.

Weiterfahrt mit der Bahn ab Sagard: Links geöffnete Kreidebrüche. Bhf. Lancken.

Seitenwanderung: Von Lancken nach **Schloß Dwasieden.** Wundervoller Park mit Hünengräbern und Findlingen. Das weithin auf See sichtbare

Schloß, 1873—1876, 20 m über dem Meere, von Hitzig in italienischer Renaissance erbaut. Sehenswerte Sammlungen. Eintrittskarten für Schloß und Park im Reisebüro „Wiking“, Saßnitz.

Weiterfahrt: Lancken—Saßnitz. Rechts Blick auf das Meer. Drahtseilbahnen zur Kreideförderung. Dann Bhf. Saßnitz. (Züge mit Anschluß an die Schweden-Fähren werden abwärts zum Hafenbahnhof geleitet.)

Ostseefreibad Saßnitz,

klimatischer Luftkurort. Saßnitz baut sich, von See gesehen, überraschend schön an den Steilhängen der Hochfläche der Halbinsel Jasmund auf. Weiße Kreide und dunkler Wald geben den Hintergrund ab für den lebhaften Hafenbetrieb, das bunte Leben am Wasser und das Über- und Nebeneinander ins Grün der Gärten gebetteter Hotels und Landhäuser. — Geschichtliches: Saßnitz, heute 5000 Einwohner, entstanden aus den vereinigten uralten Ortschaften Crampas (einst Bauerndorf) im Westen und Saßnitz (Fischerdorf) im Osten. Ab 1824 beide als Seebäder benutzt. Zu den ersten Gästen gehörte der berühmte Theologe Schleiermacher. Noch 1840 in den Dörfern fast ausschließlich Rauchhäuser. Nach 1860 Umwandlung zum Badeort, insonderheit, seit Ende der siebziger Jahre Prinz Friedrich Karl von Preußen Saßnitz zum Sommeraufenthalt erkor. 1890 erschien auch die deutsche Kaiserin, und damit war der Schritt zum Weltbade getan. In den Jahren 1889 bis 1896 baute der Staat den Hafen mit 1430 m langer Mole. Am 6. Juli 1909 Eröffnung der Fährverbindung Saßnitz—Trälleborg. — Fischfang, Fischversand. Kreideschlämmereien. Wasserleitung. Kanalisation. Elektrisches Licht. — Klima: gemäßigtes Meeres- und Waldklima. Schutz vor rauhen Winden. Luft rauch- und staubfrei. Schöne und milde Herbsttage. —

Kurmittel: Seebäder (auch Freibad); Waldluft; Warmbad, medizinische Bäder (Kreidebäder), ganzjährig geöffnet. — Badeärzte, Zahnärzte und Apotheke. — Unterhaltung: Freilichtbühne, Sandstrand und Wasserrutschbahn, Sportplätze, Segel- und Motorbootsport, Angeln, Konzerte, Vergnügungen, Lesesaal. — Rügensches Heimatmuseum. — Postamt. — Banken: Saßnitzer Bank, e. G. m. b. H. — Rügensche Kreissparkasse, Nebenstelle. — Rostocker Bank, Filiale. — Neuvorpommersche Kreditbank, Filiale. — Auskunft: Kurdirektion. — Konsulate: Vizekonsulate von Dänemark, Finnland, Niederlande, Norwegen, Schweden. — Reisebüros: Verkehrsamt der Badeverwaltung. Reise- und Verkehrsbüro „Wiking“. — Unterkunft (ohne Privathäuser): Ganzjährig geöffnet: Hotel Deutsches Haus, Exz.-Kirchhoff-Str. 48, 8 B. — Hotel zum Fahrnberg, Johanniskirchstr. 1, 34 B., Gar. — Hotel Geschwister Koch, Walterstr. 4, 65 B. — Hafenhotel, Exz.-Kirchhoff-Str. 26, 19 B. — Hotel Kaiserhof, Bergstr. 10, 28 B. — Gasthaus Lindenhof, Exz.-Kirchhoff-Str. 60, 4 B. — Gasthaus zum Lenzberg, Merkelstr. 7, 4 B. — Hotel Monopol, v. Halfernstr. 7, 38 B. — Pirschels Hotel, Exz.-Kirchhoff-Str. 24, 36 B. — Hotel zur Post, Exz.-Kirchhoff-Str. 35, 40 B. — Hotel Saßnitzer Hof, Bergstraße 7, 12 B. — Hotel zur Stubbnitz, Exz.-Kirchhoff-Str. 29, 14 B. — Hotel Tourist, Marktstr. 6, 25 B. — Viktoria-Hotel, Seestr. 12, 67 B. — Sommers offen haben: Hotel am Meer, Strandpromenade, 38 B. — Bahnhofshotel, Bahnhofstr. 17, 10 B. — Hotel z. Fürstenhof, Strandpromenade, 50 B. — Hotel Hohenzollern, Am Markt, 23 B. — Stöwers Hotel und Pension, Aug.-Vikt.-Allee 1, 19 Z. — Strandhotel, Strandpromenade, 36 B. — Jugendherberge: Ernst-Moritz-Arndt-Jugendherberge. — Dazu Restaurants und Kaffees. — Verkehrsverbindungen: Direkte Eil- und D-Züge ohne Wagenwechsel: Hamburg—Lübeck—Rostock—Stralsund—Saßnitz; Berlin—Neubrandenburg—Stralsund—Saßnitz; Berlin—Angermünde—Pasewalk—Stralsund—Saßnitz. In Pasewalk Anschlüsse von Stettin usw. — Dampfer-Linien: Stettin—Swinemünde—Heringsdorf—Zinnowitz—Rügen bis Saßnitz. Rügen (Saßnitz)—Bornholm. Saßnitz—Kopenhagen (wie vorige Linie, nur Saison-Verkehr. Kein Paß erforderlich). Saßnitz—Trälleborg (Schweden). Nicht nur Fernverkehr, sondern auch billige Sonderkarten mit dreitägiger Gültigkeit. Gewöhnlicher Reisepaß genügt oder Ausflugsschein. — Küstenverkehr: in der Saison täglich 6—8malige Verbindung mit den Bädern der Ost- und Nordküste Rügens. Dazu Sonderfahrten und Rundfahrten um Rügen.

Die Stubbnitz.

Nächst dem Meere ist es das Waldgebiet der Stubbnitz, das dem Kurort Saßnitz zu seiner Bedeutung verhilft. Es ist etwa 4 km breit und 9 km lang und erreicht im Piekberge 160 m Höhe. Der westliche Wall der Herthaburg erhebt sich 136 m über die See. Der Boden der Forst ist von reihenförmig angeordneten Vertiefungen durchzogen, entsprechend der Schollennatur der Kreide. Nach der Küste zu haben sich die Bäche tief in den felsigen Grund eingeschnitten, und ihre Schluchten bereiten dem Wanderer ein dauerndes Hinauf und Hinab. **Über den Bau der Küste mit ihren gekanteten Kreideschollen orientiert man sich am besten im Saßnitzer Heimatmuseum.** Innerhalb des prachtvollen Buchenbestandes erscheinen als eingesprengt Wildäpfel, Wildbirnen, Vogelkirschen, Eibenhorste und Stechpalmen (Ilex), ganz abgesehen von pflanzlichen Seltenheiten, die der Botaniker ungern nennt, um sie nicht zu gefährden. Ein Teil der Küste mit einem Waldstreifen landein und gewisse Bachschluchten stehen unter Naturschutz. — Die Wege der Saßnitzer Umgebung sind bezeichnet.

Wanderungen:

1. Zum **Fahrenberg** (80 m) mit Aussicht; Aufstieg hinter der Kirche (10 Min.).

2. Zur **Rabenin-Höhe** (30 Min.). Aufstieg vom Hotel Fahrnberg auf schattigem Waldweg, die Krenz entlang; dann Aufstieg von der Waldhalle-Fahrstraße zur Höhe. Man übersieht Meer, schön bewaldete Talschlucht, Schloßberg und waldige Höhen mit einzelnen mächtigen Buchen. Auf der Höhe nach Westen zu eine Grabstätte; dort Abstieg.

3. Zum **Schloßberg** (30 Min.). Aufstieg vom Hotel Fahrnberg auf schattigem Waldweg zur Fahrstraße; diese bis zum Stauweiher, dann an der Zwillingsbuche vorbei, ein Stück die Fahrstraße nach Werder und nun links, waldein, aufwärts zur Höhe mit prachtvollen Buchen. Alte Wälle mit Gräben, Reste einstiger Befestigung. Auf der Hochfläche zwei mächtige Blöcke, einer ein „Näpfchenstein".

4. Zum **Sonnenblick,** 45 Min. Bis zum Weiher wie oben, dann die Straße nach der Waldhalle an der Rognickwiese entlang, bis links eine Tafel den Weg zur Höhe zeigt. Auf der Kuppe alte knorrige Buchen und einige Hünengräber. Blick über Wald und Meer. Etwas weiter eine Bank; wundervoller Rundblick auf jungen Wald. Vom Sonnenblick, Richtung Waldhalle, zur Fahrstraße abwärts und die Fahrstraße zur Waldhalle, so kommt man an einem geöffneten Hünengrab vorbei.

5. **Waldhalle.** 45 Min. Bequemster Zugang von der Weddigenstraße auf gepflegtem Waldweg. Schöner der Uferweg: Am Strande bis zu den Blockhäusern, auf-

wärts, um diese herum, bis das Hochufer erreicht ist. Ganz nahe die „Bläse", ein vorspringender Kreideknollen mit prächtigem Blick auf die Uferhänge bis zum Kessel. Etwas weiter der „Hengst", ebenfalls eine aufgekippte Kreidescholle mit überraschendem Blick auf das Meer.

Der **„Wall"** auf dem Hengst — eine alte Zufluchtsstätte — ist nicht mehr vollständig. Hinab zum Einschnitt des **Lenzer Baches** und jenseits hinauf zur **Cäciliensicht;** Blick auf Kreideufer und Küste. Noch umfassender von der nahen **Petermannssicht.** Im Hochwald mit wundervollen Durchblicken aufs Meer zu dem **Wissower Bach** und den **Wissower Klinken,** zwei gewaltigen Kreidepfeilern, die scheinbar aus dem Wasser aufsteigen. Wenige Schritte waldein zur **Waldhalle.** Alter Baumbestand. Seltsam geformte Feuersteine! Man versäume nicht, zur nahen **Ernst-Moritz-Arndt-Sicht** aufzusteigen!

6. **Promoisel.** 1½ Std. Einsame Waldwege! Langgestrecktes Dorf, 150 m hoch, am Westende des Waldes. Überraschender Blick auf das weit ins Meer vorspringende Arkona und das Hochland von Hiddensee. Weg, an der Jugendherberge vorbei, durch Baumzeichen kenntlich gemacht. Weiter nach Sagard. Siehe vorher!

7. **Stubbenkammer.** Wege nach Wahl: 1. mit Schiff; 2. mit Omnibus oder Droschke; 3. zu Fuß auf dem Uferweg, 3 Std., **dem schönsten Wege der Insel.** Der Stubbenkammerfels, 119 m hoch, ist mit seiner Umgebung der Glanzpunkt der gesamten deutschen Meeresküste. Es gehören dazu Kl. Stubbenkammer mit Viktoria- und Wilhelmsicht, die Schlucht zwischen Kl. Stubbenkammer und Königsstuhl, der Königsstuhl, die Schlucht zwischen diesem und dem Feuerregenfelsen, Gr. Stubbenkammer und Teufelsschlucht.

Bis zur Waldhalle wie oben. Von hier bequemer Fußweg zum Kieler Bach, aber ohne Aussicht. Wer rüstig ist, wähle den **Hochuferweg!** Von der Waldhalle zur **Ernst-Moritz-Arndt-Sicht,** am Hochufer etwas abwärts, um ein kleines Gehölz, das eine Schlucht umschließt, und wieder nach rechts zum Hochufer. Köstliche Durchblicke aufs Meer! Bald danach „Tipperort", freie Hochfläche, mit großartigem Ausblick auf die malerische Kreideküste bis zum Kollickerort. Dann allmählich abwärts zum **Kieler Bach,** einer wildromantischen Talschlucht, die man zum Strande niedersteigen kann. Blick von unten auf steil aufragende Kreidemauern mit Waldbekrönung besonders eindrucksvoll! Vom Kieler Bach auf Treppen empor. Es folgen Kollicker Bach und Schlucht mit Leuchtfeuer, Steinbach und der letzte Aufstieg zur Höhe mit **Viktoria- und Wilhelmsicht** (Blick auf den Königsstuhl!). Endlich am Sturmwarnungsmast vorüber zur Hochfläche mit **Restaurant und Hotel.** (Jugendherberge in Lohme und Hagen.) Zum **Königsstuhl** auf schmalem Grat, mit dem Rest eines teilweise abgestürzten Hünengrabes, besser eines Wikingergrabes der späten Eisenzeit. Da der Name Königsstuhl bereits aus dem Jahre 1584 belegt ist, kann er nicht entstanden sein, weil — was ebenfalls der Wahrheit nicht entspricht — König Karl XII. am 5. 8. 1715 von hier aus einer Seeschlacht gegen die Dänen zuschaute. Wahrscheinlich verdankt der Fels den Namen seiner imponierenden Erscheinung. Wundervolle Aussicht! Prachtvolle Laubfärbung im Spätherbst. — **Abwärts zum Strand** durch die Schlucht zwischen Königsstuhl und Kl. Stubbenkammer; Serpentinen, teilweise Stufen. Vorbei an der Golchaquelle, in deren Nähe die Sage eine Störtebeckerschlucht verlegt. Am Ufer Feuersteingeröll. (Neben dem Hotel auf der Höhe prachtvolle Araucarie.) In der Nähe **Herthasee und Herthaburg.** Letztere ein gewaltiger wendischer Burgwall. Erzählungen von einem Tempel der germanischen Frühlingsgöttin Hertha, der innerhalb des Waldes gestanden haben soll, sind Phantasien; ebenso „Fabelwesen" sind die sogenannten „Opfersteine". Auf dem Wege zum Herthasee die **„Herthabuche".** Ihr Stamm mißt nur 65 cm. (Als der uralte Baum 1852 im Absterben begriffen war, ward auf Anregung Friedrich Wilhelms IV. der Boden umher aufgehöht.)

8. Nach **Schloß Dwasieden,** 25 Min. Die Exz.-Kirchhoff-Str. westwärts bis Lenzbergstr.; hier geradeaus weiter, über die Hafenbahn und unter der Drahtseilbahn hindurch zum Parkeingang. Über „Eintritt" und Schloß und Park siehe unter „Lancken"!

II. Lohme und Glowe

1. **Von Stubbenkammer nach Lohme.** a) Schiffsverbindung während der Saison. — b) Wanderung (1 Std.). Hochuferweg. Durch den Wirtschaftshof des Hotels zum Wegweiser. Nordwestlich, nahe dem Steilrand mit schönen Blicken aufs Meer, weiter, zuletzt Fußpfad. Nach dem Verlassen des Waldes links Blick auf Ruine Ranzow.

2. **Von Stubbenkammer nach Nipmerow und Hagen.** a) Auf der Waldfahrstraße, Richtung Saßnitz, bis (rechts) zur Fahrstraße nach Nipmerow. Nach 1 km bei Gabelung links (rechts nach Ranzow). Im ganzen 45 Min. — b) Zur Herthabuche (rot bezeichnet) und zum Herthasee. Rechts am See weiter und, dem Fußsteig westwärts folgend, zum Waldrande. Hier rechts, immer nahe dem Waldrande, durch Wald weiter und am Mummelsee vorüber; später am Kriegerdenkmal (1914—1918) vorbei zur Fahrstraße nach Nipmerow, 1 Std.

Nipmerow, einfache Sommerfrische. Betzels Gast- und Logierhaus. Nach Lohme und zum Strande 1½ km. — Von Nipmerow ¾ km nach Hagen.

Hagen, einfache Sommerfrische. Gastwirtschaft und Fremdenheim Boneß; Gasthaus Herthaburg. — Jugendherberge: Herthaburg.

Ostseebad Lohme

(auf Rügen), auf dem bewaldeten Hochufer der Nordküste von Jasmund, 2 km vom Rande der Stubbnitz, 4 km von Stubbenkammer entfernt. Kräftiger Wellenschlag, kräftige Luftbewegung, staubfrei. Temperatur gemildert; schöne Herbsttage. Keine Mückenplage. Zahl der Badegäste 1930: 2000. Quellwasser und Kanalisation. Strandpromenade. — Kurmittel: See- und Warmbad. Strand steinig! Terrainkuren, Bergsteigen. Waldluft. Arzt in Sagard, Filial-Apotheke. — Unterhaltungen: Konzerte, Tanzabende, Sport, Segeln, Rudern, Angeln; Lohme hat einen Fischereihafen. Ruhiges Leben, da kein Modebad.

Bank: Lohmer Spar- und Darlehnskasse. — Post. — Unterkunft (ohne Privathäuser): Mau's Hotel, 18 Z. — Hotel-Pension Trost, 18 Z. — Hotel zur Linde, 14 Z. — Gasthaus Ruge, 5 Z. — Garagen vermietet die Gemeindeverwaltung. — Jugendherberge: Haus Siebrechts, Dorfstr. — Auskunft: Kurverwaltung. — Verkehrsverbindungen: Bahnstationen für Lohme sind Sagard oder Saßnitz. Ab Sagard mit Postauto nach Lohme. Ab Saßnitz (bei schlechtem Wetter unsicher) mit Dampfer. Privatfuhrwerk auf beiden Bahnhöfen. Auch Dampfer Stettin—Saßnitz und weiter mit Wagen oder Schiff. — Küstenfahrten: Lohme—Stubbenkammer—Saßnitz—Binz—Sellin—Göhren.

Wanderungen:

1. Nach Stubbenkammer, Saßnitz, Nipmerow, Hagen, Sagard, siehe vorher! — 2. Nach Quoltitz, Bobbin und Spyker. Näheres vorher! Chaussee Blandow—Nardevitz. Gegenüber Landweg nach Quoltitz, 5 km. Quoltitz—Bobbin—Spyker 3 km. — 3. **Hochuferweg westwärts:** Lohme—Koosdorf mit prächtiger Aussicht. — 4. Nach **Arkona** mit Postauto oder zu Schiff. — 5. Nach **Glowe** mit Postauto oder zu Fuß: Hochuferweg bis Koosdorf; dann Landweg bis Ruschvitz und weiter Chaussee nach Glowe, 8½ km.

Ostseebad Glowe.

Freibad und Luftkurort; freundliches Fischerdorf von 250 Einwohnern, an der Stelle gelegen, wo das steinige Hochufer der Halbinsel Jasmund in den feinen Sandstrand der Wittow und Jasmund verbindenden, mit Kiefernwald bedeckten Schaabe übergeht. Seit 1896 Bad; 1929: 1240 Badegäste. Leben einfach und ungezwungen. In Nardevitz Jugendherberge. — Kurmittel: Seebäder, kräftige Luftbewegung, starke Sonneneinstrahlung, Nadelwaldluft. Milde Frühjahrs- und Herbsttemperaturen, klare Tage. Freibad.

Arzt und Apotheke in Sagard. — Post. — Elektr. Licht, Fuhrwerke und Kraftwagen. — Unterkunft (ohne Privatwohnungen): Strand-Hotel; Gast- und Logierhaus Bandelin; Gasthaus „Zur Schaabe". — Auskunft: Badeverwaltung. — Jugendherberge: Anmeldung Lehrer Breitsprecher. — Verkehrsverbindungen: Bahn: Stralsund—Sagard und Kraftpost Sagard—Glowe, auch zu Sonderzügen. Fahrkarten bis Glowe auf allen großen Bahnhöfen. — Dampfer: Stettin—Saßnitz, Bahn bis Sagard, anschließend Kraftpost. — Kraftverkehr mit Sagard, Lohme und Arkona (Altenkirchen).

Wanderungen:

1. Forsthaus Gelm, 5 km. (Kaffee und Milch.) Im Anschluß daran in die Waldungen der Schaabe, deren Entstehung aus vom Meere abgelagerten Sanden und größeren Geschieben nicht uninteressant ist. — 2. Nach **Juliusruh und Breege** auf Wittow und nach **Altenkirchen** oder **Arkona** als Segelbootfahrt, Postautofahrt oder Wanderung. (Letztere eintönig.) 3. Nach **Schloß Spyker** 4 km, **Bobbin** 4½ km, **Quoltitz** 6 km auf leicht zu findenden Wegen (Karte). Siehe auch unter „Sagard"! 4. Nach Lohme und **Stubbenkammer** siehe dort!

III. Halbinsel Wittow.

Vorbemerkung: Die Halbinsel Wittow ist ein Lehmplateau mit Kreidekern, das von Westen her langsam ansteigt. Wald fehlt fast ganz; der Boden ist fruchtbar.

Weizenbau. Glanzstück ist die östliche Steilküste mit dem 46 m hohen Vorgebirge Arkona und seinen Kreidefelsen.

Verkehrswege:

1. **Kleinbahn Bergen—Altenkirchen.** Über Bergen und die Orte Thesenvitz, Patzig und Woorke (einschl. Ralswiek) siehe unter Bergen! Weiter durch flachwelliges Gelände über Cartzitz nach Bubkevitz.

Seitenwanderung: Bhf. Bubkevitz—Rappin—Gr. Banzelvitz mit den 44 m hohen **Banzelvitzer Bergen** am Großen Jasmunder Bodden, 4 km. Prächtige Aussicht.

Weiterfahrt über Zirmoissel nach Bhf. Neuendorf, nahe der Neuendorfer Wiek.

Seitenwanderung: Zum Dorfe Neuendorf; weiter nach Neuenkirchen und nördlich zum 43 m hohen **Hochhilgor,** 5 km. Aussicht! In Vieregge (1½ km) Gasthaus und Fähre nach Wittow.

Weiter über Ganschvitz nach Trent. — **Trent,** Dorf mit 300 Einwohnern. Spätgotische Kirche, Turm von 1602. —

Gast- und Logierhaus K. Tamm; Gast- und Logierhaus Böttcher. Ländliche Spar- und Darlehnskasse.

Seitenwanderung: 1. Chaussee Richtung Schaprode und nach 3 km rechts ab, über Poggendorf nach **Seehof am Vitter Bodden.** Jugendherberge; Herbergsvater: Gutsbesitzer Mahnke. Übersetzen nach Hiddensee. (Bis Seehof 9 km.) Oder von Trent nach

2. **Schaprode,** 6½ km, Bauern- und Fischerdorf, 300 Einwohner. Kirche: spätromanischer Ziegelbau, Chor gewölbt, mit Apsis geschlossen. Spätgotische Kreuzigungsgruppe, gute Arbeit. Grabstein von 1368; Wappenfenster aus dem 17. Jahrh. Hafen, geschützt, für Segeljachten. Dampfer: Stralsund — Schaprode — Wiek auf Wittow. Löwes Gasthaus.

Weiterfahrt zur Wittower Fähre. Der Zug wird übergesetzt. — Jenseits, auf Wittow, zunächst am Breetzer Bodden entlang und über Woldenitz und Bohlendorf nach Wiek auf Wittow. (Über Wiek siehe weiter unten!) Jetzt nordwärts am Wieker Bodden (links) entlang und bald darauf östlich nach Altenkirchen (Endstation).

Altenkirchen,

Kirchdorf von 800 Einwohnern, Mittelpunkt der Halbinsel Wittow, auch als Sommerfrische besucht. Viel besuchte **Kirche.** Spätromanischer Ziegelbau, wahrscheinlich ältestes Gotteshaus Rügens. Chor und Apsis aus dem 13. Jahrh.; in spätgotischer Zeit teilweise (Langhaus) umgebaut. Altarbild von Pfannschmidt. **Granitreliefbild,** wendischer Grabstein (vergl. Bergen!). Schönes Friedhofportal. Auf dem Friedhof Grab des Dichters Kosegarten (Ortspfarrer von 1792—1808, gest. 1818 als Rektor der Universität Greifswald). Alte Grabmäler.

Unterkunft: Gasthaus Nordischer Hof, Gar. — Gasthaus zum goldnen Löwen, Gar. — Gasthaus W. Bunge. — Gasthaus zum Lindenhof. — Geschäfte jeder Art. — Banken: Ländl. Spar- und Darlehnskasse Wittow; Rügensche Kreissparkasse, Zweigstelle. — Postamt. — Arzt, Apotheke. — Verkehrsverbindungen: Kleinbahn Bergen—Altenkirchen; Postauto Sagard—Altenkirchen. (Anschlüsse an D-Züge in Bergen und Sagard).

Wanderungen weiter unten!

2. **Postauto-Verbindung Sagard—Breege—Altenkirchen.**

3. **Dampfer Stralsund—Wiek—Breege.**

Wiek auf Wittow.

Kirchdorf von über 1000 Einwohnern, am Wieker Bodden gelegen. Hafen. Freundliche, von Gärten erfüllte Ortschaft. Sommerfrische. Kindererholungsheim. Kirche aus dem 14. Jahrh. Holzschnitzerei mit Bemalung: St. Georg zu Pferde, wie das Kruzifix aus dem 15. Jahrh.

Postamt. — Arzt; Apotheke in Altenkirchen. — Badeanstalt, Warmbad; Strand steinfrei, Wellenschlag gering. Leben einfach. — Auskunft: Gemeindeverwaltung. — Unterkunft: Hotel Bellevue. — Hotel Deutsches Haus. — Hotel Bismarck. — Jugendherberge: Hotel Bellevue, Hauptstr. 5. — Bank: Wittower Kreditverein e. G. m. b. H. — Verkehrsverbindungen: Bahn: Bergen—Wiek—Altenkirchen (D-Zug-Anschluß in Bergen). Dampfer: Stralsund—Wiek.

Bei Wiek und auf dem Bug während des Krieges Marine-Flugstation, heute aufgelöst und teilweise als Kinderheim benutzt, teils — auf dem Bug — Beamten-Erholungsheim.

Wanderungen:

1. Nach **Arkona.** Zu Fuß oder mit der Bahn bis Altenkirchen. Von dort weiter, siehe unten!

2. Zum **Bakenberg am Wittower Nordstrand.** An der Bahnstrecke nordwärts; links das Meer. Über die landein führende Strecke und im Bogen rechts zur Chaussee. Auf dieser links weiter nach Starrvitz, nordwärts nach Grantitz und hinter dem Dorfe auf dem zweiten Wege rechts ab zum **Bakenberg** und der Kreptitzer Heide, 6 km. Schöne Aussicht vom 28 m hohen Steilufer bis zum Dornbusch auf Hiddensee und nach Stralsund. Im NW die Insel Möen. Östlich des Berges Gastwirtschaft Tredup. — Man kann auch von Wiek bis Starrvitz ein Boot benutzen. Die Waldung setzt sich ostwärts an der Küste als „Schwarbe" fort. Besuch zu empfehlen.

3. Nach **Dranske,** gegenüber Wiek, am Wieker Bodden. Mit Boot, Segelboot oder Motorboot. Fischerdorf an der Übergangsstelle des Wittower Inselkerns zum bewaldeten Sandhaken des Bug. Rettungsstation. Badestelle am Außenstrand mit kräftigem Wellenschlag bei westlichen Winden. Eine Gastwirtschaft und wenige Privathäuser mit Zimmern. Motorbootverbindung mit Wiek und Kloster auf Hiddensee.

4. **Auf den Bug:** teilweise bewaldeter, einsamer Sandhaken gegenüber Hiddensee. Wie vorher zunächst nach Dranske. Auf schmaler, von einem Steindamm geschützter, von Sturmfluten oft durchbrochener Landzunge zum Bug hinüber. Forsthaus auf dem Bug. Erfrischungen. Südwärts weiter durch Wald und Heide zur Südspitze mit **Wittower Posthaus,** 7½ km. Lotsenstation, Bootshafen. An- und Ausbooten der Stralsunder Dampfer.

Ostseebad Juliusruh,

liegt an der Stelle, wo sich an den Wittower Inselkern die ihn mit Jasmund verbindende Schaabe ansetzt. Der Strand ist feinsandig und steinfrei. Freibad. Landein Park Juliusruh mit alten Lindenalleen. Strandpromenade am Waldsaum der Schaabe mit Ausblick auf die

Küsten Jasmunds. Jenseits der Dünen die freundlichen Badehäuser und Hotels. Kanalisation und elektrisches Licht. Zwangloses Leben bei heiterer Geselligkeit. Lesehalle. Kurmittel: Kalte Seebäder.

Arzt und Apotheke in Altenkirchen. — Bank: Agentur der Rostocker Bank. — Auskunft: Badeverwaltung. — Unterkunft (ohne Privathäuser): Kurhaus und Strandhotel; Stephanis Hotel; Hotel Pavillon; Hotel „Strandidyll" mit Kaffee und Konditorei. — Konditorei und Kaffee Witt. — Verkehrsverbindungen: Mit Bahn bis Sagard; dann Postauto Sagard—Juliusruh—Altenkirchen. Mit Bahn bis Bergen a. R.; anschließend Kleinbahn bis Altenkirchen und mit Wagen oder zu Fuß (35 Min.) bis Juliusruh. Dampfer Stralsund—Breege; dann kurze Wagenfahrt oder zu Fuß in 20 Min. nach Juliusruh.

Wanderungen:

1. Über die Schaabe zur Försterei Gelm. (Kaffee und Milch.) Siehe auch vorher! Es führt außer der Chaussee ein Dammweg am Breeger Bodden entlang, der zu empfehlen ist. 1 Std. — Weiter nach Glowe, im ganzen 1¾ Std.

2. Bootfahrten (Segelboot) nach **Arkona, Stubbenkammer, Hiddensee,** Vieregge.

3. Zum **Hochhilgor** bei Vieregge. Mit Boot nach Vieregge. Gasthof. Bis zum Hochhilgor (43 m) 40 Min. Prächtige Rundsicht über die ganze Insel. Zurück ab Vieregge mit Fähre zum Kamminer Fährhaus auf Wittow. Zu Fuß über Schmantevitz nach Lobkevitz und über Breege nach Juliusruh, 7 km.

4. **Nach Arkona, Hochuferweg,** 8½ km, einer der interessantesten Wege Rügens. Nordwärts auf der Chaussee bis Drewolke. Hier am Rande des Küstenwäldchens rechts ab. Der Weg nähert sich am Ende des Waldes dem Hochufer, das allmählich höher wird. Prächtiger Blick auf Arkona. Nahe Nobbin ein **Steinkreis,** 44 Schritte lang, 10 Schritte breit, aus noch 40 Felsblöcken bestehend. Innerhalb des Kreises wahrscheinlich ein jetzt verschwundenes Hünengrab, das ganze vielleicht einst Thingstätte. Dann die wenigen Gehöfte von **Goor,** Bauerndorf. Sommergäste finden Aufnahme bei Hofbesitzer Piper, gut und preiswert. Weiter nach **Vitt,** einem in steiler Strandschlucht (Lite) wunderbar malerisch gelegenen kleinen Fischerdorf. Gastwirtschaft Ewert, einfach und billig. Sommergäste! Von den grasigen Hängen eindrucksvolle Sicht auf Arkona. Auf der Höhe über dem Ort eine kleine von Pastor Kosegarten (siehe unter „Altenkirchen"!) erbaute **Kapelle,** der hier seine Uferpredigten hielt. Noch heute acht Predigten während des Heringsfanges, bei gutem Wetter im Freien. Von hier Fußsteig zur Jaromarsburg auf Arkona. (Siehe weiter unten!)

Breege

auf Wittow, Sommerfrische, ein am Breeger Bodden gelegenes Fischerdorf von 600 Einwohnern. Vom Außenstrand 2 km entfernt. Weg dorthin und zum Bade durch den schönen Juliusruher Park, der Ende des 17. Jahrh. angelegt ward. (Siehe vorher!) Einfaches Leben. Wohnungen meist mit Küche. Wanderlager Rügen des Deutschen Kanu-Verbandes bei Breege. —

Arzt und Apotheke in Altenkirchen. — Auskunft: Gemeindeverwaltung. — Bank: Spar- und Kreditbank. — Post. — Unterkunft (ohne Privathäuser): Bischoffs Gast- und Logierhaus „Hotel Ostsee"; Hotel Seestern; Schoenes Gast- und Logierhaus; Lockenvitz' Gasthof, am Bollwerk;

Hotel Deutsches Haus. Gar. — J u g e n d h e r b e r g e: Herbergsvater W. Trebesch. — V e r k e h r s v e r b i n d u n g e n: Dampfer Stralsund—Hiddensee—Breege. Bahn: Stralsund—Bergen, anschließend Kleinbahn Bergen—Altenkirchen, zu Fuß oder mit Wagen Altenkirchen—Breege, 2½ km. Oder Bahn: Stralsund—Sagard, Postauto Sagard—Breege.

W a n d e r u n g e n:

1. Wie unter Juliusruh, auch Richtung A r k o n a (der empfehlenswerte Hochuferweg). — 2. Nach W i e k a u f W i t t o w, 4 km. Von hier weiter nach Dranske und dem Bug. Siehe unter „Wiek"! — 3. Zum **Bakenberge** über Altenkirchen (siehe vorher!). Bis Altenkirchen 2½ km. Über Gudderitz und Gramtitz zum Bakenberge, 6 km. Östlich des Berges Gastwirtschaft. Von hier gegebenenfalls nach Wiek. — 4. Nach **Arkona** über Altenkirchen und Puttgarten, 10 km. Bis Altenkirchen (siehe dort!) bzw. bis dorthin auch mit Postauto. (3 km ab Altenkirchen Fahrweg rechts nach N o b b i n; Anschluß an den Hochuferweg.) — **Puttgarten,** am Rande des Hochplateaus von Arkona gelegen, Fischerdorf, Rettungsstation. Sommerfrischler. Guter Badestrand 20 Min. entfernt am Steilufer. Borgwardt's Gasthof; Gasthof Müller. Fernsprechstelle. Jugendherberge, Scheune des Bauernhofes Nr. 3; Anmeldung: Stahnke. Von hier auf ansteigendem Feldweg nach Arkona, 46 m hoch, mit Hotel Arkona.

Arkona,

das nördlichste Vorgebirge Rügens, aus an Versteinerungen reicher Kreide bestehend. Am Fuße des steilen Felsens Landungssteg; Steig, bzw. Treppe zur Höhe. Auf der Höhe der nach Schinkels Plänen erbaute a l t e L e u c h t t u r m (1827), außer Betrieb; daneben der 32 m hohe **Leuchtturm** von 1902 mit Blitzlicht-Drehfeuer, 40 km Reichweite. 148 Stufen zur Plattform. **Umfassendste Aussicht Rügens.** Dazu Nebelsirene, Sturm- und Eissignalstation, Marine-Funkstation. Am Nordstrand Kabelhaus eines Schwedenkabels. — **Hotel Arkona** mit Telegraphenamt und Fernsprechstelle. (Gut, mittlere Preise.) Guter Badestrand.

Berühmtes altes Fremdenbuch: Eintragungen von Fürstlichkeiten, Staatsmännern, Militärs, Politikern, Wissenschaftlern und Künstlern von der Mitte bis Ende vorigen Jahrh. — Südlich des Leuchtturms die Reste der wendischen

Tempelburg Arkona. Ihr vom Hochuferweg bereits fernher zu sichtender Wall ist, was gerade der Blick von weitem am besten zeigt, zum Teil bereits abgestürzt, hat aber immer noch eine Länge von 262 m und eine Höhe von 18—25 m. Inmitten dieser einst von Pallisaden und hölzernen Türmen überragten Umwallung stand der kunstvoll aus Holz erbaute Tempel des vierköpfigen Gottes Swantevit. Die Richtigkeit des uns überkommenen Berichtes des dänischen Geschichtsschreibers Saxo Grammaticus, der der Eroberung der Burg durch die Dänen am 15. 6. 1168 beiwohnte, von der Beschaffenheit der Gesamtanlage haben Ausgrabungen von Professor Schuchhardt, Berlin, bestätigt. So befand sich der Swantevittempel nahe dem jetzigen Steilhang und maß 20 m nach Länge und Breite. Auch die Fundamente des Allerheiligsten konnten festgestellt werden; es hatte eine Ausmessung von 6½ m im Geviert. Das Äußere des Tempels war sorgfältig mit erhabenen Bildern geziert und roh bemalt. Zwischen 4 Pfeilern ausgespannte Teppiche schlossen das Allerheiligste ab und entzogen die hölzerne Bildsäule des Gottes den Blicken Unberufener. In der Rechten hielt er ein mit Metall ausgelegtes Horn. In seiner Nähe lagen Zaum und Sattel, dazu ein mächtiges Schwert mit allerhand Schmuck in erhabener Arbeit. Einmal im Jahre, nach der Ernte, versammelten sich die Inselbewohner zum Feste ihres mächtigen Gottes, dem man von weither, selbst aus bereits christlichen Ländern, wenn auch heimlich, Opfergaben spendete.

Einer der Felsen Arkonas wird als „Adlerhorst-Felsen" bezeichnet. Wahrscheinlich trug er einst an unzugänglicher Stelle den Horst eines Seeadlers.

IV. Putbus, Lauterbach, Vilm.

Einführung: Das Gebiet von Putbus liegt im Bereich jener Waldzone, die sich quer durch die Insel von Gingst bis Lauterbach zieht und mit ihrem letzten Ausläufer die schöne Insel Vilm beschattet. Der Greifswalder Bodden, der ihre Ufer bespült, ist im allgemeinen ruhig; kräftigerer Wellenschlag fehlt. Idyllische Ruhe und Schönheit kennzeichnen seine Uferlandschaften.

Reisewege nach Putbus: 1. Stralsund—Bergen mit direkter D-Zugverbindung ab Berlin und Hamburg bis Lauterbach. Ab Bergen zunächst offenes Land, später schöner Laubwald. — 2. Stralsund—Altefähr mit Staatsbahn. Im Anschluß mit Kleinbahn über Garz a. R. nach Putbus. Siehe unter „Süd-Rügen"!

Putbus, Seebad und Luftkurort.

Putbus, Landgemeinde von über 2000 Einwohnern, mit den darin nicht eingerechneten Orten Lauterbach, Neuendorf und Wreechen eine Einheit. — Geschichtliches: Putbus ist eine Gründung des Fürsten Malte Putbus, der 1810 auch das Bad einrichtete, das älteste der Insel.

Die Fürsten von Putbus führen ihren Ursprung auf Stoislav, einen Bruder des Fürsten Jaromar I., des ersten Rügenfürsten, zurück, waren ehedem Freiherrn, wurden 1727 in den Reichsgrafenstand und 1807 in den schwedischen Fürstenstand erhoben. Doch starb das Geschlecht in männlicher Linie 1854 aus. Damals wurde ein Enkel, der Graf Wylich von Lottum, Inhaber der Herrschaft und des Ranges eines Fürsten.

Den Mittelpunkt des Ortes bildet der **„Cirkus"**, ein kreisrunder Platz mit 19 m hohem Obelisken. Radial ausstrahlende Straßen, von Bäumen beschattet. Einzelne Bauten aus der Gründungszeit des Ortes atmen stille Vornehmheit, wie **Schauspielhaus, Kursaal, Pädagogium.** Dazu die wundervolle Umgebung, **Schloß** und **Park.** War doch Putbus trotz seiner Entfernung (2½ km) vom Meere das Luxusbad der Zeit von 1818 bis in die Mitte des Jahrh., ja der Sammelpunkt von Fürstlichkeiten und Adel (König Friedrich Wilhelm IV., Alexander von Humboldt, der König von Dänemark usw.).

Das Schloß, das seine malerische Rückwand mit ihren Terrassen in dunklen Wassern spiegelt, von 1827—1832 nach Schinkels Entwürfen umgebaut, 1865 nach einer Feuersbrunst von Pawelt in der Spätrenaissance erneuert. Vorderfront mit Rampe besonders monumental-repräsentativ. Im 300 Morgen großen **Park** prachtvolle Laubhölzer und seltene Koniferen. Gartenhaus mit Bismarcktafel; Granitblock „Zur Erinnerung an die große Zeit 1870/71". Marmorstandbild des Fürsten Malte, gest. 1854, von Drake. **Orangerie** und Mausoleum. Sehenswerter **Tierpark.** — Mitten im Ort, der ganz in Wald gebettet ist und dessen Häuser von Wein und Rosen umrankt sind, der **Tannenberg,** 61 m, mit schöner Aussicht. — Putbus ist als Sommerfrische und Luftkurort beliebt. Ruhiges, behagliches Leben. Bad in Lauterbach. Zu Fuß oder mit regelmäßiger Fahrgelegenheit. Pädagogium. —

Unterkunft (ohne Privathäuser): Hotel Fürstenhof; Hotel Deutsches Haus; Hotel Adler; Hotel Berliner Hof; Gastwirtschaft „Zum goldnen Anker". — Auskunft: Kurverwaltung Putbus. — Badearzt, Apotheke, Zahnarzt. — Sportplätze. — Post. — Fürstliches Schauspielhaus; Fürstlicher Kursaal, Réunions. — Jugendherberge: Markt 2, Hotel Deutsches Haus. — Verkehrsbüro: Birkenplatz 13. — Banken: Kreissparkasse; Neuvorpommersche Spar- und Kreditbank, Zweigstelle. — Verkehrsverbindungen: siehe oben! Dazu während der Saison Kraftpost-Sonderfahrten nach Binz, Saßnitz usw.

Wanderungen:

1. **Zur Alt-Gremminer Waldschenke.** Alleestr., in ihrer Verlängerung die Garzer Chaussee bis Wegweiser links. In den Wald und bei Gablung rechts. Geradeaus und nach 5 Min. links zur Waldschenke. ½ Std.

2. **Nach Lonvitz und Vilmnitz.** 3 km. Interessante Haufendörfer (seltene Form für Pommern) mit alten Höfen. In **Vilmnitz** sehenswerte Kirche: frühgotischer Ziegelbau (zweite Hälfte des 13. Jahrh.). Vier Wandgräber der Seitenlinie Putbus-Vilmnitz, 1600. Altaraufsatz von 1601—1603, aus einer Magdeburger Werkstatt in Bernburger Sandstein; reiche Kanzel vom Anfang des 18. Jahrh.

Gasthöfe: „Zum Erbkrug", Gast- und Logierhaus; Mierendorfs Gasthaus. Als einfache Sommerfrische zu empfehlen. Jugendherberge: Anmeldung Herbergsvater Mierendorf. Bank: Lauterbacher Bank.

Von Vilmnitz nach Lauterbach, bzw. Friedrich-Wilhelms-Bad 2 oder 1½ km. Durch den südlichen Ortsteil, später Fahrweg. Bei Weggabelung links zum Bad, rechts nach Lauterbach.

3. **Nach Gr. Stresow.** Zu Fuß 6½ km über Vilmnitz und Nadelitz. 1¾ km hinter Nadelitz rechts in den Weg nach Gr. Stresow. Von diesem Wege links ab zum **Standbild Friedrich Wilhelms I.,** errichtet 1855 zur Erinnerung an die siegreiche Landung der Preußen und Dänen am 15. 11. 1715 auf dem damals schwedischen Rügen. (Die Statue von Stürmer.) Weite Fernsicht: Mönchgut, Greifswalder Oie, Ruden, Usedoms Küste usw. — Nach **Gr. Stresow** (Gastwirtschaft Tegge) und dann, nahe dem Strande, über Woblanz, Freetz, Kollhof, Goor-Waldung nach Lauterbach bzw. Putbus, 7½ km. (Östlich Gr. Stresow, am Rande der Fichten die **Ziegensteine!** Siehe unter „Sellin", Wanderung Nr. 5.)

Lauterbach (Rügen) und Neuendorf (Rügen).

Seebäder und Luftkurorte, Ortsteile von Putbus, Fischerdörfer. Beide Orte mit ihren Häusern der

Küstenlinie folgend. **Lauterbach,** gleichzeitig Hafen für Putbus. Fischkonserven, Räuchereien. — Geringer Wellenschlag, steiniger Strand. Geschützte Lage. Ruhiges, einfaches Leben. — Über „Hünengräber" weiter unten! — Strandpromenade für Lauterbach die prächtige **Goor-Waldung** mit dem in klassischen Formen erbauten **Friedrich-Wilhelm-Bad.** Kalte und warme Seebäder. Medizinische Bäder. Am Goor-Ufer die Seebadeanstalten. — Strandpromenade für **Neuendorf** die Neuendorfer Kiefern. Kurz davor das Bad. Auch Freibad.

Badeärzte und Apotheke in Putbus. — Unterhaltung: Theater und Konzerte in Putbus. Kinderfeste, Bootfahrten usw. — Banken: Lauterbacher Bank. — Post in Lauterbach. — Auskunft: Kurverwaltung Putbus. — Unterkunft (ohne Privatwohnungen) in Lauterbach: Kaffee Beu; Gastwirtschaft „Schwarzer Bär"; Friedrich-Wilhelm-Bad; Viktoria-Hotel; in Neuendorf: Gastwirtschaft Dewitz. — Verkehrsverbindungen: Berlin(Hamburg)—Stralsund—Lauterbach direkte D-Zug-Verbindung.

Ortsteil Wreechen, freundliches Bauerndorf, westwärts Neuendorf, am Wreechener See, einer Abschnürung des Greifswalder Boddens. Badestrand am Bodden, westlich der Neuendorfer Kiefern. Nur Privatwohnungen mit Küche. Verkehrsverbindungen: Bahn bis Putbus; dann Fuhrwerk oder zu Fuß, 2 km. Auskunft: Kurverwaltung Putbus.

Wanderungen:

1. Nach **Neukamp** mit dem Denkmal des Gr. Kurfürsten. Mit Segel- oder Ruderboot von Lauterbach nach Neukamp. Oder zu Fuß ab Lauterbach am Bodden entlang nach Neuendorf und durch die Neuendorfer Kiefern nach Wreechen (siehe vorher!). Weiter über den Wreechener See nach Neukamp.

Neukamp, Stranddorf, einfaches Seebad. Strand bei Wreechen (Freibad). Hotel zum Gr. Kurfürsten. Gastwirtschaft Peuß. Privatwohnungen. Auskunft: Ortsvorsteher.

Am Südende von Neukamp (15 Min.) das Denkmal zur Erinnerung an die Landung der Brandenburger auf Rügen, am 13. 9. 1678. Schöne Aussicht: Vilm, Mönchgut, Greifswalder Türme.

2. Nach Gr. Stresow, siehe unter „Putbus"!

3. Nach Garz a. R. Zu Fuß oder mit der Bahn. Ab Putbus (Chaussee) 8 km. Ab Lauterbach über Neukamp, Altkamp, Crimvitz, 11 km.

4. **Zur Insel Vilm** mit der Fähre (Motorboot).

Die Insel Vilm,

Länge 2½ km, höchste Erhebung 37,5 m. Sie besteht aus zwei ungleich großen, durch Landbrücke verbundenen Inselkernen. Sandstrand und von Steingeröll umgürtete Steilufer wechseln ab. Die Hälfte der Insel ist Wald und Heide, die andere sind Äcker, Wiesen und Weiden. Berühmt ist der **urwüchsige Waldbestand** des Vilms, Weiß- und Rotbuchen, Birken, Erlen, Ahorn, Rüstern, Vogelkirschen, Wildbirnen, Holzäpfel, Schlehen, Wildrosen, darunter einzelne Riesengestalten; am Nordabhang des Gr. Vilms die **„Zwölfapostelbuche"** (6 m Umfang, 35 m Höhe), am Ostufer des Gr. Vilms große alte Eichen usw. **Der jeglicher forstlichen**

Nutzung entzogene Vilmwald steht unter Naturschutz. Am Landungsplatz Gast- und Logierhaus Thamm (25 Z., warme Seebäder). Starker Verkehr, viel von Malern aufgesucht. Im Speisezimmer mehrere Seestücke von Saltzmann und Bombach. Am Weststrand, nahebei, einfache Badeanstalten.

5. **Zu den Hünengräbern der Lauterbacher Umgebung.** Zahlreiche Hünengräber fallen in der Landschaft auf. Ein sehenswertes megalithisches Grab liegt an der Bahnstrecke Lauterbach—Putbus. Man wandert nahe Bhf. Lauterbach den Landweg, Richtung Lonvitz, bis zum Bahnübergang und dann einige Schritte links vom Bahndamm, Richtung Putbus, zum **Hünengrab.** Das Grab ist teilweise dadurch zerstört worden, daß eine über 200 Jahre alte Eiche daraus hervorwächst und das rückseitige Steingefüge auseinandergedrängt hat. Das Alter dieses steinzeitlichen Grabes mag 5000—8000 Jahre betragen. — Ein **bronzezeitliches Hügelgrab** liegt östlich vom Bhf., rechts vom direkten Wege Putbus—Friedr.-Wilhelm-Bad, unweit des Strandes.

VI. Binz, Granitz und Mönchgut.

Vorbemerkung: Der südöstliche Teil des Rügenschen Landkernes zwischen Binz, Putbus und Sellin stellt eine landschaftlich reizvolle Moränenlandschaft dar. Höhen und Tiefen, Feld, Wiese und Wald wechseln miteinander ab. Der Reichtum an erratischen Blöcken begünstigte die Anlage zahlreicher Hünengräber. Der dem Meere zugekehrte Teil des Hügellandes bildet malerische Mergelkliffküsten. Hier dehnt sich zwischen Binz und Sellin die schöne Forst der Granitz. Seltsam gestaltetes Anhängsel des Ganzen ist die Halbinsel Mönchgut, und die Brücke zwischen dem südöstlichen Rügen und dem Jasmunder Inselkern schlägt die mit Kiefernwald bestandene Schmale Heide.

Die **Schmale Heide** ist aus dem bei der Zerstörung nördlich gelegener Steilküsten gewonnenen Material, feinen Sanden, Kies und Feuersteingeröll, aufgebaut. Alle drei wechseln oft zonenweise miteinander ab. Nach dem Bodden zu Schilfrohrpläne und Moor. Dann folgen trockene Wiesen, Heide und Hochwald auf Dünenhöhen. Am Außenstrande Geröllwälle, Steinfelder, junge Dünen und Sand. Interessant ist die von Wind geschorene Vegetation der Steinfelder mit ihren zu Kampfgemeinschaften verflochtenen Gehölzgruppen aus Wacholdern, Ahornen, Weißdornen, Eichen und Weißbuchen.

Binz und Umgebung.

Reisewege nach Binz: 1. Mit Dampfer ab Stettin, siehe unter Stettin—Rügen! — 2. Bahnfahrt (Bergen)—Putbus—Binz. Die Bahn schlängelt sich durch reizvolles kuppiges Endmoränengebiet. Auf den Höhen vielfach Hünengräber, so rechts der Bahn hinter Seelvitz und Seerams. Bald hinter Seerams links der Schmachter See und dann Bhf. Binz. — 3. Kraftpost Bergen—Binz.

Ostseebad Binz, Landgemeinde nahe dem Schmachter See mit dem modernen Siedlungsteil des Bades zwischen

Schmachter See und Meer mit rund 1100 Einwohnern. Besucher 1930: Badegäste 21 517; Passanten 1212; Besucher der Jugendherberge 4777. — Binz liegt an der schön geschwungenen Küste der Tromper Wiek zwischen den Nadelwaldungen der Schmalen Heide und der Buchenforst der Granitz mit ihren malerischen Hochufern. Dazu besitzt es einen vortrefflichen feinsandigen Strand, der sich endlos nach NW dehnt. Wald und Höhen bilden gleichzeitig einen wertvollen Schutz vor rauhen Winden. — Geschichtliches: Bad seit 1876. Im Jahre 1888 begann eine Aktiengesellschaft den Ausbau des Bades. 1901 übernahm Fürst Wilhelm zu Putbus die Fortführung des Unternehmens. 1902 entstand eine erste Landungsbrücke und nach deren Zerstörung 1905 eine zweite Brücke von 600 m Länge als Anlegestelle auch der größten Bäderdampfer. Jetziges Kurhaus von 1907. — Kurmittel: Freibaden vom Strandkorb oder im Gesellschaftsbad. Warme See- und Süßwasserbäder, Radiumbäder, Inhalatorium, Trinkkuren von in- und ausländischen Brunnen, orthop. und mediko-mech. Heilanstalt, Sonnenbäder am Strande. — Theater: Kurtheater und Freilichtbühne. — Kino: Hotel Fürst Blücher. — Sport: Tennisplätze, Tontaubenschießstand, Fußballspielplatz, Reitinstitut, Tennisturniere, Wettschwimmen, Wettrudern; Tennis- und Gymnastiklehrer vorhanden.

Banken: Binzer Bank; Agentur der Neuvorpomm. Spar- und Kreditbank; Filiale der Rostocker Bank; Nebenstelle der Kreissparkasse. — Auskunft: Büro der Kurdirektion. Büro der Stettiner Dampfschiffs-Gesellschaft, Seebrücke. Büro der Rügenschen Kleinbahn, Seebrücke. Büro der Postkraftstelle, Seebrücke. — Unterkunft (ohne Privathäuser): An der Strandpromenade: Hotel Seeschloß; Ostseehotel; Hotel Colmsee; Hotel Kaffee Kelch; Hotel St. Hubertus; Hotel Dünenhaus; Kurhaus Kaiserhof; Hotel Haus Brodke; Hotel Am Meer; Hotel Fürst Blücher. An der Wilhelmstr.: Hotel Goldner Löwe; Hotel Vineta; Hotel Monopol; Savoy-Hotel. An der Putbuser Str.: Viktoria-Hotel; Zentral-Hotel; Perlbergs Hotel. An der Astastr.: Hotel Metropol. An der Wylichstr.: Hotel Deutsches Haus; Hotel Reichsadler. An der Bahnhofstr.: Binzer Bierstuben; Ratskeller; Baltischer Hof; Lockenwitz' Gasthaus. — Jugendherberge: Deutsche Jugendherberge „Jugendglück", Lottumstr. — Jugend- und Wanderherberge: Hußmann, Bahnhofstr. — Jugend- und Wanderherberge: Brenneke, Bahnhofstr. — Herberge des Pommerschen Jugendherbergs-Verbandes, Dünenstr. 3. — Dazu Restaurants und Kaffees. — Verkehrsverbindungen: Stralsund—Bergen—Putbus (Staatsbahn); Putbus—Binz (Kleinbahn). Stralsund—Bergen (Staatsbahn); Bergen—Binz (Kraftpost). Dampfer: Stettin—Swinemünde—Binz. — Nächster Flughafen: Sellin. — Nah- und Ausflugsverkehr: Auto-Rundfahrten; Küstendampfer Richtung Saßnitz und Göhren.

Wanderungen:

Die wichtigsten Wege sind bezeichnet. Wegekarten, die diese Bezeichnungen berücksichtigen, in den Buchhandlungen.

1. **Binz—Kieköwer—Waldhalle—Sellin,** 2½ Std. Der Weg führt durch die Granitz.

Das **Waldgebiet der Granitz** ist 4500 Morgen groß und enthält hauptsächlich Buchen und Eichen; daneben Ahorne, Erlen, Eschen, Fichten, Haseln, Linden, Vogelbeeren, Vogelkirschen und Wildbirnen. Die Granitz ist ihres Wildreichtums wegen eingehegt. Sie ist arm an vorgeschichtlichen Denkmälern. Südwestlich der Haltestelle Jagdschloß liegen die **„Neunberge"**, in Wirklichkeit 11 glockenförmige Hügelgräber. Eine andere Gruppe von Gräbern liegt südlich der Haltestelle Garftitz (17 Grabstätten). Am Silvitzer und

Granitzer Ort sind wendische Burgwälle nachzuweisen. Inmitten der prächtigen Forst ist das Jagdschloß Granitz gelegen. Siehe weiter unten!

Auf den „Blitzweg", Aufgang am Strande, vor Villa Agnes. **Hochuferweg.** Nach 1 Std. **„Kieköwer"**, prächtige Aussicht auf Jasmunds weiße Kreideküste. Hier Wegweiser zur **Waldhalle** (½ Std.), 77 m hoch gelegen, mit prächtigem Seeblick. Sommerwirtschaft. Weiter nahe Steilrand zur **Selliner Hochufer-Strandpromenade** mit schönen Ausblicken und nach Sellin, ¾ Std. Über Sellin siehe weiter unten!

2. **Zum Jagdschloß Granitz.** Verschiedene Wege, am leichtesten und ohne Karte: Vom Bahnhof auf direkter Landstraße (½ Std.) zum Jagdschloß. Auch mit der Kleinbahn bis Haltestelle Jagdschloß. Das Schloß liegt 107 m hoch auf dem Tempelberge. An seinem Fuße Hotel Granitz.

Jagdschloß Granitz ist 1836—1846 durch Fürst Malte Putbus erbaut. Den Plan dazu hat der Fürst selber entworfen; doch hat ihn Schinkel überarbeitet. Aus der Mitte des viereckigen, von Ecktürmen flankierten Baues erhebt sich ein 51 m hoher Wartturm. **Aussicht über die ganze Insel.** Das **Innere** des Schlosses sehenswert! Im Rittersaal Sammlungen alter Waffen; im Marmorsaal vier Gemälde zur Geschichte Rügens von Kolbe und Eybel. (Karl Wilh. Kolbe, 1781 in Berlin geb., Historienmaler, lieferte u. a. Kartons für farbige Glasfenster in der Marienburg. — Eybel, 1806 in Berlin geb., malte „Die Schlacht bei Fehrbellin", im Schloß zu Berlin). Dazu Statuen von Rauch und Thorwaldsen. Im Billardzimmer Bilder der Fürsten Putbus.

3. **Binz—Jagdschloß—Waldhalle—Sellin.** Zum Jagdschloß wie vorher. Ab Jagdschloß, aus dem Granitzhotel tretend, links auf die Pflasterstraße, am Stallgebäude vorüber, zur Wegteilung und zum Wegweiser „Schwarzer See—Waldhalle". Der Weg ist bezeichnet und mit Hilfe einer Karte zu finden. Bis zur Waldhalle 1 Std. — Nach Sellin, siehe vorher!

4. **Zu den Dollahner Bergen, ¾** Std. Durch die Jasmunder Straße, Richtung Mukran. Nach ½ Std. links rot bezeichneter Weg: bergauf und dann rechts zur Höhe 59 mit prachtvoller Aussicht. Zurück oder den Fußweg hinab zu dem durch Telegraphenstangen gekennzeichneten Weg nordwärts. Bei Stange 61 links zum **Forsthaus Prora,** 1 Std. Erfrischungen in dem nahe dem Jasmunder Bodden schön gelegenen Forsthause.

5. Mit Bahn nach Putbus und anschließend Ausflüge in die Umgebung.

6. Über die Schmale Heide nach Saßnitz. Direkte Fahrstraße über Neumukran und Lancken, 17 km.

Ostseebad Sellin und Umgebung.

Bahnfahrt Binz—Sellin: Nach wenigen Minuten in die Granitzwaldung und zur Haltestelle Jagdschloß. 500 m südwestlich Gruppe von Hünengräbern. Dann Haltestelle Garftitz, am Waldrande. Rechts wiederum Hünengräber. Nahe der Forst weiter nach Sellin. Bhf. Sellin-West und Bhf. Sellin-Ost, beide gleich weit vom Bade entfernt.

Dampferfahrt Binz—Sellin. Blick rechts auf die malerische, mit Wald bedeckte Steilküste.

Sellin, klimatischer See- und Waldkurort, besteht aus dem am Selliner See, einer Abschnürung des Greifswalder Boddens, gelegenen Fischerdorf Sellin und dem seit 1896 entstandenen Landhaus- und Hotelviertel, das sich, vom Hochwald gerahmt, bis an das malerische, 25 m hohe Hochufer erstreckt. Feinsandiger Strand mit Badeanstalten und 600 m langer Seebrücke für die großen Bäderdampfer. Kanalisation, Wasserleitung, elektrisches Licht. — Kurmittel: Kalte Seebäder (auch Freibad), warme Seebäder und medizinische Bäder.

Badearzt, Apotheke, Zahnarzt. — Auskünfte: Kurdirektion; Verkehrsbüro, Seebrücke. — Postamt. — Banken: Kreissparkasse Rügen, Nebenstelle. Agentur der Rostocker Bank. Agentur der Neuvorpommerschen Spar- und Creditbank. Agentur der Rügenschen Bank. — Unterhaltung und Sport: Tanzabende, Konzerte, Sport- und Kinderfeste. Tennisplätze; Rudern, Segeln, Reiten, Schießsport. — Unterkunft (ohne Privathäuser): Kurhaus, 120 Z., Gar., geöffnet ab 15. 5. — „Der Kaiserhof", 120 B., Gar. — Strandhotel, Gar. — Hotel Zur Strandburg, Gar. — Hotel Zur Ostsee, Gar. — Hotel Waldesheim, ganzjährig. — Wald-Hotel, 20 Z. — Ehlerts Hotel. — Hotel- und Kaffee Vaterland, ganzjährig. — Hotel Fürst Bismarck, ganzjährig, Gar. — Zentral-Hotel, ganzjährig, Gar. — Hotel Ostbahnhof, nahe Bhf. Sellin-Ost. — Westbahn-Hotel, nahe Bhf. Sellin-West. — Jugendherbergen: Im Zentralhotel (1. 4. — 30. 9.); in Ehlerts Hotel (1. 3. — 15. 7.). Westbahnhotel. — Verkehrsverbindungen: Berlin—Neubrandenburg oder Pasewalk—Stralsund—Putbus mit D-Zug; ab Putbus Kleinbahn bis Sellin. Mit Dampfer: Stettin—Swinemünde—Sellin (Seebrücke) oder Greifswald—Sellin (über den stillen Greifswalder Bodden), an Sellin-Bollwerk (Selliner See). — Mit Flugzeug: Berlin—Stettin—Swinemünde—Sellin. — Ausflugsverkehr: Küstendampferlinien Sellin—Baabe—Göhren; Sellin—Binz—Saßnitz—Stubbenkammer—Lohme—Arkona.

Wanderungen:

1. **Hochuferweg nach Binz** (siehe unter Binz!). Ebenso Sellin—Schwarzer See—Jagdschloß—Binz. — 2. Dampferfahrten mit den Küstendampfern Richtung Saßnitz und Richtung Göhren. — Segelbootfahrten nach Moritzdorf, Seedorf, Reddevitz (Mönchgut), Vilm, Lauterbach. Teilweise auch als Bootfahrten auszuführen. Boote beim Fährrestaurant am Selliner See.

Moritzdorf (zur Gemeinde Altensien gehörig), Sommerfrische, Bad, liegt an der den Selliner See mit dem Bodden verbindenden Having, von Fischern bewohnt. Freibad. In nächster Nähe von Sellin und Baabe. — Unterkunft: Hotel Seestern, 18—20 B. — Gasthof Damms, 12 B. — Dazu Restaurant Moritzburg mit **Aussichtsturm.** Prächtiger Rundblick. —

Jugendherberge: Bei Frau Koos. — Postamt in Sellin. — Verkehrsverbindungen: Nächste Bahnstation Baabe (siehe dort!). Dampfer: Greifswald—Sellin; Landungsplatz Baabe unmittelbar bei Moritzdorf. Flughafen Sellin.

3. **Zu Fuß nach Moritzdorf.** Um den Selliner See über Altensien, 1 Std. Zurück über Baabe, 1¼ Std. Man setzt über zum Baaber Landungsplatz und wandert durch Baabe und auf der Chaussee nach Sellin.

4. **Nach Seedorf,** 1½ Std. Vom Nordwestende von Altensien Fußsteig nach Neuensien und dann nach Seedorf mit Segelschiffswerft. Gastwirtschaft „Zur Brücke".

5. **Nach Gr. Stresow** (siehe unter Putbus!), zu Fuß 7 km. Zunächst auf der „Mönchguter Landstraße" über

Garftitz nach Lanken (Granitz); Gastwirtschaft Wilde. Am Südwestende des Ortes Landweg und am Rande der Stresower Tannen vorbei. Hier die **Ziegen- oder Zägensteine,** Steinkreis mit Grabhügel. Im O innerhalb einer Steingruppe ein Block mit zwei sich kreuzenden Rinnen, einer vorgeschichtlichen Steinmetzarbeit. — Von hier weiter nach Gr. Stresow und zum Denkmal.

6. **Nach Baabe.** Zunächst Hochuferweg nach SO bis zum Selliner Fischerstrand und dann am Strande entlang bis zum Baaber Strand, 35 Min. — Nach Baabe-Dorf ab Sellin auf der Chaussee oder einen Fußsteig nahe dem Ostufer des Selliner Sees. Beide kreuzen den Möndgraben, den Rest einer alten, schon 1276 genannten Befestigung, die hier Mönchgut gegen das übrige Rügen abschloß. — **Nach Göhren:** Entweder am Strande entlang, ab Badestrand Sellin 40 Min., oder Waldweg. In diesem Falle hinter Haltestelle Baabe links abbiegen. Zunächst in ungefähr gleicher Richtung bis wieder zur Bahnstrecke und dann jenseits links nach Göhren, ¾ Std.

V. Auf Mönchgut.

Kurze Bahnfahrt ab Bahnhof Sellin. Blick links auf den Selliner See. Haltestelle Baabe.

Die Halbinsel Mönchgut hat ihren Namen davon, daß sie einst dem Kloster Eldena bei Greifswald gehörte. Sie besteht aus mehreren Inselkernen, einem größeren zwischen Göhren und Alt-Reddevitz, einem kleineren mit Gr. Zicker und dem 66 m hohen Bakenberge und zwei kleinsten, nördlich bei Lobbe gelegen, und dem Süd-Perd bei Thiessow. Sie alle bildeten einst Inseln, sind aber heute durch Dünenzüge und Wiesenland miteinander verbunden. So gestaltet, ist Mönchgut ein seltsames Land, zwar waldarm, aber von eigenartigen Reizen. Von welcher der freien Höhen der Besucher auch Ausschau halten mag, überall Wasser und Land in eigenartiger Durchdringung. Weich geschwungene Höhen heben sich aus dem Meere, um in sanftem oder plötzlichem Abfall darin zu verschwinden. Hier das offene Meer in endloser Weite, dort blanke Spiegel stiller Buchten, und dann wieder, je nach der Wahl des Standortes, der Blick auf ferne Küsten, weite dunkle Waldhöhen, und über allem der Himmel mit seinen wechselnden Stimmungen! — Zur Eigenart der Mönchguter Landschaft gesellen sich die Reste uralten Volkstumes in Bauweise, Sitte und Brauch, während leider die Tracht nur noch von wenigen Leuten in Alt-Reddevitz auf Wunsch getragen wird. Nachweislich sind die Vorfahren der Mönchguter im 14. Jahrh. aus Westfalen eingewandert, und sie brachten das Niedersachsenhaus mit, das gerade auf Mönchgut, wenn auch vielfach verändert, noch häufig anzutreffen ist.

Ostseebad Baabe a. R.

Freibad. Das Dorf mit seinen 500 Einwohnern liegt, von Laub- und Nadelwald umgeben, am Selliner See. Neuerer Landhausteil näher zum Strande, durchschnittlich

1 km entfernt (Waldwege); näher noch das Kurhaus. Elektr. Licht. Breiter, feinsandiger Strand; lebhafter Wellenschlag.

Kurmittel: Kalte Seebäder, Luftbäder. — Badeärzte und Apotheke im nahen Göhren und in Sellin. — Unterhaltung: Konzerte, Strand- und Kinderfeste; Kabarett, Kino usw. — Banken: Filiale der Göhrener Bank. Agentur der Rostocker Bank. — Auskunft: Kurverwaltung. — Unterkunft (ohne Privathäuser): Strandhotel; Hotel Seestern; Hotel Seeblick; Kurhaus; Logierhaus und Restaurant Peters; Bahnhofshotel Fricke. — Dazu mehrere Restaurants. — Verkehrsverbindungen: D-Zug-Strecke Stralsund—Bergen—Putbus; anschließend Kleinbahn Putbus—Baabe. Dampfer: Greifswald—Baabe (Bollwerk); Fahrt über den stillen Greifswalder Bodden. Oder mit Dampfer Stettin—Swinemünde—Baabe und Ausbooten zur Brücke (Küstendampfer). — Nahverkehr: Küstendampfer nach fast allen Teilen der Insel.

Wanderungen:

1. Nach **Göhren,** 2½ km Strandwanderung, oder Waldwanderung wie unter „Sellin", Nr. 6.

2. **Baabe—Moritzdorf—Seedorf.** Siehe unter Sellin! Von Moritzdorf westwärts nach Neuensien und weiter nach Seedorf, auch als Bootfahrt zu empfehlen.

3. **Baabe—Gr. Stresow—Lauterbach—Putbus.** In Seedorf übersetzen lassen zum Gehöft Sandort und über Preetz —Burtewitz nach Gr. Stresow, 6 km. Siehe dort!

4. **Nach Alt-Reddevitz,** 3 km. Zum Baaber Landungsplatz, nahe der Having. Von hier Landweg südwärts nach Alt-Reddevitz.

Alt-Reddevitz, altes Dorf mit Niedersachsen-Häusern an der Hagenschen Wiek, bzw. zwischen dieser und der 400 m entfernten Having. Sommerfrische und Bad. Still und einfach.

Unterkunft: Hotel Strandburg; Hotel Meeresauge; Gasthaus Höwt. Freibad. Arzt und Apotheke in Göhren. Post in Middelhagen. Auskunft: Gemeindevorsteher. —

Interessanter Spaziergang auf der schmalen, aussichtsreichen Landzunge zum **Reddevitzer Höft** mit Hünengrab. Im Orte die letzten auf Wunsch getragenen vollständigen Mönchguter Trachten. Einzelne Männer mit den weiten weißen Hosen auch wohl anderswo noch. — In 20 Min. zum **„Herzogsgrab"**, einem Sippengrabe aus neolithischer Zeit. Es liegt nahe der „Duchtenkoppel" im Walde, südwestlich Haltestelle Philippshagen.

Zurück von Alt-Reddevitz nach Baabe über Mariendorf und zur Station Philippshagen, 4 km. Dann Bahnfahrt. — **Mariendorf** liegt langgestreckt am Fuße des Schafberges. Aussicht! Jugendherberge.

Ostseebad Göhren und Umgebung.

Bahnfahrt ab Baabe nach Göhren.

Ostseebad Göhren (auf Rügen), auf hohem, aussichtsreichem Inselkern, dem Göhrener Höft, auf drei Seiten dem Meere benachbart und im Anschluß an die Forst Mönchgut und das bewaldete Nordperd. 900 Einwohner. Zahl der Badegäste 1930: 13598. Bad seit 1878. Badestrand feinsandig (Nordstrand), Wellenschlag meist recht kräftig. Auch Freibad. — Klima: Durch das Meer sehr stark beeinflußt und vom Mai bis in den Oktober derart, daß Göhren als Luftkurort geeignet erscheint. — Kanalisation, Wasserleitung, elektr. Licht. — Kurmittel: Kalte und warme Seebäder, medizinische Bäder.

Badearzt, Apotheke, Zahnarzt. — Unterhaltung: Lesehalle, Kurkonzerte, Tennisplätze. — Postamt. — Auskunft: Badeverwaltung. — Banken: Göhrener Bank. Kreissparkasse. Neuvorpommersche Spar- und Kreditbank. Rostocker Bank. — Unterkunft (ohne Privathäuser): Hotel Brandenburg, 70 Z. — Kurhaus-Strandhotel, 60 Z., Gar. — Wendt's Hotel, 12 Z. — Zentral-Hotel, 26 Z. Touristen-Logis. — Hotel und Pension Seestern, 28 Z., Gar. — Hotel und Pension Aegir, 25 Z. — Wald-Hotel, 35 Z. — Hotel und Pension Göhrener Hof, 16 Z. — Hotel und Pension Zum Hövt, 20 Z. — Hotel und Pension Borgmeyer, 30 Z., Gar. — Hotel Strandeck, ganzjährig, 28 Z., Gar. — Gasthof Zur Linde, am Südstrand, ganzjährig, für Touristen, 28 Z. — Hotel Deutsches Haus, 15 Z. — Christliches Hospiz und Erholungsheim „Gottesgruß", 25 Z. — Dazu Restaurants u. Kaffees. — Verkehrsverbindungen: D-Zug-Strecke Stralsund—Bergen—Putbus; Kleinbahn Putbus—Göhren. — Dampfer: Stettin—Swinemünde—Göhren. Oder: Greifswald—Thiessow; anschließend Autofahrt: Thiessow—Göhren. — Nahverkehr: Küstendampfer Göhren—Sellin—Binz—Saßnitz usw.

Umgebung: Zur nächsten Umgebung gehört die als Vorgebirge ins Meer vorspringende Landspitze des **Nordperds,** 60 m hoch, bewaldet (Maiblumen!), mit malerischen Steilabfällen und einem oft wild umbrandeten Blockstrand. Einzelne große Blöcke liegen auch im tiefen Wasser vor der Küste, so der **„Bußkam"**. Im Walde zahlreiche Wege und Ruhebänke mit prächtigem Ausblick. Auf der freien Höhe mit wundervoller Aussicht zwischen dem Ort und der Nordperd-Waldung das Sturmsignal, der Wasserturm und nahebei das „Drachenhaus" des Dichters Dr. Max Dreyer.

Wanderungen:

1. **Försterei Mönchgut,** 40 Min. Am Bhf. vorbei und die Waldstraße nahe der Strecke weiter. 1 km ab Bhf. in den Seitenweg links. Stets südwärts halten bis zum Waldrand. Hier Försterei und Erfrischungen.

2. **Nach Baabe und Sellin** (siehe auch dort!). Sofern nicht Strandwanderung bevorzugt wird, am Bhf. vorbei durch Forst Mönchgut. Nach 1 km Fußsteig rechts. Bei Gabelung links halten und über die Bahnstrecke. Der Fußsteig mündet in die Waldfahrstraße nach Baabe. Geradeaus! In Baabe rechts zum Strande! Oder die Chaussee am Bhf. vorüber nach Sellin.

3. Granitz, Binz usw., siehe unter „Binz"!

4. **Nach Middelhagen:** Landstraße, Richtung Försterei Mönchgut, bis zum Kreuzweg vor der Försterei. Hier, links, Anfang eines Richtsteiges über Philippshagen nach Middelhagen (1 Std.). **Philippshagen** ist Domäne mit altem Park. Gastwirtschaft „Tannenheim". — **Middelhagen,** Kirchdorf. Kirche mit gotischem Schnitzaltar. Gasthof im Ort.

5. **Nach Thiessow.** Einförmiger und nur bei kühlem Wetter empfehlenswerter Weg, 2½ Std. Zunächst nach Philippshagen und dann Chaussee nach **Lobbe.** Fischerdorf mit gutem Strand. Unterkunft: „Strandhotel" und Gasthof Zum Walfisch. — Postamt. — Alsdann langer einförmiger Weg, später am Waldrande (Parkanlagen) nach Thiessow. —

2 km ab Lobbe Seitenweg nach Gr. Zicker, 2½ km. **Gr. Zicker,** Kirchdorf am Zickerer See. Spätromanische Kirche. Chorfenster mit gemalten Scheiben, 16. Jahrh. Hier der 66 m hohe **Bakenberg** mit Fernsicht von Stralsund über Greifswald bis zu den Küsten Usedoms. — 1¼ km ab Gr. Zicker das Dorf **Gager** mit Jugendherberge.

Ostseebad Thiessow,

Fischerdorf und Lotsenstation, 230 Einwohner, auf der Südspitze der Halbinsel Mönchgut, dem Thiessower Höft, fast völlig vom Meere umgeben. Feinsandiger Strand, lebhafter Wellenschlag. Am Oststrand Wäldchen mit schattigen Promenaden; von der Höhe des Höft (38 m) mit Lotsenstation weite Rundsicht. Leben einfach und billig. —

Kurmittel: Kalte und warme Seebäder. — Arzt und Apotheke in Göhren. — Post. — Auskunft: Badeverwaltung. — Unterkunft (ohne Privathäuser): Kurhaus, 38 Z. — Hotel Mönchgut, 26 Z. — Westphals Hotel, für Touristen. — Ostsee-Hotel. — Dazu Restaurants und Kaffees. — Verkehrsverbindungen: Bahnstation Philippshagen der Kleinbahn Putbus—Göhren. 9 km entfernt. Von dort nach Thiessow Autoverbindung. Dampfer: Greifswald—Thiessow; feste Landungsbrücke im Zickerer See. Oder: Stettin—Swinemünde—Göhren; Anschluß mit Auto oder Motorboot nach Thiessow.

VII. Süd-Rügen.

Einführung: Zum südlichen Rügen rechnen wir das Gebiet südlich einer Linie, die von Altefähr bis Putbus reicht und dessen Mittelpunkt das Städtchen Garz a. R. ist. Ferner gehören dazu die Halbinseln Drigge und Zudar. Ein flachwelliges, waldarmes, aber hier und da durch Gehölze verschöntes, fruchtbares Land. An Hünengräbern ist kein Mangel. Erschlossen durch die Kleinbahn Altefähr—Garz—Putbus. Zugang aber auch über Glewitzer Fähre, nordwestlich Greifswald.

Kleinbahnfahrt Altefähr—Garz a. R. Über Altefähr siehe vorher! Zunächst die Haltestelle **Nesebanz.**

Seitenwanderungen: 1. **Zum Nesebanzer Hügelgrab,** einem riesigen bronzezeitlichen Hünengrabe, das in seinen Maßen dem Dubberworth bei Sagard wenig nachgibt. Das Grab liegt östlich des Dorfes im Acker. — 2. **Zur Halbinsel Drigge.** Von der Haltestelle rechts ab zur Chaussee und auf dieser links nach Gustow, rechts der Straße Hünengräber.

Gustow: Auf dem Kirchhügel die ehrwürdige Kirche mit gewaltiger Friedhoflinde. Alte Grabmäler aus Kalkstein. Dazu ein Mordstein.

Zur Drigge: vor Gustow rechts abbiegen und zum Waldrande. Mächtige alte Schanzen birgt der Forst der Drigge. Wo sich der Weg dem Wasser nähert, Fußsteig durch Wald (nicht rechts abbiegen!) zum Fahrweg nach Drigge und nach **Drigger Ort** am Strelasund. Prächtige Blicke über den Strelasund und auf die Stadt Stralsund.

Weiterfahrt ab Nesebanz über Gustow nach Prosnitz.

Seitenwanderung: Von Prosnitz 2½ km südlich zu den Prosnitzer Schanzen am Bodden.

Weiterfahrt ab Prosnitz. Es folgen verschiedene Haltestellen, dann Kirchdorf Poseritz, Puddemin und Gr. Schoritz.

Gr. Schoritz, 1 km ab Haltestelle, Gutsdorf mit dem **Geburtshause des Dichters Ernst Moritz Arndt,** geboren am 26. 12. 1769, als Sohn des Gutsinspektors Arndt, eines früheren Leibeigenen des Fürsten Malte Putbus.

Südwärts Gr. Schoritz die **Halbinsel Zudar** mit der von der Glewitzer Fähre heraufkommenden Chaussee und dem **Kirchdorf Zudar.** Auf dem Ostteil der Halbinsel zahlreiche Hünengräber.

Weiterfahrt ab Gr. Schoritz nach Garz a. R. Blick auf den Garzer See und die Stadt.

Garz a. R.

Stadt von 2000 Einwohnern. Am Nordende des Garzer Sees die Reste der **Tempelburg Charenza,** einer Wallanlage, die im 11. und 12. Jahrh. die Tempel des Rugevit, Porewit und Porenut in sich barg. Nach der Eroberung von Arkona ergab sich diese zweitwichtige Tempelburg Rügens sofort, und die Tempel wurden zerstört. Die im Jahre 1928 von Prof. Schuchhardt-Berlin vorgenommenen Grabungen haben die Berichte des dänischen Geschichtsschreibers Saxo Gramaticus auch für Charenza bestätigt (vergl. Arkona!). Der Burgwall blieb auch ferner befestigter Platz und hat im Rügenschen Erbfolgekriege (1326—1328) noch eine Rolle gespielt. Auf dem Rande des Walles ein Birnbaum mit 2,70 m Stammumfang, schon seit Jahrhunderten erwähnt.

Unterkunft: Hotel Nordischer Hof; Hotel Lindenhof; Juhls Gasthof; sämtlich nicht mehr als 5 Min. ab Bahn. Gasthof zum Wallberg. — Dazu Restaurants. — Banken: Neuvorpommersche Spar- u. Kreditbank. Garzer Bank. — Verkehrsverbindungen: Kleinbahn Altefähr—Garz—Putbus—Göhren. Postautolinie Garz—Samtens. —

Sehenswürdigkeiten: Der **Burgwall** mit Gefallenen-Ehrenmal; Anlagen mit Kriegerdenkmal; **Heimatmuseum** (Original-Briefe und Bilder Ernst Moritz Arndts). **Stadtkirche,** spätgotischer Ziegelbau des 15. Jahrh., Chorabschluß von 1741. In der Kirche ward Ernst Moritz Arndt getauft und konfirmiert (im Kirchenbuche als „Ahrendt" eingetragen). Schöner alter Friedhof.

Wanderungen:

1. Zu den Kreidebrüchen und Kreidefabriken am Bodden. Leicht zu findende Landwege, am besten nach der Karte. — 2. **Zur Wilhelmshöhe,** ½ Std., mit Wegen, Gedenkstein und schöner Aussicht. — 3. Über Crimvitz, Altkamp nach Neukamp und Lauterbach, siehe dort!

Fortsetzung der Bahnfahrt ab Garz: Verschiedene kleine Haltestellen. Das Land wird welliger, die Waldungen häufiger. Dann Bhf. Putbus (siehe dort!).

Die Insel Hiddensee.

Rügen im Westen als Wellenbrecher vorgelagert und daher stärkster Umformung ausgesetzt, besteht Hiddensee aus dem Inselkern des Dornbusch-Hochlandes, 72 m hoch, dem Unterland, das im Gellen endet, der Halbinsel Alt-Bessin und der Fähr-Insel. Die Gesamtlänge beträgt 17 km; sie ändert sich aber, da sich der Gellen allmählich verlängert, während am Dornbusch Landverlust häufig ist. Der Außenstrand zeigt die Linienführung der vom Meere zurückgeschnittenen Glattküste, im Unterland mit Sandstrand und Dünen. Die

Boddenküste ist viel gegliederte Verlandungszone. Die geringste Breite hat die Insel südlich Plogshagen, wo sie nur 125 m mißt und ein Steindamm teils den Außenstrand schützt, teils nach Osten zu durch Wiese und Wasser der Binnensee schneidet, um die Verlandung zu beschleunigen, während Steinbuhnen die Sandanlagerungen am Weststrand fördern helfen. Der hohe Diluvialkern des Dornbusch ist teilweise bewaldet (im Westen), bzw. vor etwa 70 Jahren aufgeforstet worden. Auch im Unterlande finden sich junge Aufforstungen neben weiten Heidegebieten, Dünenlandschaften und ausgedehntem Wiesenmoor. Das Oberland ist zum Teil auch mit Äckern bedeckt. Große Teile des Unterlandes haben im Durchschnitt nur eine Höhe von 1—2 m und werden nur von wenigen höheren Dünenkuppen überragt. An die Südspitze des Gellen schließt sich die Sandbank des Geller Hakens an. Gellenspitze (bis 3 km nordwärts) und Gänse-Werder sind **Vogelschutzgebiete.** Dasselbe gilt vom Alt-Bessin, den sich an das Hochland anschließenden Sandhaken, mit der Bessinschen Schaar (Sandbank). Beide Sandbänke liegen bei Niedrigwasser trocken. Auf Hiddensee die Fischerdörfer Plogshagen, Neuendorf, Vitte, Kloster und Grieben. Sie alle nehmen Badegäste auf. Klima gemäßigt. Luft von starkem Feuchtigkeitsgehalt und völlig staubfrei. Das Wetter gestattet oft noch im Oktober das Baden. Mai und Juni sind schön, Landregen und Gewitter im Sommer selten. Wellenschlag kräftig Die **Bewohner Hiddensees** wohnten einst sehr dürftig in Häusern, deren Fachwerk aus Torf bestand. Oft wurden sie durch Sturmfluten zerstört und sind daher durch festere Bauten ersetzt worden. Die Tracht ist untergegangen. Immerhin haben sich insonderheit die Süderdörfer noch ein besonderes Gepräge bewahrt. Von der Geschichte der Insel, deren Strand und Meer 1872—1874 nach Sturmfluten den berühmten **„Goldschmuck von Hiddensee"**, eine nordische Arbeit aus dem 10. oder 11. Jahrh., hergab und in der man heute jenes Eiland gefunden haben will, das mit dem Wülpensande der Gudrun-Sage identisch ist, an anderer Stelle mehr! Im übrigen erfreut sich Hiddensee bei Badegästen und Touristen wachsender Beliebtheit **(Insel der Maler und Dichter).** Und nicht mit Unrecht! Meer und Himmel mit ihren wechselnden Stimmungen haben die Herrschaft über einem Lande, das in seiner stillen Schönheit eine besonders eigenwillige Sonderart beweist.

Reisewege nach Hiddensee: Ab Stralsund mit Dampfer. Zwei Linien: Stralsund—Vitte—Kloster-Grieben und Stralsund—Plogshagen-Neuendorf. Flugverkehr: Berlin—Stettin—Rügen—Stralsund—Kloster. Auf großen deutschen Bahnstationen direkte Fahrkarten nach Neuendorf und Kloster mit Dampferbenutzung ab Stralsund. Auch durchgehende Gepäckabfertigung. Fährverbindung mit Rügen über die Fähr-Insel nach Seehof bei Schaprode a. R.

Reise nach Hiddensee: Ab Stralsund, Nordhafen. Wundervoller Rückblick auf die Stadt. Rechts Bad Altefähr mit Kurpark auf niedriger Steilküste. Später auf dieser Seite der Kubitzer Bodden und die unbewohnte, ganz flache Insel Heuwiese. Dann zwischen der Insel

Ummanz und der Sandbank Geller Haken hindurch. An der Küste von Ummanz (rechts) einzelne malerische Höfe mit windgezausten alten Bäumen. Links das flache Wasser der Sandbank, an schäumenden Brechern weithin kenntlich. Genau westlich, nördlich vom dunklen Hochufer von Barhöft, Ausfahrt in die offene See. Inzwischen lange vorher schon in Sicht das Unterland von Hiddensee, zunächst dunkle Linie, dann flache, waldlose Scheibe, von der weithin die weißen Häuser von Neuendorf leuchten, ein überraschender Anblick. Auch die dunkle Dornbuschhöhe erscheint. Bevor links Plogshagen-Neuendorf angelaufen wird, rechts der Kirchturm von Schaprode. Dann Neuendorf. — Der Dampfer nach Vitte und Kloster legt in Neuendorf nicht an, sondern setzt seine Fahrt nordwärts fort. In schmaler Tiefenrinne zwischen Rügen und der Fähr-Insel hindurch. Hier wird häufig an- oder ausgebootet. Immer deutlicher das Dornbusch-Hochland. Davor, auf flachem Unterland, die Häuser von Vitte und am Abhang der Ort Kloster. Darüber der Dornbusch mit seinen welligen, grünen Abhängen, immer anders, je nach der Beleuchtung. — Im ganz flachen Wasser zur Vitter Brücke, nachher langsam zurück und im großen Bogen nach Kloster.

Ostseebad Kloster-Grieben.

Von den beiden vereinigten Ortschaften liegt der Ortsteil **Kloster** am Südabhang des Dornbusches, am Vitter Bodden, aber nahe dem Bade, am offenen Weststrand. Das mehr ursprüngliche **Grieben** ist am Ostabhang, Alt-Bessin gegenüber, gelegen und hat einen 15 Min. entfernten Badestrand am Nordufer. Über beide hebt sich mit seinen Schönheiten das **Oberland** von Hiddensee, während sich im Westen, malerisch von bewaldeten Höhen gerahmt, der feinsandige Badestrand dehnt. Kräftiger Wellenschlag. **Kloster** ist Hauptort der Insel. Von dem 1296 gegründeten Kloster sind Mauerreste und Tor erhalten. An seiner Stelle heute der Gutshof. Aus Resten einer ehemaligen außerhalb des Klosters gelegenen Kapelle ist das heutige schlichte Kirchlein um 1780 erneuert worden. Das Innere, in jüngster Zeit ausgemalt, birgt einige wenige ältere Ausstattungsstücke. Von den 16 qkm der Insel gehören 13½ qkm dem Klostergut, einem Besitz des Heilgeist-Klosters in Stralsund. Im Pfarrgarten uralte Linde. Unter den von Künstlern geschaffenen Wohnstätten die von dem 1919 verstorbenen Maler Kruse-Lietzenburg auf freier Höhe erbaute Lietzenburg (1904—1905). Zahl der Badegäste (1930): 1800. Kloster ist Freibad, das Leben ruhig und völlig ungezwungen.

Kurmittel: Kalte Seebäder. — Unterhaltung: Reunions, Tanztees, Tennissport, Angeln, Segeln usw. — Sommer-Postamt. — Banken: Ländl. Spar- und Darlehnskasse in Vitte. — Arzt u. Apotheke in Vitte. — Verkehrsverbindungen: siehe eingangs! — Unterkunft (ohne Privathäuser): Hotel zum Dornbusch, 2 Min. ab Dampfer, 35 Z. — Hotel Hitthim, am Bollwerk, 30 Z. — Bergwaldhotel zum Klausner, im Bergwald a. d. Steilküste, 14 Z. — Hotel Hiddensee, Ortsteil Grieben, 8 Z. — Auskunft: Badeverwaltung Kloster-Grieben.

Wanderungen:

Ziel wird in erster Linie der **Dornbusch** mit seinen romantischen Steilufern, seinen feldbedeckten Ostabhängen, seinem Kiefernwald, seiner eigenartigen Pflanzenwelt

(Weißdornbäumen, Stranddorn, Ginster, Stechpalme usw.), seinem Leuchtturm u. a. m. sein. Eine Umwanderung am Außenstrande zeigt senkrechte, felsartig zerklüftete Mergelwände, die Höhlenbildung der Hucke und gewaltige Blockansammlungen. Am Nordwestkliff gewann man einst den Ton für die Hiddenseer Fayencen (Stralsund). Der Nordstrand wird durch Buhnen geschützt. Wundervoll sind die Ausblicke von den Höhen, vom **Bakenberg**, vom **Leuchtturm** (22,8 m) mit der **umfassendsten Rundsicht**, einer der schönsten am Baltischen Meer; schön die Wanderungen über waldige Höhen, blühende Halden, durch romantische Schluchten usw. Sichtweite des Leuchtfeuers 24 Seemeilen. Dazu Sturmwarnung und Nebelhorn.

Ostseebad Vitte auf Hiddensee,

nahe dem Dornbusch, im Bereiche von Heide, Wiese, Düne und Strand. Badestrand feinsandig und mehrere Kilometer lang; Wellenschlag kräftig. Freibad. Baden von der Wohnung aus. Weite Rasenflächen. Heidewanderungen. Segel- und Motorbootfahrten. Vitte ist Fischerdorf mit rund 500 Einwohnern. Es rechnen dazu auch die „Heiderose“ (Hotel) in der Hiddenseer Heide, 1½ km südlich Vitte, ein benachbartes Gehöft und das Gasthaus auf der Fähr-Insel (mit Fremdenzimmern und Pension). — Kurmittel: Kalte Seebäder.

Badearzt und Apotheke. — Postamt. — Auskunft: Badeverwaltung. — Banken: Ländl. Spar- u. Darlehnskasse Vitte-Hiddensee („Gästekonten"); Nebenstelle der Kreissparkasse in Vitte. — Unterkunft (ohne Privathäuser): Hotel zur Ostsee, 18 Z., Ortsmitte. — Hotel Heiderose, Konditorei u. Kaffee, Vitte-Süd, 16 Z. — Hotel zur Post, 17 Z., am Binnenstrand. — Hotel u. Rest. Schluck, Süderende, 20 Z. — Strandhotel, 14. Z., am Binnenstrand. — Jugendherberge: 15. 5. bis 15. 10. Anmeldung bei Bäckermstr. Schwartz. — Unterhaltung: Reunions, Tanztees, Segeln, Angeln usw. Leben ungezwungen. — Verkehrsverbindungen: siehe „Reisewege nach Hiddensee"!

Wanderungen:

1. Zum **Dornbusch** und nach **Kloster-Grieben**, siehe unter „Kloster-Grieben“! 2. Segelboot- und Motorbootfahrten nach Kloster, Neuendorf und nach Rügen. 3. Zur **„Heiderose“** und zur **„Fähr-Insel“** mit Gasthof. Weite, einsame Dünenheidegebiete. Vor der „Heiderose“ ostwärts zur Fähr-Insel. Übersetzen lassen! Insel ist 1200 m lang und 550 m breit. Heide, Wiese und nasse Stellen. Uralte Fährstelle. Schwedenschanze an der Ostseite, im Nordischen Kriege angelegt. Gasthaus Fähr-Insel (Unterkunft). Anbooten zum Dampfer von und nach Stralsund, Vitte und Kloster. Übersetzen nach Rügen (Seehof mit Jugendherberge).

Ostseebad Neuendorf-Plogshagen,

auf dem südlichen Teil des Hiddenseer Unterlandes gelegen, mit steinfreiem, feinsandigem Badestrand. Kräftiger Wellenschlag. Freibad von der Wohnung aus. Ringsum Wiesen und junger Wald. Rasenbewachsene Dorfstraßen, aber wenig Baumwuchs. Saubere Fischerhäuser. Ungezwungenes Leben. — Kurgäste (1930): 1704.

Kurmittel: Kalte Seebäder. — Badearzt und Apotheke in Vitte. — Auskunft: Badeverwaltung. — Postamt. — Rudern, Segeln, Angeln. — Unterkunft (ohne Privathäuser): Hotel am Meer, Neuendorf, 29 Z. — Gasthaus Otto Gau, Plogshagen, 2 Z. — Verkehrsverbindungen: siehe unter „Reisewege nach Hiddensee"! —

Wanderungen:

1. Segel- und Motorbootfahrten nach Zielen auf Hiddensee und Rügen. 2. **Nach dem Vogelschutzgebiet Gellen,** südlich von Plogshagen - Neuendorf. Dünengelände von größter Einsamkeit mit niedrigem Leuchtturm. Auf dem Gellen, westlich vom Karken See, stand einst eine Kapelle. 1296 schenkte Witzlav II. von Rügen die Insel Hiddensee dem Zisterzienserkloster Neuenkamp zwecks Gründung eines Klosters. Im Anschluß an den Klosterbau im Norden entstand auch die Kapelle auf dem Gellen, dem Heiligen Nikolaus geweiht. Ein Mönch versah den Dienst daran. Gleichzeitig ward hier ein Leuchtfeuer errichtet, das zweite an der Ostseeküste. Das Kloster mußte den Wächter unterhalten und die Kerzen liefern. Wann die Kapelle zerfiel, wissen wir nicht.

Hinterpommern.

1. Der Pommersche Landrücken.

Hinterpommern, soweit es nun im folgenden unserer Betrachtung zugrunde liegt, wird vom **Pommerschen Landrücken** in einer Ausdehnung von etwa 220 km durchzogen. Seine höchsten Erhebungen fallen ungefähr mit dem Hauptendmoränenwall der letzten Vereisung zusammen. Er bildet das Kernstück des Landrückens. An ihn schließt sich nordwärts die kuppige Grundmoräne und südwärts die von Schmelzwasserrinnen gefurchte Sanderlandschaft mit ihren Seen. Sie wird bereits von der Grenze der Provinz geschnitten, so daß nach dieser Richtung eine Begrenzung des Höhenzuges ohne weiteres gegeben ist. Anders nach Norden, wo die kuppige Grundmoräne in die ebene Grundmoränenlandschaft ohne scharfe Grenze übergeht. Indessen haben wir durchaus das Recht, die letztere noch soweit dem Höhenzugsgelände zuzurechnen, als an sich hochgelegene Flächen derselben von den Gewässern der Jetztzeit oder von Urstromtälern besonders tief gefurcht sind und daher landschaftlich abwechslungsreich erscheinen. Dadurch kommen wir im Norden zu einer Grenzzone, die ungefähr durch die Städte Freienwalde i. P., Labes, Schivelbein, Bublitz, Pollnow und Lauenburg Pom. bestimmt wird.

a) Das Hochland um den Enzigsee.

Das Hochland um den Enzigsee entspricht dem Landschaftsausschnitt zwischen den Städten Freienwalde Pom., Wangerin, Nörenberg und Jakobshagen und seinen Randgebieten. Der bis Nörenberg mehr ostwestlich gerichtete Hauptendmoränenzug wendet sich hier südwärts. Östlich der Stadt dehnt sich ausgesprochenes Sandergebiet, das nach der Drage zu in weite Kiefernwälder übergeht. Nördlich bzw. westlich legt sich an die Endmoräne die überaus reizvolle kuppige

G r u n d m o r ä n e n l a n d s c h a f t, von Waldhöhen überragt, vielfach von in Einzelhöfe aufgelösten Kolonistendörfern belebt, mit prachtvollen, glasklaren Seen, steinbesäten Halden; wundervoll im Schmucke des Frühlings, schön auch im Herbst . . .

W a n d e r v o r s c h l a g: 1. T a g: Bahnfahrt Stargard i. P.—Tornow (Strecke Wulkow—Kallies), Wanderung über Saatzig nach Jakobshagen. — 2. T a g: Jakobshagen—Wokuhlsee—Nörenberg. — 3. T a g: Nörenberg—Blankenhagen—Teschendorf (Strecke Stargard—Ruhnow). Fahrt bis Freienwalde Pom. — 4. T a g: Freienwalde und Umgebung, Heimreise. — (Wer den Anschluß an das Nachbar-Wandergebiet sucht, wandert am dritten Tage von Blankenhagen nach Wangerin zur Übernachtung.)

Freienwalde Pom. und Umgebung.

Bahnfahrt Stargard i. P.—Freienwalde Pom. Die Bahn umfährt Stargard im Süden und überschreitet die Ihna. Links schöner Blick auf die Stadt mit ihren Kirchtürmen! Jenseits der Ihna-Niederung langsam aufwärts zur ebenen Grundmoräne. Rechts W u l k o w mit Bhf. Von hier nächster Weg ins Krampehl-Tal (siehe dort!). Abzweigung der Strecke Wulkow—Kallies. Weiterfahrt! Flachwelliges Land. Hinter B h f. P e g e l o w über den oberen Krampehl (hier mit reizlosen, flachen Ufern.) Nächster Bhf. T r a m p k e. Kleinbahn Trampke — Nörenberg und Trampke — Alt Damerow. Hinter Haltestelle V o ß b e r g über die Chaussee Stargard — Freienwalde. A c h t u n g r e c h t s! Nach dem Passieren eines Wäldchens mit Promenadenwegen h ü b s c h e r B l i c k a u f d i e S t a d t F r e i e n w a l d e; dann Bhf. Freienwalde Pom.

Freienwalde Pom., am Staritzsee, Stadt mit 3300 Einwohnern, auf welliger Hochfläche (65 m) gelegen. G e s c h i c h t l i c h e s: Freienwalde ist als adlige Mediatstadt der Wedel gegründet; ihr wurde 1338 Stadtrecht verliehen. Anfangs besaß es das Märkische Recht, später das Lübische. Zugehörigkeit zu Pommern öfter umstritten. So zwang 1478 Albrecht Achilles von Brandenburg die Wedel zur Anerkennung seiner Lehnshoheit. Der Dreißigjährige Krieg und die Pest ließen nur noch 40 Einwohner übrig und damit ein völlig bedeutungsloses Gemeinwesen. 1740 hatte Freienwalde 840 Einwohner. Die jetzige günstige Verkehrslage hat die Entwicklung der Stadt als Mittelpunkt eines landwirtschaftlichen Bezirks begünstigt. W i r t s c h a f t s l e b e n: Handel mit landwirtschaftlichen Produkten, Baugeschäfte, Sägewerke, Tischlereien, Kalksandsteinwerk, Dampfmühle. — G e i s t e s l e b e n: Vereinigung für Kunst und Volksbildung. Gute Volksbibliothek. — T h e a t e r: Im Winter Vorstellungen des Pom. Bundestheaters.

B a n k e n: Städt. Sparkasse. — P o s t a m t. — B ä d e r: Städt. Seebadeanstalt. — A u s k u n f t: Verschönerungs- u. Verkehrsverein, Freienwalde Pom. Schriftliche Auskunft: Stadtverwaltung. — V e r k e h r s b ü r o: Photograph Krause, Wangeriner Str. — U n t e r k u n f t: Müllers Hotel, Wangeriner Str., 10 Min. ab Bhf., 20 B., Gar. — Kaffee Bismarck, 3 Min. ab Bhf., 8 B., Gar. — Deutsches Haus, 15 Min. ab Bhf., 7 B. — V e r k e h r s v e r b i n d u n g e n: D-Zug-Station der Strecke Stettin—Stolp i. P. K r a f t p o s t l i n i e n: Freienwalde—Nörenberg, Freienwalde—Wangerin, Freienwalde—Daber, Freienwalde—Massow.

Sehenswürdigkeiten: Von ehemaligen Wehrbauten blieb nur ein Mauerrest an der Seepromenade übrig. Marienkirche. Seepromenade. Altstadtpark. — Rundgang: Vom Bhf. durch Bahnhofstr. und Wangeriner Str. zum Erinnerungsmal am See-Ende. Dann rechts ab zum **Altstadtpark** mit Schießständen der 500 Jahre alten Schützengilde. Überblick über die ganze Stadt. Weiter den Promenadenweg zum Westausgang der Stadt und durch die Stargarder Str. zum Markt. **Marienkirche:** Hallenkirche, erste Hälfte des 15. Jahrh. Zierliche Strebepfeiler-Außenarchitektur nach dem Vorbilde von St. Marien in Stargard. Turm mit offener Halle im Erdgeschoß und reichem Blendenschmuck darüber. Obergeschoß stark verjüngt und mit vier Giebeln. Der erhöhte Chor und das Mittelschiff mit reichen Sterngewölben. Besichtigung beim Verkehrsverein anmelden! Lohnende Aussicht vom Turm. Anschließend zum See und auf die **Seepromenade** am Staritzsee.

Wanderungen:

1. **Freienwalde—Wothschwiensee.** Chaussee, Richtung Wangerin, zum Walde und über den Ascherbach. Gleich dahinter Fahrweg durch schönen Mischwald nach Vehlingsdorf (6 km). Geradeaus durch den Ort und an der Mühle vorbei bis zur Bahnstrecke. Rechts, nahe der Bahn, weiter und durch schönes kuppiges Gelände bis zum Bahnübergang, Richtung Teschendorf. Jenseits der Bahn, links, Weg zum **Wothschwiensee,** der hier fast den hohen Bahndamm berührt. Schöne, mit Buchenwald bedeckte Hochufer und im Walde, nahe Bahnwärterhaus, zwei halbmondförmige **wendische Burgwälle** (15 km). Zurück zwischen Bahndamm und Seeufer und über Teschendorf (Gastwirtschaft) zur Haltestelle (3 km).

2. **Freienwalde—Blankenhagen—Teschendorf** (18 km). — Auf der Chaussee, Richtung Ruhnow, bis zur Gabelung und dann rechts, Richtung Nörenberg, nach Steinhöfel. Gleich hinter Steinhöfel links Fahrweg nach Sadelberg, teils über Hochfläche, teils durch Wald. Von Sadelberg nach Blankenhagen mit **wundervoller Aussicht vom Rande des alten Friedhofes** auf den schönen, tief in den Buchenwald gebetteten **Dolgensee.** Gastwirtschaft im Orte. Ringsum kuppige Grundmoräne. Durch das Dorf auf direktem Wege zur Haltestelle Teschendorf (siehe vorher!).

Zwischen Trampke und Nörenberg.

Mit der Kleinbahn ab Trampke nach Nörenberg. Abzweigung der Kleinbahn bei Bhf. Trampke der Staatsbahn-Strecke Stargard i. P. — Ruhnow. Nach kurzer Fahrt

Marienfließ, stattliches Dorf mit 1050 Einwohnern, am Großen See gelegen. — Geschichtliches: 1248, dem Jahre der Begründung des Zisterzienser-Nonnenklosters, zuerst genannt. Hexenprozeß der Sidonie von Borke, der „Klosterhexe", 1620 hingerichtet. Siehe „Bilder aus dem Marienfließer Klosterleben", von Pastor Kypke (1895). Im „Eichpark" neben dem Gutshofe die sogenannte **„Sidonien-Eiche"**, als Naturdenkmal geschützt.

Arzt im Ort. — Nebenstelle der Kreissparkasse Saatzig. — Post. — Badestelle am 400 Morgen großen See. — Unterkunft: Bahnhofsrestaurant u. Gasthaus, 4 B. — Gasthaus Saalberg, Hauptstr., 4 B. — Verkehrsverbindungen: Station der Kleinbahn Trampke—Nörenberg. Reichsbahnhof Trampke 2,8 km. Fuhrwerk im Ort.

Sehenswürdigkeiten: Ehemalige **Klosterkirche,** schlichter, einschiffiger, teilweise abgeputzter Backsteinbau mit Westturm. Im Innern Balkendecke mit Inschriften. Altarschrein auf der Westempore mit Schnitzereien von 1690. Kanzel mit Barockschnitzerei von 1726. Taufe aus Holz, bemalt, von 1613. Gestühl teilweise von 1683. Epitaph, Holzschnitzerei, von 1683. Wertvolle Kelche aus der Mitte des 14. Jahrh. und von 1602.

Weiterfahrt mit Kleinbahn ab Marienfließ. Fahrt durch flachwelliges Gelände. Nächste größere Haltestelle **Kashagen.** Abzweigung nach Jakobshagen — Kl. Spiegel. Hier als Vorposten des kuppigen Moränengebietes, das ab Nörenberg im Anschluß an die Endmoräne südwärts zieht, der schöne bewaldete **Erdmannsberg** (130 m).

Ab Kashagen prächtige Wanderung durch Wald und kuppiges Gelände mit dem Wokuhl- und Nethstubbensee nach Nörenberg, 11 km.

Die Kleinbahn folgt dem Rande der Hügellandschaft (rechts) bis zur Haltestelle Ball.

Ball, stattliches Angerdorf, mit noch teilweise erhaltener Dorfwehr, Umwallung (Feldsteinpackung), an der Feldseite der Bauerngärten. Kirche: Spätmittelalterlicher Findlingsbau. Im Ostgiebel schlichter Blendenschmuck. Altar und Kanzel verbunden; Spätrenaissance. Taufe und Gestühl aus derselben Zeit. Restaurant zur Eisenbahn und mehrere Gastwirtschaften.

Ab Ball wendet sich die Bahn nordöstlich und schneidet vor und hinter Kl. Lienichen (Bhf.) kuppige Grundmoräne und Endmoräne. Bewegtes Bodenrelief und viele Steine! Dann links der schmale Westzipfel des Enzigsees und Bhf. Nörenberg.

Tornow—Jakobshagen—Nörenberg—Wangerin.

Bahnfahrt Stargard i. P. — Wulkow — Tornow (Strecke Wulkow—Kallies). Anschließend Wanderung. Zunächst Angerdorf Tornow. Nordwestlich Tornow, 3 km ab Dorf, ein Burgwall, nach der Karte leicht zu finden. Wir schlagen den direkten Weg nach Saatzig ein. Er verläßt das Dorf gegenüber der Kirche und schneidet nach 2 km eine der in Mittelpommern häufigen Wallbergbildungen (Os). Bald dahinter Querweg; in der bisherigen Richtung weiter und an der Weggabelung links nach Saatzig.

Saatzig, Dorf und Domäne, am Saatziger See. Manche der Höfe erinnern an die des Weizackers. Jedenfalls erstreckt sich das Gebiet dieser Häuser und Höfe fränkisch-niedersächsisch-ostdeutscher Mischform durch die Kreise Randow, Greifenhagen, Pyritz und Saatzig. Die jetzt verfallene **Burg Saatzig** nahe Dorf und See war in herzoglicher Zeit Verwaltungsmittelpunkt des Amtes Saatzig. Daher heute „Kreis Saatzig“ (mit dem Landratsamt in der kreisfreien Stadt Stargard i. P.). **Kirche:** Findlingsbau um 1600. Überwölbt mit Tonnengewölbe. Starke äußere Stützpfeiler. Fenster hoch, niedrig und breit. Turm in Eichenfachwerk mit Barockhaube. Taufe aus Kalkstein, 13. Jahrh.

Reicher Altaraufsatz, Renaissance. Schnitzfiguren und Ölgemälde. Etwa 1598. Kanzel und Gestühl derselben Zeit. Vortreffliche Glasgemälde auf Rundscheiben. — Am Ostgiebel riesige **alte Linde,** 7½ m Umfang. Auf dem Friedhof Maulbeerbäume (Zeit Friedrichs des Großen). — Zum Seeufer und ihm nahe nordwärts zur Ruine des **Schlosses Saatzig.** Im frühen Mittelalter erbaute Grenzfeste der Herzöge gegen Polen und Brandenburg. Gegen Ende des Mittelalters im Lehnsbesitz adliger Familien. 1480 von Albrecht Achilles von Brandenburg zerstört, aber bald wieder aufgebaut. Nach der Lubinschen Karte von 1617 überaus stattlich. 1784 verfallen und unbewohnt. Heute nur hohe Schutthügel im Wiesengrund mit Andeutung des ehemaligen Schloßgrabens und der Gesamtanlage. Säulenkapitell im Provinzial-Museum in Stettin. Säulenbasis vor der Kirchturmtür in Jakobshagen.

Von der Ruine aus auf einem Fußsteige, dem Seeufer folgend, und nachher Landweg nach Jakobshagen, am Ostende des Saatziger Sees.

Jakobshagen, Ackerbürgerstädtchen, 1900 Einwohner. Geschichtliches: 1336 adlige Mediatstadt, nach 1567 als „Städtchen" bezeichnet. Seit dem 17. Jahrh. Mediatstadt des Amtes Saatzig. Nach der Lubinschen Karte von 1617 ohne Mauern und nur mit Graben, Verhau und Torhäusern. 1781 bis auf vier Häuser abgebrannt und mit dem Gelde Friedrichs des Großen aufgebaut. Kirche, damals entstandener schlichter, aber ansprechender Saalbau mit einem der Breitseite vorgelagerten Turm bzw. jüngerem Dachreiter. Pläne des Baudirektors David Gilly, eines der bedeutendsten der Land-Baumeister des großen Königs. — Wirtschaftsleben: Dampfsägewerk, Mahl- und Schneidemühle, Holzhandel.

Banken: Städt. Sparkasse; Spar- und Darlehnskasse. — Postamt. — Unterkunft: Hotel Pommerscher Hof, Breite Str. 142, 10 Min. ab Bhf., 10 Z., Gar. — Hotel Deutsches Haus, Breite Str. 140, 4 Z., 10 Min. ab Bhf. — Lüpkes Hotel, Breite Str. 17, 4 Z., 10 Min. ab Bhf. (Privatautoverkehr von und zur Bahn). — Verkehrsverbindungen: Station der Kleinbahn Trampke—Kashagen—Kl. Spiegel.

Wanderungen:

1. Zu Fuß über Konstantinopel oder mit der Kleinbahn (Strecke Jakobshagen — Kl. Spiegel) zur Station Ihnatal (4 km). Das Dorf **Konstantinopel,** Siedlung von 1753, genannt nach der Staatsrätin Constantia von Blumenthal. Noch einige Siedlungshäuser aus jener Zeit. Gasthaus. Abwärts zur Haltestelle der Kleinbahn, jenseits in den Wald, auf dem nächsten Querweg (rechts) nach Forsthaus Eichhorst und weiter nordwestlich zum **Restaurant Ihnatal,** nahe Haltestelle Ihnatal. Beide im Walde und in der Nähe des lieblichen Waldtals der Gestohlenen Ihna (4 km).

2. **Über den Wokuhlsee nach Nörenberg. — Die Chaussee Jakobshagen—Nörenberg gehört zu den schönsten, auch für Kraftwagen geeigneten Straßen Pommerns.** Prachtvoller Wald, herrliche Seeblicke und Blicke über vielkuppiges Gelände. Abgesehen von vielen, in erster Linie nach der Karte zu suchenden Wegen seien folgende Wandermöglichkeiten ins Auge gefaßt: 1. Chausseewanderung, zunächst nahe Bahnstrecke, Richtung Kashagen.

Nach 2 km ab Bhf. rechts ab und über Försterei Kehlungen zum Südostfuß des Erdmannsberges (130 m). Hier ostwärts zwischen Wald und Wiese zur Försterei am Wokuhlsee. In der Nähe das Wokuhlkreuz, heute Wegweiser, ehedem Grenzstein zwischen Pommern und Brandenburg. Die Chaussee folgt dem Südufer des waldbeschatteten, 180 Morgen großen **Wokuhlsees** zum Südende des **Nethstubbensees,** eines in das prachtvoll modellierte Gelände eingebetteten Grundmoränensees von unregelmäßiger Gestalt. Zur Abkürzung des Weges hier auf den Landweg links und vor dem Gehöft Buchwerder rechts, auf den nahe dem Seeufer nordöstlich zur Chaussee nach Nörenberg führenden Fahrweg. Hier links zur Stadt (16 km). — Oder 2. Vor der Försterei Wokuhl, kurz vor dem See-Ende, Fahrweg links; nahe dem Nordufer weiter und am andern See-Ende aufwärts und an den Gehöften der **Kolonie Ziegenberg** (Höhe 158) vorüber. An der Nordwestseite des Nethstubbensees durch kuppiges Gebiet nach Nörenberg. Beide Wanderungen schneiden kuppige Grundmoräne und Endmoräne. Ostwärts sehr bald Sandergebiet. — (Nahe dem Wokuhlsee mehrere Burgwälle; so zwischen Wokuhlsee und Erdmannsberg in Jagen 151 der Große Burgwall, in der sich anschließenden Schlucht der „Opferstein" und in Jagen 163 der Kleine Burgwall.)

Nörenberg, Sommerfrische.

Stadt, 3000 Einwohner, am schönen, 2500 Morgen großen **Enzigsee** und inmitten reizvoller Endmoränen-Landschaft. — Geschichtliches: Um 1300 als Stadt bezeichnet, zur Neumark gehörig. 1338 wurde die Stadtbefestigung verstärkt. 1372 im Lehnsbesitz der von Wedel, Mediatstadt, und in deren Besitz bis ins 17. Jahrh. Zeitweise wie die Neumark Eigentum des Deutschen Ritterordens. Erst 1816 kam das Städtchen zu Pommern. — Wirtschaftsleben: Kalksandsteinwerke, Holzpantoffelfabrik, Sägewerke, Maränen- und Krebsfischerei, Landwirtschaft und Gewerbebetriebe.

Banken: Städt. Sparkasse. — Postamt. — Bäder: Strandbad am Enzigsee. Geschützte Lage. Fester Sandgrund. — Unterkunft: Hotel Deutsches Haus, am Markt; Hotel Viktoria; Gasthof Pommerscher Hof, am Markt; Gartenlokal am Enzigsee; Waldhalle Nörenberg. — Auskunft: Verkehrsverein Nörenberg. Verkehrsbüro auch im Rathaus (Magistrat). — Jugendherberge: Gemeindehaus, Gartenstr. 3. — Verkehrsverbindungen: Station der Kleinbahn Trampke—Kashagen—Nörenberg—Dramburg. Nächste D-Zug-Station: Freienwalde Pom. der Strecke Stargard i. P.—Stolp i. P.

Sehenswürdigkeiten: Stadtmauerrest aus dem 14. Jahrh., Südseite der Stadt, Findlingsbau. — Kirche, Ziegelrohbau aus dem Jahre 1860. — Alte Weide an der früheren Wassermühle, 4½ m Umfang. Kriegerdenkmal an der Seepromenade. Die nähere und ferne Umgebung; Bootfahrten auf dem Enzigsee, Schwimmen, Angeln, Jagd.

Die Umgebung Nörenbergs: Nörenberg liegt an der Stelle, wo der Hauptendmoränenwall aus der ostwestlichen Hauptrichtung nach Süden umbiegt. In dem so entstandenen Winkel liegt als Wasseraufstauung vor der Endmoräne der wundervoll klare **Enzigsee.** Von Westen bis Norden greift er mit fünf schmalen Buchten in die kuppige Grundmoräne hinein, den Rinnen einst ihm unter dem Eise zufließender Schmelzwasserströme. Die Nordrinne setzt sich in dem prachtvollen tief eingeschnittenen **Dolgensee** bei Blankenhagen fort. Nach Osten flossen einst die gestauten und den Endmoränenwall in einem Gletschertor durchbrechenden Wasser ab, breiteten den Sander aus und hinterließen eine Seenrinne, die hinüber zum Großen Lübbesee weist. Als Teil der Endmoräne erhebt sich am Ostufer des Enzigsees der bewaldete **„Fier"** mit seinen aus gewaltigen Steinen aufgebauten Höhen, eine als Naturdenkmal geschützte Blockpackung, die ihre „steinreiche" Fortsetzung in der mit Buchenwald bestandenen **Insel Schulzenwerder** findet. Das Ostufer des Sees hat eine Brandungsterrasse und bei westlichen Winden Wellenschlag. Ihm folgt die **Seepromenade.** Im Norden und um den Dolgensee dehnt sich die kuppige Grundmoräne, kuppig und großwellig, überaus reizvoll, mit grünen Bergflanken, dunklen Waldhöhen, blauen Seen und den malerisch gelegenen Einzelgehöften der Kolonistendörfer des 18. Jahrh.

Wanderungen:

1. **Bootfahrten:** Zur Insel Schulzenwerder. Anlegestelle. Von hier hinüber zum Ostufer mit Anlegestelle am „Fier" mit der „Waldhalle".

2. Zu Fuß auf der Strandpromenade zum **„Fier" mit Waldhalle.** Oder vor dem Walde Weggabelung. Rechts zur freien Höhe mit Sandgrube und mächtigen Gesteinsblöcken. Hier öfter die Ziegenherde der Stadt.

3. Zum Wokuhlsee und nach Kashagen, bzw. Jakobshagen, siehe unter „Jakobshagen"!

4. **Nörenberg—Blankenhagen—Teschendorf,** 22 km. Zunächst wie Nr. 2, zum „Fier". Hier Fußsteig möglichst nahe dem See. Er mündet in einen Fahrweg, dem man bis zum Nordende des Sees folgt. Vorher, rechts auf der Höhe, **„Generalseiche" mit wundervoller Fernsicht.** In dem nun folgenden Gebiet mit zahlreichen, dem Hügelgelände angepaßten Zickzackwegen beachte man: Hauptrichtung NW beibehalten; links bleibt Rinnengebiet liegen! Karte wünschenswert. — Zunächst Gehöfte von Neudingelsberg, später Dorotheental. Nach 20 Min. ab Enzigsee links: kahle Höhe des **Rußlandberges,** 175 m, Blockpackung; schöne Aussicht! Bald **links der Dolgensee,** jenseits überragt vom bewaldeten Kleistberg, 180 m. Rechts Plateau des **Frauenberges;** höchste freie Kuppe 170 m. Aufstieg an der Südostecke, nahe der Schule. **Prachtvolle Fernsicht** über typisches Moränengebiet. (Zum Frauenberg: 1½ km ab Rußlandberg, Weggabelung rechts.) Weiter nach NW. Vor dem geradeaus erscheinenden Waldrande über das letzte Gehöft links; Fußsteig zum Seeufer und am Ufer durch Wald nach Blankenhagen. **Aussicht von der Friedhofhöhe!!** Gasthof. Von hier nordwärts zur Station Teschendorf (Strecke Stargard i. P.—Ruhnow).

5. **Rings um den Dolgensee.** Wie unter Nr. 4 nach Blankenhagen. Jetzt westlich des Dolgensees Landweg südwärts nach Neu Buchholz. Hinter dem Orte rechts **Kleistberg** mit Aussicht. In gleichbleibender

Richtung weiter über Streblow nach Klausberg am Nordufer des Enzigsees. Übersetzen über den See (1 RM.).

6. Wreichen- und Pietschensee—Altstorkow—Nörenberg. Zunächst auf dem Fußsteig durch den „Fier". Hinterm Walde Weggabelung. Rechts gerader Fußsteig zum Ufer des Wreichensees. Dann aufwärts zum Fahrweg und auf diesem rechts; über einen Querweg und am Pietschensee vorüber zur Chaussee. Rechts nach Altstorkow. Kirche: Findlingsbau von 1850. Altaraufsatz, stattliche Renaissance-Arbeit. Kanzel und Gestühl derselben Zeit. Gastwirtschaft. Zurück nach Nörenberg. 10½ km.

7. Nörenberg—Freienwalde Pom., 29 km.

8. **Nörenberg—Wangerin,** 12 km. Entweder auf der Chaussee bis Altstorkow, oder, wie unter Nr. 6, um Wreichen- und Pietschensee zur Chaussee nach Wangerin. Sie führt durch schönen Forst und kreuzt den Hauptendmoränenwall vor Karlstal, kenntlich auch an dem Steinreichtum. Rechts an der Straße die schöne waldbedeckte, steinreiche Höhe 143. Später rechts im kuppigen Gelände die Einzelhöfe von Karlstal. Weiter nach Wangerin.

9. **Nörenberg — Temnick — Kremminer See — Gräbnitzfelde — Jakobshagen,** 14 km. Südwärts über Gut Kl. Grünow nach Temnick. Kirche, Fachwerkbau des 18. Jahrh. Mauer aus Findlingen. Westlich auf der Chaussee weiter, Richtung Jakobshagen, und bald danach links Fahrweg und auf ihm zum Walde. Bei Gablung links weiter und hinter dem Walde zum Westende des von der Ihna durchflossenen Kremminer Sees. Lücke im Endmoränenwall und Stelle eines ostwärts ausbrechenden Schmelzwasserstroms. Am See-Ende nordwestlich aufwärts nach Gräbnitzfelde. Kolonistendorf Friedrichs des Großen. Von hier nach Wahl nach Jakobshagen oder Kashagen.

10. Nörenberg—Dramburg, bzw. zum Anschluß an das ostwärts gelegene Wandergebiet: 1. Kleinbahnfahrt Nörenberg—Dramburg, oder 2. Fahrt auf derselben Strecke bis Golz und anschließend Wanderung: Zapelsee-Senke—Schweinhauser Forst—Dramburg. (Siehe unter „Dramburg"!)

Wangerin,

3300 Einwohner, im welligen Gebiete und am 1½ km langen Wangeriner See. Mediatstadt des Geschlechtes der Borcke, als solche nur von geringerer Bedeutung gewesen. Heute: Ackerbau und Viehzucht, Handel und etwas Industrie.

Bank: Städt. Sparkasse; Genossenschaftsbank, Wangerin. — Postamt. — Unterkunft: Hotel Hornburg, Lange Str. 1, 4 B. — Hotel Jahn, Lange Str. 4, 10 B. — Deutsches Haus, Lange Str. 128, 5 B. — Restaurant „Stettiner Hof". — Verkehrsverbindungen: Station der Strecke Ruhnow—Neustettin; von Station Ruhnow der Strecke Stargard i. P.—Danzig, 2 km entfernt. —

Sehenswürdigkeiten: Am Markt auf einer Erhöhung **stattlicher Fachwerkbau** mit durch zwei Geschosse gehenden Stielen; ehem. Amtshaus. Nahebei der Georgsbrunnen und die Kirche. Vom ehemaligen Findlingsbau des 15. Jahrh. innerhalb des jetzigen aus den Jahren

1705—1817 stammenden Baues nur noch einige Strebepfeiler auf der Nordseite. Am „Wall“ das sogenannte „Herrenhaus“ der von Borcke mit Ausblick auf den Wangeriner See. 17. Jahrh. Auf dem Hohen Wall Kriegerdenkmal. Schöner alter Friedhof auf einer Anhöhe zwischen Stadt und See mit interessanter Aussicht vom Ostrande auf den See und die ihn umgebenden Höhen.

Wanderungen:

1. Auf Promenadenwegen um den Wangeriner See.

2. Wangerin—Nörenberg, siehe unter „Nörenberg“!

3. **Wangerin—Winningen** (Chaussee Richtung Freienwalde) — **Blankenhagen** (Dolgensee) — **Nörenberg.** (Siehe unter „Nörenberg“!)

4. Ins Endmoränengebiet von Henkenhagen (bei Ruhnow). Auf der Dramburger Chaussee südöstlich; nach 3 km die Wangeriner Stadtforst. Rechts, bei Karlstal, **Buchberg,** Teil des Endmoränenwalles, mit gewaltigem Tagebau zur Gewinnung des Gesteinsmaterials, das im Schotterwerk Henkenhagen zu Schotter für die Reichsbahn verarbeitet wird. Vom Tagebau zum Schotterwerk 6 km, zum Bhf. Henkenhagen 1½ km.

5. **Wangerin—Klaushagen—Rosenfelde.** Die Wanderung kreuzt das seenreiche Endmoränengebiet und berührt das bei Rosenfelde gelegene „Gletschertor“ des Rosenfelder Sees, das seine Fortsetzung im Aalgraben und in der Zapelsee-Rinne findet. Wald fehlt.

b) Oberes Regatal, Hochland zwischen Drage und Küddow und Pommersche Schweiz.

Vorbemerkung: Um die Drage und bis zur Küddow, die beide dem Höhenzug nach Süden entströmen, dehnt sich im Anschluß an den die Stadt Dramburg und das Nordende des Zetzin-Dratzigsees im Bogen umrandenden Hauptendmoränenwall das gewaltige Sandergebiet des Drage-Küddow-Gletschers. Er reichte einst bis zur Netze, erfuhr aber sehr bald eine Rückbildung durch Abschmelzung und hinterließ während kürzerer Stillstandslagen verschiedentlich Endmoränenbildungen im Gelände, bis sein Rückgang schließlich in der Linie der heutigen Hauptendmoräne zum Stillstand kam. Hauptfluß des Gebietes ist die kühle, an Forellen reiche **Drage.** Südwärts Polzin schneidet sie den Hauptendmoränenwall in einem Quertal (Fünfsee), durchfließt Sareben- und Dratzigsee, wendet sich westwärts an den Städten Falkenburg und Dramburg vorüber, quert den Großen Lübbesee und strömt dann südwärts der märkischen Grenze zu. Dazu versammeln Dratzig- und Großer Lübbesee noch eine ganze Anzahl schöner, meist zu Rinnen geordneter Seen um sich, die für diesen Teil des Pommerschen Landrückens den Namen **„Seenplatte“** als zutreffend erscheinen lassen. Den Namen „Pommersche Schweiz“ für einen Teil des umgrenzten Gebietes müssen wir, weil er allgemein eingeführt ist, gelten lassen, trotzdem er wie alle andern sogenannten „Schweizen" Dinge verspricht, die die Wirklichkeit nicht halten kann. — Innerhalb des Gebietes liegen die Städte Dramburg, Falkenburg, Kallies, Tempelburg, Bad Polzin, Bärwalde und Neustettin. Als Ausgangspunkte für Wanderungen kommen in erster Linie Dramburg, Bad Polzin, Tempelburg und Neustettin in Frage. — Als sich nordwärts unmittelbar anschließend und verkehrspolitisch mit dem Dragehochland eng verbunden, behandeln wir an dieser Stelle zunächst das obere Regatal mit den Städten Labes und Schivelbein.

Labes und das obere Regatal.

Auch das **Regatal** erscheint durchaus des Besuches wert. Abgesehen von den eintägigen Wanderungen im Anschluß an die Regastädte Labes und Schivelbein, sei im folgenden ein Vorschlag für eine mehrtägige Wanderung gemacht: 1. Tag: Bhf. Lessenthin bei Ruhnow, Kankelfitz, Dübzow, Unheim, Labes. — 2. Tag: Labes, Negrepp, Grabow, Büssow, Bhf. Wurow und Bahnfahrt nach Schivelbein. Umgebung der Stadt. — 3. Tag: Ins Klorberggebiet. — 4. Tag: Nach Arnhausen. — 5. Tag: Nach Polzin oder Dramburg, Bahn und Fußmarsch, bzw. Postauto und Wanderung.

Bahnfahrt Ruhnow—Labes: Bis Teschendorf, siehe vorher! Bis Ruhnow ebene Grundmoräne. Rechts das Städtchen Wangerin. Dann **Bhf. Ruhnow.** Hier Zweigstrecke nach Neustettin. Das Dorf liegt abseits (links). Siedlungen am Bhf. Ruhnow verwachsen allmählich mit dem nahen Wangerin. — Hinter Ruhnow beginnt eine ziemlich reizvolle Fahrt. Wiewohl wir uns im Bereiche der ebenen Grundmoräne befinden, ist doch die Landschaft nicht einförmig. In vielfachen Windungen durchströmt die Rega das Gebiet, wobei sie bei Labes plötzlich in einem scharfen Knick nach Norden umbiegt. Allerdings folgt sie mit ihren Nebenflüssen dabei weniger eigener Laune als in der Eiszeit vorgebildeten Tälern, die ihre Entstehung dem Schmelzwasser, und zwar am Grunde von sich kreuzenden Gletscherspalten im allmählich zerfallenden Toteis, verdanken. Solch eine Talfurche öffnet sich der Bahn bald hinter Ruhnow zum Abstieg ins nur 55 m hoch gelegene Regatal und gibt den Dörfern Kankelfitz und Lessenthin (mit der Haltestelle Lessenthin) eine beinahe malerische Lage am steinigen Talhang. Dann links das breite nordwärts streichende Regatal, die vorspringende Höhe des Talrandes, die die Rega im Halbkreis umfließt, mit dem Hainholz und dann Bhf. Labes.

Labes, Kreisstadt an der Rega, mit 6900 Einwohnern, in reizvoller Umgebung und als Aufenthalt für Erholungsuchende geeignet. — Geschichtliches: Urkundlich 1271 zuerst erwähnt. Vor 1295 erhielt es von den von Borckes Stadtrecht, war also Mediatstadt. — Wirtschaftsleben: Stärkefabrik, Kalksandsteinwerke, Maschinen- und Drahtgeflechtfabriken, Genossenschafts-Brennerei, Handel mit landwirtschaftlichen Erzeugnissen.

Banken: Stadtsparkasse; Kreissparkasse; Ländl. Spar- u. Darlehnskasse. — Hauptpost. — Bäder: Flußbadeanstalt; Städt. Warmbad. — Sport: Städt. Sportplatz und Turnhalle mit Vereinsheim und Jugendherberge. Gute Rodelbahn und Skigelände. Reit- und Fahrturniere im

Landgestüt. — Auskunft: Verkehrsbüro im Rathaus. — Theater: Pom. Landes-Theater, 8—10mal in der Wintersaison. — Lichtspiele: Hotel Deutsches Haus. — Unterkunft: Hotel Pommerscher Hof, Bahnhofstr., 4 Min. ab Bhf., 25 B., Gar. — Hotel Nordischer Hof, am Markt, 7 Min. ab Bhf., 14 B., Gar. — Hotel Kaiserhof, Hindenburgstr., 10 Min. ab Bhf., 10 B. — Deutsches Haus, Hindenburgstr., 11 Min. ab Bhf., 6 Z., Gar. — Gasthaus Rahmlow, Bahnhofstr., 4 Min. ab Bhf., 15 Z., Gar. — Jugendherberge in der Städt. Turnhalle. — Dazu Restaurants und Kaffees. — Verkehrsverbindungen: D-Zugstation der Strecke Stettin—Stargard i. P.—Stolp i. P. Kleinbahnstrecken: Labes—Daber—Naugard, Labes—Meesow—Regenwalde. — Kraftwagenlinien: Labes—Dramburg, Labes—Regenwalde.

Sehenswürdigkeiten: Marienkirche. Kreis-Heimatmuseum. **Pommersches Landgestüt,** 2 km ab Labes, an der Chaussee nach Wangerin, mit 150 Edelhengsten. **Hainholz,** 100 Morgen großer gemischter Bestand am Hang des Regatales, mit seltenen Tieren und Pflanzen (Naturschutzgebiet). 1 km ab Stadt mit Promenadenwegen, Hainholz-Restaurant und Schützenstand. Nahe dem Hainholz **Gefallenen-Ehrenmal** von Richter-Elsner (siehe Demmin!). — Im Stadtpark das Kaiser-Wilhelm-Denkmal.

Wanderungen:

1. **Labes—Unheim—Landgestüt—Labes,** 12 km. — Südwestlich auf der Straße nach Unheim. Sie überschreitet die freien, aussichtsreichen Höhen des Regaknies (101 m) und quert das 30 m tiefere Regatal. Rechts von Unheim die bewaldete Randhöhe des Gollen (106 m). Vergl. „Gollen" bei Köslin, „Golm" bei Swinemünde usw.! — Von Unheim, nahe der Kleinbahn, südöstlich über die Hauptbahnstrecke nach Stuthagen (Einzelgehöft) und geradeaus weiter über den Aalbach zur Wangeriner Chaussee. Links einbiegen und über **Landgestüt** nach Labes.

2. **Landgestüt, Lessenthiner Mühle, Roggow B, Bonin, Labes,** 17 km. Auf der Wangeriner Chaussee zum Landgestüt und weiter durch Wald bis kurz vor dem Aalbach. Hier nach links zur malerisch gelegenen **Lessenthiner Mühle.** — Weiter durch Wald, nahe dem Aalbach, nach Roggow B. Gutshof. Bei der Kirche links und auf den Landweg nach Bonin (Karte notwendig!). Unterwegs, rechts, 2 km ab Roggow, kleiner See mit den **Hünenbergen** (139 m) als Hintergrund. Aussicht! Aufstieg ohne Wege. Von Bonin auf geradem Landweg über die Höhen nach Labes.

3. **Durchs Lotznitztal nach Woitzel,** ¾ Std. Auf der Chaussee, Richtung Zülzefitz, bis zur Lotznitz-Mühle. Hier rechts Fahrweg nahe dem Lotznitzbach. Auf diesem bis zum Bachübergang und am jenseitigen Talrand weiter. Am Waldrand aufwärts und bis zum Querweg; links nach **Woitzel.** Sehenswerte Kirche (Putzbau mit Holzturm) mit **kostbarem Flügelaltar** aus dem 16. Jahrh. Taufe und Kanzel mit reicher Schnitzerei. Gastwirtschaft.

4. **Nach Stramehl,** 6½ km Chausseewanderung nach NW. Auch diese Wanderung führt über die Höhen des Regaknies, kreuzt das breite Regatal, passiert den Fuß der Regaberge und das hier einmündende Seitental des Mössenbaches, an dessen Westseite das **Dorf Stramehl** liegt. Im Mittelalter „Städeken" der Borcke und ihr ursprünglicher

Herrensitz mit der Burg Stramehl, der „Wolfsburg". 1699 ging Stramehl in andern Besitz über. Sehenswert ehemaliges Borckenschloß und Kirche aus dem 16. Jahrh. (Barock). Schöner, hochgelegener **Waldfriedhof.**

5. **Sehenswerte alte Gotteshäuser** mit wertvoller Ausstattung sind in Labes' Umgebung nicht selten. — a) Nordöstlich von Labes, auf der Hochfläche, Gutsdorf **Grabow.** In der Kirche wertvoller Altarschrein von 1505. Auf der Chaussee im Regatal nordwärts. Nach 1½ km Fahrweg rechts über die Bahn und aufwärts über Gut Negrepp nach Grabow. Man kann die Wanderung lohnend ausgestalten: Von Grabow durch kuppiges Gelände nordwärts und zur Chaussee, Richtung Schlönwitz. Sie quert 3 km ab Grabow das Tal des **Fuchsfließes.** Jenseits, nach rechts, Fahrweg am Fuße des 70 m über dem Talgrund aufsteigenden **Mieldenburg-Berges** (140 m). Karte nötig! Man suche den lohnenden Aufstieg! Abstieg nach der Nordseite und auf Landwegen und später auf der Chaussee nach **Schlönwitz.** Kirche von 1737 und Friedhofslinde. Interessante Holzschnitzereien am Orgelchor mit biblischen Szenen; über dem Seiteneingang Christusfigur; an der Kanzel Apostelfiguren und reich ausgestatteter Hochaltar. **Alles soll aus der Wallfahrtskapelle auf dem Gollen stammen,** befand sich dann lange Zeit in der Marienkirche in Köslin und gelangte 1843 nach Schlönwitz. Dazu Leuchter von 1610, 1619 und 1657. — Gastwirtschaft im Orte. — Nächste Haltestelle Bhf. Glietzig im Regatal (ab Schlönwitz rund 8 km). — b) **Nach Dübzow.** Zunächst wie Nr. 1 nach Unheim. Von hier 2 km Landweg nach Dübzow. Kirche: Findlingsbau des 16. Jahrh., malerisch auf einem Hügel. Flügelaltar, um 1400 (1920 wiederhergestellt!). Dübzow ist Haltestelle der Kleinbahn Labes—Meesow—Daber.

Bahnfahrt Labes—Schivelbein. Die Bahn folgt dem südwestlich gerichteten Regatal aufwärts. (Seine Windungen und Seitentäler stehen, wie ein Blick auf die Karte zeigt, in ihrer Richtung unter einer gewissen Gesetzmäßigkeit, die durch ihre Entstehung aus sich kreuzenden Eisspalten bedingt ward.) Hübsche Blicke nach rechts und links vermitteln den Eindruck eines Berggeländes. Es folgt Bhf. Wuhrow. Hier Abzweigung nach Regenwalde (links). Alsdann Bhf. Glietzig. Das Dorf liegt an dem von der Molstow durchflossenen Glietziger See, während von rechts das Fuchsfließ kommt und zusammen mit der Molstow-Senke einen geraden, das Regatal schräg kreuzenden Talzug bildet. Allmählich verflacht sich das Regatal; wir nähern uns Schivelbein. Rechts, hinter Bäumen, teilweise von der Rega umflossen, **Schloß Schivelbein;** dann Bhf. Schivelbein.

Schivelbein,

Kreisstadt, 9300 Einwohner, an der Rega. Geschichtliches: Schicksal von Stadt und Schloß eng verbunden. Ursprünglich gehörte Land Schivelbein zum Bistum Cammin, und auf wendischer befestigter Stätte entstand früh ein festes Haus. Im letzten Drittel des 13. Jahrh. erhalten die Askanischen Markgrafen Land Schivelbein als bischöfliches Lehen und geben die Burg ihrerseits adligen Familien zu Lehen, so 1319 dem Kammerherrn Wedige von Wedel. Dann ab 1384 Besitz des Deutschen Ritterordens, stattlich ausgebaut und angeblich später durch einen unterirdischen Gang mit dem vom Orden noch 1447 vor der Stadt begründeten Kloster „Gottesfriede" verbunden. 1455 kam Schivelbein mit der Neumark, die auch die Städte Kallies, Nörenberg, Falkenburg und Dramburg umfaßte, an Brandenburg, fortan von Kurfürstlichen Amtsleuten bewohnt. 1540 ward das Schloß Johanniter-Komturei, bis 1908 von 15 Komturen bewohnt. In diesem Jahre ward das Domänen-Rentamt Schivelbein begründet. 1816 wurde das Gebiet von Schivelbein mit dem Regierungsbezirk Köslin vereinigt. — Wirtschaftsleben: Bürstenfabrik, Möbelfabriken, Getreidemühle, Gerberei, Wagenbauerei, Kalksandsteinwerk, Kartoffeltrocknungsgenossenschaft, Gärtnereien, Baumschulen, Zementwaren- und Dachpappenfabrik, Molkerei.

Banken: Reichsbank-Nebenstelle; Pom. Bank für Landwirtschaft und Gewerbe, Zweigstelle; Kreissparkasse; Stadtsparkasse. — Geistiges Leben: Geburtsstadt von Rudolf Virchow (13. 10. 1821). — Bildungspflege: Reform-Gymnasium, Landwirtschaftl. Schule, Mädchen-Mittelschule. — Bäder: Flußbadeanstalt. — Unterkunft: Hotel Monopol, Zimmerstr. 17. Hotel Pommerscher Hof, Bahnhofstr. 21. Hotel Preußenhof, Steintorstr. Hotel Schwarzer Adler, Kirchenstr. 14/15. — Verkehrsverbindungen: D-Zug-Station der Strecke Stettin—Stolp—Danzig. Seitenbahn Schivelbein—Polzin. Postautolinien: Schivelbein—Dramburg, Schivelbein—Stolzenburg.

Sehenswürdigkeiten: **Das Ordensschloß,** von der Rega zum Teil umflossen und nach der Feldseite zu von alten Bäumen verdeckt. Ältestes Mauerwerk unterm Dach 2 m dick. Überragt von dem mächtigen Bergfried. In seinem Kern stammt das Schloß aus dem 15. Jahrh. Nach dem Hofe zu Reste mittelalterlicher Backsteinarchitektur (Nordflügel, ältester Teil). Gegenüber der im 18. Jahrh. (1740) völlig umgebaute Südflügel. Der Hof eine im ganzen stimmungsvolle Raumbildung. Über dem Hauptportal drei Wappen, das mittlere des Geschlechts derer von Wedel, die von 1319 bis 1384 auf dem Schlosse saßen. Rechts vor dem Portal ein 1½ m hoher Stein mit der Inschrift: „Hier liegt ein Russe, gestorben im Kriege 1762".

Wanderungen:

1. **Stadtpark und Umgebung,** 3 km. Auf der Chaussee, Richtung Labenz, zum Stadtpark (links) mit Schützenhaus und Aussichtsturm.

2. **Stadtpark und Stadtfichten** und zurück nach Schivelbein, 7 km. Labenzer Chaussee, am Stadtpark vorüber und weiter. ¾ km ab Stadtpark Fahrweg rechts zur Walkmühle im Regatal und dahinter zu den Stadtfichten mit Promenaden und Bänken.

3. Chaussee nach Grössin. Über die Rega, nördlich der Stadt, und jenseits die Randhöhen empor. Am Nordende von Grössin rechts ab nach Beustrin am schmalen **Kleinen Beustriner See.** Am Ostufer des Sees nordwärts. An der Weggabelung rechts zum Fischerkathen. Abermals nordwärts bis zum nach rechts abzweigenden Wege, dem wir folgen, um das den **Großen Beustriner See** vorgelagerte Wiesengelände zu umgehen. An der Wegkreuzung im Walde abermals rechts und südwärts zur Chaussee, bzw. über Beustriner Mühle zurück nach Schivelbein. 18 km.

4. **Ins Klorberg-Gebiet.** Nördlich von Schivelbein das bewaldete Klorberg-Gebiet, 177 m hoch, ziemlich weit nach Norden in die Ebene vorgeschoben, jedenfalls eine lokale Endmoränenbildung, einsam und dem Verkehr noch gar nicht erschlossen. Es empfiehlt sich, dem Besuch zwei Tage zu widmen. — 1. Tag: Postautofahrt Schivelbein—Ankerholz. Rechts Weg ab nach Dorf Balsdrey. Von hier quer durch das Waldgebiet nach Klötzin. Höchste Erhebung nördlich dieses Weges. Genaue Karte nötig! Von Klötzin nach **Nelep,** 11 km. Großes Dorf: Gasthaus Blank, 2 B. Übernachtung möglich. — 2. Tag: Um den Großen und Kleinen Beustriner See nach Beustrin und zurück nach Schivelbein (siehe Wanderung Nr. 3!). — Falls eintägig, schon am ersten Tage zur Haltestelle Nelep der Strecke Schivelbein—Belgard und Heimfahrt. — Man kann auch, das Klorberg-Gebiet von Süden her querend, Stolzenberg, nördlich davon, zu erreichen suchen. Oder von Schivelbein bis Stolzenberg mit Postauto und dann Wanderung ab Stolzenberg. — **Stolzenberg,** Bezirk Köslin, großes, betriebsames Dorf.

Post. Ländl. Spar- und Darlehnskasse. Arzt, Apotheke. Unterkunft: Hotel Rüge; Gasthaus Czier. Je 10 B., Pension, Gar.

5. **Nach Arnhausen:** Bahnfahrt bis Nelep. Rechts der Bahn Fahrweg nach Arnhausen. Stets östliche Richtung beibehalten! 4 km. **Arnhausen,** an der Ostseite des Muglitztales. Bis ins 17. Jahrh. Stadt, jetzt Landgemeinde. Nach Brand und Zerstörung des Dreißigjährigen Krieges verlegten viele Bürger ihren Wohnsitz nach Polzin. Schöner Gutspark. Auf dem **Tarnhusberge** Mauerreste der Burg der Ritter von Manteuffel. **St. Gertrudkirche,** 1588 erbaut. Siehe Inschrift an der Südseite des Turmes! Gasthof im Orte. Durch den Park und, dem Muglitztal folgend, über die Untermühle nach Bhf. Rambin im reizvollen Talgrund. 5 km.

6. **Schivelbein — Wopersnow — Lankow — Rützenhagen — Stargordt.** 20 km. Zunächst Chausseewanderung über Pribslaff nach Wopersnow mit hübschem See. Dann Fußsteig am Seeufer nach Lankow und über Rützenhagen auf aussichtsreichem Wege nach Molstow und **Stargordt** mit Gut und **Schloß** der Grafen von Borcke, 18. Jahrh. Inneres sehenswert. Bild der „Klosterhexe", Sidonie von Borcke. Siehe auch unter „Regenwalde"! Haltestelle der Strecke Regenwalde—Wurow.

7. Schivelbein—Dramburg. Postautofahrt oder Wanderung. Die Strecke folgt einer reizvollen Seenrinne, die einen Schmelzwasserstrom bezeichnet, der, weit aus dem nordwärts gelegenen Hinterland kommend und unter dem Eise fließend, die Endmoräne nördlich von Dramburg im Bereiche des Sarranziger Sees in einem Gletschertor durchbrach.

Bad Polzin und die Pommersche Schweiz.

Siehe „Einführung" zu den voraufgegangenen Kapiteln und die dort in Vorschlag gebrachten Wanderungen! Für den, der nur im engeren Gebiet der Pommerschen Schweiz wandern will, seien folgende Wege empfohlen: 1. Tag: Bad Polzin — Tal von Fünfsee — Klaushagen, zu Fuß. Mit der

Nachmittagspost von hier bis Draheim zur Übernachtung. — 2. Tag: Draheim—Sarebensee—Schneidemühl—Kämmerersee—Zicker—Dolgensee—Nüthlingsee—Tempelburg. Übernachtung. — 3. Tag: Frühzug Tempelburg—Falkenburg. Schloßbesichtigung. Rackowberg. Mittagszug Falkenburg—Klebow. Wanderung Klebow—Rosenhöhe—Gersdorf—Bramstädt—Klockow—Polzin (oder von Bhf. Bramstädt mit dem Abendzug nach Polzin).

Schivelbein—Polzin, Bahnfahrt. Die Bahn steigt aus dem Regatal zur Hochfläche auf. Bis Bhf. Simmatzig einförmig (120 m). Bald danach quert sie das obere Regatal, nur noch eine flache Rinne. Dann **Bhf. Ziezeneff.** Das Dorf ¾ km südlich. Linde im Pfarrgarten! Gasthaus Kohls, 3 B. Post. Kreissparkasse.

Weiterfahrt: Das Gelände wird welliger. **Bhf. Redel.** Von hier auch

Seitenwanderung: Chaussee, Richtung Polzin, bis zur Seitenstraße nach Gut Groß Wardin. Von hier Landweg nach Hohenwardin (160 m) und Groß Dewsberg. (Bei Weggabelung stets links!) Dann nach **Klein Dewsberg mit der stärksten Eiche Pommerns** (Inschrift!) und einigen anderen starken Eichen am Dorfteich. Sehenswert! Von Klein Dewsberg genau nach SO zur Chaussee und auf dieser nach Polzin.

Bad Polzin, das „Moorbad des Ostens".

Bad Polzin liegt am Nordabhang des Pommerschen Landrückens, eingebettet in das liebliche Talgelände des Wugger- und Taubenbaches. Rund 7000 Einwohner. Die Stadt erstreckt sich über einen Hügelrücken, von Höhen überragt und gegen die kühleren Nord- und Ostwinde geschützt. 2 km südlich der Stadt die ausgedehnten Laub- und Nadelwaldungen, die die höheren Erhebungen des an tief eingeschnittenen Tälern, an Bächen und Seen reichen Landrückens bedecken. Dort der Bullenberg als höchste Erhebung, 219 m. Am Wuggerbach prächtige Kuranlagen. — Geschichtliches: Ihren Namen hat die Stadt nach dem Schloß Polzin, das vermutlich 1308 von Herzog Bogislav IV. gegründet wurde und zunächst im Besitz der Adelsgeschlechter von Zozenow und Glasenapp war. Die Zozenowen gründeten in der Nähe der Burg eine deutsche Siedlung, aus der sich die Stadt entwickelte. 1320 wurde Hasso von Wedel Besitzer des Schlosses, 1374 Gerd von Manteuffel. 1335 wird dem Hasso von Wedel von den Söhnen Wartislaws IV. das Stadtrecht für seinen Polziner Anteil gewährt. Um 1408 wurde das Schloß vergeblich von Dietrich von Quitzow berannt. 1466 setzten sich polnische Söldner in der Burg fest. Der Pommernherzog hatte Mühe, sie zu vertreiben. 1509 wurde der südliche Flügel des Schlosses erbaut. Feuersbrünste legten die Stadt 1500 und 1705 in Asche. Nachdem 1688 die Heilquellen entdeckt wurden, hob sich die Stadt. Schon 1689 wird ein Gebäude zur Unterbringung von Kurgästen errichtet. Im Jahre 1712 ist der Herzog Ferdinand von Kurland mit ansehnlichem Gefolge als Brunnengast anwesend. 1747 erhält das Bad ein Brunnenreglement. Von den preußischen Königen wandten besonders Friedrich Wilhelm III. und seine Gemahlin der

Stadt ihre Gunst zu. So erhielt das von dem Kammerherrn von Borke, Schloß Falkenburg i. Pom., erbaute Gesellschaftshaus zu den Lebzeiten der Königin Luise und mit ihrer Bewilligung den Namen „Luisenbad". Im Jahre 1823 ließ Friedrich Wilhelm III. auf dem Grundstück des jetzigen Friedrich-Wilhelm-Bades, woselbst eine Eisenquelle entdeckt wurde, ein Königliches Bad errichten, in dem armen Kranken unentgeltlich Mineralbäder verabfolgt wurden. Namentlich für die Mitglieder des alteingesessenen pommerschen Adels wurde das reizend gelegene Bad ein beliebter Sammelpunkt. In den vierziger Jahren des 19. Jahrh. hat Fürst Bismarck, damals der „tolle Junker", häufig Polzin aufgesucht und in dem noch erhaltenen Spiegelsaal des Gesellschaftshauses Luisenbad getanzt. 1852 in Gegenwart Friedrich Wilhelms IV. Grundsteinlegung des Johanniter-Krankenhauses. — Berühmte Männer und ihre Beziehungen zu Polzin: Erasmus von Manteuffel, letzter Bischof von Cammin, gest. am 26. 1. 1544, in der Gruft vor dem Altar in der St. Marienkirche beigesetzt. Die Grabplatte ist an der Innenwand der Kirche eingemauert. — Generalleutnant Anton von Krockow, geb. am 4. 1. 1714 in Polzin. Generaladjutant und Heerführer des Großen Königs. — Hans Hugo von Kleist-Retzow auf Kieckow, Oberpräsident der Rheinprovinz, gründete mit einigen Edelleuten der Umgegend das Johanniter-Krankenhaus, das am 9. 7. 1855 eröffnet werden konnte. Die Stadt Polzin ernannte ihn zu ihrem Ehrenbürger. — Ehrenbürger der Stadt war auch Altreichskanzler Fürst Otto von Bismarck. — Sanitätsrat Dr. Lehmann, leitender Arzt des Johanniter-Krankenhauses, verabfolgte 1857 erstmals Moorbäder nach dem Muster von Marienbad und schuf damit die Grundlage für die heutige Bedeutung Polzins. — Geistiges Leben: Vorhanden sind außer der Volksschule eine Knaben- und Mädchen-Mittelschule, eine Berufsschule, eine Volksbücherei und eine private Leihbücherei. — Unterhaltung: Während der Sommermonate fast täglich Veranstaltungen des Kurtheaters, auch Freilichtaufführungen. Kurkonzerte in den Sommermonaten täglich. Die Förderung des Theaterwesens hat sich ein Theaterverein zur Aufgabe gemacht. — Kleinkunstbühnen: Kaffee Zell und Friedrich-Wilhelm-Kaffee. — Central-Lichtspiel-Theater. — Kurmittel: Mineralbäder, Moorbäder, Medizinalbäder aller Art und Trinkkuren. — Klima: milde. — Kurzeit ganzjährig. — Mehrere Kurärzte.

Bäder: 1. Sanitätsrat Dr. Hölzl's Kaiserbad-Sanatorium. 2. Kurhaus Luisenbad, Besitzer Dr. Pretzel. 3. Städt. Kurhaus, Inhaber und leitender Arzt Dr. Goldmund. 4. Friedrich-Wilhelm-Bad, Besitzer Paul Radel. 5. Johanniter-Hospiz Marienbad. 6. Cecilienbad, verbunden mit „Haus am Park", Inhaber Rosa und Hugo Moses. 7. Kurhaus Dr. Neuberg (rituell). 8. Johanniter-Krankenhaus. 9. Johannisbad, Besitzerin Frau M. Pretzel. 10. Brausebad in der Turnhalle. 11. Kaltwasserbadeanstalt im Wuggertal. — Ferner sind vorhanden: Genesungsheim Luisenbad, Eigentum der Ortskrankenkasse für das Maurergewerbe zu Berlin. — Gesellschaftshaus Luisenbad, Eigentum der Stadt Polzin. — Erholungsheim „Tabor", Luisenbadstr. Viele Einzellogis.

Besuch des Bades: Kurgäste (1930): 6000; Passanten: 9000; Ausflügler: 35 000 bis 40 000; Übernachtungsziffer: 130 000; verabfolgte Moorbäder: 90 000. — Wirtschaftsleben: Großbrauerei, Wurstwarenfabrik (Auslandversand), Kakteengärtnerei.

Stadtgärtnerei: Während des Krieges hat sie die Bevölkerung der Stadt und die als Reservelazarette eingerichteten Kuranstalten mit Gemüse versorgt. Nach Kriegsende Förderin des Obst- und Gemüsebaues im Stadtgebiet und über Pommerns Grenzen hinaus. Auf der 24 Morgen großen Obst- und Gemüseplantage wurden die für das hiesige Klima in Frage kommenden Sorten erprobt und angezogen. In den letzten Jahren hat die Stadtgärtnerei auch auf dem Gebiete der Gartengestaltung und Beratung Wertvolles in der Provinz und darüber hinaus leisten können. Sie umfaßt die Abteilungen für Anzucht von Gemüsen, Rosen, Blütenstauden und Stauden für Steingärten, ferner Obst- und Ziergehölzbaumschulen. In den Gewächshäusern und Frühbeeten wird das Vielerlei der Topf- und Gruppenpflanzen herangezogen. Ihr ist eine technische Beratungsstelle angegliedert. —

Banken: Stadtsparkasse mit Bankabteilung. Kreissparkasse Belgard, Nebenstelle. — Postamt, mit Kraftwagenzentrale. — Unterkunft (ohne Privathäuser): Hotel Preußenhof, Markt 2, 10 Min. ab Bhf., Omnibus, 17 B., Bad, Gar. — Hotel Pommerscher Hof, Markt 3, 10 Min. ab Bhf., Omnibus, 15 B., Bad, Gar., Tank. — Hotel Deutsches Haus, Brunnenstr. 15, 10 Min. ab Bhf., 24 B., Gar. — Gasthaus Zum goldenen Anker, Wuggerstr., 6 Min. ab Bhf., 8 B. — Bahnhofshotel, am Bahnhof, 4 B., Gar. — Gastwirtschaft Zum Alten Fritz, Tempelburger Str., 15 Min. ab Bhf., 6 B. — Gasthof Zur Börse, Bergstr., 5 Min. ab Bhf., 10 B., Gar. — Gastwirtschaft Regner, Bauplatz 1, 5 Min. ab Bhf., 4 B. — Jugendherberge: Schulhaus, Viktoriastr. 8. — Dazu zahlreiche Restaurants, Kaffees und Konditoreien. — Auskunft: Verkehrsbüro und Badeverwaltung, Markt 1. — Verkehrsverbindungen: Station der Strecke Schivelbein—Gramenz, Seitenstrecke der Linie Stettin—Stargard—Schivelbein—Danzig; Endstation der Linie Falkenburg—Bad Polzin. — Postkraftwagenlinien: Bad Polzin—Gr. Poplow—Tempelburg. Bad Polzin—Belgard a. Pers. Bad Polzin—Dramburg. Privatlinie: Gr. Tychow—Bad Polzin.

Sehenswürdigkeiten: **Schloß** aus dem 13.—16. Jahrh., in seiner jetzigen Gestalt von 1770, beherbergt zur Zeit heimatlose Kinder. Meldung zur Besichtigung bei der Vorsteherin. — **St. Marienkirche,** schlichter, viel veränderter gotischer Backsteinbau, mit der Grabplatte des letzten Bischofs von Cammin, Erasmus von Manteuffel. Meldung beim Küster, Bauplatz 5. — **Johanniter-Krankenhaus,** das größte Pommerns, mit schöner romanischer Kapelle. Meldungen im Büro. — Die „Kuranstalten" mit ihren Badeeinrichtungen und Moorküchen. Meldungen in den Büros. — Der durch seinen Blumenreichtum berühmte Kurpark mit seinen Sondergärten: „Rosengarten" am Brunnenplatz, „Gute Stube", „Konzertplatz", „Terrassengarten unterhalb des Kurhauses", „Terrassengarten unterhalb der Seilerbahn", „Brodesee-Anlagen mit Kaskaden", „Alpengarten" mit vielen seltenen Pflanzen.

Wanderungen:

1. **Luisenbad—Wolfsschlucht—Burgwall—Polzin,** halbtägig. Durch den Kurpark und auf der Luisenbad-Promenade zum Luisenbad. Hier **Quelle,** 1688 entdeckt. Im Gebiet des Taubenbaches, der reich an Forellen ist, eine Menge von schönen Promenadenwegen, sowohl am Wasser (Wolfsschlucht) wie rechts auf den Höhen nach dem Bhf. Luisenbad zu. — Aus dem Tal des Taubenbaches nach links und über die Straße nach Alt-Hütten hinweg. 150 m jenseits, links Weg hinauf zur Schönen Aussicht, mit weiter Fernsicht, am Waldrande gelegen. Von dort zum Wege zurück und weiter zur Bramstädter Chaussee. Auf

Kolberg, Rosengarten

Ostseebad Henkenhagen

Photo: Geyer & Co., Breslau

Stolp i. Pom., Stolpe mit Mühlentor

Lüptow-Düne bei Leba, Wanderdüne u. Baumfriedhof

Photo: Stielow, Lauenburg i. P.

Ostseebad Leba, Strand mit Kurhaus

Photo: Stielow, Lauenburg i. P.

Freienwalde i. Pom. mit dem Gr. Staritzsee

Labes i. Pom., Gefallenendenkmal a. d. Hainholzberge

Nörenberg i. Pom., Blick auf den Enzigsee

Photo: Gustav Moratz, Nörenberg

Falkenburg i. Pom.

Kallies i. Pom.

Photo: H. Velden, Kallies

Tempelburg i. Pom., Dolgensee

Bad Polzin, Kurpark

Photo: Franz Hahn, Polzin

Neustettin, am Streitzigsee

Pollnow mit den Varbelower Bergen

Photo: Krossian, Pollnow

An der oberen Stolpe

Photo: Reepel, Stettin

Burg Bütow i. Pom.

dieser nach links bis zum Waldrande. Gegenüber in den Fußsteig zum Burgwall. Abwärts und nach links in vielen Windungen zur Tempelburger Chaussee. Über diese hinweg zum städtischen Forsthause. Vom Forsthause zurück nach Polzin.

2. **Eiche von Kl. Dewsberg.** Siehe Bahnfahrt Schivelbein—Polzin!

3. **Polzin—Bullenberg—Schloß Klockow—Polzin.** 20 km. Der Weg verkürzt sich, wenn zur Rückkehr von Alt Ganskow aus die Bahn benutzt wird. — Auf der Chaussee nach Tempelburg bis an die Abzweigung der Chaussee nach Alt Liepenfier. Auf dieser weiter und nach etwa ½ Std. rechts auf den Landweg und von diesem zum 219 m hohen **Bullenberge** mit schöner Fernsicht. Zurück zum Wege und auf diesem durch den Wald hinüber nach Neu Liepenfier. Die Chaussee rechts am Klockow-See, der Quelle des Wuggerbaches, vorbei nach Klockow mit **Schloß Klockow** und schönem Park. Das ganze Gebiet weist Koloniedörfer mit verstreuten Gehöften auf. Der See liegt 157 m hoch. Bis zu 204 m steigt das Nordufer an. Von Klockow aus an die Bramstädter Chaussee und auf dieser nach Polzin zurück, bzw. links abbiegen nach Bhf. Alt Ganskow.

4. **Bramstädt—Gersdorf—Schloß Rosenhöhe—Klebow—Teschendorf—Polzin** (oder Falkenburg). Bahnfahrt, Strecke Polzin—Falkenburg, bis Bramstädt. Man beachte die **Aussicht nach links!** Zu Fuß nach **Gersdorf;** Dorf in reizender Hügellandschaft mit **Rundkirche** auf altem, mauerumwehrtem Friedhof. Gasthof. Dann Chaussee südwärts und an der Chausseegabelung rechts. Nach 1½ km links Landweg nach **Schloß Rosenhöhe,** auf der Höhe des Endmoränenwalles gelegen. Prachtvoller **Seeblick von der Terrasse** oder vom Parkrand auf den Zetzinsee, einem schmalen Strome gleich, die Stätte eines den Endmoränenwall durchbrechenden Gletschertores. Von hier zu den am Ostufer sichtbaren Hegebergen (173 m) und auf dem **Tirpitzweg** am Zetzinsee weiter nach Teschendorf. Von hier Bahnfahrt nach Polzin oder Falkenburg.

5. **Bad Polzin — Bramstädt — Gersdorf — Rosenhöhe — Zetzin — Falkenburg.** Wie vorher bis Bramstädt und nach Gersdorf! Vom Dorfe ostwärts, über die Bahn und nach 2 km zum Wege Bramstädt—Rosenhöhe, der das Tützfließtal an seiner Westseite begleitet. Hier rechts einbiegen, über die Chaussee, und weiter südwärts nach Rosenhöhe. Nun zur Westseite des Zetzinsees und auf schönem Wege durch welliges Gelände, später Chaussee, nach Zetzin. Etwa 2 km ab Zetzin dicht ans Seeufer. Hier am Südwestende des Sees der Falkenburger Badestrand. Die Straße quert nun weite Forsten mit zahlreichen reizvollen Seen. Siehe auch unter „Falkenburg"! Zunächst rechts Kapken-See, dann links Gr. Schwarz-See, wiederum rechts Klestinsee, links Langer See usw. Kurz vor Falkenburg links zur Haltestelle Waldhalle der Bahn Polzin—Falkenburg.

Wer von Rosenhöhe nach Klaushagen ins Fünfseegebiet will, passiert **Neu Wuhrow.** Zwei Gasthöfe, Zielke und Ehlke, mit je 2 Z.

6. **Gr. Poplow — Räuberberg — Fünfsee — Polzin.** Auf der Bärwalder Chaussee bis Jagertow und über Kl. Poplow nach **Gr. Poplow,** 5 km. In der Kirche wertvoller Altarkelch vom Jahre 1506, angeblich aus dem Kloster Leubus. Am Westende des Dorfes durch das Holzbachtal südlich und zum **Räuberberg** mit den wenigen Resten der 1531 zerstörten Burg Poplow. Dort abermals südlich ins Tal von Fünfsee. 6 km.

7. **Nach Gr. Tychow mit dem größten erratischen Block Pommerns.** Zur Zeit Privat-Kraftwagenlinie, ab Polzin. Sonst mit der Bahn über Gramenz, hin und zurück. Der riesige Wanderblock liegt auf dem alten Friedhof.

Gr. Tychow, Landgemeinde und Rittergut mit Schloß, 2000 Einwohner. Gewerbe, Industrie und Landwirtschaft. (Maschinen- und Faßfabrik, Schneidemühle, Flockenfabrik, Brennereien, Molkerei.)

Bank: Belgarder Kreissparkasse. Arzt, Apotheke. Postamt. Unterkunft: Hotel Müller. Dazu Restaurants. Verkehrsverbindungen: Station der Strecke Belgard—Neustettin. Autolinien: Gr. Tychow—Polzin und Gr. Tychow—Bublitz.

Der große Stein trägt ein Kruzifix mit Inschrift; er hat einen Umfang von 50 m und eine Höhe von 3 m.

8. **Tal von Fünfsee — Dratzigsee — Tempelburg.** Im Sommer Sonderfahrten ins „Tal von Fünfsee". Schön ist aber die Wanderung, wobei man nur der Chaussee, Richtung Tempelburg, zu folgen braucht. Nach 20 Min. das „Schützenhaus" und nach ¾ Std. ab Polzin die Stadtforst. Nach 70 Min. ab Polzin Straßengabelung: Links nach „Fünfsee", rechts nach Alt Liepenfier und zum Bullenberg (siehe Nr. 3!). Am „Gasthof Gauerkow" und „Gasthof Zur Grünen Tanne" vorbei und immer langsam aufwärts. Nach 1¾ bis 2 Std. der **Obere See** (150 m), aus dem nach Süden von See zu See die Drage abfließt. Das Tal wird zur 60 m tiefen, quer zum Landrücken eingeschnittenen Rinne, in der neben den noch vorhandenen fünf Seen — **Oberer See, Runder See, Langer See, Tiefer See** und **Kleiner See** — gerade noch die Chaussee Platz hat. Hin und wieder schieben sich Waldkulissen gegen den Talgrund vor und rahmen die Seen, geben aber von Zeit zu Zeit auch den Blick auf die steilwandigen Höhen frei. Zwischen Langem und Tiefem See (wirkliche Tiefe 20 m) Försterei Fünfsee. Dazu am Südende des Talzuges auf aussichtsreicher Höhe die **Jugendherberge Fünfsee** und ein ebenfalls am westlichen Talhang gelegenes Restaurant. Links, oberhalb des Oberen Sees, **„Kathshöhe"** mit schöner Fernsicht. Man steige aber auch am Anfang des Langen Sees (Nordende) einen Weg links zur Waldecke empor. **Prächtige Aussicht!** — Hinter dem letzten See verflacht sich das Tal. Seitab nach Dorf **Klaushagen,** gegenüber von dem im offenen Lande gelegenen Prössinsee, den die Drage durchfließt. Gasthof im Ort. Ab Klaushagen Postauto, meist in den ersten Nachmittagsstunden, Richtung Tempelburg. Fahrt bis **Alt Draheim.** Dorf von 600 Einwohnern in schöner Lage zwischen Sareben- und Dratzigsee. Postautohaltestelle. Im Sommer **Motorbootverbindung mit Tempelburg.** Bei günstiger Witterung etwa 15 Uhr ab Draheim Rundfahrt auf dem See und 18 Uhr Überfahrt nach Tempelburg. Unterkunft in Draheim: Hotel und Pen-

sion „Zur Starostenburg", 12 Z., Gar. Badestrand, Ruderboote, Angelgelegenheit. Man übernachte in Draheim!

Der Dratzigsee. 18,6 qkm, Umfang 76 km. Im Zuge des dem Gletschertor von Fünfsee einst entströmenden Schmelzwassers. Südende wieder im Bereich einer Stillstandslage von Tempelburg ostwärts. Daher vielgestaltige Umwelt und bewegtes Bodenrelief (Tiefen bis zu 85 m). **Tiefster See Norddeutschlands.** Schmaler Zipfel bei Tempelburg noch 24 m tief, vor 150 Jahren durch „Erdfall" entstanden. Ostufer mit Brandungsterrasse und Wellenschlag. Sarebensee, ehedem Bucht des Dratzigsees (35 m tief), 1858 durch Senkung des Dratzigsees selbständig geworden. Einst von Wassern umgeben: **Ruine Draheim.** Nur noch Umfassungsmauern auf niedriger Erhebung. Ab 1268 das Land Tempelburg mit Draheim Besitz der Templer, ab 1345 der Johanniter. Erster Burgbau wahrscheinlich durch die Johanniter. Ab 1407 bis 1657 polnisch. 1668 nahm der Große Kurfürst Schloß Draheim ein und baute es aus. 1758 durch die Russen in Brand gesteckt. Anfänglich noch mit Besatzung, später verfallen.

Wanderungen von Alt Draheim. — Bei Alt Draheim die zum Teil mit Buchenmischwald bestandene **Halbinsel Königswerder.** Von der Chaussee aus an der linken Seite der Bucht, an Häusern vorbei zum Waldrande. Am Kreuzungspunkt verschiedener Wege links zum Südufer. Auf der Höhe des 30 m hohen Steilufers nach rechts zum Ausgangspunkt zurück.

Fortsetzung der Wanderung nach Tempelburg (2. Tag). Post oder Motorboot. — Zu Fuß: 1. Chaussee (7 km), wenig reizvoll. 2. **Am Dratzigsee entlang.** Wo sich die Chaussee dem See, 1½ km ab Draheim, nähert, Wiesenweg zum Seeufer, und dort, zunächst ohne Weg, nach Tempelburg, 9 km.

9. **Paatzig — Koprieben — Damensee — Tarmen — Bärwalde.** Bahn bis Paatzig. An der Haltestelle südwärts. Seitenweg rechts zur Damitz und jenseits weiter zum Bahnübergang. Hinüber und, abermals dem Tale folgend (Ostseite), an **Alt Koprieben** und dem **Kopriebener See** vorüber. Heute landfeste Insel, Stätte der einstigen Burg Koprieben. Alte Ulme. Reste von Pfahlbauten. Über die Chaussee und jenseits zur **Hasselmühle.** Hier ostwärts zur Chaussee (Richtung Klaushagen) und auf dieser zur **Jungfernmühle,** nahe dem tief eingeschnittenen **Damensee. Prachtvolle Ausblicke von den Uferhöhen.** Steinerfüllte Quellschluchten, seltene Moose (durch Wege nicht erschlossen). Chaussee bis Sternhof und Landweg über **Oerden** und **Sternmühle** nach **Tarmen.** Für den Naturfreund: **steinerfüllte Oerdener Schlucht** (Unterholz, seltene Moose).

Bärwalde Pom.,

Stadt, 2800 Einwohner. Geschichtliches: Nach Urkunde von 1389 Mediatstadt der Geschlechter Podewils und Hechthausen, später der München-Podewils, Wolden und Zastrow. — Wirtschaftsleben: Landwirtschaft und Gewerbe.

Banken: Stadtsparkasse; Kreissparkasse; Ländl. Spar- und Darlehnskasse. — Postamt. — Unterkunft: Hotel Preußenhof, Markt 7, 8 Min. ab Bhf., Gar. Gesellschaftshaus, Markt 10, 8 Min. ab Bhf. Gastwirtschaft Nitz, Bublitzer Str. 136. Bahnhofshotel, Bublitzer Str. 87. — Jugendherberge: Jugendheim, Stadthalle, Stadtpark. — Restaurants, Konditoreien, Kaffees. — Lichtspieltheater. — Verkehrsverbindungen: Strecke Schivelbein—Gramenz.

Sehenswürdigkeiten: Nahe Bhf. Anlagen mit Kriegerehrenmal, 1925. Hauptstraße, zum Markt erweitert. Dort Rathaus und Kirche (1864).

Wanderungen:

Zur Endmoräne bei Friedrichsberg. Chaussee südwärts. 1 km ab Kirche links auf den Landweg. Nach 6½ km durch welliges Gebiet das aussichtsreiche Schloß **Friedrichsberg** (214 m). Südlich zur Landstraße und links nach **Kölpin** am blockreichen **Küchensee** (Endmoräne). **Schloß** und **Kirche** von 1748. **Schnitzereien ortsansässiger Handwerker!** Sehenswert! — Im Schloß riesiges Elchgeweih. Dann Chaussee über Osterfelde nach Bärwalde. 18 km.

Dramburg und Umgebung.

Bahnfahrt nach Dramburg. 1. Ruhnow—Dramburg. In wenigen Minuten Wangerin. Endmoränengelände. Rechts Wangeriner See. Hinter Henkenhagen links Schotterwerk (siehe unter „Wangerin"!). Ab Janikow flachwellig, dann Bhf. Dramburg. — 2. Nörenberg—Dramburg. Durch von Seerinnen gefurchte Sanderlandschaft. Links Dolgensee (bei Nörenberg). Rechts Cölpinsee und Haltestelle **Grassee.** Kirche: Fachwerkbau, 17. Jahrh. Unterkunft!

Weiterfahrt: Rechts Stüdnitzsee, dann Wald und Haltestelle Zamzow. Abermals Hochfläche und — **Achtung!** — kurzer Blick rechts auf die prachtvolle **Zapelseerinne.** Darauf Golz, Janikow und Dramburg.

Wandervorschläge, das Gebiet zwischen Dramburg, Tempelburg und Kallies betreffend. — 1. Tag: Dramburg—Zapelsee—Schweinhausener Forst—Dramburg. — 2. Tag: Bahnfahrt Dramburg—Falkenburg; Wanderung Falkenburg—Tempelburg. — 3. Tag: Tempelburg—Zicker—Alt Draheim. — 4. Tag: Alt Draheim—Polzin. — 5. Tag: Polzin und Umgebung. — 6. Tag: Bahnfahrt Polzin—Gersdorf; Wanderung Gersdorf—Rosenhöhe—Teschendorf—Falkenburg. — 7. Tag: Bahnfahrt Falkenburg—Kallies—Gutsdorf. Wanderung um den Ankrow-See nach Kallies. (Oder, falls zurück nach Dramburg): 7. Tag: Bahnfahrt Falkenburg—Sabin und starke Tageswanderung: Sabin—Hermannshöhe—Günthershagen—Baumgarten—Dramburg.

Dramburg,

Kreisstadt, 6500 Einwohner, an der Drage. — Geschichtliches: 1297 vom brandenburgischen Markgrafen Otto IV. gegründet. Daher „Markgraf-Otto-Platz". Von den Gewerben spielten nur die Wollweber eine Rolle. Brände legten 1620, 1664 und 1696 fast die ganze Stadt in Asche. Pest und Kriege machten die Stadt arm. Versuche des Großen Kurfürsten, Dramburg zum Mittelpunkt der Salzsiederei und die Drage zum Schiffahrtsweg zu machen, schlugen fehl. 1806 kamen Stadt und Kreis zu Pommern. Höhere Schule. — Wirtschaftsleben: Getreidegroßhandlungen, Bürstenfabrik, Sägewerke.

Banken: Kreissparkasse; Stadtsparkasse; Dramburger Bank. — Postamt. — Bäder: An der Drage und am Wuckersee. — Auskunft: Verkehrsamt im Rathaus. — Unterkunft: Hotel Geske, Markt, 12 Min. ab Bhf., Omnibus, 20 B., Bad. — Hotel Baumann, Markt, 12 Min. ab Bhf., Omnibus, 20 B., Gar. — Pommerscher Hof, Gr. Marktstr., 20 Min. ab Bhf., 3 B. — Gasthof Prey, Viehmarkt, 35 Min. ab Bhf., 7 B. — Jugendherberge: Stadtschule, Klosterstr.; Kreiskinderheim Schweinhausen; Jugendherberge auf dem Hindenburgsportplatz. — Restaurants und Kaffees. — Verkehrsverbindungen: Strecke Ruhnow—Neustettin. Kraftverkehr nach Labes, Schivelbein, Polzin. Kleinbahn: Dramburg—Nörenberg.

Rundgang: Vom Bhf. durch Elsässer Str., Falkenburger Str., Gr. Mühlenstr. (rechts Landratsamt) zum Markt mit **Marienkirche.** 14. und 15. Jahrh. Hallenkirche mit wuchtigem Westturm und 1913/14 erneuerter Pyramide. **Portale** mit figürlichen Friesen, bzw. allegorischen Darstellungen. Im Innern farbige Chorfenster, holzgeschnitzte Kronen. Altar und Kanzel von 1706 und 1707. — Küster neben der Kirche. — Vom Markt durch Luisenstr., Burgstr. (Fachwerkhäuser), Gr. Wollweberstr. zum Friedhof mit Heldenmal. Sehenswertes Heimatmuseum.

Wanderungen:

1. **Stadtförsterei Schweinhausen, Gr. Gellensee** (19 km). Kallieser Chaussee zur **Schweinhausener Mühle.** Hier ließ der Große Kurfürst, um die Drage als Wasserstraße zu nutzen, Schiffe bauen, die über den Gr. Lübbesee und durch die Drage fuhren und Berlin erreichten. Rechts **Kleiner Welssee** und Kreis-Kinderheim mit Jugendherberge. (Von hier zum Fußgängersteig am Gr. Lübbesee mit prächtigem Blick auf See und steile Waldufer.) — Hinter der Mühle Fußgängerweg zum **Gr. Gellensee** mit **Stadtförsterei** (Erfrischungen, Bootfahrten). Westwärts, nahe dem Südufer, zum **Gr. Buzehlsee.** Vor Welschenburg (siehe unten!) rechts ab, am Zapelsee nordwärts und jenseits des Seeabflusses rechts ab nach Kl. Mellen und Dramburg.

2. **Zapelsee, Welschenburg, Dramburg.** Kleinbahn bis Golz. Chaussee südwärts zur **Zapelseerinne** mit Bahnbrücke. Links **Kl. Zapelsee,** 30 m in die Hochfläche eingeschnitten; Uferwald. Die Chaussee weiter und gleich darauf an der Bahnstrecke entlang und in den Seitenweg links, Parallelweg zur Zapelseerinne. Bei Gabelung links! 2 km ab Bahn Feldweg links; hinab auf eine **Halbinsel zwischen Gr. und Kl. Zapelsee** mit reizendem **Blick auf Gr. Zapelsee mit Insel.** Zurück zum Hauptweg nach **Welschenburg,** am **Gr. Buzehlsee.** Ostwärts; Fortsetzung des Weges auf Landzunge zwischen Zapel- und Buzehlsee. Nahe Mühle alte Kastanien. Im Zapelsee, heute landfest, **Welschenburger Burgwall.**

3. **Dramburg — Bad Polzin.** Postauto durch reizvolles Seengebiet. **Wusterwitz:** 2 Gasthöfe, Radtke und Müller; je 2 Z.

4. **Nordufer des Groß-Lübbesees und Hochratzenberg** (zwei- bis mehrtägig). Nach **Baumgarten** am Gr. Lübbesee. Nahe dem Wuckersee vorbei mit Badeanstalten. **Baumgarten:** Postauto Dramburg—Günthershagen. Gasthöfe Lenz und Daberkow, 4—6 B. Post. Motorbootfahrten.

Gr. Lübbesee. Länge 13 km, Breite 2 km, Fläche 14,85 qkm, Tiefe 46 m. Nordufer waldarm, aber stark kuppig, Südufer mit einsamen Waldungen. Auf waldiger Uferhöhe **Schloß Carwitz** (englische Landhausgotik). Südwärts davon verläßt die Drage den See und bildet die Waldschlucht der „Hölle".

Motorbootfahrt und Wanderung: Mit Boot südwärts bis Sophienaue und Abholung von Carwitz.

Fortsetzung der Wanderung: Ab Baumgarten nach Günthershagen. Vor **Günthershagen** prächtiger Seeblick. Dorf, zum Teil auf Halbinsel. Burgwall! Fischerei. Post. Freibad. Gasthöfe. Jugendherberge. (Seitenwanderung nach Falkenburg. Siehe dort! Oder übersetzen nach **Carwitz** mit Schloß.) — Von Günthershagen südöstlich nach **Hermannshöhe.** Von den Höhen reizvolle Blicke. See und Endmoränengebiet. An

Kl. Sabin vorüber, nach **Gr. Sabin,** am Hochratzenberg. Gasthof Buchert, 2 B.; Gasthof Zunker, 2 B. Bhf. für Gr. Sabin ist Virchow, 1½ km. Übernachten in Gr. Sabin oder Virchow oder mit Bahn nach Märkisch-Friedland (20 Min.) und von dort am Morgen zurück und zum Hochratzenberg. — **Virchow,** 1400 Einwohner, Bahnknotenpunkt (Virchow — Deutsch Krone, Kallies—Virchow—Falkenburg). Bauerndorf. Ziegeleien, Mühlen, Möbelfabrik. Kirche von 1890. Schnitzaltar, 16. Jahrh. Gasthäuser.

Der Hochratzenberg, Endmoränenbildung. Anschließend Sandergelände mit Kiefernwald. Auf dem höchsten Punkt (211 m) Turm der Landesvermessung, 45 m; umfassende Fernsicht. Prächtiger Mischwald, alte Eichen. — Zum Hochratzenberg: Chaussee, Richtung Neu Latzig, bis kurz vorm Waldrande. Hier Fahrweg links, in den Wald und nach 1½ km links zur Höhe hinauf.

6. **Dramburg — Kallies.** (Bis Köntopf Kraftpost.) **Köntopf:** Gasthof Raddünz, 1 Z. — Dann reizvolle Chausseewanderung, 17 km. Nach 5 km **Dragebrücke** mit Gasthaus Spiegelbrück. Drage seeartig erweitert, für Wassersportler empfohlen! Nach 1 km, links **Gr. Dammsee,** von der Drage durchflossen. Der Dragelauf ist zwischen Gr. Dammsee und Gr. Lübbesee reich an einsamen, schwer zugänglichen Schönheiten. — Nach 3 km **Gr. Spiegel.** Fachwerkkirche. Gasthof.

Kallies.

Stadt, 3600 Einwohner, im von bewaldeten Höhen überragten Talkessel, zusammen mit drei kleinen Seen. Westwärts breiter Talzug des Dragebachfließes zum Ankrowsee und zur Drage. — Geschichtliches: Gründung 1303 durch die askanischen Markgrafen. Mediatstadt. Auf Schloß Kallies saßen Jahrhunderte die Günthersberge. Bis in die jüngere Zeit zur Neumark gehörig. Oft durch Kriege und Brände zerstört. 1771 mußte Friedrich der Große helfen. Damals entstand die hübsche barocke **Stadtkirche** am Markt. Ehedem blühendes Tuchmacher- und Schuhmachergewerbe. Warenversand auf die Messen nach Leipzig und Frankfurt a. M. Um 1800 noch 271 Tuchmacher, um 1900 noch 120 Schuhmacher. Sage von der „Schleifmühle"! Die Tuchindustrie ging ein, weil die Lieferung von Militärtuchen aufhörte. Haupterwerbszweig: Landwirtschaft. Daneben Baugewerbe und Faßholzfabrikation.

Banken: Stadtsparkasse, Kallieser Bank. — Postamt. — Auskunft: Verkehrsverein, Rathaus. — Bäder: Zwei Seebadeanstalten. — Unterkunft: Hotel zum weißen Schwan, Markt, 8 Min. ab Stadtbahnhof, Gar. — Hotel Dummer, Markt, 8 Min. ab Bhf., Gar. — Gasthof Pommerscher Hof. — Jugendherberge: Volksschule, Friedrichstr. — Restaurants und Konditoreien. — Verkehrsverbindungen: Stargard i. P. — Wulkow—Kallies; Kallies — Arnswalde; Kallies — Falkenburg; Kallies — Deutsch Krone. — Zwei Bahnhöfe: „Stadt" und „Kallies". — Autoverbindung mit Bhf. Kallies, 3 km.

Wanderungen:

1. Nördlich der Stadt, über dem Mühlenteich, **Russenberge** (140 m) und **Gutsdorfer Höhen** (150 m), erstere bewaldet; Aussicht und Promenadenwege. Endmoräne.

2. **Um den Ankrowsee.** Gutsdorfer Chaussee. Nach 1 km links Landweg zur **Gutsdorfer Mühle,** jetzt Forst-

haus, am Ankrowsee. Auskunft und Erlaubnis! Links, am Südufer, Fußsteig um den See; **prachtvolle Wacholderbestände.** Nach 4 km ab Försterei über den Seeabfluß. Nordwärts, nahe Dragetal, zur **Laatziger Brücke,** 2½ km. Uralter Gasthof „Zum letzten Groschen". Provinzgrenze! Nahebei Bhf. Wildfort. Fahrt nach Kallies.

3. **Von Kallies ins Dragetal.** Bahnfahrt bis Wildfort. Unterwegs, links, Ankrowsee. Ab Bhf. Wildfort auf die Seite der Bahn, gegenüber vom Stationsgebäude. Am Bahndamm nach links, in den nächsten Fahrweg rechts und in den Wald. Rechts Dragelauf und Dorf Wildfort sichtbar. Durch Wald zur Försterei Hassendorf, über den Abfluß des Trabunsees und nach **Blockhaus.** Rechts Seitental zur Drage. Bei Wegabzweigung rechts, nach **Eichort.** Ehemalige Wassermühle an einem Zufluß der Drage. Rechts zur **Dragebrücke.** Hinüber und rechts in den nächsten Holzabfuhrweg. Im Schatten alter Buchen und neben dem plätschernden Bach nach **Wildfort,** 280 Einwohner. Gasthof, Unterkunft.

4. **Zum Wasserkraftwerk Altspringe.** Wie Nr. 3, bis Eichort. Über die Dragebrücke und 3 km durch Wald nach Altspringe. Jahresleistung 3 Millionen kWh. — Durch Wald nach Wildfort, 4 km.

Luftkurort Falkenburg und Umgebung.

Bahnfahrten nach Falkenburg: 1. Ruhnow—Falkenburg. Bis Dramburg, siehe vorher! Ab Dramburg einförmige Hochfläche. — 2. Kallies—Falkenburg. Durch eine Ecke der Neumark mit Märkisch-Friedland. Dann Hochfläche mit Hochratzenberg und Bhf. Gr. Sabin. Aufstieg zum Hochratzenberg! — 3. Polzin—Falkenburg, siehe unter „Polzin"! Im weiten Bogen aus dem Polziner Tal zur Hochfläche empor. **Schöne Aussicht nach links!** Kurz vor Falkenburg: **Teschendorf,** Kr. Dramburg. Zetzinsee mit Inseln. **Teschendorfer Werder,** auf einem Damm von Süden her zugänglich. Prächtiger Wald und Aussichtshöhe, 30 m über dem See. Lohnend!

Luftkurort Falkenburg i. P., Stadt, 6000 Einwohner, auf hohem Ufer der Drage, von den Raackowbergen (154 m) überragt. Geschichtliches: 1250 Burgbau der Templer am Zusammenfluß von Drage und Vansow. Dazu deutsche Siedlung, 1333 Stadtrechte. Grenzkämpfe mit den Polen. 1470 im Besitz von Heinrich von Borcke, dem „Schwarzen Ritter", Herrn auf Labes und Pansin, Herzog Bogislavs X. treuestem Beistand im Kampfe mit den Märkern. Auch dem Brandenburgisch-Preußischen Staate diente die Familie später mit Auszeichnung. Adrian von Borcke, 1721 Feldmarschall und Kabinettsminister Friedrich Wilhelms I.; Kaspar von Borcke, Kriegsminister Friedrichs d. Gr. — Nach Aufhebung des Lehnsverbandes freie Stadt und 1816 zu Pommern. **Schloß Falkenburg,** heute Besitz des Kammerherrn von Griesheim. — Wirtschaftsleben: Industriestadt. Jahrhunderte alte Tuchmacherei. „Die Stadt des guten Tuches". Tuchfabriken. Ziegeleien, Landmaschinenfabriken, Sägewerke, Mahlmühlen. Geburtsort des Komponisten und Musikschriftstellers Neitzel, 1852 bis 1890.

Theater, Lichtspiele: Theaterabende („Theatergemeinde") des Pommerschen Bundestheaters. Veranstaltungen des „Vereins für Kunst-

und Volksbildung". Lichtspieltheater. — Banken: Stadtsparkasse; Pommernbank. — Postamt. — Bäder: Seebadeanstalt im Raackowsee; Flußbadeanstalt in der Drage; Warmbad. — Auskunft und Prospekt: Magistrat. — Unterkunft: Müllers Hotel, Marktstr. 9, 15 Min. ab Bhf., 24 B., Bad. — Hotel Kaiser Friedrich, Lindenstr. 16, 8 Min. ab Bhf., 18 B., Gar. — Falkes Hotel, Vansowstr. 6, 12 Min. ab Bhf., 22 B., Gar. — Gasthaus „Zum goldenen Stern", Büddowstr. 26, 12 Min. ab Bhf.. 8 B., Gar. — Jugendherberge: Mittelschule, Bismarckstr. — Restaurants, Kaffees. — Verkehrsverbindungen: Strecke Ruhnow—Falkenburg—Neustettin. Zweigstrecken nach Bad Polzin und Kallies, bzw. mit Kleinbahn ab Virchow nach Dtsch. Krone.

Sehenswürdigkeiten: Marienkirche und Schloß. — **Schloß,** am Zusammenfluß von Vansow und Drage, durch Sumpftäler geschützt, in heutiger Gestalt von 1906. Im Schloßhof ein Geschütz, Beutestück aus dem Kriege 1864. Parkanlagen! — Dazu **Anlagen auf dem Raackowberg,** jenseits der Bahn Kallies—Dramburg, ab Markt 15 Min., ein Werk des Verschönerungsvereins und seines Vorsitzenden Kuhlmey („Kuhlmey-Grund"). Wege, Gedenkstätten und schöne Blicke von den Randhöhen, besonders auf die Stadt. Dazu Raackow-Seen mit Siedlung. — In der Stadt viele Storchnester. **Markt** mit Rathaus.

Wanderungen:

1. Nordwärts der Stadt (Sandergebiet). Nadelwaldungen mit **reizvollen kleinen Seen,** gekreuzt von der Bahn nach Polzin und den Chausseen Richtung Teschendorf und Zetzin. Zwischen beiden Wegverbindungen um das Südufer des Zetzinsees mit Strandbad. Fahrt bis Haltestelle Waldschänke. Dort „Waldschänke" mit Grundeyplatz (Sport und Tennis) und Jahn-Denkmal. Folgende Wege nach der Karte seien empfohlen: a) Waldschänke, Langer See, Schwarzsee, Märzlaffsee (außerhalb des Waldes) Zetzinsee, 12 km. Von Teschendorf mit Bahn zurück. (Zum Badestrand zeitweise Autoverbindung.) — b) Badestrand, Südufer des Zetzinsees, Insel Werder, Märzlaffsee, Schwarzsee, Langer See, Falkenburg, 16 km.

2. **Zum Canzigsee.** Chaussee, Richtung Stöwen; nach 3 km rechts zum **Genesungsheim Canzigsee** der Landesversicherungsanstalt.

3. **Zum Gr. Lübbesee.** Chaussee nach Stöwen im Endmoränengebiet. Über die Stöwener Mühle, an der Nordwestseite des Mühlbaches zum Landweg und an die Chaussee nach Günthershagen. 10 km. Siehe „Dramburg"!

4. **Zum Vansowsee.** Rinnensee südöstlich Falkenburg, 6 km lang. Zu Fuß oder mit Bahn bis Dietersdorf. Ab Dietersdorf den Virchower Landweg. Rechts zum Uferweg am Vansowsee mit Bootsstation. Weiter am See und aufwärts nach Bruchhof. **Riesenwacholder** und Linnaea borealis. Über Försterei Rehberg zur Heinrichsdorfer Haltestelle.

5. **Völzkow-See, Heinrichsdorf, Tempelburg.** Chaussee Richtung Tempelburg. Nach 2 km links zur Schäferbrücke. (Man kann von hier aus auch der Drage zum **Krössinsee** folgen; am Ufer westwärts bis Alexandertal und nach Falkenburg zurück. Lohnend!) — Ab Schäferbrücke rechts, am Rande des Dragetals zur Polenbrücke und abermals rechts, den Seitenweg am Rande der Polenheide und nahe dem **Völzkowsee** weiter. **10 m hohe Wacholder!** Dann zum Hauptwege und ostwärts zum aussichtsreichen **Galgen-**

berg (150 m) bei **Heinrichsdorf.** Rechts zum Dorf. — **Schloß Heinrichsdorf,** stattliches Gutshaus mit altem Park. Bis hier 9 km. Chaussee nach Tempelburg, 6 km.

Luftkurort Tempelburg und Umgebung.

Bahnfahrt: Ruhnow—Tempelburg.

Luftkurort Tempelburg, 5000 Einwohner, reizvoll zwischen Dratzig- und Zepplinsee. — Geschichtliches: 1286 von Templern gegründet, 1345 den Johannitern eigen. 1407 polnisch, 1657 an Brandenburg. 1765 nach Brand durch Friedrich den Gr. aufgebaut. — Landwirtschaft, Sägewerke, Lederfabrik, Maschinenfabrik, Kalksandsteinwerk, Ziegelei.

Postamt. — Ärzte, Apotheke, Krankenhaus. — Auskunft: Verkehrsverein, Rathaus. — Lichtspieltheater. — Bäder: See- u. Sonnenbäder am Dratzigsee. Warmbad im Damenbad. — Angeln, Rudern, Tennis usw. — Unterkunft: Hotel Pommerscher Hof, Markt, Postauto z. Bhf., 30 B., Bad, Liegehalle u. Sonnenbad, Gar. — Hotel Deutsches Haus, Dtsch.-Kroner Str., Auto-Haltestelle, 12 B., Bad. — Gasthaus zum Grünen Baum, Dtsch.-Kroner Str., Auto-Haltestelle, 13 B., Bad. — Dazu Gasthof Hellwig, Gasthof Schwarzer Adler, Gasthof Zimmermann. — Jugendherberge: Vom „Pommerschen Hof" unterhalten. — Restaurants u. Kaffees. — Verkehrsverbindungen: Strecke Ruhnow—Neustettin. Postautostrecken: Tempelburg—Polzin, Machlin—Klaushagen, Pöhlen—Rackow—Tempelburg. — Nahverkehr: Tempelburg—Bhf. — Motorbootfahrten ab Seerestaurant „Hölle". Sommers bei gutem Wetter 14 Uhr nach Draheim. Ab Dr. 18 Uhr nach Tempelburg. Sonntags 9 Uhr bei Beteiligung Rundfahrten.

Sehenswürdigkeiten: **Evang. Kirche** (Elisabethkirche), Markt. Kreuzkirche aus der Zeit Friedrich Wilhelms IV. Handwerkliche Hängeleuchter mit Handwerker-Wahrzeichen. — **Kath. Kirche,** 1765, sehenswerter Altar. — Am Zepplinplatz Geburtshaus (mit Tafel) des Schiller-Forschers Palleske (1823—1880).

Wanderungen:

1. **Dratzigsee-Promenade, Seerestaurant „Hölle", Anlagen am Seeufer** usw.

2. **Dolgensee, Zicker, Kämmerer See.** Chaussee, Richtung Kl. Schwarzsee; am Zepplinsee entlang bis zur Nüthlingsee-Senke. Über die Brücke, links hinauf und oberhalb des Ufers weiter. Vor dem Waldrand im Grunde der **Gr. Dolgensee.** Schöne Uferlinien und prächtiger Hochwald. Fußsteig am rechten Ufer. Vorbei am **Königsstein.** Am Nordende zur Höhe und am Waldrande weiter. Feldrain abwärts ins offene Land. **Weiter Ausblick.** Zu Füßen Chaussee Tempelburg—Bärwalde, Dorf Zicker und Zickerscher See. Abwärts nach Zicker. 6 km.

Zicker Pom., Gasthaus „Alter Krug"; Unterkunft. Gasthaus Trundelberg. Post Tempelburg—Zicker—Polzin. Die Chaussee zum Westende des **Gr. Kämmerersees.** Wiesenweg zum steilen Nordufer (192 m), nahe Kolonie Weinberge, 2½ km. Höhen, 60 m über dem See, Fernsicht! Gegenüber Insel Werder, nach Senkung des Seespiegels landfest.

3. **Um den Sarebensee.** Polziner Chaussee. Vor dem Sarebensee rechts nach **Neu-Draheim** und um den See nach **Schneidemühl.** Rundblick von der Höhe hinter der Schule; 1½ km nördlich **Spitzberg,** 203 m, mit prächtigem Rundblick. Weiter nach **Alt-Draheim** (siehe dort!).

4. **Nach Fünfsee und Bad Polzin** (siehe dort!).

Sommerfrische Neustettin und Umgebung.

Bahnfahrt Ruhnow—Neustettin: Ab Tempelburg einförmige Grundmoräne. Dann Seerinne vom Pielburger See zum Dratzigsee. Zunächst Bhf. **Kl. Schwarzsee,** dann **Lubow.** Dorf am Lubow-See. Jugendherberge, Schule. Garten des Gastwirts Kratzke mit „Götzenstein".

Es folgt: links **Lubow-See** und rechts **Pielburger See.** (1,3 qkm, 55 m tief, 1865 gesenkt; Gewinn 1327 Morgen.) Am See rechts Pielburg, darauf Bhf. Eulenburg. **Eulenburg,** nahe Pielburger See; **Pielburg,** dicht am See. Übernachtungsmöglichkeit.

Seitenwanderung: Nordwärts (4 km ab Bhf.) nach **Eichenberge.** Kirche, reiche Barockausstattung, 1721/22. Über **Kölpin mit Schloß und See** nach Bärwalde (10 km). Siehe dort!

Weiterfahrt über Gellin nach Neustettin.

Neustettin, Sommerfrische, 16 000 Einwohner. Reizend am Streitzigsee (2,9 qkm, 14 m tief) mit dem Klosterwalde. Nahebei auch der Vilmsee. Promenaden am See, Bäder, Wasserfahrten, Sportgelegenheit, Wandermöglichkeiten. Die „Perle Ostpommerns". — Geschichtliches: 1310 von Wartislaw IV. angelegt (Nigen-Stettin gleich Neue Stätte). Bevor Vilm- u. Streitzigsee gesenkt wurden (jener 2½, dieser 1½ m), vor der Zeit Friedrichs d. Gr., auf leicht zu verteidigender Landzunge, nur mit Wall, Graben u. Tortürmen. Grenzfeste gegen Polen. Halbinsel mit Resten des Schlosses, bis in den 30jährigen Krieg Witwensitz pommerscher Herzoginnen. Erinnerung daran das 1640 gestiftete Herzogin-Hedwig-Gymnasium. Nach Krieg und Zerstörung vermittelte Graf von Hertzberg-Lottin der Stadt Friedrichs des Großen besondere Hilfe. Das Bild der Herzogin und des Grafen in der Aula des Gymnasiums. Blücher war Husarenoffizier in Neustettin; Wrangel besuchte die Tertia des Gymnasiums. Geburtsort (25. 10. 1817) des Politikers, Parlamentariers u. Vertrauten Bismarcks, Lothar Bucher. Das nahe Marienthron erinnert an das gleichnamige, 1579 abgebrochene Augustiner-Kloster (1356 bzw. 1362 gegründet). Neustettin ist Kreisstadt. — Wirtschaftsmittelpunkt Südostpommerns. — Bildungspflege: Gymnasium und Realgymnasium für Knaben und Mädchen. Mittelschulen, Fortbildungsschule, landwirtschaftliche Winterschule, Heeresfachschule.

Banken: Reichsbanknebenstelle; Stadtsparkasse; Kreissparkasse; Pommersche Bank für Landwirtschaft u. Gewerbe, Neustettiner Bank. — Hauptpostamt u. Nebenpostamt. — Bäder u. Kurmittel: Blücherbad, moderne Familien-Seebadeanstalt an der Blücherstr.; Freibäder; Familien-Freibad im Klosterwald von 1½ km Ausdehnung. Stadtbad, medizinisches Warmbad, Sommer und Winter geöffnet, medizinische Bäder, Massagen, Inhalatorium. — Unterhaltung u. Sport: Konzerte (Konzertplatz im Park), Sport- und Tennisplätze, Angeln, Bootfahren, Segeln, Motorbootrundfahrten mit Bordkapelle. — Theater, Kleinkunst, Lichtspiele. — Auskünfte: Verkehrsverein e. V., Rathaus. — Unterkunft: Junkerhof, an den Parkanlagen des Streitzigsees, 8 B., Bad, Gar. — Keun's Hotel, Königsstr., 45 B., Bad, Parkplatz. — Preußischer Hof. — Wegners Hotel, nahe Bhf., 25 B., Gar. — Gehlers Hotel, Bismarckstraße 24, 20 B., Auto-Unterstellung. — Zentral-Hotel, Markt, 10 B., Bad, Gar. — Nürnberger Hof, Markt, 12 B. — Fremdenhof Mattern, Bismarckstraße, 6 B., Bad. — Jugendherberge: Pestalozzischule. — Restaurants u. Kaffees. — Verkehrsverbindungen: Bahnstrecken nach Ruhnow, Belgard Pers., Stolp i. P., Firchau. — Nahverkehr: Omnibus von der Stadt zu jedem Zuge; Motorbootsverkehr auf dem Streitzigsee; Droschken auf dem Markt.

Rundgang u. Sehenswürdigkeiten: Bahnhofs-, Bismarck- u. Preußische Straße zum **Markt** mit **Rathaus** (1852/53) u. Denkmal Kaiser Wilhelm I. **Nikolaikirchplatz** mit Turm der 1909 abgerissenen, 1579 erbauten spätgotischen Nikolaikirche; im Turm **Heimatmuseum des Kreises.** Neue Nikolaikirche von 1905. Kronleuchter, schmiedeeiserne Standleuchter u. Grabsteine des alten Gotteshauses. Turm 70 m hoch, schöne Fernsicht, besonders am Abend! Nahebei Kreishaus u. Kreissparkasse, neuere Bauten. — Oder: Nahe Bhf. in die Bromberger Str. mit Pestalozzischule (Jugendherberge) und zum Sportplatz, bzw. durch die Spitzpappelallee zum **Bismarckturm** mit schöner Rundsicht. Den neuen Anlagen folgend, zum Blücherbade u. ehem. **Schloß,** jetzt Prov.-Erziehungsheim. Ältester Teil von 1619. Es folgen die alten Anlagen mit dem Gymnasium von 1912. Im Direktorialgarten alte Rüster. Beim Kriegerdenkmal Anlegestelle der Motorboote zur „Mauseinsel" u. zum Klosterwald. Ruderboote! Wir folgen dem Zuge der Anlagen, vorbei an Gedenksteinen, Bootshäusern u. an der Kaiser-Wilh.-Halbinsel mit Denkmal zum **Streitziger Berge** mit dem **Rest. „Seeblick".** Fernsicht!

Wanderungen:

1. **Nach den Restaurants „Mauseinsel" oder „Seeblick"** mit regelm. verkehrenden Motorbooten, 10 bzw. 15 Min. (Zu Fuß 40 Min.) Familienbad.

2. **Um den Streitzigsee.** Vom Bismarckturm südwärts nach **Marienthron** mit Park; hinter den letzten Gehöften rechts ab in den Klosterwald u. am Völzkowsee vorüber zur „Mauseinsel". Mit Motorboot zur Stadt. 2 Std. — **Ganze Seeumwanderung,** 4 Std. Auf Waldwegen von der Mauseinsel nach NW u. um den See über Streitzig u. „Seeblick" nach Neustettin.

3. Bahn bis Gellin, Strecke Neustettin—Ruhnow, und zu Fuß nach Hütten. Gastwirtschaft. Über Labenz nach Dieck mit **Dreizehnseen-Tal der Plietznitz** mit 13 aneinander gereihten Seen. In **Dieck** typische **Torfahrtscheunen.** Von prachtvollen Linden umgebene Kirche, 1600. Turm mit Schindeln. Reizvoll der Remerowsee mit bewaldeten Ufern u. Gutspark. Südwärts nach **Steinforth** am Prälangsee. Gastwirtschaft. Schöne Waldufer! Nordöstlich durch Wald nach **Wulflatzke** mit Gasthaus und zum Bhf. Lottin. Schloßpark! Bis hierher 20 km.

4. **Neustettin—Raddatz—Bärwalde,** 18 km Wanderung. Bahn bis Dallenthin (Strecke Neustettin—Gramenz). Westwärts nach **Persanzig** am oberen Persantetal, das den Hauptendmoränenzug (Gletschertor!) schneidet. Gastwirtschaften. Durchs Tal zur Bärwalder Chaussee. Raddatz-See! Links abbiegend, nach **Raddatz. Kirche** mit Kanzel aus dem mit Reliefs u. Inschriften geschmückten Triumphwagen des Polenkönigs Johann Sobieski, Geschenk der Stadt Wien zum Dank für Errettung aus Türkengefahr 1683. Generalfeldmarschall Alexander v. Kleist erhielt ihn von Friedrich d. Gr., nachdem er ihn im 1. Schlesischen Kriege erbeutet hatte. Gastwirtschaft.

5. Bahn bis Elfenbusch (Gasthaus). Zu Fuß (3 km) nach **Küssow.** Im Orte **Wegeinfassung von gewaltigen Find-**

lingen, „Gebiß des Herrn v. Glasenapp". Torfwerk. Nach **Buchwald** (3 km) mit Schloß, Park u. Kapelle. Vom **Linkberge** (186 m) Fernsicht über das vielkuppige Gebiet mit dem Lütterssee. Nordwärts nach Wurchow am Virchowsee (4 km). Vielkuppiges u. Endmoränengebiet, bis 186 m, reizvoll. **Wurchow,** 1200 Einwohner, zwischen Dorf- u. Virchowsee. Im Tal zwischen beiden ein Burgwall. Als Rest eines alten Parks riesige Taxus. Kirche mit v. Glasenappschem Erbbegräbnis. Gastwirtschaft.

Oder: Von Buchwald nach Briesen u. zum **Veltow-See.** Prachtvoll, waldbeschattet. Am Südufer **riesige Blockpackung.** Am Südwestufer der Burgwerder. **Meßtischblatt,** da eigentliche Wege am See fehlen. Vom Veltow-See über Försterei Eichbrink und Henriettental nach Gr. Dallenthin mit Bhf. (Neustettin-Gramenz). Unterwegs der **Pollacksberg,** 203 m, höchster Punkt.

6. **Um den Virchow-See;** zu empfehlen. 22 m tief, 772 ha groß. Über Wurchow nach Sassenburg und Landweg nordwärts zwischen Virchow- und Gr. Stüdtnitzsee zum **Wuhrberg,** vom Kreise Bublitz angekauft. Jugendherberge, Sportplatz, Bad, Aussicht. Nahe dem See nach Grumsdorf und zur Chaussee nach Bublitz.

Ratzebuhr und Umgebung.

Bahnfahrt: Ab Neustettin, Richtung Jastrow.

Ratzebuhr, im flachen Tal der Zarne, Städtchen, 2800 Einwohner; rings Höhen und Wald. — Geschichtliches: Als Dorf erst 1554 begründet. 1753 von Friedrich dem Großen zur Immediatstadt erhoben. 1754 ward das erste Rathaus erbaut. Das Tuchmachergewerbe stand einst in hoher Blüte. — Wirtschaftsleben: Schwerste Schädigungen, insonderheit der Tuchindustrie, da nur noch 35 km von der polnischen Grenze entfernt.

Banken: Stadtspar- u. Girokasse; Kreissparkassen-Nebenstelle. — Postamt. — Unterkunft: Zentral-Hotel, 2 km ab Bhf., Omnibus, 30 B. — Deutsches Haus, 6 B. — Dazu vier Gasthöfe. — Restaurants und Kaffees. — Lichtspiele: Tivoli-Lichtspiele. — Bäder: Badeanstalt am Wockingsee. — Verkehrsverbindungen: Station der Bahn Neustettin—Jastrow. — Nahverkehr: Omnibus Bahnhof—Stadt.

Wanderungen:

1. **Tetzlaffsberg** mit Bismarckturm. Bewaldeter Höhenzug östlich der Neustettiner Chaussee (10 Min.). Schöne Aussicht. — 2. **Ins Küddow-Tal.** Chaussee ostwärts zum grenzmärkischen Ort Landeck (6 km). Im waldgerahmten Küddowtal aufwärts von Mühle zu Mühle, etwa bis zur Brettenfelder Mühle (6 km) und über Lümzow nach Ratzebuhr zurück (8 km). Karte! — 3. **Nach Neustettin.** Bahn bis Lottin und zu Fuß über Wulflatzke durch die Dreizehn-Seen-Rinne nach Neustettin. Siehe unter „Neustettin!" — 4. Zu Fuß oder mit Bahn nach **Bahrenbusch,** 4½ km. **Holzkirche,** 17. Jahrh. Gasthof, Übernachtung. Wanderung westlich zum Walde und durch Endmoränengebiet nach Barkenbrügge, 7 km. Karte! Westlich das **Schottenberggebiet,** 205 m. Zurück auf die Chaussee und durch die Ratzebuhrer Heide, 9 km.

c) Das Pollnow-Rummelsburger Hochland.

Einführung: Um die Städte Bublitz, Pollnow, Rummelsburg gelegenes Landrückengebiet mit dem Hauptendmoränenzug. Die davor gelegene kuppige und ebene Grundmoräne ist durch einen tief eingesenkten Urstromtalzug gegliedert. Er streicht von Rummelsburg in Teilstücken von wechselnder Richtung nach Westen. Bewaldete u. lebhaft gegliederte Ränder, prachtvolle Ausblicke. In Schluchten rauschen Bäche; an schönen Seen fehlt es nicht.

Wandervorschläge: 1. Tag: Bublitz und Umgebung. — 2. Tag: Bahn bis Drawehn, Wanderung Mühlenkamp, Sydow, Pollnow. — 3. Tag: Umgebung von Pollnow. — 4. Tag: Barenberge, Gr. Reetz, Bhf. Pritzig. Fahrt nach Hammermühle. Wanderung nach Varzin; Übernachtung. — 5. Tag: Varzin—Crangen. Fahrt ab Crangen-Bussin nach Pollnow oder Zollbrück.

Bublitz und Umgebung.

Bahnfahrt: Schivelbein—Bärwalde, siehe vorher! Hinter Alt Valm das Persantetal, jenseits Bhf. Gramenz. — **Gramenz:** Bahn nach Belgard, Neustettin, Schivelbein und Pollnow. Marktflecken, 1100 Einw. Bahnhofswirtschaft. Hotel Deutsches Haus. Kalklager nahe Bhf. werden ausgebeutet. Kirche sehenswert. Friedhof mit alten Grabplatten. Luthereiche. Schloß und Park.

Bahnfahrt ab Gramenz: Kuppiges Gelände, der schöne Bublitzer Stadtwald, Grünewald und Zechendorf, vor Bublitz das Gotzeltal.

Bublitz i. Pom. Stadt, 5700 Einwohner. Geschichtliches: 1330 im Auftrage des Camminer Bischofs gegründet. Als adlige Mediatstadt bedeutungslos. 1648 an Brandenburg. — Wirtschaftsleben: Mahlmühle, Sägewerk, Spinnereien, Tuchfabrik, Brennerei.

Landwirtschaftsschule. — Bäder: Im Völkerfiersee. — Banken: Stadtsparkasse, Kreissparkasse. — Postamt. — Unterkunft: Hotel Deutsches Haus. Hotel Fischer, Markt 9. Hotel v. Groß, Markt 1. Hotel Schwarzer Adler, Bergstr. 22. — Jugendherberge: Jugendpfleger Kusserow. — Verkehrsverbindungen: Strecke Gramenz—Pollnow. Kleinbahnen: Bublitz—Schwellin—Belgard, Bublitz—Schwellin—Manow—Köslin. Kraftwagenlinie: Köslin—Bublitz—Baldenburg.

Sehenswürdigkeiten: Stadtkirche von 1882. Promenadenweg um die Stadt. Kreiskriegermal 1923.

Wanderungen:

1. **Bublitz—Zeblin—Drawehn—Bublitz.** Chaussee über Gust (Gastwirtschaft) nach **Zeblin,** 9 km. Gut am Rande des Radüetales. 1717 Ewald von Kleist geboren. Schloßpark und Kapelle mit Fernsicht. — Über Gerfin (4 km) nach Drawehn (3½ km), am Rande des Kalkbachtales.

2. **Zum Virchowsee.** Chaussee, an Neudorf vorüber, nach Wurchow und zum Wuhrberg. Am 2. Tage über Porst nach Bublitz.

3. **Nach Neustettin.** Bublitz — Wurchow — Veltowsee — Pollacksberg—Gr. Dallentin und anschließend Bahnfahrt.

4. **Neudorf—Porst—Bublitz.** Gramenzer Chaussee durch Stadtforst. Nach 5 km Weg links, über die Bahn zur Stadtförsterei und nach **Neudorf,** 3 km. Kuppiges Gelände, 200 m hoch. Gasthof Pietsch, Unterkunft. Zur Chaussee, Richtung Wurchow, und über sie hinweg; am Waldrande und später Landweg nach Porst.

Porst, 913 Einw. Wald und Seen. Gasthof Tattenberg, Übernachtung. Chaussee nach Bublitz, 5 km. Auch Postauto. Unterwegs **Restaurant Zur Gotzelquelle, Völkerfiersee** und **Badeanstalt.**

5. **Bublitz — Gr. Carzenburg — Rummelsburg.** Chausseewanderung im Bereiche der blockreichen Endmoräne und in 200 m Höhe. Typische Siedlungsbilder. Zweitägig. Übernachtungsmöglichkeiten: Kl. Carzenburg (Jugendherberge, nur Jungen), Gr. Carzenburg (Gasthof mit 2 B.). Oder aber: Drawehn—Baldenburg und Übernachtung; Baldenburg—Hölkewiese—Rummelsburg.

1. Tag: Bis **Gr. Carzenburg,** nahe dem Südende des Papenzinsees, 14 km. **Fachwerkkirche,** 17. Jahrh., **sehenswerte geschnitzte Ausstattung.** Renaissance-Emporen mit reichem Bilderschmuck und Renaissance-Gestühl. Altar, Kanzel und Taufe, um 1701, in reichster Barockschnitzerei, wahrscheinlich Werk eines Meisters aus Thorn. — Gasthof Pirk, 2 B.

Seitenwanderung: Nahe Papenzinsee durch Endmoränengebiet nach Breitenberg mit **Steinberg,** 234 m, und Sydow, 11 km.

2. Tag: Hölkewiese — Gr. Volz — Rummelsburg, 18 km. Hinter Hölkewiese stark hügeliges Gebiet.

6. **Nach Pollnow.** Bahn bis Drawehn, dann zu Fuß.

Pollnow und Umgebung.

Das Kernstück der Pollnower Landschaft ist das von steilen Rändern überhöhte Urstromtal mit den Varbelower Bergen, Jatzinger Höhen, dem Hlg. Berg, den Sohrbergen und den Barenbergen (217 m hoch).

Bahnfahrt Bublitz—Pollnow. Bei Drawehn rechts **Blick über das Kalkbachtal.**

Pollnow, die Bergstadt Pommerns, 3700 Einw. Sommerfrische, Moorbäder. Geschichtliches: Das „Land Pollnow" gehörte im 13. Jahrh. dem Deutschen Ritterorden, später den pommerschen Herzögen. Stadt und Schloß Ende des 14. Jahrh. im Besitz des Bistums Cammin, 1472—1773 in dem der Glasenapps. 1773 an Oberst Ernst von Wrangel.

Vom Bhf. zur Schloßstraße mit Schloß; anspruchsloser, stark veränderter Bau. **Markt** mit alten Bäumen und Rathaus. Kirche aus jüngerer Zeit. —

Banken: Stadtbank; Spar- u. Darlehnskasse. — Postamt. — Bäder: Moorbäder aus eigenem Moor im Städt. Krankenhaus. Flußbad in der Grabow. — Sport: Sportplatz am Abhang der Varbelower Berge. Rodelbahnen. Skigelände. — Unterkunft: Hotel Wrangelshof, Markt, 14 B., Bad, Gar. — Hotel Kaiserhof, Schloßstr., 6 B. — Marquardts Hotel, Kösliner Str., 10 B., Bad, Gar. — Gartenrestaurant Kosanke, Kösliner Str., 5 B. — Kaffee Schmöckel, Schloßstr., 3 B. — Restaurants u. Kaffees. — Verkehrsverbindungen: Gramenz—Bublitz—Pollnow—Zollbrück; Kleinbahnen: Köslin—Pollnow, Schlawe—Pollnow, Pollnow—Sydow. — Kraftwagenlinie: Köslin—Pollnow.

Wanderungen:

1. **Auf die Varbelower Berge.** 167 m. Über die Grabow und nach Wahl, auch am Sportplatz mit Kriegerehrenmal vorbei, zur Höhe. Restaurant mit **Aussichtsturm. Prachtvolle Fernsicht.**

2. **Pollnow—Reetzer Walkmühle und zurück,** 6 km. Markt, Abhang der Varbelower Berge. Rechts Chaussee weiter. Brücken- und Dammbauten der Bahn Pollnow—Zollbrück! In den Wald. Nach 500 Meter rechts Weg zur Walkmühle, idyllisch am Mühlbach, Wirtshaus.

3. **Auf den Heiligen Berg.** Stätte einer nicht mehr vorhandenen Wallfahrtskapelle. Prächtige Ausblicke. Wald, Ginster- und Heidehöhen. Aufstieg von der Ziegelei am Fuße des Berges.

4. **Nach Vellin** und zurück, 15 km. Zum Abhang der Varbelower Berge. Jenseits der Grabow links, Weg am Rande des Grabowtales zur aus dem Tal nach Vellin aufsteigenden Waldchaussee. Unterwegs Velliner Eiche, 6½ m Umfang. — **Vellin, Schloß** (Barock) und Fachwerkkirche (18. Jahrh.), reiche Schnitzerei-Ausstattung. —

5. Auf der Chaussee **nach Schloß Crangen.** Auch Seitenweg durchs Grabowtal. — **Crangen,** 400 Einwohner. **Schloß** am See, 1414 erbaut. Renaissancebau mit vier Ecktürmen. Stammsitz des Geschlechts der Podewils. Kirche mit Grabkapelle von 1700. — Gasthof. — Zum hoch gelegenen Bhf. Crangen—Bussin (Aussicht!) 2½ km. Rückfahrt — **Achtung!** — hinter Bhf. Rochow sehr schön! **Links** Mühlbachtal. — Kraftpost Crangen—Schlawe i. Pom.

6. **Crangen—Varzin—Hammermühle—Beßwitz—Pollnow** (oder Rummelsburg). — a) Über Crangen—Wendisch-Puddiger—Wussow (Gastwirtschaft) nach Varzin, 22 km. Falls keine Unterkunft, nach Bhf. Hammermühle, 4 km, zur Fahrt nach Rummelsburg. Sonst am 2. Tage: Varzin—Hammermühle—Beßwitz—Pollnow.

Varzin, 800 Einwohner. Schloß des Alt-Reichskanzlers und Park, 600 Morgen. Am Südostende der Richtberg mit Aussicht. Jenseits der Beßwitzer Straße, nahe dem Richtberg, der Schiefe Berg. Aussicht!

Von Varzin nach Hammermühle. Chaussee oder über den Nakelberg.

Hammermühle, im Wippertal, ca. 1400 Einw. Berühmte Papierfabrik. Waldkapelle. Post. Kreissparkasse. Kein Wirtshaus. Strecke Zollbrück—Rummelsburg.

b) Pollnow—Varzin, eintägig. Bahn bis Wendisch-Puddiger. Auf der Feldmark Steinkreis! Zu Fuß nach Varzin und Hammermühle, 9 km. Mit Bahn bis Pritzig und zu Fuß nach Pollnow, 11 km. — Oder nach **Beßwitz,** im Wippertal. Jugendherberge. Wasserkraftwerk.

7. **Zu den Barenbergen,** zwischen Mühlbachtal und oberer Grabow. Reizvolles Berggelände, 110 m über das Tal ansteigend. Wechselnde Baumbestände, tiefe Schluchten, rauschende Bäche. Durch Wege wenig erschlossen. Höchster Punkt 217 m. Aufstieg von Forth an der Grabow oder aus dem Mühlbachtal bei Gr. Reetz. Karte nötig!

Ins Sydower Hochland.

Das Sydower Hochland umgibt den 8 km langen Papenzinsee und gipfelt im Steinberg, 234 m. Um ihn kuppige Grundmoränenlandschaft. Westlich zur Seite der Kaminsee. Papenzin- und Kaminsee sind abflußlose Ausfüllungen des kuppigen Bodenreliefs, inselreich und mit zahlreichen Untiefen. In beiden die Kleine Maräne. Im Westen das Kalkbachtal, ein Landrückenquertal. Der Niedersee, 80 m tiefer als der nur 2 km entfernte Kaminsee.

Wanderungen:

Bahn bis Gutzmin. Vom Dorf südwärts und nach 3 km links, Waldweg zur Wegkreuzung nahe dem kleinen Kluthsee. Dort östlich, am Wiesenrand des Niedersees (Kalklager) entlang und später am Rande der **Wolfsschlucht** (Regenrinne) nach **Sydow.**

Sydow, 1800 Einwohner. Sensenschmieden. Fachwerkkirche. Gasthöfe. Ort 170 m hoch.

Chaussee südwärts. Am Bahnübergang Landweg rechts abwärts ins Kalkbachtal. Von freien Heidehöhen **wundervolle Fernsichten.** Hünengräber. Steinerfüllte Regenrinnen. **Plätschernde Bäche,** so bei Neumühlenkamp. Durch Mühlenkamp zur Chaussee. Jenseits am schönen Kaminsee vorüber nach Breitenberg.

Breitenberg, 215 m hoch. Gasthaus. — Von hier auf Feldwegen zum **Steinberg,** 234 m. 1915/17 durch Schotterwerk ausgebeutete Blockpackung. **Prachtvolle Fernsicht.**

Breitenberg—Mühlenkamp mit Kalkwald und durchs Kalkbachtal nach Drawehn. Überall **weite Fernsichten.** Auch die Chausseewanderung von oberhalb Neumühlenkamp ab ist sehr genußreich. Prachtvolle Autostrecke. — **Drawehn,** Fachwerkkirche, Bahn Bublitz—Pollnow.

Rummelsburg und Umgebung.

Bahn: Neustettin—Rummelsburg.

Rummelsburg, Kreisstadt, 6800 Einw., 120 m hoch im Stiednitztal. Geschichtliches: Ältere Nachrichten fehlen fast ganz. 1478 oder 1498 im Lehnsbesitz (Dorf) derer von Massow, 1506 Stadt, aber ohne Mauern und Tore und bedeutungslos.

Wirtschaftsleben: Einst blühende Tuchmacherei durch die Grenzziehung schwer geschädigt, ebenso das übrige Erwerbsleben. Holzbearbeitungsfabrik, Schneidemühlen, Kalksandsteinwerke, Maschinenfabrik, Brauerei, Wurstfabrik usw. — Landwirtschaftsschule.

Banken: Kreissparkasse; Stadtsparkasse; Ländl. Spar- und Darlehnskasse. — Postamt. — Unterkunft: Hotel Deutsches Haus, Gr. Kirchenstraße 1. — Hotel Schegner. — Hotel Voelske, Bahnhofstraße. — Verkehrsverbindungen: Zollbrück—Rummelsburg, Neustettin—Rummelsburg, Schlochau—Reinfeld—Rummelsburg. — Kraftpostlinien: Rummelsburg—Lubben—Barnow. Rummelsburg—Altkolziglow.

Sehenswürdigkeiten: Ev. Kirche, 1727 erbaut, 1927 erneuert. In der Kirche Blüchers Gattin beigesetzt; Blücher hier Ende des 18. Jahrh. in Garnison. Inschrift am Brauergestühl! Vor der Kirche Bismarckdenkmal, 1899, von Bauer. — Landratsanlagen. — Heimatmuseum. — Jugendherberge: Stadtschule.

Wanderungen:

1. **Zum Burgwallberg, 239 m,** über Kl. Volz und Falkenhagen 8½ km. Endmoränengebiet, Laubwald, kleine Seen.

2. **Zum Stüdnitzsee.** Chaussee, Richtung Kl. Volz, bis kurz vor der Bahn nach Baldenburg. Hier links nach Hammer, am Stüdnitzsee. Südwärts durch Wiesengrund zur Buchenhöhe im Südosten des Sees mit Seeblick.

3. **In das Peierzigtal.** Nach Gr. Volz mit hübsch gelegener Kirche und Dorfsee (3½ km). Nordwärts, Richtung Camnitz. Am Nordende von Camnitz das beginnende Peierzigtal, bzw. die „Hölle"; Weg an der östlichen Talseite. Entweder ersten Seitenweg rechts zur Ackermühle und am Talrand zur Chaussee Rummelsburg—Kaffzig, oder über das Peierzigtal nach Wernershof und über Gadgen zur Chaussee. (Ab Gr. Volz 8 km.)

4. **Ins Stiedtnitztal.** Chaussee bis Hanswalde. Bei der Gutsschmiede zur Stiedtnitzbrücke. Jenseits

nordwärts durch Wald, ein Seitental querend, aufwärts und nahe dem Bütschowsee nach Wocknin. Von dort nach Bhf. Kaffzig, 14 km.

5. **Rummelsburger Kämmerei-Forst, Reinwasser und Friedrichshuld.** Bütower Chaussee bis zum Chausseehause. Zwischen Cammin- und Wurdelsee hindurch, am Ostufer des Camminsees nordwärts, nahe dem Schwolowsee nach Südosten und nach Dulzig und

Reinwasser, 2 km ab polnischer Grenze, 184 m hoch, Zollübergangsstelle. Ausweis! Vorgeschichtliche Funde in der Schule! Bad im Piaschensee. Gasthof Engler, 6 B. Gefallenen-Ehrenmal. Strecke Rummelsburg—Bütow.

Seitenwanderungen: Empfohlen! 1. Zum **Piaschensee,** Landweg, Richtung Hohenwalde. Steile Waldufer. 2½ km. — 2. **Ins Deschenitztal.** Reinwasser—Waldow, 3½ km. 1 km nördlich mit Nadelwald bestandenes, von Deschenitzbach und Wipper umflossenes Höhengebiet.

Nach Übernachtung: Reinwasser, Waldow, Waldower- und Gewiesener Mühle, Wilhelmtal, Sabener Mühle, Rohr-Mühle, Neustadt, Friedrichshuld, dem **schönen oberen Wippertal** folgend, 17 km. Zwischen Neustadt und Friedrichshuld tief eingeschnittenes Bachbett mit steilen Ufern. Bei Friedrichshuld **„Hohes Ufer"** und **„Bärengrund"**.

Friedrichshuld, Kolonie Friedrichs d. Gr. mit Damastweberei. Gasthof Mattick, Übernachtung. Kraftpost Rummelsburg—Treblin.

Treblin, Marktflecken, 2000 Einwohner, freundliche Umgebung. Kirche, 1688, reiche Schnitzereien, am Fuße des aussichtsreichen Kirchberges. Gasthöfe: Krause; Rosen; Malzahn, je 2 B. Postamt. Mühlen. Gutshaus mit Park. Trebliner See. Post Rummelsburg—Treten—Treblin—Neukolziglow. Bis Bhf. Sellin (Gramenz—Bütow) 5 km. — Wanderungen ab Treblin. Nur nach der Karte: 1. In die Heide bei Wussowke. — 2. Friedrichshuld, Ruderbruch, **Hohes Ufer, Bärengrund.**

d) Das Bütower Hochland und das obere Stolpetal.

Endmoränengebiet u. kuppige Grundmoräne, die eigentliche Landrückenzone, queren das Gebiet über Tschebiatkow, Reckow, Bernsdorf u. Polschen. Südwärts durch Seenrinnen gegliedertes Sandergebiet. Einsam, schwach besiedelt, aber interessant seiner **Schrotholzbauten** wegen, in denen teils Deutsche, teils Slaven wohnen.

Bütow und Umgebung.

Bahnfahrt: Rummelsburg—Bütow.

Strecke Zollbrück—Bütow. Langsam empor zum Landrücken. Hügel, Waldungen, frischgrüne Wiesentäler mit Bächen. Stationen: Bartin, Gumenz, Sellin. (Hier über Treblin und Treten nach Rummelsburg.) Dann Neukolziglow. Postauto nach Rummelsburg. Im nahen **Altkolziglow** am 28. 7. 1847 Bismarck mit Johanna von Puttkamer getraut.

Bütow, Kreisstadt, 10 000 Einwohner, reizvoll im engen Tal der Bütow. **Ordensburg.** — Geschichtliches: Deutsche Gründung 1346 im Auftrage des Deutschen Ritterordens. Der Ritterorden erbaute 1399 die Burg, jetzt Landesjugendburg. Nach dem Niedergang des Ordens an die Pommernherzöge und nach ihrem Aussterben 1637 für 20 Jahre an Polen. Während dieser Zeit auch von den

Schweden besetzt. Beim Abzug sprengten sie die Burg und verwüsteten die Stadt. 1657 an Brandenburg. — Geistesleben: In der Poststraße Tafel zur Erinnerung an den Provinzialkonservator Geheimrat Prof. Dr. Lemcke. Aufbauschule, gehobene Knabenschule, Mädchen-Mittelschule, Landwirtschafts- und Haushaltungsschule. Stadtbücherei. — Wirtschaftsleben: Infolge der Grenzziehung sind bedeutende Industrieunternehmungen eingegangen.

Banken: Stadtsparkasse. Kreissparkasse. Vereinsbank für Pommern. — Postamt. — Bäder: Städt. Flußbad, Wannen- und Brausebad. — Unterkunft: Steinhauers Hotel, Lange Str. 51, 36 B. — Bütower Hof, Lange Str. 28, 22 B., Bad, Parkplatz. — Hotel Schloß- und Freikrug, Lange Str. 3, 10 B., Kraftwagenunterstellung. — Bahnhofshotel, Bismarckplatz 8, Gar. — Gasthaus Klingbeil, Synagogenstr. 4, 11 B., Kraftwagenunterstellung. — Jugendherbergen in Bütow und Umgebung: 1. Burg Bütow. — 2. Lupowske. — 3. Stüdnitz. — 4. Reckow. — 5. Radensfelde. — Restaurants und Kaffees. — Theater, Lichtspiele: Gastspiele der Stolper Theater-Gemeinschaft; ein Lichtspielhaus. — Verkehrsverbindungen: Bahn: Bütow—Rummelsburg, Bütow—Lauenburg, Bütow—Zollbrück—Stolp i. P., Bütow—Sonnenwalde. Landkraftposten: Nach Reckow, Sommin, Wundichow, Jassen, Kroßnow. — Auskünfte: Verkehrsverein, Rathaus.

Sehenswürdigkeiten: Heimatmuseum in der Burg. Kirchen: **Bergkirche oder St. Georgskapelle,** auf einem Hügel, in der Nähe des Bahnhofes. 1490 erwähnt. 1551 als Holzbau erneuert, 1673 vom Winde umgeworfen. 1675 aus Feldsteinmauerwerk wiederhergestellt. Dach mit Holzschindeln. Reich geschnitztes Gestühl, alte Grabplatten und kunstvolles Altargerät. Andachten für ev. Gemeindemitglieder. — **Katholische „St. Katharinenkirche“.** 1346 schon vorhanden. Seit 1545 der evangelischen Gemeinde gehörig, 1637 seitens der Polen der katholischen Gemeinde übergeben. 1657 niedergebrannt, 1712 neu ausgebaut und 1716 geweiht. Der Kunstfreund findet darin manche Sehenswürdigkeiten. **Die ev. „Elisabethkirche“** am Markt, 1854 errichtet. Von besonderem Reiz das **Ordensschloß,** das Wahrzeichen der Stadt, von 1399—1406 von Konrad von Jungingen, Hochmeister des Deutschen Ritterordens, erbaut. Bütow nahm unter den Burgen des Ordens eine Sonderstellung ein, als Ländchen und Burg, vom Pfleger verwaltet, direkt dem Hochmeister unterstellt waren. Gut erhalten und jetzt Landesjugendburg. Führung Donnerstag von 15 bis 16 Uhr im Winter, 16 bis 17 Uhr im Sommer, sonst auf Wunsch jederzeit, wenn der Betrag von 1 RM. einkommt. Die angesetzten Führungen kosten je Person 20 Pf. Anmeldungen beim Kreisjugendpfleger Keller, in der Burg, 1 Tr. — **Denkmäler:** Kriegerdenkmal auf dem Bismarckplatz (1870/71). Denkmal für die Gefallenen im Weltkriege, neuer Denkmalsplatz. Daneben der Bronzesoldat, den deutsche Pioniere beim Abrücken nach der Übergabe aus Graudenz mitgebracht haben. — Stadtrundgang: Bahnhofstraße abwärts zum Bismarckplatz mit Kriegerdenkmal. Links Weg zum Bergfriedhof mit **Bergkirche.** Durch Anlagen zur Langen Straße und zum **Markt.** Links **Giebelhäuser,** Apotheke usw.! Dazu **Rathaus** und **Elisabethkirche.** Durch das Tor bei Kaufmann Thurow zum Töpfermarkt mit **kath. Kirche.** Durch Seitengasse zur Langen Straße; diese bis zur Lauenburger Straße. Am Ende links Bismarckaufbauschule, rechts Sikorskastift. Lauenburger Straße zurück zur **Burg.** Rundgang um die Burg und Besichtigung des Innern. In Verlängerung des Burgweges die Hindenburgstraße aufwärts zum neuen Denkmalsplatz. Dann über die Bahnbrücke zum **Wasserturmberg.** Rundblick.

Wanderungen:

1. **Restaurant Karlstal.** Chaussee Richtung Rummelsburg oder unter der Bahnüberführung am Borrebach aufwärts bis zur Jungfern-Mühle und nach Karlstal.

2. Chaussee, Richtung Borntuchen, zum Restaurant Luisenhof, 2 km, und zum am Walde gelegenen Lokal Jägerhof, abermals 2 km. Weiter nach **Borntuchen,** 4 km, am Kamenztal. Molkerei, Sägewerk, Mühlen, Gasthof. — Nahebei Dorf **Morgenstern.** Kirche. Findlingsmauer mit Hauswurz. Schmiedeeiserne Mäler. Nordöstlich, 1 km, schöner Wald auf kuppigem Gelände mit Heischkuhlen und idyllischen Waldseen, „Herthasee“ und „Teufelssee“. — Oder: Hinter Morgenstern rechts zur Mühle. Am Morgensternbach entlang zur Chaussee. Hier nach rechts, nordöstlich, quer durch Wald zur **Stolpe mit prächtigem Talkessel.** Am Stolpefluß nach links und an der hier mündenden Kamenz zur Chaussee und nach Altkolziglow.

3. **Stolpetal östlich Neukrug und Jassener See.** Chaussee über Dampen und Gustkow mit Gasthof zur Stolpe, 9 km. Postverbindung! An der Stolpe auf **einsamster Wanderung** ostwärts bis Neukrug (Gasthof), 6 km. Über Wobbrow nach Jassen am Jassener See, 4½ km.

Der Jassener See, in einzelnen Becken, Strudellöchern, 20 bis 37 m tief; 7 km lang, 1,4 km breit. Fast ganz von Wald umgeben. Mit Laubwald bedeckte Inseln. Reicher Fischbestand, Hechte, Aale. Auch Krebse. In größeren Tiefen die Kleine Maräne. Am Seeboden Kalkablagerungen. Berühmt die vom Grafen von Dürckheim-Jassen geschonten und geschützten **Reiherhorste und Kormoran-Kolonien. Fischadler!**

Dorf Jassen: Gräflich von Dürckheim'sche Saatzuchtwirtschaft in Getreide und Kartoffeln. Kirche, 17. Jahrh., sehenswert. Fachwerkbau mit Holzgewölbe. Wiederhergestellte Bemalung. Altaraufsatz, Spätrenaissance; holzgeschnitzte Taufe. Gasthof. Jugendherberge am Jassener See bei Lupowske. — Von Jassen über die „Wardel“, Landenge, nach Station Jassener See, Strecke Bütow—Lauenburg, 2 km.

4. **Czarndamerow, Stüdnitz, Klonschen.** Chaussee, Richtung Polschen. Nach 8½ km Ziegelei Lonken; rechts Waldfahrweg an einsamen Gehöften vorüber. Plötzlich im Grunde **Dorfsee von Czarndamerow** und jenseits das Dorf. **Schrotholzbauten! Kruzifix!** Dann sandiger Landweg, 4 km, nahe Bhf. Oslawdamerow nach **Stüdnitz,** am 6 km langen Stüdnitzsee. Von Bäumen beschattete sehenswerte **katholische Kirche,** verbretterter Schrotholzbau in Kreuzform. Gasthof v. Gostomski mit Jugendherberge. Ort 206 m hoch. Post nach Bütow. — Zu Fuß oder mit Boot nach **Klonschen,** 3½ km südlich, am Stüdnitzsee. **Blockhäuser.** Gastwirtschaft, 1 Z.

5. **Zum Schimmritzberg.** Postauto oder zu Fuß bis Reckow. Endmoränengebiet am Reckower See. Jugendherberge. 1 km westwärts, Richtung Försterei Damsdorf. Zwischen **Gr. und Kl. Borresee** auf feldbedeckter Höhe **Stationshäuschen mit Heiligenbild** und Friedhof. Jenseits der prachtvollen Seen der bewaldete **Schimmritzberg,** 256 m. Näheres über den Aufstieg in der Försterei am Borresee.

e) Das Bergland um obere Lupow und Leba.

Ein reizvolles Hügelland erfüllt den größten Teil des Kreises Lauenburg. Dombrowaberg (210 m) und Krauschelberg (210 m), südlich des mittleren Lebalaufes, die Höhen bei Bismarck (170 m), nördlich des Lebatales, der Hügelkranz um den Zarnowitzer See (102 m über dem Seespiegel) bezeichnen Stillstandslagen des Eises nach dem Verlassen des Hauptendmoränenwalles. In ihrem Oberlauf hat die Leba Nordsüdrichtung. Dann tritt sie in eine ostwestlich gerichtete Talfurche ein, die als Rhedatal nach Westpreußen hinübergreift und deren Talboden von Randhöhen 170 m hoch überragt wird. Das sind Mittelgebirgsverhältnisse und umsomehr, als die Randhöhen schön gegliedert und bewaldet sind und der Wanderer aus breiten Seitenbachtälern nicht selten in den Bereich schäumender Wildwasser emporsteigt. Das Hügelland an der Leba führt zusammen mit dem meeresnahen Hügelland um den Gardersee den Namen „Das blaue Ländchen".

Lauenburg und Umgebung.

Zufahrtswege. Hauptstrecke: Stettin—Stolp i. P.—Lauenburg—Danzig. — Nebenbahn: Bütow—Lauenburg i. P.

Lauenburg i. P., Kreisstadt, 20 000 Einw., am Rande des Lebatals, landschaftlich schön gelegen. Große Bergwaldungen! 30 km ab Ostseebad Leba. — Geschichtliches: 1341 vom Deutschen Ritterorden als Stadt gegründet und stark befestigt. Dazu ein Burghaus im Zuge der Stadtbefestigung, Wohnung des Ordensvogtes, der dem Komtur in Danzig unterstellt war. Nach dem Niedergang des Ordens an Polen und 1466 an Pommern (als poln. Lehen). Nach dem Tode des letzten Pommernherzogs 1637 als erledigtes Lehen an Polen zurück. Nicht nur das Deutschtum ward fortan bedroht, sondern auch das evangelische Christentum durch Enteignung der Kirchen. 20 Jahre später an Brandenburg. — Vor dem Weltkriege Mittelpunkt einer reichen landwirtschaftlichen Umgebung und lebhafte Industriestadt. Ehemals wichtige Zweige des Erwerbslebens sind infolge der Grenzziehung, die Lauenburg des Hinterlandes beraubte, zum völligen Erliegen gekommen. — In Lauenburg wirkte und starb 1881 der Philosoph Dr. Bahnsen. — Heimatmuseum im Rathaus. Kleine Sternwarte. —

Wirtschaftsleben: Lauenburger Spielwaren, Ofen- und Blumentopffabrik, Töpfer- und Ofensetzerfabrik, Maschinenfabrik, Zementwarenfabrik, Likörfabriken.

Banken: Reichsbank; Lauenburger Bank; Danziger Bank; Stolper Bank; Bankgeschäft Casper; Bankgeschäft Brinitzer und Beer; Bankgeschäft Schimmelpfennig. — Hauptpostamt. — Theater, Lichtspiele: Theatergemeinde (Ostdeutsches Landestheater) Schützenhaus. Mehrere Lichtspiele. — Bäder: Schwimmbad am Kugelfang; Warmbad der Ortskrankenkasse. — Unterkunft: Hotel Katschke „Preußenhof", Paradestr. 1, 40 B. — Hotel „Königlicher Hof", Salvator-Kirchplatz, 19 B. — Hotel „Pommerscher Hof", Bismarckstr. 5, 7 B. — Hotel „Stolper Hof", Stolper Str. Nr. 25/26, 8 B. — Hotel „Deutsches Haus", Kaiserstr. 35, 14 B. — Gasthaus Schirrmacher, Stolper Str. 8, 6 B. — Jugendherberge: Jugendheim, Kaiserstr. — Restaurants, Kaffees und Konditoreien. — Verkehrsverbindungen: Berlin—Stettin—Lauenburg—Danzig—Königsberg. Lauenburg—Bütow; Lauenburg—Nawitz—Roslasin; Lauenburg—Leba; Lauenburg—Garzigar—Chottschow (Kleinbahn). — Omnibuslinien: Stadtlinie, Vorort Neuendorf—Provinzial-Heilanstalt. — Fernverkehr (Privatlinien): Lauenburg—Mersin—Kniewenbruch; Lauenburg—Chinow—Alt-Hammer; Lauenburg—Labehn—Zackenzin. — Dazu Landkraftposten (mit beschränkter Personenbeförderung). Erkundigung auf der Post. Wichtig bei Wanderungen! — Taxameter am Bhf. — Flugverkehr: Nächster Flugplatz Stolp i. Pom. Landeplatz nahe Vorort Lauenburg-Luggewiese. — Auskunft: Städt. Verkehrs- und Presseamt, Rathaus.

Rundgang und Sehenswürdigkeiten: Vom Bhf. in die Kaiserstr. mit dem Lyzeum. Am St. Georgshospital vorbei rechts in die Moltkestr. und abermals rechts in die Paradestr. Über die Lebabrücke in das Stadtinnere. Vorbei an **Rathaus** (1910) und Post zum **Markt. Standbild des Gr. Kurfürsten** (von Prof. Schaper, 1908). Blick auf den schönen Turm der Jakobikirche. Markt 28, sog. Vogteihaus. Zur kath. **Jakobikirche!** Dreischiffige Hallenkirche, 1. Hälfte des 14. Jahrh. Ein Werk der Ordensbaumeister. Typisch: über den Fenstern einem Wehrgang ähnlicher geputzter Fries von Spitzbogenblenden; mit Staffelgiebeln und Blendenschmuck versehener Turm (wiederhergestellt 1907—1910). Sterngewölbe des Schiffes und Fächergewölbe aus späterer Zeit. Kanzel im Rokokostil. Im Altarraum Grabplatten. Hochaltar Barockarbeit. Tabernakel in wertvoller Holz- und Elfenbeinschnitzerei. — Vom Markt durch Markt- und Mühlenstr. zur Schloßmühle und zum ehem. **Ordensschloß.** 1363 vollendet, hundert Jahre später zerstört, von den Pommernherzögen wieder aufgebaut. Baulich stark verändert. Aus ältester Zeit der Staffelgiebel der Ostseite. Unter dem Dachgeschoß der einst fensterlosen Feldseite Andeutungen der Luken eines Wehrganges. Treppenturm nach dem von Kastanien beschatteten Hof zu aus späterer Zeit. Gut erhaltene Kellergewölbe. Schloßfreiheit mit beachtlichen Fachwerkbauten. Man folge dem Mühlengraben ins Wiesengelände! **Hübscher Blick auf Schloß und Mühlenwehr.** — Durch die Schloßstr. zur **Wilhelmshöhe** (52 m). Am Abhang Schwanenteich, Anlagen und Krieger-Ehrenmal. Auf der Höhe **Bismarckturm** (Wasser- und Aussichtsturm, 20 m hoch, Restaurant). **Prachtvolle Aussicht** auf Stadt, Lebatal und walddunkle Bergwelt jenseits. Ausgedehnte Waldpromenaden. — Abstieg, und beim Schloß rechts, zur Stadtmauer mit dem **Efeuturm,** 1907 instandgesetzt.

Wanderungen:

1. **Lauenburg—Jägerhof — Schöne Aussicht — Lauenburg,** 8 km. Chaussee, Richtung Gr. Boschpol, und vor der Lebabrücke Weg links, am Talrand zum **Rest. Jägerhof.** Oder von der Chaussee auf dem Höhenweg und durch Wald dorthin. Eine Fortsetzung der Höhenwegwanderung führt zur **Schönen Aussicht.** Prachtvolle Rundschau.

2. **Ins Wunneschin-Tal.** Bahn, Richtung Stolp i. P., bis **Langeböse,** freundlich im Mühlbachtal. Gasthof. Im Tal aufwärts über Alt-Wussitten und Runower Mühle nach Gr. Runow. Ostwärts durchs Dorf, an der Schule vorbei, durchs Mühlbachtal und nach Karte über Mickrow (Gastwirtschaft) nach **Gr. Wunneschin.** Gastwirtschaft. Jugendherberge. — Chaussee nach Kl. Wunneschin und am Talrand des **Wunneschinbaches** zur **Kl. Wunneschiner Mühle.** Im Anschluß daran **das schönste, buchenbeschattete Wildbachtal Pommerns.** Von hier zum Bhf. Gr. Massow, Strecke Bütow—Lauenburg. 25 km.

3. Lauenburger Chaussee zum **Stadtwald** und Waldstraße nach Mallschütz. Südwärts, durch die Massower Berge und über Gr. Massow durch das hübsche **Kuhbachtal** nach Lauenburg. (19 km.)

4. **Dzechberge und Luggewieser See.** Nawitzer Chaussee bis nahe Forsthaus Falkenhof. Gegenüber durch Wald zu den 183 m hohen **Dzechbergen** mit Aussicht ins Lebatal. Zurück zur Försterei und nordwärts über Gut Falkenhof nach **Luggewiese** mit Gastwirtschaft.

5. **Boschpol—Paraschin—Boschpol.** 14 km. Fahrt bis Grenzbahnhof Gr. Boschpol. Grenz- und Zollstation mit vielem Verkehr. — **Dorf Gr. Boschpol,** 2 km ab poln. Grenze. Gasthof Minge in Ankerholz, 500 m ab Bhf. Bahnhofswirtschaft. Jugendherberge. Fachwerkkapelle. Empfehlenswertes Standquartier. Man hüte sich vor Grenzüberschreitungen! Ausweis! — Hinüber nach Kl. Boschpol und am Talrand, über Luisental, ins **obere Lebatal nach Paraschin,** 1½ km ab Grenze! An der **rauschenden Leba** 2 km aufwärts! Dann zurück nach Paraschin, quer durchs Tal, waldein und nach Jetzow. Hier nordwärts, nahe dem Jetzower Fließ und am **Dombrowaberg** (210 m) vorbei nach Gr. Boschpol. 14 km.

6. **Lauenburg — Mackensen — Lauenburg,** 18 km. Mit Bahn oder Omnibus bis **Neuendorf.** Ziegeleien verarbeiten Bändertone, Ablagerungen eines glazialen Stausees. Dann Chaussee, Richtung Rettkewitz, und ab Fichtkathen am Fuße der Randhöhen nach Vitröse (ehem. Bezeichnung; denn 1926 wurden Vitröse und Chotzlow zur durch Siedlung vergrößerten **Gemeinde Mackensen,** nach dem General-Feldmarschall Mackensen genannt, vereinigt). Mit Unterstützung von Exzellenz von Mackensen 1926 erbaute **„Gedächtniskirche der Armee Mackensen"** in prächtiger Höhenlage. Farbige Fenster. — Gasthof Petsch, 4 B.

7. **Zum Sauliner See.** Mit Bahn bis Gr. Boschpol. — Nach Chmelenz und durch Unter-Bismarck (Friderizianische Gründung) zum Südende des **Sauliner Sees** und nach **Saulin.** Gastwirtschaft. Jugendherberge. Kraftwagenverbindung mit Lauenburg. Schön gelegene Kirche aus Findlingssteinen unter alten Bäumen. **Schnitzereien** von Paul Thiede, 1900, einem Künstler aus dem Volk; desgl. ein Grabmal auf dem Friedhof. Jagdschloß in Saulin. Im See Inseln, eine mit Burgwall. Nahe dem Orte uralter Wacholder. Empfehlenswerte Seeumwanderung; schöner Blick vom **Ostufer bei Mersinke.**

8. **Zum Zarnowitzer See.**

Bahn Garzigar—Chottchow—Rieben oder Autolinie Lauenburg—Mersin—Rieben. Da aber die Fahrzeiten ungünstig liegen und Übernachtungsmöglichkeiten nicht mit Sicherheit versprochen werden können, wird sich eine Planung nach den jeweiligen Umständen zu richten haben.

Ausgangspunkt ist **Kolkau** (Haltestelle Kolkau-Gnewin). Die einseitig bebaute Dorfstraße ostwärts. Hinter dem letzten Hause links Weg zum Buchenwalde. — Wenige Schritte in den Wald! Rechts, unter Buchen hindurch: Blick über Wald und welliges Vorland auf den von Bergen gerahmten, 100 m tiefer liegenden, zu Polen gehörenden See, **eins der schönsten Landschaftsbilder Pommerns.**

Anschließend: Von der Dorfstraße abwärts durch schönen Wald zur Chaussee und links nach **Rauschendorf.** Ursprünglich Gehöfte rechts und links der Chaussee, die zur Grenze ward (neutralisiert). Nach der Seeseite zu gelegene Gehöfte fielen an Polen, wurden geräumt und abgerissen. Man kann die Chaussee — links Deutschland, rechts Polen (Wiesen und See) — bis zur landein vorspringenden Grenzecke verfolgen. **Grenzsteine! Kein Übergangsverkehr!**

2. Das ebene Hinterpommern und die Strandzone.

a) Am Ostufer von Haff und Dievenow.

Bahnfahrt Stettin—Gollnow—Cammin(—Wollin). Stettin—Gollnow, siehe dort! Nordwärts Gollnow Nadelwaldungen mit Gollnowshagen, Honigkaten und **Kantreck.** Rittergut, von Köller'scher Besitz. — Gasthof A. Eich, 5—6 B. Kleinbahn nach Stepenitz und Gülzow—Greifenberg.

Seitenwanderungen: Nach Stepenitz, Kleinbahn oder zu Fuß über **Dischenhagen.** Kirche: Fachwerkbau von 1600. Zwischen 1600 und 1800 reich, wenn auch handwerklich-naiv ausgemalt. Kanzel um 1600, Renaissance, geschnitzt. Votivtafel von 1650. Ein Familienepitaph (später); Hochaltar (Übergang zum Barock). Nahe der Orgelempore Sterbekronen. In die bleiverglasten Fenster eingelassene Glasmalereien (Votivbild eines Schiffes von 1591 und die Hlg. Agnes, später). **Bemerkenswertes Denkmal pommerscher Volkskunst.** — Über Hammer nach Hohenbrück. **Hammer:** Gasthof und Jugendherberge. Durch Forst Stepenitz nach Stepenitz.

Weiterfahrt: Zunächst Kantrecker Wald, dann **Bhf. Rackitt.** (Jugendherberge in Neurackitt).

Seitenwanderungen: 1. Über Moratz nach **Zarnglaff,** 4 km. Dorfanlage-Rundling. Pommersche Kalksteinwerke; Belegschaft durchschnittlich 400 Köpfe. Jährlich 300 000 t Bau- und Düngerkalk. Juraaufschlüsse, außer in Zarnglaff, auch in Schwanteshagen und Klemmen. Werk-Anschlußbahn nach Rackitt und an die Kleinbahn Kantreck—Gülzow. Besichtigung nach Anmeldung bei der Direktion. Gastwirtschaft und Werkkantine. — Zarnglaff—Baumgarten—Klemmen—Gülzow, 8 km.

Weiterfahrt: Zwischen Gollnow u. Rackitt weite Nadelwaldungen auf Talsanden, in niedriger Lage von Mischwald, Bruchwald und Moor abgelöst. — Es folgt **Bhf. Wietstock.** —

Von Wietstock Nebenbahnen nach Gülzow und Cammin.

Gülzow und Umgebung.

Gülzow, Marktflecken, 1800 Einwohner, zwischen Ober- und Untersee und nahe großen Wäldern. — Geschichtliches: Ab 1305 ist Burg Gülzow in den Händen der Camminer Bischöfe. Nach 1500 oft Residenz, so des letzten der Fürstbischöfe, Ernst Bogislaw, Herzog von Croy, gest. 1684. **Rest des Schlosses,** zwischen Seen, inmitten alter Bäume, ein stattlicher Turm.

Banken: Kreissparkasse; Gülzower Darlehnskassen-Verein. — Arzt, Apotheke. — Postamt. — Bäder: Seebadeanstalt. — Lichtspiele. — Unterkunft: Hotel Hesse, Hauptstr. 12; Hotel Lempe, Hauptstr. 13; je 12 B., Gar. — Jugendherberge: Gemeindehaus. — Verkehrsverbindungen: Bahn Wietstock—Gülzow—Plathe; Kleinbahn Kantreck—Gülzow—Greifenberg. — Kraftwagenlinie: Gülzow—Cammin.

Fortsetzung der Fahrt ab Wietstock nach Cammin.

Dampferfahrt Stettin—Cammin. In der Saison täglich, sonst mehrmals in der Woche. — Zunächst über das Haff nach Wollin. Dann durch den bis zu 1 km breiten Dievenowstrom mit niedrigen Ufern. Vor Cammin rechts die Insel Gristow. Vor ihrem Nordufer der „Großstein", trotz Absprengungen 4 m lang, 20 m im Umfang und 3 m über dem Wasser. Jetzt in den Camminer Bodden. Westwärts nach Heidebrink oder gleich ostwärts auf Cammin zu. Malerisches Bild der Stadt. Ende der Fahrt.

Cammin i. Pom. und Umgebung.

Die heutige Dievenow-Mündung ist 1898—1900 künstlich geschaffen worden und wird durch Baggerungen auf 3 m Tiefe gehalten. Um sie versammeln sich die Bäder Heidebrink, West-, Ost-, Berg- und Klein Dievenow.

Sol- und Moorbad Cammin i. Pom., Kreisstadt, 6000 Einwohner. — Geschichtliches: 1124 besuchte Bischof Otto von Bamberg den wendischen Burgflecken Cammin, die Residenz des ersten geschichtlich beglaubigten Pommernherzogs, Wartislaw I. 1175 begründete Herzog Kasimir I.

den Dom und ein Domkapitel; gleichzeitig ward Cammin Bischofssitz. 1274 wird Cammin deutsche Stadt, im 14. Jahrh. stark befestigt und der Hansa zugehörig. Hier erfand der Domherr Ewald Jürgen von Kleist die nach ihm benannte elektr. Verstärkungsflasche. Infolge der Entdeckung starker Solquellen wurde Cammin Solbad (20. Jahrh.). — Geistesleben: Aufbauschule in Oberrealschulform, Domschule (Realschule), Landw. Winterschule.

Wirtschaftsleben: Bekannte Märkte: Herbstkrammarkt und Gänsemärkte. Gewerbliche Unternehmungen: Fabriken für landw. Maschinen, Beton- und Zementsteine, Rohrgewebe, Eisengießerei, Sägewerke, Mühlen, Bierbrauerei und Mälzerei u. a. m. Sitz der Stettin—Wollin—Dievenower Dampfschiffahrtsgesellschaft. — Banken: Camminer Kreisbank; Camminer Bank; Pommersche Bank für Landwirtschaft und Gewerbe. — Postamt. — Bäder: Städt. Sol- u. Moorbad, Ziegelstr.; Städt. Kurhaus, Gülzower Str. Sämtliche med.Bäder, Freibäder, Flußbadeanstalt an der Dievenow. — Theater: Im Winter Theateraufführungen durch das Pommersche Bundestheater. Zwei Lichtspiele. — Auskunft: Verkehrsverein Cammin i. Pom. e. V., Rathaus. — Unterkunft: Städt. Kurhaus-Kurhotel, 14 Morgen großer Park, Gülzower Str., 3 Min. ab Bhf., 28 B., Bäder, Gar., Liegewiesen. Meyens Hotel, Markt 1, 10 Min. ab Bhf., 28 B. Schittkos Hotel, Schützenstr. 18, 10 Min. ab Bhf., 20 B., Gar. — Steffens Hotel, Schulplatz 1, 8 Min. ab Bhf., 10 B., großer Garten. — Gasthaus „Zum goldenen Löwen", Markt 21, 10 Min. ab Bhf., 8 B. — Bischoffs Gasthaus, Markt 20, 10 Min. ab Bhf., 15 B. — Jugendherberge: Bergstr. 6. — Verkehrsverbindungen: Bahn Cammin—Gollnow—Stettin, Cammin—Wietstock—Swinemünde, Cammin—Wietstock—Gülzow—Plathe und Cammin—Treptow a. R.—Kolberg. Im Sommer durchgehende Eilzüge von Berlin (Stettiner Bhf.) über Stettin bis Cammin. Kraftomnibusse: von Cammin nach Klein-, Ost- und Bergdievenow (Ostseebäder), Gülzow und Greifenberg. — Personen-Schiffahrt. Nach den benachbarten Bädern und nach Stettin.

Gang durch die Stadt. Vom Bhf. zum nahen **Kurpark mit Städt. Kurhaus** und zum am Bhf. gelegenen Sportplatz mit Kriegerehrenmal. Durch die Bahnhofstraße in die Hindenburgstraße mit **Kursanatorium und** Kreiskrankenhaus. In die Ziegeleistraße; rechts im Park das **Städt. Sol- und Moorbad mit Solquellen.** Ein 615 m tiefes Bohrloch liefert in der Min. 600 l einer der heilkräftigsten Solen Deutschlands. Besichtigung unentgeltlich. Dann links **Solbadkinderheim.** In die Staegemannstraße mit Aufbauschule und durch die Wiekstr. zum Dom. Kurz davor **„Kleisthaus"** mit Gedenktafel und Domschule (Realschule). Wir sind auf dem **Domplatz,** der Stätte des einstigen Wendendorfes und der Fürstenburg an der Stelle des **„Buddenhauses".** Man beachte den spätgotischen Giebel (1568)! **Der Dom,** Kreuzkirche (Basilika); älteste Teile romanisch, später gotisch weitergebaut. Südliches Langhaus mit Ziergiebeln (15. Jahrh.). 1848 Domrenovierung u. Turmneubau. Barockausstattung. Reich geschnitzter Hochaltar, prächtiges Prälatengestühl. Sehenswert Orgel, Kanzel, Kruzifix aus dem 14. Jahrh., Domarchiv u. Dommuseum mit prähistorischen und kirchlichen Altertümern. (**„Schrein der Hlg. Cordula",** schwedische Arbeit aus dem Jahre 1000). **Kreuzgang** (14. Jahrh.) mit Grabsteinen. Ein pom. Sprichwort kennzeichnet die drei eindrucksvollsten Gotteshäuser Hinterpommerns als die Stargarder „Hohe", die Kolberger „Weite" und die Camminer „Schöne". Besichtigung: Wochentags 11½—13 u. 15—19 Uhr, Sonntags 12—16 Uhr. Meldung beim Domküster. Eintrittsgeld! — Vom Domplatz durch die Schützenstraße zum **Markt** mit **Rathaus.** Östlicher Giebel aus dem 14. Jahrh. „Gerichtslaube" heute vermauert. Zeuge mittelalterlicher Justiz ein Halsring an der Südseite. Einst Backsteinrohbau, Ende des 17. Jahrh. abgeputzt und Westgiebel im Stil der Renaissance umgestaltet. 1927 außen und innen erneuert. — Durch die Fischerstr. zum **Bodden** mit Landungsbrücke. Von Linden beschatteter Weg an der efeuumrankten **Mauer** zum **Bautor** mit **Aussichtsplatte** (Aufstieg jederzeit). Dann zum **Mittelwall,** Rest der inneren Stadtbefestigung, mit Obstbäumen und Gärten. Über den Schulplatz mit Kriegerdenkmal von 1870/71 zur **„Bergkirche“**, dem Hlg. Nikolaus geweiht. Im unregelmäßigen Fünfeck erbauter, mit Schindeln gedeckter Turm. Nahe der Bergkirche Wasserturm mit Rundblick.

Wanderungen:

Insel Gristow. Mit Fähre nach Neugristow. Westwärts, Richtung Bünnewitz, und später Querweg zum Nordstrand. Links weiter! Auf den Feldern Kreidebrocken, am Strande Toneisensteine. Dann der **Großstein** (siehe vorher!). Westwärts nach Bünnewitz (Mergel- und Kalkgruben) und über Dorf Gristow (Gastwirtschaft) nach Cammin.

Die Seebäder um die Dievenow.

Ostseebad West-Dievenow.

Fischerdorf, Westseite der Dievenow-Mündung. Fähre nach Ost-Dievenow. Rings Wiesen; 1 km ab Dünenwald. Strand breit und steinfrei, 15 Min. entfernt. Kräftiger Wellenschlag. Freibad. Molen. Rudern, Segeln und Angeln. Sol- und medizinische Bäder in Ost-Dievenow. Arzt und Apotheke in Berg-Dievenow.

Unterkunft (ohne Privatwohnungen): Kurhaus; Bütows Hotel mit Konditorei; Rüchels Hotel. — Verkehrsverbindungen: Bahn oder Dampfer über Stettin nach Cammin i. Pom. Dort Schiffsverbindung mit den Bädern an der Dievenow. — Auskunft: Gemeindevorsteher.

Sol- u. Seebad Ost-Dievenow.

Ostseite der Dievenow-Mündung, zwischen Ostsee und Dievenow-Strom, vom Meere durch Laub- u. Nadelwald geschieden (Promenadenwege u. Strandpromenade). Freibad. — Kurmittel: Kalte u. warme Seebäder, Solbäder, medizinische Bäder, Sole-Inhalatorium.

Badearzt. — Unterhaltung: Konzerte, Unterhaltungsabende, Sport, Kinderfeste, Dampferfahrten in See, Angeln. — Auskunft: Badeverwaltung. — Unterkunft (ohne Privathäuser): Hotel Waldhalle, 10 B.; Hotel Hermannshöhe, 50 B.; Hotel St. Hubertus, 28 Z.; Hotel Erika, 16 Z.; Haus zur Fähre, 10 Z.; Dievenower Hof, 25 Z.; Hotel Waldschlößchen, 25 Z.; Onkel Toms Hütte, 8 Z. — Verkehrsverbindungen: Direkte Fahrkarten über Stettin—Ost-Dievenow, sowohl für Dampferfahrt ab Stettin bis Cammin, wie für Bahnfahrt bis Cammin (Hafen) und Überfahrt mit Schiff nach Ost-Dievenow. Direkte Gepäckbeförderung. —

See-, Sol- und Moorbad Berg-Dievenow,

seit 100 Jahren Seebad, seit 35 Jahren Sol- und Moorbad. Fischerdorf auf der Nehrung zwischen Dievenow, Fritzower See und Meer. In 250 m Tiefe erbohrte stark jod-, brom- u. lithiumhaltige Quelle gibt in der Min. 2000 l Sole. Das Moor liefert ein küstennahes Moor bei Lüchenthin. Solbad nahe der See, im Walde. Breiter, feinsandiger Strand; kräftiger Wellenschlag. — Ruhiges, zwangloses Badeleben. — Kurmittel: Kalte u. warme Seebäder (Freibad), Sonnenbad, Solbäder, Inhalatorium, Moorbäder. —

Arzt und Apotheke. — Zahl der Badegäste (1930): 5200. — Unterhaltung: Konzerte, Tanzabende, Tennis, Sport, Rudern, Segeln, Angeln, Spaziergänge, Dampferfahrten. — Auskunft: Kurverwaltung. — Postamt. — Banken: Kreissparkasse Cammin i. Pom.; Spar- u. Darlehnskasse Berg-Dievenow. — Unterkunft (ohne Privathäuser): Kurhaus Franks Hotel, An der Promenade; Hotel Strandschloß, am Strande; Straßburgs Hotel, Kirchstr. u. Strandallee Ecke; Hotel Nord, An der Promenade; Hotel Deutsches Haus, An der Promenade; Hotel Dobberpful, Konditorei u. Kaffee, Kirchstr.; Konditorei u. Kaffee Magritz, Strandallee; Konditorei Schmiedeberg, Strandallee; Gastwirtschaft Neubauer, Akazienallee; Restaurant u. Kaffee Strandkaffee, am Strande. — Verkehrsverbindungen: Berlin—Stettin—Cammin i. P.; in der Saison direkte Eilzugverbindung. Hier Postauto- oder Motorboot-Anschluß. Dampfer: Stettin—Cammin i. Pom. und Motorboot-Anschluß.

Wanderungen: **Kl. Dievenow—Kalkberg.** Chaussee bis Kl. Dievenow (2½ km). Ostwärts am Waldrand zur Försterei mit Wirtschaft (1½ km).

Ostseebad Klein-Dievenow,

am Fritzower See, einer Ausbuchtung des Camminer Boddens, und an der Ansatzstelle der sich von Osten her zwischen Binnenwasser u. Meer vorstreckenden bewaldeten Dünennehrung. Ostwärts niedrige, mit Dünensand überwehte u. bewaldete Kliffküste. Breiter, fast steinfreier Strand, lebhafter Wellenschlag. — Kurmittel: Kalte Seebäder. Sol-, Moor- u. warme Seebäder im nahen Berg-Dievenow (Auto-Verbindung). — Arzt u. Apotheke in Berg-Dievenow. —

Banken: Zweigstelle der Kreisbank Cammin i. Pom. — Post. — Auskunft: Badeverwaltung. — Unterhaltung: Konzerte, Tanzabende, Angeln, Segeln, Rudern. — Zahl der Kurgäste (1930): 1853. — Unterkunft (ohne Privathäuser): Wald-Hotel, ganzjährig, 18 Z., Gar., 3 Min. ab Strand. — Straßburgs Hotel u. Pension mit Konditorei, Gar., Tankstelle. — Strandhotel u. Strandhalle, am Strande, mit Konditorei. — Verkehrsverhältnisse: In der Saison direkte Eilzug-Verbindung Berlin—Stettin—Cammin i. Pom. mit Postauto-Anschluß nach Kl. Dievenow. Dampferverbindung Stettin—Cammin i. Pom.—Berg-Dievenow u. Postauto-Anschluß (5 Min. Fahrt).

Ostseebad Lüchenthin

bei Cammin i. Pom., Bauerndorf am Rande eines 800 m breiten Strandwaldes. „Hotel Birkenhof" am Waldrande u. Kolonie von 9 Landhäusern im Mischwald (Fichten, Kiefern, Lärchen u. Birken). Aussichtsreiche Steilufer, breiter, feinsandiger Strand, guter Wellenschlag. Freibad.

Im Sommer Postagentur. — Zahl der Badegäste 1930: 150—200. — Auskunft: Gemeindevorsteher. — Bahnstation Cammin i. Pom. Auto auf Bestellung an der Bahn (10 km).

Wanderungen: 1. Strand- oder Waldwanderungen nach Hoff (siehe dort!). 8 km, ohne Rückwanderung. Unterwegs Hotel Seeblick, Gr. Poberow. — 2. **Nach Gr. Justin,** 6 km. Dorf, 700 Einwohner. Malerische Kirche, Fachwerkbau von 1661 mit Resten eines mittelalterlichen Baues. Reiche innere Ausstattung, Spätrenaissance. Sehenswert Hochaltar, Pfarrgestühl, Emporen, Kanzel, Epitaphien usw. Patronat v. Brockhusen; Frau v. Br., Tochter des Reichspräsidenten v. Hindenburg.

b) Im Rega-Gau.

Einführung: Die Rega versammelt unter allen hinterpommerschen Küstenflüssen die meisten Städte an ihren Ufern. Von diesen haben wir Labes und Schivelbein, als dem pommerschen Landrücken nahe, bereits mit diesem zusammen betrachtet. Es bleiben übrig: Regenwalde, Plathe, Greifenberg u. Treptow und — der Rega benachbart — Naugard u. Daber. Außerdem führt uns die Rega auf unserer Wanderung ans Meer und zu dem ihm vorgelagerten Kamper See. Wir werden daher dem Regagau das Stück der Küste zuteilen, das sich östlich von dem vorher genannten Lüchenthin, etwa mit Hoff beginnend, bis in die Gegend östlich des Kamper Sees erstreckt.

Naugard und Umgebung.

Bahnfahrt Stettin—Gollnow—Naugard.

Naugard, Kreisstadt, 7000 Einwohner, am Naugarder See. — Geschichtliches: Urkundlich 1268 erwähnt. 1274 belehnte der Camminer Bischof den Grafen Otto von Eberstein aus niedersächsischem Geschlecht mit Burg und Stadt Naugard. Beide sind bis 1663, dem Todesjahr des letzten Ebersteiners, mit dem Geschick des Grafengeschlechts verbunden gewesen. Heute ist N. wirtschaftlicher und kultureller Mittelpunkt seines landwirtschaftlichen Hinterlandes. — In Naugard stand um 1800 der Leutnant bei den Ansbach-Bayreuth-Dragonern Ferdinand von Schill in Garnison; 1806/07 machte er Naugard zum Mittelpunkt einer regen Hilfstätigkeit für das von den Franzosen belagerte Kolberg. Gedenkstein auf dem Schillplatz. Auf dem Markt Denkmal des Altreichskanzlers, Ehrenbürgers der Stadt. Bis zum 32. Lebensjahre hat er „die Luft des Naugarder Kreises geatmet".

Wirtschaftsleben: Sägemühlen, Baugeschäfte, Wagenfabriken, Stärkefabrik mit Kartoffelflockenfabrik, Brennerei und Molkerei, landwirtschaftlicher Ein- und Verkaufsverein, Exportschlächtereien. — Banken: Kreissparkasse. — Städtische Sparkasse. — Postamt. — Auskunft: Magistrat. — Bäder: Städtische Seebadeanstalt am Großen See mit Rutschbahn u. Turngeräten. Städtisches Warmbad in der Mittelschule, Gartenstraße. — Unterkunft: Roloffs Hotel, Markt, 5 Min. ab Bhf., 24 B., Bad, Gar. — Hotel „Fürst Bismarck", am Bhf., 24 B., Bad, Gar. — Gasthaus zum „Grünen Baum", Stargarder Str. 40, 2 Min. ab Bhf., 20 B., Bad, Gar. — Gasthof „Zum Vater Rhein", Gollnower Str. 10, am Bhf. — Jugendherberge: für Jungen: Mittelschule, Gartenstr.; für Mädel: Stadtschule, Marienstr. — Restaurants u. Kaffees. — Kammerlichtspiele. — Verkehrsverbindungen: Bahn Stettin—Naugard—Kolberg. Kleinbahn: Naugard—Daber. Kraftpost: Naugard—Massow—Stargard. Kraftverkehr: Naugard—Friedrichsberg—Gülzow—Cammin.

Sehenswürdigkeiten: Vom Seeufer, nahe Bhf., **hübscher Blick auf die Stadt.** — **Promenade** zwischen Stadt u. Seeufer mit **Stadtmauer.** — **Markt** mit neuem Rathaus u. Bismarckdenkmal. — Schilldenkmal am Schillplatz. — Kreisheimatmuseum, Stargarder Straße. — **Marienkirche,** 1324 erwähnt, auffällig durch den mit Satteldach versehenen Turm. In jüngster Zeit und vor allem im Innern in neuzeitlicher und geschmackvoller Weise erneuert. **Äußerst sehenswert!** Anbau an der Nordseite: Ebersteinkapelle. — Das Schloß der Grafen von Eberstein, nordöstlich der Stadt, heute Besserungsanstalt (Zuchthaus).

Wanderungen:

1. **Zum „Gallberg"** mit Wald, Promenaden und Restaurants am Nordufer des Sees.

2. **Naugard—Trechel und Fortsetzung.** Mit Kraftwagen über Kartzig mit fränkischen Gehöften und Neuendorf nach Altmühle. Von hier auf Waldwegen links nach Trechel. Jugendherberge. Siehe unter „Kantreck"!

3. **Nach Külz.** Chaussee über die Zampelmühle nach **Külz** (4½ km). Von der Chaussee zum Schlosse prachtvolle Allee. Schloßbau von 1848.

4. **Nach Jarchlin und Kniephof.** Kniephof, Jarchlin und Külz waren eine Zeitlang unter Verwaltung des Land-

junkers v. Bismarck. Ab 1841 verwaltete B. Jarchlin und Kniephof und wohnte in Kniephof, das ihm vom 2. Lebensjahre an „Jugendland" gewesen war. In Jarchlin eine Wiege des Alt-Reichskanzlers. Alle drei Güter gehören noch heute der Familie. — Mit Bahn nach **Jarchlin.** Kirche, Findlingsbau des 17. Jahrh. Gasthof. Nordwärts nach **Kniephof,** 2½ km. Das **Schloß,** in Bismarcks Jugendzeit sehr einfach, später umgebaut, ein schlichter, feiner Bau, allerdings ohne Bismarckerinnerungen. Prachtvoller **alter Park** mit **Bismarckdenkmal der pommerschen Turnerschaft.** — Zur Bahn nach Gr. Sabow, 3½ km, Strecke Naugard—Plathe—Kolberg.

Daber,

Stadt, 2400 Einwohner, im Anschluß an die Ruinen des alten Dewitzschlosses und zwischen dem 20 ha großen Teezsee und einer von Hügeln und Wald gerahmten Wiesenfläche, einstigem Seegrund. Bei Ablassung des Daberschen Sees 1865 traten Reste von Pfahlbauten im Anschluß an einen wendischen Burgwall hervor, die unter Prof. Rud. Virchows Leitung freigelegt wurden. Der größte Teil der heutigen stattlichen Ruine stammt von einem Bau, den 1538 der um die Einführung der Reformation in Pommern verdiente Kanzler und herzogliche Rat Jobst von Dewitz im Stil der Spätgotik errichtete.

Postamt. — Bäder: Seebadeanstalt am Gr. Teezsee. — Unterkunft: Hotel Lindenhof, Markt, 15 Min. ab Bhf.; Gasthöfe: Pommerscher Hof, Deutsches Haus. — Jugendherberge: gelegentlich können Jugendliche im kirchlichen Gemeindehaus nächtigen. — Restaurants u. Kaffees. — Verkehrsverbindungen: Kleinbahnen nach Naugard, Labes, Stargard i. Pom. und Regenwalde.

Sehenswürdigkeiten: **Ruine Daber** (siehe oben!). Spätgotische **Kirche** mit Grabstein des Jobst von Dewitz (1577) und seiner Gattin. Ein malerisches Bild: Marienkirche und Rathaus, ganz einfacher Fachwerkbau mit alten Linden davor. Beachtenswertes Gefallenen-Ehrenmal auf dem Friedhof. — Spaziergang: Zum Gr. Teezsee (Badeanstalt) 20 Min.

Plathe und Umgebung.

Bahnfahrt Naugard—Plathe.

Plathe Pom., Stadt, 3500 Einwohner, von der Rega im reizvollen Tal umflossen. Geschichtliches: Als deutsche Stadt 1277 im Auftrage des Ritters Dubislav, genannt Wotuch, gegründet. Ab 1367 Mediatstadt derer von der Osten. Jenseits des Marktes, auf der Höhe über der Rega, das sog. **Blücherschloß** (Ruine), in der 2. Hälfte des 16. Jahrh. als Renaissancebau entstanden, wahrscheinlich an der Stätte eines älteren Baues. Infolge des Konkurses des Stettiner Bankhauses der Loitze 1572 in Bedrängnis geraten, verkaufte Wedigo v. d. Osten Schloß und Hälfte seiner Güter 1577 an Hermann v. Blücher auf Daberkow. So ward das „Ostenschloß" zum „Blücherschloß". Die v. d. Osten bauten sich an der Stadtgrenze ein anderes zunächst schlichtes Haus, das später erweiterte und nicht minder sehenswerte heutige **„Ostenschloß"** mit seinen prächtigen Parkanlagen am Rande des Regatales. Die letzte Erbtochter der Blücher war mit einem v. d. Osten vermählt. Als sie starb (1721), ward der bislang getrennte Besitz wieder in einer

Hand, der von der Osten, vereinigt. Das Blücherschloß verfiel und ward zur Ruine. — Plathe ist Ackerbürgerstadt.

Banken: Städt. Sparkasse; Spar- u. Darlehnskasse. Raiffeisenscher Spar- u. Darlehnskassen-Verein. — Postamt. — Unterkunft: Hotel Preußenhof, Markt 7, 12 B. — Pommerscher Hof, Wilhelmstr. 37, 9 B. — Hotel Deutsches Haus, Wilhelmstr. 56, 7 B. — Gasthaus Zum schwarzen Adler, Markt 3. — Gasthof Venzke, Kreuzstr. 21. — Jugendherberge: Schulhaus II. — Restaurants, Konditoreien. — Ein Lichtspiel. — Verkehrsverbindungen: Bahn Stettin—Gollnow—Plathe—Kolberg. Dazu Plathe—Gülzow—Wietstock, Plathe—Regenwalde—Wurow. Kleinbahnen: Plathe—Mesow—Daber(—Labes), Plathe—Mühlenbruch.

Sehenswürdigkeiten: Ruine **„Blücherschloß"** mit Teilen der **Burgmauer** und **prächtiger Esche.** Innenräume können besichtigt werden. Beachtlich in der Gr. Stube **Säule mit Löwenkapitell.** Meldung beim Schloßgärtner. — Das bewohnte **„Ostenschloß"** mit **Park.** Der Parkwanderung wegen Meldung beim Gärtner. Seltene Bäume. **Regatal** mit Wehr und städtischen Anlagen, dem Schloßpark gegenüber. Im Schloß bedeutende **Bücherei.**

Wanderungen:

1. **Nach „Wilksfreude"**, Sommerlokal, 1½ km südlich, nahe der Chaussee nach Naugard. Tal der Rega mit Buchenbestand. — 2. **Nach Regenwalde und Stargordt mit Schloß.** Chaussee, teilweise durch Wald, bis Regenwalde 11,5 km. Über Regenwalde und Stargordt siehe unten! — 3. **Nach Kniephof und Jarchlin.** Über Bhf. Gr. Sabow.

Regenwalde und Umgebung.

Bahnfahrt Plathe—Regenwalde.

Regenwalde, Rega-Stadt, 4200 Einwohner. Geschichtliches: 1190 von deutschen Kolonisten erbaut. 1288 mit Lübischem Recht versehen. 1477 Besitz des von Borkeschen Geschlechts und Mediatstadt. Mitte vorigen Jahrhunderts Begründung der ersten hinterpommerschen Fabrik für landwirtschaftliche Maschinen und Dampfkessel.

Geistesleben: In R. 1838 geboren Ernst Eduard Taubert, Ehrenbürger, Senior der deutschen Komponisten, Musikkritiker, Senator der Akademie der Künste. — Ernst v. Bülow, Cummerow bei Regenwalde, 1810—1823 Mitarbeiter an der Verfassungsreform. Mitbegründer der Ritterschaftl. Bank in Stettin. — Ökonomierat Prof. Dr. Sprengel, 1839 Generalsekretär der Pom ökonomischen Gesellschaft in R., Begründer einer landwirtschaftlichen Akademie und der oben genannten Fabrik. — Richard Skrowronnek, Besitzer des nahen Gutes Hökenberg, schilderte in seinem Roman „Pommernland" mit dichterischer Freiheit Verhältnisse des Kreises R. — Auf Dorow lebt die Schriftstellerin Elisabeth v. Oertzen. — Wirtschaftsleben: Maschinenfabrik Regenwalde eGmbH., Zimmerei- u. Baugeschäft, Brennerei, Großdestillation, Großmühle. — Banken: Stadtsparkasse; Spar- u. Kreditkasse für Regenwalde u. Umgebung. — Postamt. — Bäder: Licht-, Luft- u. Flußbadeanstalt an der Oberrega, Warmbad in der Bismarckschule. — Theater: Vorführungen der Pom. Landeswanderbühne. — Zwei Lichtspiele. — Unterkunft: Zinglers Hotel, Markt; Gasthöfe: Deutsches Haus; Gasthaus Machler; Pommerscher Hof; Schwarzer Adler; Gasthof Wachholz; Arno Bölke. — Jugendherberge: Städt. Turnhalle.

Sehenswürdigkeiten: **Marienkirche,** um 1400; spätgotische, dreischiffige Hallenkirche mit einschiffigem Chor. Mittelschiff Mitte des 19. Jahrh. eingewölbt; gleichzeitig Renovierung und Neubau des 60 m hohen Turmes auf älterem Untergeschoß. Unter dem Altar (Inschrift!) Gruft der Familie Borcke. Granittaufe; Altaraufsatz in Barockschnitzerei; Lutherbild von 1724; Taufschüssel, Messingguß mit Treibarbeit, 15. Jahrh., Inschrift gotische Minuskal. — **Städt. Volksbücherei** mit Anfängen eines Hei-

matmuseums. — Denkmäler: Gedenkstein, „Kaiser Wilh. II. zum Regierungsjubiläum 1913“, Anlagen des Bismarckplatzes. — Denkmal für 1870/71 auf dem Markt. — Vor der Marienkirche **Ehrenmal** 1914/18. — In den Anlagen am Schützenhaus Turner-Gedächtnistafel. — Am Fuße des Wimmerberges Sprengel-Denkmal. — Marktmitte mit Rathaus von 1841. — Teilwanderung: Durch die Wilhelmstraße zur **Regabrücke** mit alter Mühle und hübschem Blick auf malerische, alte Bauten am Wasser. Der Wilhelmstraße folgend zum **Wimmerberg** mit Blick auf die Stadt. Zurück und von der Mühle in die Schützenstraße und die **Parkanlagen** mit Schützenhaus. — Von der sich dehnenden Stadt umschlossen der **Schloßgarten.**

Verkehrsverbindungen: Bahnlinien: Piepenburg—Regenwalde, Wietstock—Plathe—Regenwalde—Labes; Kleinbahn: Regenwalde—Kolberg, Regenwalde—Sallmow. — Kraftpost: Regenwalde—Labes. — Zwei Bahnhöfe: R.-Nord und R.-Süd.

Wanderungen:

1. Nach **Stargordt,** Bahn oder Postauto. Schloß der Grafen von Borcke, 1721 und (Flügel) 1743; alte Gobelins; Bild der Sidonia von Borcke; Spieluhr. Danziger Schränke, Bilder von Pésne. — Zu Fuß durch Wald nach Elvershagen. Regabrücke mit schöner Aussicht. Dahinter links ab und, der Rega meist durch Wald aufwärts folgend, zum **Karower See** (ab Stargordt 9 km). Urwaldmäßiger Bestand an hohen Hängen. Südwärts zur Chaussee und nach Labes, 8 km. — 2. Am Schützenhaus vorbei, Rega abwärts. Hohe bewaldete Talhänge, **„Regenwalder Schweiz“.** Rechts ab, Fußgängerbrücke; Laubwald und Staubecken vor der Ornshagener Mühle. Rückkehr mit Bahn oder über Paatziger Mühle (rund 15 km). — 3. Zum Karnitzer See. Mit Kleinbahn nach Haltestelle Karnitz. Links ab zum See. **Schwimmbad.**

Greifenberg i. P. und Umgebung.

Bahnfahrt: Plathe—Greifenberg.

Greifenberg i. Pom., Kreisstadt, 8400 Einwohner, an der Rega. — Geschichtliches: 1262 als deutsche Stadt gegründet, 1365 Mitglied der Hansa. Das Recht der freien Schiffahrt auf der Rega bis zum Meer legte den Grund zu ihrem mittelalterlichen Wohlstand, ward aber auch Quelle endlosen Zwistes mit der Nachbarstadt Treptow-Rega und den Äbten von Belbuk.

Wirtschaftsleben: Handel mit landwirtschaftl. Erzeugnissen. Zuckerfabrik, Zementwarenfabrik, Ofen- und Tonwarenfabrik, Marmeladenfabrik, Kartoffeltrockenanlage. — Banken: Stadtsparkasse; Kreissparkasse; Vereinsbank Pommern. — Postamt. — Bäder: Flußbad an der Rega, Warmbad am Poetensteig. —Lichtspiele. — Unterkunft: Hotel Bismarck, Markt 13, 15 Min. ab Bhf., 26 B., Bad, Gar. — Hotel Fuß, am Bhf., 20 B., Gar. — Gastwirtschaft Staberow, Marienstr. 59, 22 Z. — Jugendherberge: Im Hohen Tor. — Restaurants, Kaffees und Konditoreien. — Verkehrsverbindungen: Station der Strecke Stettin—Kolberg; Kleinbahn: Greifenberg—Hoff—Rewahl—Horst—Fischerkathen (Bäderbahn)—Treptow a. R. Greifenberg—Dummadel—Mühlenbruch. Greifenberg—Gülzow—Stepenitz. Greifenberg—Dargislaff—Treptow a. R. — Kraftwagenlinien: Greifenberg—Cammin, —Pinnow u. —Kölpin. — Motorbootfahrten auf der Rega.

Sehenswürdigkeiten: **Marienkirche,** Hallenkirche, 14. Jahrh.; Turm, Anfang des 15. Jahrh., nach dem Brande 1658 erneuert. Westportal, Nord- und Südseite des Turmes mit Skulpturen, zehn Menschenköpfen. Giebel des Chors mit reichem Blendenschmuck. **Schöner Blick von jen-**

seits der Rega (nahe Landratsamt) auf Regawehr und Kirche! Anbauten an der Nord- und Südseite, ehemals Marienkapellen. Sehenswerter Hochaltar. — **St. Georgskapelle,** hölzernes Bild des Hlg. Georg. — Reste von Wehrbauten: **Pulverturm**, malerisch am Wasser; **Hohes Tor** und Steintor, letzteres verbaut. Denkmal Kaiser Wilhelms I. und Gefallenen-Ehrenmal auf der Ottohöhe.

Wanderungen:

1. **Ins Camminer Holz** mit Gaststätte. Camminer Chaussee, etwa 4 km westwärts durch Wald, und vor der Kreuzung mit der Kleinbahn links ab nach **Ribbekardt** mit Schloß (3—4 km). Um 1620 erbaut, 1493—1901 adliger Besitz. — 2. Zum **Wasserkraftwerk Schmalentin.** Weg längs der Rega durch den „Regahaken" mit schönem Laubwald zum **Forsthaus Lebbin** (Gaststätte) und zum **Stausee** am Waldrand. Auch Plather Chaussee oder mit Motorboot.

Treptow a. R. und Umgebung.

Bahnfahrt: Greifenberg—Treptow a. R.

Treptow (Rega), Stadt, 9000 Einwohner, von der Rega an drei Seiten umflossen, 8 km ab Strand. — Geschichtliches: 1170 wendischer Flecken, mit Burgwall an der Stätte des heutigen „Schlosses". Von dem 1180 gegründeten Kloster Belbuk abgezweigtes Nonnenkloster wird zwischen 1285/87 in den 1277 zur Stadt (Lübisches Recht) erhobenen Ort verlegt. Außer der üblichen Befestigung eine 3,5 km lange Landwehr (vergl. Anklam!). Unter Ausnutzung der Rega Teilnahme am Seehandel. Langjährige Streitigkeiten mit Greifenberg. 1456 der Treptower Seehafen Regamünde wahrscheinlich durch Sturmflut zerstört. Schaffung einer künstlichen Regamündung bei dem heutigen Treptower Deep. Mitglied der Hansa; Heringsniederlage auf Dragör; bis ins 17. Jahrh. Zollfreiheit im Sunde. Auf dem Landtag zu Treptow beschlossene Einführung der Reformation durchgeführt durch Joh. Bugenhagen, Rektor der Lateinschule daselbst. Unter brandenburgischer Herrschaft Garnison mit Stab und einer Schwadron des Regiments Alt-Württemberg. Der Kommandeur, Herzog Friedr. Eugen von Württemberg, hielt im Schlosse Hof und brachte der Stadt den Glanz einer kleinen Residenz. Hier der spätere König Friedrich von Württemberg geboren (Marmorbüste im Rathaus!) und die nachmalige Kaiserin Maria Feodorowna von Rußland, Gemahlin des Zaren Paul I., erzogen (Büste im Königshain!). Sekretär des Herzogs war Dr. Schlosser, Schwager Goethes und Verfasser von „Schlossers Weltgeschichte". Der Geschichtsschreiber Droysen (1806—1884) ist in Treptow geboren. 1807—1811 war Blücher Bewohner des Schlosses.

Bildungsanstalten: Gymnasium, Lyzeum, Landwirtschaftsschule, Polizeischule, Heimatmuseum und Volksbücherei. Dazu Provinzial-Heilanstalt. — Wirtschaftsleben: Silberwarenfabrik, Hartsteinwerk, Lederfabrik, Schneidemühlen, Ofenfabrik, Maschinenfabriken, Molkerei, Holzbearbeitungsfabrik, Seifenfabriken, Zementwarenfabriken, Gärtnereien. — Banken: Stadtsparkasse, Stolper Bank, Filiale. — Postamt. — Bäder: Flußbadeanstalten; Warmbad am Poetensteig. — Theatergemeinde, Konzerte u. Theateraufführungen; Lichtspieltheater. — Auskunft: Magistrat. — Unterkunft: Hotel Deutsches Haus; Hotel Pommersches Haus, Lange Str. 38; Gepäckwagen am Bhf.; Hotel Hohenzollern, Kaiserstraße 16; Hotel Kaiserhof (Bahnhofshotel), Bahnhofstr. 2. Mehrere Gasthöfe. — Restaurants u. Kaffees. — Verkehrsverbindungen: Bahn Stettin—Gollnow—Treptow—Kolberg; Nebenbahn: Treptow—Cammin;

Kleinbahnen: Treptow—Deep, Treptow—Horst (Seebad)—Karnitz—Greifenberg; Treptow — Dummadel — (Greifenberg) — Mühlenbruch; Kraftwagenlinie: Treptow—Kolberg.

Sehenswürdigkeiten: **Marienkirche,** über Land und See sichtbar. Zwischen 1303 und 1370 erbaute Hallenkirche. Ältester Teil der Chor. Westturm von der Breite des Mittelschiffes, nach der Kirche zu offen. Seitenschiffe zur Turmfront vorgezogen. Turmhöhe 90 m. Im Innern Sterngewölbe. In der Turmhalle Grabsteine. Sehenswertes altes Innungsgestühl an den Wänden der Seitenschiffe. Epitaphien. Gestühl der Chorherren im Hohen Chor. Am Triumphbogen Reste mittelalterlicher Ausmalung. Altar, Kanzel und Orgel aus neuerer Zeit. In der Außenwand der Kirche mehrere Kanonenkugeln aus dem Siebenjährigen Kriege. Wertvolle Kirchenbibliothek. — **Heiliggeistkapelle,** spätmittelalterlicher Backsteinbau, Stätte des Landtages von 1534. Giebel mit reichem Schmuck, 1903 renoviert; das Innere um 1910 mit hölzernem Tonnengewölbe versehen und ausgemalt. Jetzt Aula des Lyzeums. — **Gertraudenkapelle** auf dem Friedhof, spätmittelalterlich, jetzt Begräbniskapelle. — **Georgenkapelle** in der Kolberger Vorstadt. Spätmittelalterlicher Backsteinbau, abgeputzt. — **Wischower Kirche,** außerhalb, an der Gumminer Straße, neben der Bahn nach Greifenberg; Stätte des 1235 erbauten Jungfrauenklosters. Malerischer Bau aus dem 15. Jahrh. Inneres ärmlich. Granitenes Weihwasserbecken. Wertvolle Schnitzereien im Treptower Heimatmuseum. — Am Markt **ältere Bürgerhäuser. Rathaus,** nach 1679 erbaut und 1710 erneuert. Südwestecke mit gotischem Spitzbogen; dazu Reste der „Lauben"! Barockturm. Im Innern Marmorbüste des ersten Königs von Württemberg. Oelbilder Friedrichs des Großen und des Obersten Plewe, der 1840—42 den Königshain schuf. — Haus Botenstr., Ecke Markt, Gedenktafel (Droysen). An der Wand nach der Botenstraße zu **Bild eines Elefanten von 1635** in Kratzputz, veranlaßt durch das Erscheinen des damals selten gesehenen Tieres. Man beachte Haustüren, Türklopfer, Giebel, auch nach den Höfen! — **Das Schloß,** Stätte des Frauenklosters und Witwensitzes pommerscher Herzoginnen. Nach 1679 und um 1750 ausgebaut. Heute der „Landschaft" gehörig. Ein Flügel fehlt. Schlichter klassizistischer Bau. — **Schloßgarten** an der Rega mit **Denkmal Blüchers.** — Wehrbauten: Teile von Stadtmauer und Wallgraben; **„Grützturm".** Dazu im Süden der Stadt die **Landwehr** (Wall und Graben). — Sehenswertes **Kreis-Heimatmuseum.** — Vor einem Hause der von Friedr. d. Gr. begründeten Weberkolonie Spinnkaten reich gestaltete **Mordwange** (16. Jahrh.). — **Anlagen:** Hübsche Promenade zwischen Rega (Mühlgraben) und Südmauer mit Grützturm. Anlagen im Westen im Anschluß an die Greifenberger Vorstadt mit Gedenksteinen. **Königshain,** schöner alter Park mit Gaststätten. Bronzebüsten, zum Teil vom Königshause der Stadt einst gestiftet, und **Krieger-Ehrenmal** von Lederer. Sportplätze. Blick vom Parkrand auf die Stadt. — Nördlich der Stadt, rechts vom Wege zum Königshain, auf der Höhe über der Rega, Dorf Belbuk, Stätte des 1180 gegründeten Klosters.

Wanderungen:

1. Bahnhofstr., Gumminer Str. bis Kreuzung mit Kleinbahn. Links vor der Strecke die **Landwehr.** Auf der Wall-

krone Fußsteig zur Oberförsterei und zum Stadtwald mit Gasthaus. Zurück Kolberger Chaussee, 13 km. — 2. **Mittelhagen, Hohendrosedow und ins Gebiet der Vierkanthöfe.** Kleinbahn, Richtung Horst. Die Bahn kreuzt dreimal das wiesengrüne Küsten - Urstromtal. Von Mittelhagen, Marschhufendorf mit einzelnen Vierkanthöfen, über Kirchhagen nach **Hohendrosedow.** Vor dem Dorfe **prächtige Aussicht:** Horst-Eiersberger See, Seebad Horst mit Leuchtturm und Meer. Im Orte stattliche Vierkanthöfe, niedersächsisch-friesisch-jütische Mischform.

3. Nach Zedlin und mit Kleinbahn zurück. — **Kirche in Zedlin,** Chor in Granitquadern (13. Jahrh.). Holzturm mit Barockhaube. Vor dem Turm Granitplatte mit roh gearbeitetem Menschenkopf; unerklärt.

4. **Nach Kamp und Langenhagen.** Nachdem um 1456 der Treptower Seehafen unbrauchbar geworden war, siedelte sich ein Teil der Bewohner im Wiesenmoor, südlich des Kamper Sees, an der (Alten) Rega an und betrieb Fischerei und Viehzucht. Seitdem reihen sich am Wasser elf Gehöfte niedersächsischer Art, ehemals Rauchhäuser, **das urtümlichste Bild dieser Art im Gebiete östlich der Elbe.** — Mit Kleinbahn bis **Robe.** Einzelne Vierkanthöfe, holzgeschnitzte Mäler auf dem Friedhof. Vom Nordende des Ortes nach rechts, am Rande der Wiesenniederung, bzw. des Küstentales, das den Kamper See in sich schließt. Nach 2 km Fußsteig nach Kamp-Wustrow mit Vierkanthöfen auf Diluvialinsel, während das wenige Minuten nordwärts gelegene Kamp nur Niedersachsenhäuser hat (kein Gasthof). Jenseits des Sees die Häuser vom Kolberger Deep. Zurück nach Kamp-Wustrow und ostwärts nach **Langenhagen** (2 km). Straßendorf mit stattlichen Höfen am Rande der Wiesenniederung. Gastwirtschaft. Bhf. ab Ort 1½ km.

Die Treptower Seebadeorte.

Ostseebad Hoff, Gutsdorf, auf steiler Diluvialküste. Sommergäste (1930: 75 Personen). Nur Privatwohnungen (Frau von Köller, volle Pension, alter Gutspark). Kalte Seebäder, Freibad. Nächster Ort: Ostseebad Rewahl, 1½ km; Wald 1 km.

Auskunft: Gemeindevorsteher. — Verkehrswege: Kleinbahnstation der Strecke Greifenberg — Karnitz — Hoff — Horst (Seebad) — Treptow. Auf den Kleinbahnstationen Rewahl und Hoff Lohnautos.

Am 20 m hohen Steilhang **malerische Kirchenruine.**

Das Gotteshaus ist in seinen ältesten Teilen im 13. Jahrh. entstanden; es befand sich anfänglich inmitten des Ortes, 1800 m von der See entfernt! Langsam schnitt das Meer die Küste zurück. Häuser u. Acker versanken in die Tiefe. Die Kirche befand sich 1750 etwa 58 m vom Uferabbruch, 1820 nur noch 12,80 m u. 1885 stand sie dicht daran. Am 2. August 1874 wurde sie geschlossen. Seit 1901 Absturz einzelner Teile; z. Zt. (1931) ist noch die Südwand vorhanden. 1931 ward das der Ruine nächste Gehöft geräumt.

Wanderungen: 1. **Nach Pustchow.** Hübsch gelegenes Walddörfchen, 1½ km; **Sommerfrische und Seebad.**

Fremdenheim Kiese, Pustchow. Gesellschaftshaus Zimdars, 7 Min. ab Strand, Waldweg. Bahnverbindung über Hoff. Siehe dort!

2. **Nach Poberow und Gr. Justin.** Von Pustchow (siehe oben!) nach Gr. Poberow (ab Hoff 3½ km) mit Hotel Seeblick, und südwärts durch das Küstental nach Gr. Justin.

Ostseebad Rewahl, auf hoher Diluvialküste, mit feinsandigem, breitem Strande. Landein Felder; 1 km ostwärts ein Kiefernwäldchen. Freibad mit lebhaftem Wellenschlag.

Kurmittel: Kalte und warme Seebäder, medizinische Bäder; Herbstaufenthalt empfohlen. — Badearzt (15. 5. bis 15. 9) und Zahnarzt. — Unterhaltung: Konzerte, Kinderfeste, Tanz, Ausflüge usw. — Zahl der Kurgäste 1929: 3400 Personen. — Banken: Kreissparkasse Greifenberg, Nebenstelle. Spar- u. Darlehnskasse Rewahl. — Postamt. — Unterkunft (ohne Privathäuser): Kurhaus Rewahl, nur in der Saison, Konditorei. Hotel Seestern, am Strande, Gar. — Heuers Strandhotel, am Strande, Gar., Tank. — Auskunft: Kurverwaltung. — Verkehrsverbindungen: Kleinbahn Greifenberg—Karnitz—Hoff—Rewahl—Horst—Treptow a. R.

Ostseebad Horst, aus Gr. und Kl. Horst vereinigt, seit 1860 Bad. 15 km ab Treptow a. R., zwischen dem flachen Horst-Eiersberger See (Enten!) und dem Meere. Im Westen bewaldete, aussichtsreiche Steilküste, im Osten Kiefernwaldung auf Dünengebiet, durchflossen von der Liebelose, der mit Schleuse versehenen Verbindung von Strandsee und Meer. Das genannte **Dünengebiet** wird, je weiter nach Osten, zu einem interessanten und eindrucksvollen Beieinander gewaltiger bewaldeter Dünenkuppen. Auf dem Steilufer im Westen der 50 m hohe **Leuchtturm.** Schöner Ausblick. Besteigung 30 Pf. Blinkfeuer von 21 Seemeilen Reichweite. Uferschutzbauten! Guter Sandstrand und Wellenschlag. Klima im Herbst besonders milde.

Kurmittel: Kalte und warme Seebäder (Freibad), medizinische Bäder und Massage. — Badearzt, Apotheke. — Zahl der Kurgäste 1930: 4419 Personen. — Auskunft: Badeverwaltung. — Unterhaltung: Segeln, Angeln, Jagd, Tennis, Sport, Konzerte, Tanz, Kinderfeste, Ausflüge. — Banken: Spar- u. Darlehnskasse. — Postamt. — Unterkunft (ohne Privathäuser): Hotel Otto Meier; Hotel Zum schwarzen Walfisch; Kurhaus Luisenhof; Bahnhofswirtschaft. Dazu Restaurants und Kaffees. — Verkehrsverbindungen: Kleinbahn Greifenberg—Karnitz—Hoff—Treptow a. R.

Ostseebad Deep (Bez. Stettin), auch **Treptower Deep** bzw. Ost- und Westdeep, zu beiden Seiten der waldumrahmten Regamündung, auf Dünenhöhen. 400 Einwohner; einzelne Niedersachsenhöfe. Über die Rega feste Brücke nahe Bhf. und abwärts ein Steg. Die Regamündung ist ein an dieser Stelle nach 1456, der Zerstörung des Regahafens auf der Nehrung des Kamper Sees, geschaffener künstlicher Durchstich. Feinsandiger Strand, kräftiger Wellenschlag.

Kurmittel: Kalte Seebäder. Freibad. — Badearzt dreimal wöchentlich anwesend. — Unterhaltung: Ausflüge, Segeln und Rudern, Konzerte, Tanz, Kinderfeste, Tennis, Jagd. — Zahl der Kurgäste (1929): 3075. — Auskunft: Badeverwaltung. — Postamt. — Unterkunft (ohne Privathäuser): Strandhotel, Ostdeep, aussichtsreiche Lage. Hotel (Konditorei u. Kaffee) Risch, Ostdeep. Altes Gesellschaftshaus, Ostdeep, an der Rega, Aussicht, Konzerte. Gasthaus J. Blank, Aussicht auf Fluß u. Meer, Ostdeep. Waldhotel, Westdeep, am Waldrand, mit Blick auf die Rega. Kaffee Runge, Westdeep. — Verkehrsverbindungen: Ab Treptow a. R. (Strecke Stettin—Kolberg) Kleinbahn nach Deep.

Wanderungen:

Ostwärts durch Dünenwald und über die Nehrung des Kamper Sees zum Seeabfluß. Hier Fähre nach **Kolberger Deep.** 14 km hin und zurück.

c) An der Persante, Belgard a. d. Pers., Körlin und Kolberg.

Belgard Pers. und Umgebung.

Bahnfahrt (Stettin—) Schivelbein—Belgard Pers. Hinter Schivelbein überschreitet die Bahn die Wasserscheide zwischen Rega und Persante. Regatal 84 m, Persantetal bei Belgard nur 26 m hoch.

Belgard Pers., Kreisstadt, im flachen Belgarder Tal, an der Persante und von der Leitznitz durchflossen. — Geschichtliches: In wendischer Zeit nahe der Persante ein Burgwall mit Siedlung als Mittelpunkt der Kastellanei Belgard. Nach der Eindeutschung erhielt der Ort 1299 das Lübische Recht, ab 1315 vorübergehend Residenz. 1386 mittelbares Glied der Hansa und wohlhabend. Der Übergang Hinterpommerns an Brandenburg ward der Anfang einer langsamen, wenn auch nicht ungestörten Entwicklung, in jüngerer Zeit durch die Schaffung wichtiger Verkehrslinien günstig beeinflußt. Belgard hat Garnison. Einwohnerzahl (1930): 13 081.

Bildungspflege und soziale Fürsorge: Realgymnasium; Lyzeum; gewerbliche und kaufmännische Fortbildungsschule; Landwirtschaftl. Schule; Fachschule. — Theatergemeinde; Gesellschaft der Musikfreunde; Volksbücherei; Verein für Geschichte und Heimatkunde; Heimatmuseum. Heilstätte für Trinker und Trinkerinnen. — Wirtschaftsleben: Handel mit landwirtschaftlichen Erzeugnissen und Bedarfsartikeln. Besuchte Wochen- und Viehmärkte. Holzbearbeitungsindustrie. Lederfabrik. Hartsteinwerke. Genossenschaftsmolkerei. Genossenschafts-Samendarre und Großgärtnerei. Mühlen. — Banken: Reichsbanknebenstelle; Stadtsparkasse; Kreissparkasse; Bankgeschäft Hartwig. — Postamt. — Theater, Lichtspiele, Musik: Veranstaltungen der Theatergemeinde. Zwei Lichtspiele. Veranstaltungen der Gesellschaft der Musikfreunde. — Bäder, Sport und Spiel: Offenes Schwimmbad am Poetensteig, 100×20 m, und Sport-, Spiel- und Turnplätze mit Anlagen. Sport- und Spielplätze im Stadtholz. Wannenbad im Ev. Gemeindehaus. Genossenschaftsheim mit Sport-, Spiel- und Turnplätzen zusamt Jugendherberge für nationale Jugendverbände. — Auskunft: Magistrat. — Unterkunft: Wolters Hotel, Markt 8, 12 Min. ab Bhf., Postauto und Lohnauto am Bhf., 40 B., Bad, Gar. — Hotel Graf Zeppelin, Bahnhofstr. 2, 2 Min. ab Bhf., Postautohaltestelle, 15 B., Bad, Gar. — Hotel Remus, Markt 1/2, 12 Min. ab Bhf., Postautohaltestelle, Gepäckwagen, 26 B., Bad, Gar. — Hotel Schwarzer Adler, Friedrichstr. 75/76, 10 Min. ab Bhf., Gepäckwagen, 28 B., Bad, Gar. — Hotel Pommerscher Hof, Friedrichstr. 49, 3 Min. ab Bhf., 20 B. — Jugendherberge: Schule, Kirchstr. — Restaurants, Kaffees, Konditoreien. — Verkehrsverbindungen: Hauptbahn: Berlin—Stettin—Belgard—Stolp—Danzig. Dazu Belgard—Ko'berg; Belgard—Gramenz—Neustettin; Kleinbahnen: Belgard—Schwellin—Bublitz; Belgard—Rarfin. Postauto: Belgard—Bad Polzin.

Rundgang und Sehenswürdigkeiten: Ab Bhf. durch die mit Anlagen versehene Breite Str. zur Hindenburgstr. **Kreishaus** von 1905. Zur Friedrichstr. mit Postamt. Es folgen Leitznitzbrücke und Schloßmühle und Innenstadt. Am **Markt Altes Rathaus,** Anfang des 18. Jahrh., ältere schlichte Wohnhäuser, **Kriegerdenkmal** von Prof. Otto (1924), Neues Rathaus und Blick auf die Turmfassade der Marienkirche. Die **Marienkirche** gehört zur Gruppe der in Köslin, Rügenwalde, Schlawe und Stolp i. P. vertretenen basilikalen Bauten (sämtlich „Marienkirchen"), mit kurzem Mittelschiff, breiten Seitenschiffen, fehlendem Querschiff usw. St. Marien in Belgard, nach Kugler der edelste Bau unter ihnen. Dreischiffig mit einschiffigem, dreiseitig geschlossenem Chor. 60 m hoher Turm auf Feldsteinsockel, überaus wuchtig, mit barocker Haube. Inneres erneuert (1913) und farbig ausgemalt. Reicher Barockaltar; Fenster mit Glasmalerei, Stiftungen aus der Zeit der Renovierung, u. a. des letzten Kaiserpaares. Sehenswert Kanzel und Tauftisch. Dazu zwei Kapellen-Anbauten, „Kalkkammer" und „Mausekapelle". (Besichtigung: Anmeldung im Pfarramt oder Gemeindehause.) — Wir folgen der Heerstr. Nr. 17, ehemaliges „Kommandantenhaus" von 1724, 1929 umgebaut. Dann durch die Marienstr. zum **Hohen Tor** (14. Jahrh.). Hier ein Teil des Heimatmuseums. Durch die Torstr. zur Wilhelmstr. und an deren Ende zur Petrikirche, Fachwerkbau, Ende des 17. Jahrh. — Zurück zum Markt und zur Leitznitzbrücke (Promenade). Jenseits rechts Gymnasium, links Lyzeum. Dahinter der **„Mückepark“** mit dem Sockel des ehemals auf dem Markt errichteten Denkmals Kaiser Wilh. I. (Bronzestandbild im Kriege eingeschmolzen!). In der Luisenstr. Kleist-Retzow-Stift usw. Am Gymnasium vorüber, zur Leitznitz, hinüber, am Bach entlang und durch den Mühlengang zur Kleiststr. und zum **„Amt“** auf einer Anhöhe, der Stätte der „Burg Belgard“. — Ein Teil des **Kreisheimatmuseums** befindet sich im Hohen Tor, ein anderer im Rathause.

Wanderungen:

1. Am Gaswerk vorbei, zum **Stadtholz** (Mischwald) mit Restaurant, Schießständen, Spiel- und Sportplätzen, Teichen und Bismarckdenkmal (1908, von H. Magnussen). — 2. Ab Wilhelmstr. reizvolle, der von Erlen gesäumten Leitznitz folgende, 3 km lange Promenade **(Poetensteig)**. 600 m ab Stadt Schwimmbad (siehe vorher!). Am Ende links zur Chaussee nach Klempin mit aussichtsreichen Klempiner Bergen, 74 und 88 m, bzw. nach Siedkow mit Gasthaus. Dort zur Chaussee mit Sternkrug, Haltestelle der Kleinbahn und des Postautos Polzin—Belgard. — 3. **Boissin und die Boissiner Waldungen.** Zu Fuß (Chaussee 8½ km) oder mit Postauto. Dorf liegt abseits der Hauptstraße im Persantetal. Oder mit Bahn bis Springkrug und von hier in die Berge. (Gasthof an der Chaussee bei Boissin.) Zielpunkte (Karte!) Boissiner See, Ristower See, Forsthaus Dowenheide und Kappinberg mit weiter Aussicht. — 4. Nach **Gr. Tychow mit dem Gr. Stein.** Siehe unter „Gr. Tychow“! Poetensteig, Klempin, Siedkow, Boissiner Berge und Bahn ab Kiefheide. — 5. **Belgard—Wutzow—Polzin.** (Siehe unter „Gr. Rambin“!) Post bis Woldisch Tychow. Hinüber nach Wutzow mit **prächtiger Persantetal-Schlucht.** Zu Fuß nach Polzin. — 6. **Standemin und Rarfin.** Kleinbahn Belgard—Rarfin. Kirche in Standemin mit Renaissancealtar (1928 erneuert), **wahrscheinlich das Werk eines bedeutenden Nürnberger Meisters** (Anfang des 17. Jahrh.). Kirche 1751 erneuert. Kirche in Rarfin: Kanzel und Altar verbunden; Barock.

Körlin a. d. Pers., Landstädtchen, rund 3000 Einwohner, am Zusammenfluß von Radüe und Persante, an einer alten, nach Kolberg führenden Salzstraße. Die deutsche Siedlung entstand im Anschluß an Zollstätte und fürstliche Burg und ward 1313 Stadt. Später mit bischöflichem Schloß, zum Bistum Cammin gehörig und zeitweilig Residenz. Nach 1761 bis auf gewölbte Kellerräume eines Speichers des „Amtes“ verschwunden. Vornehmste Gilde die Brauer. Eine Zeitlang Kreishauptstadt, daher der Name Kreis „Kolberg-Körlin“. Heute ländliche Kleinstadt.

Banken: Stadtsparkasse; Kreiskasse, Nebenstelle. — Bäder: Flußbäder. — Unterkunft: Hotel Schwarzer Adler, Fuhrwerk am Bhf., Schloßstr. 14—16. — Restaurants, Kaffees. — Postamt. — Verkehrsverbindungen: Station der Strecke Kolberg—Belgard Pers. Kleinbahn: Körlin—Gr. Jestin.

Sehenswürdigkeiten: Mühlentor. — Michaeliskirche, 1510 erbaut, spätgotische Hallenkirche mit reichen Blendenschmuck, Staffelgiebel.

W a n d e r u n g e n:

Gr. Jestin — Pustar — Degow. Kleinbahn bis G r o ß J e s t i n. Dorf, 2250 Einwohner. Gasthof „Zum deutschen Haus", Logierzimmer. — Zu Fuß über Semerow, 4 km, ins Persantetal und hinüber nach P u s t a r, 2½ km. Hübsch gelegener Ort. **Buchberg** mit alter Linde. Aussicht! Nach Z w i e l i p p (2 km). Kirche des 13. Jahrh. Turm jünger und aus Findlingen. R e s t e a l t e r A u s s t a t t u n g u n d B e m a l u n g. Gasthof. Von Zwielipp über Bartin nach Degow und Bhf. Degow (7 km), Strecke Kolberg—Körlin. D e g o w: Kirche mit wertvollem Kelch (erste Hälfte des 16. Jahrh.), vielleicht ungarischer Herkunft.

Kolberg und Umgebung.

B a h n f a h r t n a c h K o l b e r g: 1. Stettin—Gollnow—Kolberg. Hinter Treptow die Küstenzone, flache Hochflächen und Moortäler. Die Ortschaften, auch „Hagen"-Dörfer frühdeutscher Siedlungszeit, liegen abseits. P a p e n h a g e n, Station für Bad Kolberger Deep, A l t W e r d e r für Bad Gribow. Dann Bhf. Kolberg. — 2. Belgard a. Pers. — Körlin—Kolberg. Meist einförmige Landschaft.

Ostseebad Kolberg. Sol-, Moor- und Seebad. Sommer- und Winterkuren. Stadt, 34 600 Einwohner, am rechten Ufer der Persante, 1 km ab Ostsee. Zwischen Hafen und Ostmole (346 m lang), Strand und früherer Festung die B a d e s t a d t, vom Meer durch Düne und Strandpark getrennt.

K o l b e r g, in vorgeschichtlicher Zeit seiner Salzquellen wegen bedeutsam (Salzzüge gingen bis zum Dnjepr), erhielt 1255 Stadtrechte; 1284 Mitglied der Hansa, mit lebhaftem Seehandel und bedeutendem Wohlstand. Früh schon steinerne Häuser; Wasserleitung und Pflaster im 16. Jahrh. 1653 als Festung an Brandenburg, die im Siebenjährigen Kriege unter Major v. Heyde einer zweimaligen Belagerung durch die Russen trotzte und sich erst bei der dritten Belagerung, durch Hunger gezwungen, ergab. 1807 erfolglose Belagerung Kolbergs durch die Franzosen.

Die B a d e s t a d t K o l b e r g: Über 100 Jahre Seebad. Breiter, feinsandiger Strand, kräftiger Wellenschlag, moderne Badeeinrichtungen. Badeleben abwechslungsreich. Frühkonzertplatz, Kurhausplatte, Seesteg. 3 km lange Dünenpromenade mit schöner Aussicht auf die See. — Zahl der Badegäste (1930): 18 000. —

K u r m i t t e l: Sole, Moor und See. Radioaktive Solquellen, Salzgehalt zwischen 2,3 und 5,1%. Salinenquelle von starkem Eisengehalt, eine der stärksten Quellen Deutschlands. Dazu Dusche-, Dampf-, Moor-, Schwefel-, Fichtennadel-, Eisen-, Süßwasser- und elektrische Bäder. Inhalationen, elektrische Behandlung, Massage, Heilgymnastik. — T h e a t e r: Täglich Vorstellungen; Freilichtbühne auf dem Wolfsberg. — Kinos und Kleinkunstbühnen. S p o r t: Motorrad-Grasbahnrennen, Reit- und Fahrturnier, Tennisturnier, Wettschwimmen, Segelregatta, Pferderennen (Sportwoche im August), Boot- und Korsofahrten auf der See und auf der Persante; Angeln auf der Persante (Erlaubnis bei Wolff, Neustadt 3); Dampferfahrten auf See; Segel- und Motorboote für Ausflüge. — A u s k u n f t: Badebüro, Halle 1, Bahnstr. — B a n k e n: Kolberger Bank; Stadtbank, Handwerkerbank, Spar- und Darlehnskasse G. m. b. H.; Kreissparkasse; Krupp, Viktoriastr. 16; Stolper Bank; Vereinsbank; Bank für Haus- und Grundbesitz. — U n t e r k u n f t: K u r h a u s, Strandpromenade; P r e u ß i s c h e r H o f, am Markt; E v. V e r e i n s h a u s, Wilhelmstr. 9; K u r h o t e l M o n o p o l, am Frühkonzertplatz; K a i s e r h o f, Kaiserplatz 5; B a l t e n h o f, Dietrich-Promenade; H o t e l - P e n s. u n d S o l b a d G e n e r a l - F e l d m a r s c h a l l v o n H i n d e n b u r g, Ecke Park- und Schillstr.; H o t e l N e u e s S o l b a d, Seestr.; V i e r J a h r e s z e i t e n, am Bahnhof; H o t e l M o s e s, Seestr.;

Bahnhofs-Hotel, Wilhelmstr.; Hotel Hohenzollern, gegenüber dem Bahnhof; Deutscher Hof, Bahnhofstr. 4; Hotel Friede, Promenade 9; Kolberger Hof, Augustastr.; Bruckner, Bahnstr.; Schmidt's Hotel, Viktoriastr. 2; Zum Prälaten, Pfannschmieden; Hotel zur Münde, Promenade 25; Momms Hotel, Bahnstr. — Jugendherberge, Gradierstr. (am Vorbahnhof). — Restaurants, Kaffees, Weinstuben zahlreich. — Verkehrsmittel: Endstation der Bahnlinien Stettin—Gollnow—Kolberg, Belgard—Ko'berg und Köslin—Ko'berg. — Autobusverbindung: Kolberg—Bodenhagen. Nach Henkenhagen mehrmals täglich in der Hauptbadezeit. Postautoverbindung Kolberg — Gr. Jestin — Belgard. — Dampfer: Die Bornholmer Dampfschiffahrtsges. Rönne, Bornholm (Dänemark), veranstaltet im Sommer zweimal wöchentlich Fahrten nach Bornholm. Anschluß nach Kopenhagen und Südschweden (Ystad). Kein Visumzwang, aber Paß oder Persona'ausweis. — Nahverkehr: Droschken- und Autotaxen. — Reisebüro: Spediteur Lau, Wilhelmstr. 6a; Spediteur Mampe, Kaiserp'atz.

Sehenswürdigkeiten: **Marienkirche,** frühgotischer Backsteinbau, 1255 begonnen. Chor vierseitig geschlossen. Anfänglich dreischiffige Hallenkirche, zur Zeit der Spätgotik fünfschiffig erweitert. Breit vorgelagerter wuchtiger **Turmbau,** bestehend aus zwei Westtürmen mit niedrigem Satteldach und einem zur gleichen Mauerhöhe emporgeführten Mittelbau (74 m hoch, von 1646), der eine kurze Pyramide mit Laterne trägt.

Beachtenswert der **Lettner,** Chor und Langhaus scheidend, aus dem 15. Jahrh. Darüber **Kreuzigungsgruppe.** Dazu **siebenarmiger Leuchter,** von Johann Apengeter 1327 gegossen, von drei Löwen getragen; die **„Schliefenkrone“,** reich geschnitzter Holzkronleuchter von 1523. **Taufkessel** von Johann Alart 1355. Spätgotische Schreinaltäre und Tafelgemälde; reich geschnitzte Kanzel von 1688. An den Gewölbekappen des Mittelschiffes Gemälde, aus dem 15. Jahrh., 1889 wiederhergestellt. Nahe dem Eingang spätgotische Bronzekrone. Teile des Ratsgestühls aus der ersten Hälfte des 15. Jahrh. Am Nordportal Löwenkopf als Ringhalter, Bronzeguß vom Anfang des 15. Jahrh.

Vor der Kirche **Gneisenau - Nettelbeck - Denkmal** (1903) von Meyer-Steglitz. **Schöner Blick auf die wuchtige Turmfassade von der Domstraße bzw. der Persante aus.** — In Altstadt bei Kolberg die Altstadt-Kapelle, aus spätester gotischer Zeit. — In der Vorstadt „Lauenburg“ die Georgenkirche. — In der Klosterstraße Adlg. Fräuleinstift mit Klosterkirche. — Markt mit **Rathaus,** vom Kölner Dombaumeister Zwirner nach Schinkels Entwurf in gotisierenden Formen 1829—1831 erbaut und 1864 mit dem Denkmal Friedr. Wilh. III. (von Drake) verbunden. In den Kellergewölben, einem früheren gotischen Ziegelbau angehörend, der sehenswerte **Ratskeller.** Dem Rathaus gegenüber **„Nettelbeckhaus“** mit Tafel. Nr. 22, Geburtshaus des Dichters Rammler (1725). In der Wendenstraße Jahns Wohnhaus mit Gedenktafel. Schliefenstraße 10 „Schillhaus“, in dem Schill 1807 wohnte. — Domstr. 46 das „Gneisenauhaus“, Wohnung Gneisenaus 1806/07. — Ältere Bürgerhäuser: In der Baustraße **„Merkurhaus“** (Spätrenaissance) und **„Schwibbogenhaus“** (Rokoko). Schlieffenstr. 15 mit gotischem Portal und späterer Renaissance-Verbrämung. Nr. 4 und 44 alte Haustüren. Börsenstr. 22 und 23 ehemalige **Sülzherrenhäuser,** zum Teil mit Sterngewölben im Keller. Marienstr. 22 Bau mit „Utlucht“. — **Heimatmuseum** im Lyzeum, Kummertstr. Reiche Sammlungen — Stadtgärtnerei mit großen Gewächshäusern. — Wehrbauten und Festungswerke. In der Schmiedestraße der Luntenturm, Ziegelbau des 15. Jahrh., einziger Rest der Stadtbefestigung. Festungswerke 1872 geschleift. Als Namen erhielten sich: Maikuhle, an der Westseite der Persantemündung. Fährboot oder Schiffsbrücke. Wäldchen mit Promenaden und Aussicht; Gartenwirtschaften. — Hafen mit Molen und Münder Fort, heute Lotsenturm usw. Gegenüber Fischerhafen. — Waldenfels-Schanze mit Wirtschaft und Blick aufs Meer. Gedenkstein für Hauptm. v. Waldenfels, Vizekommandant der Stadt, auf der landein gelegenen Gneisenau-Schanze (heute Volkspark) gefallen. Gedenkstein für die Waldenfels-Grenadiere. — Stadtpläne käuflich.

Ausflüge:

1. Kolberg — Waldenfelsschanze — Lokal Elysium — Stadtwald. Promenade nahe der See ostwärts zur Schanze, 1¼ Std. — Ostwärts und bei der letzten Mooshütte rechts zur Station Schülerbrink im Stadtwald. 1 Std. Zurück mit Bahn oder Auto. — Fortsetzung: Ab Haltestelle Schülerbrink nach Südosten und zur Försterei Wiekenberg mit Wirtschaft, 1½ Std. Käuflich: Karte des Stadtwaldes mit Wegeangaben.

2. Nach Kolberger Deep. Mit Bahn bis Alt Borck (Richtung Treptow a. R.) und zu Fuß nach Kolberger Deep, 4½ km. — Nach Treptower Deep. Ab Kolberger Deep westwärts zum Fährkaten am Ausfluß des Kamper Sees (1 km). Übersetzen und auf der Nehrung nach Treptower Deep, 4 km.

3. **Zum Kämnitzsee.** Der in bewaldetes Hügelland eingebettete See erinnert an die Seen des Höhenzuges. Kleinbahn bis Trienke. Zum Gut und auf dem Wege nach Kämnitz ostwärts. Nach ½ Std. das Nordende des Sees. Gegenüber, an der Ostseite, der bewaldete Schloßberg.

Die Ostseebäder der Kolberger Umgebung.

Ostseebad Kolberger Deep, Fischer- und Bauerndorf, westlich Kolberg, zwischen Feldern und Wiesen und 200 Schritt vom Strand. Laub- und Nadelwald im Bereiche der Dünenzone, die sich nach Westen auf der Nehrung des Kamper Sees zu einsamer Größe steigert. Strand feinsandig, Wellenschlag kräftig. Einfache Lebensführung.

Kurmittel: Kalte Seebäder, Milchkuren. — Post. — Unterkunft (ohne Privathäuser): Hotel Zur Ostsee; Erdmanns Strandhotel. — Auskunft: Badevorstand. — Verkehrsverbindungen: Mit Bahn (Stettin—Gollnow—Kolberg) bis Station Papenhagen. Hier Wagen auf Bestellung. — Jugendherberge: in der Schule (1. 5. bis 1. 11.).

Ostseebad Gribow, Fischer- und Bauerndorf zwischen Wiese und Feld, seit 1906 besucht. Strand breit und feinsandig; ein Laubwäldchen und Dünen. Wellenschlag kräftig. Leben einfach. Zum Strande 7—10 Min.

Kurmittel: Kalte Seebäder. — Badeärzte im nahen Kolberg. — Post. — Unterkunft (ohne Privathäuser): Marths Gasthof. Gasthof zur Ostsee. — Auskunft: Gemeindevorstand. — Verkehrsverbindungen: Bahn Stettin—Gollnow—Kolberg bis Alt Werder und Wagenfahrt (20 Min.; Vorherbestellung) nach Gribow. · Oder ab Kolberg mit Wagen. — Beschränkte Kraftwagenverbindung Kolberg—Gribow.

Ostseebad Bodenhagen, Bauerndorf inmitten von Feldern. Zur See 7 Min., schattige Promenade. Nahe dem Strande ein Wäldchen. Strand feinsandig, Wellenschlag kräftig.

Kurmittel: Kalte Seebäder. — Arzt: in Kolberg oder Henkenhagen. — Post. — Auskunft: Schriftführer des Badevereins. — Unterkunft (ohne Privathäuser): Strandhotel; Hotel Seeblick. Gasthof Gädtke. Gasthof Dilk. — Verkehrsverbindungen: Station der Strecke Kolberg—Köslin. 20 Min. ab Ort. Wagen auf Bestellung an der Bahn.

Ostseebad Henkenhagen (bei Kolberg), 1900 Einwohner, nahe dem Strande, mit Wäldchen. Größerer Küstenwald östlich anschließend. Ganzjährige Klimakuren. Feinsandiger Strand, kräftiger Wellenschlag. Bauernhochschule.

Kurmittel: Kalte und warme Seebäder, medizinische Bäder, Massage, Lichtbehandlung usw. — Badeärzte und Apotheke. — Unterhaltung: Tanzabende, Konzerte, Sport, Strand- und Kinderfeste. — Auskunft: Badeverwaltung. — Post. — Banken: Spar- und Darlehnskasse. — Unterkunft (ohne Privathäuser): Strandschloß; Kurhaus; Neues Gesellschaftshaus; Dünen-Hotel; Brägers Hotel; Gasthof zum Goldnen Stern; Gehrts Gasthof; Gasthof zu den Linden; am Bhf. Hotel Stoebke. — Jugendherberge: Landschulheim des Schiller-Realgymnasiums, Stettin. Von Ostern bis 10. 10. — Restaurants und Kaffees. — Verkehrsverbindungen: Station der Strecke Kolberg—Köslin.

Ausflüge:

1. Nach Bodenhagen, in den Kolberger Stadtwald und nach Kolberg. Siehe vorher! — 2. **Nach Lassehne,** ½ Std. Spätgotische Kirche mit Grabplatte von 1613. Dazu ein umfangreicher Schloßbau, das **„Rote Schloß"**, einst Wohnsitz des „Peter Kameke, Herrn Joh. Friedrich, Herzogen zu Stettin und Pommern, Obermarschall, Kämmerer und Schloßmarschall", Letzter des Geschlechts, in der Kirche beigesetzt. Gasthof. — 3. **Nach Funkenhagen.** Über Wendhagen zum Wonnebach und über Altenhagen (Gasthof), Pleushagen nach Funkenhagen. **Pleushagen** ist Geburtsort des Feldmarschalls Grafen Albrecht v. Roon (1803—1879). In **Funkenhagen** Leuchtturm mit lohnender Aussicht.

d) Köslin und Umgebung und die Kösliner Seebadeorte.

Einführung: Zu den reizvollsten Landschaften des hinterpommerschen Küstengebietes gehört die Umwelt von Köslin mit dem aussichtsreichen, schön bewaldeten Gollenhöhenzuge, dem überaus fruchtbaren, leicht gewellten Vorland der Küste und der Strandzone mit den beiden Strandseen, dem Jamunder und Buckower See.

Bahnfahrt: Stettin—Stargard i. Pom.—Köslin.

Köslin, Hauptstadt des Reg.-Bezirks, Sitz der Kreisbehörden, am Mühlenbach und am Abhang des Gollen, überaus freundlich gelegen; rund 30 000 Einwohner. — Geschichtliches: 1214 als Dorf Cossalitz genannt, 1266 zur Stadt erhoben. 1278 erhielt die Stadt ein Zisterzienser-Nonnenkloster, dessen Verwaltung die berühmte Wallfahrtskapelle auf dem Gollen (1533 zerstört) überwiesen wurde. 1568 bekommt die Stadt ein jetzt völlig verschwundenes Herzogsschloß, 1582 fertiggestellt. 1609 Einweihung der Schloßkirche. 1574—1622 Sitz der Camminer Bischöfe. 1718 brennen 247 Häuser ab. König Friedrich Wilhelm I. gab die Mittel zum Wiederaufbau. Denkmal auf dem Markte! Im Mittelalter nahm Köslin unter Ausnutzung des Jamunder Sees als Hafen am Ostseehandel teil. Die Folge waren Streitigkeiten mit Kolberg (Gefecht bei Tessin). Die Zeit der weltlichen Fürstbischöfe des Bistums Cammin gab der Stadt Glanz und wirtschaftliche Vorteile einer kleinen Residenz. Wichtig im 17. und 18. Jahrh. die Lage an der hinterpommerschen Poststraße. Infolge der Verlegung der Regierung nach Köslin 1816 Entwicklung zur Beamtenstadt. — Aus Köslin stammen der pommersche Geschichtsschreiber Mikraelius (geb. 1597) und der berühmte Kanzelredner und Feldprediger Gustav Adolfs, Fabricius, ebenso Professor Lorenz, der Komponist und Nachfolger Loewes an St. Jakobi in Stettin.

Wirtschaftsleben: Kösliner Papierfabrik A. G.; Brunnen- und Maschinenbau-Anstalt; Fabrik für landwirtschaftl. Maschinen; Geschäfte für Hoch- und Tiefbau; Ziegeleien; Seifenfabrik; Molkerei-Genossenschaft; Brauereien; Fleisch- und Wurstwaren-Fabriken; Kösliner Technische Werke usw. — Banken: Stadtbank; Reichsbank; Stadtsparkasse; Kreissparkasse; Ländl. Spar- und Darlehnskasse; Bankhaus Lewinberg; Bankgeschäft Schrader; Stolper Bank, Filiale Köslin; Deutsche Raiffeisenbank, Filiale Köslin. — Postamt. — Bäder: Flußbäder; Warmbad, medizinische Bäder. Elektr. Bahn zu den Kösliner Seebadeorten Gr. Möllen und Nest. — Unterkunft: Schumachers Hotel, Neue Torstr. 53, 2 Min. ab Bhf., 40 B., Bad, Gar. — Hotel Deutsches Haus, Markt, 28 B. — Hotel Kronprinz, Markt, 50 B., Gar. — Wutzows Hotel, 15 B. — Hotel Fiß, Böttcherstr. 12. — Hotel Pommerscher Hof, Neue Torstr. 65. — Jugendherberge: Jugendheim, Gärtnerstr. — Restaurants, Kaffees. — Stadttheater; mehrere Lichtspieltheater. — Bildungsanstalten: Staatliches Gymnasium; Städt. Lyzeum mit Studienanstalt („Fürstin-Bismarck-Schule"); Staatl. Bildungsanstalt, am Gollen; eine Höhere Privatschule. — Krankenhäuser, Sanatorien: Kaiser-Wilhelm-Krankenhaus am Gollen. Diakonissen-Mutterhaus Salem. Heilstätte Gollenwald, Tuberkulose-Krankenhaus. — Verkehrsverbindungen: Strecke Stettin—Köslin—Stolp i. P. — Danzig. Nebenbahn: Köslin — Kolberg. — Kleinbahnen. Köslin — Manow—Bublitz und Manow—Jatzingen—Pollnow. — Elektr. Strandbahn Köslin — Gr. Möllen — Nest. — Kraftwagenlinien: Köslin — Pollnow; Köslin — Seeger; Köslin—Zanow—Rügenwalde; Köslin—Jamund. Nahverkehr: Straßenbahnlinien Bahnhof—Markt—Gollen, bzw. Rogzow.

Rundgang: Vom Bhf. zur Neuentorstraße mit ihrer Verlängerung, der Bergstraße, die Hauptverkehrs- und Geschäftsstraße. Hinter der Mauer- bzw. Ringstraße beginnt die Altstadt. Rechts Papenstraße zur **Marienkirche.** Wuchtiger gotischer basilikaler Bau um 1500. Über den Abseiten Giebel mit Satteldächern. Inneres geschmackvoll erneuert. Wertvoll der 1606 von Fischer in Nürnberg getriebene Kronleuchter. Altarbild „Sauli Bekehrung" und Gemälde der „Vier Apostel". An der Südseite der Kirche zur Schulstraße und links zum **Markt.** Denkmal des Soldatenkönigs im Gewande eines römischen Feldherrn, 1724. Rathaus (Renaissance) in jetziger Gestalt nach dem Brande von 1724. Rathausturm mit Stadtwappen, Haupt Johannes des Täufers auf einer Schüssel. Rechts durch die Hohetorstraße zum Holzmarkt. Dahinter die **Gertraudenkapelle,** spätgotischer achteckiger Kapellenbau, 1489 erwähnt. Zurück und zum Walle mit Anlagen. Denkmal des Regierungspräsidenten v. Fritsche, 1851; Synagoge und Gotteshaus der Apostolischen Gemeinde. Am Ende der Anlagen Regierungsgebäude, rechts Mühlenbach. Links empor zur Bergstraße. Bergstraße Nr. 20: Gedenktafel für den Geschichtsschreiber Heinr. Beitzke („Geschichte der Befreiungskriege"). Sein Grab auf dem Alten Friedhof vor dem Mühlentor. Ebenso der 1849 in Köslin verstorbenen berühmten Schauspielerin Margarete Hendel-Schütz. Von der Bergstraße abwärts ins Tal des Mühlenbaches und rechts zum Schützengarten. Hinter dem Schützenhause zum Alten Friedhofe mit Gräbern berühmter Kösliner Persönlichkeiten. Durch die Pforte an der Mühlentorstraße zur Stadt zurück und an der Stadtmühle vorüber zum Wall. Hier Mauerpforte, Durchgang zur Schloßkirche. In der Nähe einst das Herzogsschloß (Tafel an der Mauer). Sehenswert Heimatmuseum, Danziger Straße.

Wanderungen:

1. **Zum Lüptowsee und zum Schiefen Berg,** Straßenbahn nach **Rogzow.** Besuchtes Dorf am Abhang des Gollens. Gute Lokale, darunter das Lokal „Gallenstein", nach

Namen und Dasein eine Stiftung des an Gallensteinen leidenden Kreischirurgen Kauffmann vom Jahre 1829. Das „Rogzower Wäldchen", einst fürstbischöflicher Tiergarten. Die Pollnower Chaussee aufwärts und an der Hand der Karte zum **Schiefen Berg;** 132,7 m, Aussichtsturm.

2. Der **Gollen,** ein scharf gesonderter Höhenzug mit der Streichungsrichtung von Nordwest nach Südost.

Unmittelbar aus der Küstenebene aufsteigend, lange Zeit für Pommerns höchsten Berg gehalten. Sagenhafte Vorstellungen von Höhe und Ausdehnung des Höhenzuges bei Merian 1652 und Mikraelius (1597—1658). Noch vor 150 Jahren als „Mördersitz" berüchtigt. „Demantberg" des Grimmschen Märchens. — Der Kern des Gollen besteht aus tertiären Sanden. Darunter fand man wieder Diluvium. Sandgruben in Jagen 90!

a) Kreuzberg—Deetzberg—Forsthaus Gollenberg. — Mit der Elektrischen Bahn oder zu Fuß bis an den Rand des Gollen: Markt, Bergstraße, Friedrich-Wilhelm-Vorstadt. Friedrich-Wilhelm-Platz mit Kriegerdenkmal und Post. Dann Braunplatz mit Reichsbank, Gymnasium und ehemaligem Seminar. Die Danziger Straße hinaus; rechts und links Landhäuser. Kurz vor dem Gollen, rechts, Staatl. Bildungsanstalt. Auf gekennzeichnetem Fußsteige, links der Chaussee, zum 137 m hohen **Kreuzberg.** Zwei Kuppen; die eine, ehemals germanische, dann wendische Andachtsstätte und später katholischer Wallfahrtsort mit Kapelle und wundertätigem Marienbilde, trägt das **Gollenkreuz.** Auf ummauerter Plattform ein turmartiger Unterbau und ein mächtiges eisernes Kreuz zum Andenken an die in den Freiheitskriegen gefallenen Pommern, nach Schinkels Entwürfen 1829 errichtet und in Köslin gegossen. Daneben hat man 1905 die Fundamente der Kapelle gefunden. Nachbarkuppe mit Restaurant und **Aussichtsturm** (31,5 m) mit **prachtvoller Fernsicht.**

b) **Zanow—Gollen—Köslin.** Mit Bahn nach Schübben-Zanow. Nach Beginn der Fahrt rechts Papierfabrik. Dann zum Gollen aufwärts und durch den „Durchstich". Jenseits auf hohem Damme an Meyringen vorbei. **Blick nach links, Jamunder See und Meer.** Über den Nestbach und nach Schübben-Zanow. Zu Fuß in 30 Min. nach **Zanow,** am Fuße des Gollen gelegen. Zanow—Köslin 1½ Std.

c) **Köslin—Treppensteig—Rogzow—Köslin.** Chaussee zum Gollen. Am Waldrande rechts zum Gollenrestaurant! Weiter zum Südende der Buchenschlucht und nach links zur Hohen Treppe, dem Anfang eines Höhenweges, dem Treppensteig. Prächtige Rastpunkte mit Blicken auf das reich besiedelte Land am Fuße der Höhen.

Das Kösliner Küstengebiet.

Wir rechnen dazu die Ostseeküste mit den Badeorten Sorenbohm, Bauernhufen, Gr. Möllen, Nest, Deep (Kreis Köslin) und Laase und den Jamunder See mit Umgebung. Bei Sorenbohm Steilküste, weiter östlich Dünenküste. Der Jamunder See ist ein vom Meere abgeschnürtes Haff, die ihn abschließende Nehrung 500 bis 750 m breit und von einem Ausfluß, dem Tief, durchschnitten. Länge 10,5 km, Breite 3,5 km, Umfang 29 km, Tiefe 3 m.

a) **Zum Buchwalde.** Städtischer Forst in der Küstenebene mit prächtigen Beständen, meist Buchen. Chaussee Richtung Güdenhagen, zu Fuß oder mit Strandbahn. Forsthaus Buchwald mit Wirtschaft.

b) **Köslin—Jamund—Jamunder Mühle—Forsthaus Buchwald—Köslin.** Chaussee nach Jamund. Unterwegs Ausblicke auf Gollen, Buchwald, Jamunder See und Meer. 6 km. **Jamund,** Kirchdorf, 900 Einwohner. Boden äußerst fruchtbar. Ehemals fern allen Verkehrs, erhielten sich bis zum Ende des vorigen Jahrhunderts Sitte und Tracht. 1889 und nach dem Weltkriege zum Teil durch Feuer zerstört. Der Rest des Dorfes zeigt vollständig umbaute Hofanlagen. Dorfform: Rundling! Geschnitzter und bemalter Hausrat. Grabstätten auf dem Friedhof beachten! Tracht und Hausrat mit ihren Schmuckelementen lassen vermuten, daß Jamund friesische Kolonie ist.

In der Jamunder Kirche eine goldene Kette, mit der jede unbescholtene Braut bei der Trauung geschmückt wird. Prinzessin Charlotte, Schwester Kaiser Wilhelms I., schenkte sie am 15. 6. 1817 auf der Reise nach Rußland als Braut des russischen Thronfolgers Jamunder jungen Mädchen, die sie in ihrer Tracht begrüßten. In der Kirche aufbewahrte Monstranz und Zimborium stammen wahrscheinlich aus der Wallfahrtskapelle auf dem Gollen.

Gasthof zum Jamundsee. — Kraftwagenverbindung mit Köslin, des Sonntags bis Labus zum Anschluß an das Motorboot nach Gr. Möllen. Von Jamund zur Jamunder Mühle und durch den Buchwald zum Restaurant Buchwald.

c) **Köslin—Gr. Möllen.** Mit Elektrischer Strandbahn (bequeme Aussichtswagen).

d) **Köslin—Schübben-Zanow—Wandhagen—Eventhin.** Ins fruchtbare Grenzgebiet des Rügenwalder Amtes, die Küstenebene um den Buckower See, mit schönen wohlhabenden Dörfern. — Köslin—Schübben-Zanow mit Bahn oder Kraftpost. Chaussee nach Wandhagen, zu Fuß 40 Min. Unterwegs Buchenmischwald. **Wandhagen,** 2 km langes Straßendorf. Geburtsort des mundartlichen Dichters Albert Schwarz (geb. 1859). — Gasthof. — Durch Wandhagen nach **Eventhin,** 45 Min. Ehemaliges Runddorf. Gotische **Kirche,** wuchtig und wehrhaft, mit gesonderten **Friedhofpforten** für die eingepfarrten Dorfgemeinden. 14. Jahrh. Turm mit reichem Blendenschmuck, 1908 wiederhergestellt. Im Innern handwerksmäßige **Malereien** aus dem 17. und 18. Jahrhundert. Sehenswert Altar, Sakramentshaus usw. — Vom **Mühlenberge** bei Eventhin schöner Blick über Küstenlandschaft und **Buckower See.**

Ostseebad Gr. Möllen, am Westende des Jamunder Sees und der Dünennehrung. Anschließend Strandwald (6 km lang). Steinfreier Strand, lebhafter Wellenschlag.

Kurmittel: Kalte und warme Seebäder. Medizinische Bäder. — Arzt. — Post. — Unterhaltungen: Konzerte, Tanzabende, Kinderfeste, Rudern, Segeln, Angeln, Sport. — Auskunft: Badeverwaltung. — Unterkunft (ohne Privathäuser): Parkhotel, Seestr. 9; Gasthaus Fürst Blücher, Seestr. 5; Hotel Böttcher, am Walde; Kurhauspension. — Restaurants, Kaffees. — Banken: Spar- und Darlehnskassenverein Gr. Möllen. — Verkehrsverbindungen: D-Zug-Verbindung bis Köslin und Übergang auf die elektrische Strandbahn Köslin—Gr. Möllen—Nest. In der Saison stündlich (12 km). Dazu (erstmalig 1931) regelmäßiger Motorbootverkehr, ab Seglerheim zwischen Gr. Möllen und Nest. Fahrten nach Labus, Laase und Deep. In Labus des Sonntags Anschluß an den Omnibus Köslin—Labus. — Verkehrsfliegerschule.

Ostseebad Nest, auf schmaler Dünennehrung zwischen Jamunder See und Meer, Fischerdorf. Hohe Dünen mit hübscher Aussicht, geschützte Dünentäler und Wald. Strand breit und feinsandig. Kräftiger Wellenschlag.

Kurmittel: Kalte Seebäder. Warme und andere Bäder in Gr. Möllen, ebenso Badearzt. — Post. — Bank: siehe Gr. Möllen! — Auskunft: Badeverwaltung. — Unterhaltungen: Tanzabende, Konzerte, Kinderfeste, Sport. Rudern, Angeln, Segeln. — Unterkunft (ohne Privathäuser): Hotel Pegelow und Strandhalle. — Verkehrsverbindungen: Siehe unter Gr. Möllen! Nest ist Endpunkt der Strandbahn. Motorbootverkehr, siehe Gr. Möllen!

Ostseebad Bauerhufen, westlich Gr. Möllen, Bauerndorf mit stattlichen Höfen inmitten von vielem Grün, an niedriger Steilküste. Nach Osten bis Gr. Möllen 6 km Strandwald. Nach Westen zu auf der schützenden Strandmauer Promenade bis Sorenbohm, 1½ km. Seit 1840 Bad. Feinsandiger Strand, lebhafter Wellenschlag. Freibad.

Kurmittel: Kalte Seebäder. Warme Bäder im nahen Sorenbohm. — Arzt in Sorenbohm. — Post. — Auskunft: Badeverwaltung. — Unterhaltung: Tanzabende, Kinderfeste, Bootfahrten. — Unterkunft (ohne Privatwohnungen): Strandschloß. — Verkehrsverbindungen: Elektr. Bahn ab Köslin (siehe dort!) bis Gr. Möllen und Abholung mit bestelltem Fuhrwerk. Oder mit Bahn, Strecke Kolberg—Köslin, bis Bast-Kasimirsburg oder Alt-Banzin und Abholung. Feriensonderzüge.

Ausflüge: Wanderungen ostwärts nach Gr. Möllen, bzw. westlich nach Sorenbohm und Funkenhagen.

Ostseebad Sorenbohm, Bauerndorf, dicht an der See. Kirche von 1836. Freibad vom Zimmer aus. Feinsandiger Strand, kräftiger Wellenschlag. Feste Strandpromenaden.

Kurmittel: Kalte und warme Seebäder, medizinische Bäder. — Badearzt. — Post. — Unterhaltungen: Konzerte, Kinderfeste, Tanzabende, Rudern und Segeln. — Auskunft: Badeverwaltung. — Unterkunft (ohne Privathäuser): Hotel Seeblick; Strandhotel. — Verkehrsverbindungen: Über Bahnstation Alt-Banzin der Strecke Kolberg—Köslin; hier Omnibus oder Wagen, 5 km.

Wanderungen: 1. Nach Bauerhufen auf Promenadenwegen, 1½ km; nach Gr. Möllen, nochmal 5 km. — 2. Ausflüge mit der Bahn nach Kolberg und Umgebung bzw. Köslin. Nächste Stationen Alt-Banzin und Bast—Kasimirsburg. In der Kirche von Bast gemaltes Altartriptychon von 1588 und gotischer Taufstein. — 3. Nach Funkenhagen. Strandwanderung westwärts. Leuchtturm mit schöner Aussicht.

Ostseebad Deep (Kreis Köslin), Fischerdörfchen, auf der Dünennehrung des Jamunder Sees, östlich des Laufenden Tiefs. Einsam und anspruchslos.

Gastwirtschaft Freyer. Jugendherberge in der Schule. Verkehrsverbindungen: Mit Motorboot von Gr. Möllen (siehe dort!). Oder mit Bahn bis Schübben-Zanow und Abholung mit bestelltem Wagen (14 km). — Ausflüge: Westwärts mit Motorboot nach Nest und Gr. Möllen.

Ostseebad Laase, am Nordende des Jamunder Sees. Wasser, Dünen, Dünen- und Bruchwald bilden die Umgebung des sehr ursprünglichen Fischerdorfes.

Gastwirtschaft Reiser. Verkehrsverbindungen: Ab Gr. Möllen mit Motorboot (siehe dort!) oder mit Wagen (vorher bestellen!) ab Bhf. Schübben-Zanow, 11 km.

Ausflüge: Zwischen Jamunder und Buckower See der Knaster-Wald. Motorbootfahrten nach Deep, Nest, Gr. Möllen.

Wussecken, 1336 zuerst genannt. Sehenswerte Kirche. Der jetzige Chorraum ehemalige Kapelle. Erweiterung um 1400, da das „Wunder von Wussecken“, die blutende Hostie, viele Wallfahrer anlockte. Die später zum Leuchter umgearbeitete Hostie ist erhalten. Renaissance-Altar von 1616. Reich geschnitzte Taufe derselben Zeit. Kanzel von 1672, 1701 ausgemalt. Reiche Schnitzerei. Wussecken ehemals Besitz des alten pommerschen Geschlechts der Bulgrine. Später (ab 1730) im Besitz des Großkanzlers Friedrichs des Großen, von Cocceji. Sein Bild im Schloß.

Das Rügenwalder Amt.

Östlich des Jamunder Sees, mit Buckower, Vitter und Vietzker See, drei Strandseen, und von Wipper und Grabow durchflossen, erstreckt sich als nördlicher Teil des Kreises Schlawe das um seiner Fruchtbarkeit und seiner Fleischwaren und Fleischkonserven willen berühmte **Rügenwalder Amt.** Es ist im allgemeinen eben. Nur östlich der Wipper streicht ein Küstenzug, bis zu 72 m hoch, nach Osten und bildet bei Jershöft ein stattliches Kliff. Ursprünglich gehörten die Lande Schlawe und Rügenwalde dem alten Woiwodengeschlecht der Swenzonen, die es an die Pommernherzöge vererbten. Nach der Aufhebung der Klöster Marienkron und Buckow („Abtei" und „Abteidörfer") wurden deren Güter mit dem herzoglichen Besitz („Amt" und „Amtsdörfer") vereinigt, und es entstand das „Amt".

Bahnfahrt: Bis Bhf. Schübben-Zanow.

Zanow, 3100 Einwohner, an der Ostseite des Gollen. — Geschichtliches: Als Burgflecken 1335, als deutsche Stadt 1343 genannt. 1353 zum Bistum Cammin, 1372 den Herzögen gehörig, 1400 Vogteistadt, 1662 Amtsstadt (also zum Rügenwalder Amt gehörige Mediatstadt). Berühmt durch die Zanower Schwänke, Schildbürgerstreiche.

Wirtschaftsleben: Am Ort die älteste deutsche Zündwarenfabrik, vom Kommerzienrat Kolbe 1845 gegründet, heute Norddeutsche Zündholz-Aktiengesellschaft. Ferner Fabriken für landwirtschaftliche Maschinen, Molkerei usw. — Banken: Spar- und Darlehnskasse, Städt. Sparkasse. — Bäder: Kaltbadeanstalt. — Verkehrsbüro: Rathaus. — Lichtspiele: einmal wöchentlich. — Unterkunft: Gasthof Pomplun, Breite Straße 24, 6 B. — Gasthof Wendlandt, Töpferplatz, 4 B. — Grünwald, Mittelstr. 108, 4 B. — Gasthof Nüske, Breite Straße 179/180, 4 B. — Restaurants, Kaffees. — Verkehrsverbindungen: Station Schübben-Zanow der Strecke Stettin—Stolp—Danzig. Fahrgelegenheit zur Stadt (2½ km). Postautolinie: Köslin—Zanow—Rügenwalde.

Wanderungen: Promenadenweg zum Gollen. Siehe unter Köslin! Wanderungen an der Hand der Gollenkarte.

Weiterfahrt Richtung Schlawe: Hinter Schübben-Zanow **Alt-Wiek,** langes Straßendorf; viele gewerbliche Betriebe; Gasthäuser. Anschließend, nicht minder stattlich, **Abtshagen,** Abteidorf von Buckow. Stattliche Kirche des 14. Jahrh., später erweitert, Vorhalle. — Nach 3 km **Seebuckow,** am Buckower See. Stätte des 1252 begründeten Zisterzienser-Klosters Buckow. Erhalten Klosterkirche und auf dem Pfarrhof zwei Säulenreste. Kirche: dreischiffige Halle; Mittelschiff mit Stern- und Seitenschiffe mit Kreuzgewölben. Flügelaltar mit Schnitzwerk und Malerei, 16. Jahrh. Steinbild der Kreuzigung an der Außenwand des Altarraumes. Seebuckow—Fichtberg—Petershagen—Rügenwalde, 10 km.

Schlawe Pom.,

Kreisstadt, 8900 Einwohner, an der Wipper. — Geschichtliches: Südlich der Burg Alt-Schlawe um 1200 an Wipper und Motzbach gelegene deutsche Kolonie wird 1317 zur deutschen Stadt erhoben (Lübisches Recht). Bestimmungen über die Schiffahrt auf der Wipper! Dem Landesfürsten unterstellte Immediatstadt, wie Rügenwalde im Besitz von Eigentumsdörfern. Nach den Stürmen des 17.—18. Jahrh. begünstigt durch die Lage an der hinterpommerschen Hauptbahnstrecke. In Schlawe Pom. geboren Staatsminister Kühn; Heimat des Bildhauers Groß.

Bildungspflege: Realgymnasium, Mädchenmittelschule, Volkshochschule, Theatergemeinde. — Wirtschaftsleben: Herstellung und Versand von Wurst- und Fleischwaren, von Gänsebrüsten und Molkereierzeugnissen. Fettviehversand und Vertrieb landwirtschaftlicher Produkte. — Stuhlfabriken, Eisengießereien, Maschinenfabriken, Ziegeleien, Färbereien, Gerbereien usw. — Banken: Reichsbanknebenstelle; Stolper Bank; Stadtsparkasse; Kreissparkasse; Bankgeschäft Mandt & Co. — Hauptpost. — Bäder: Flußbad (Freibad); Wannen- und Brausebäder. — Auskunft: Schlawer Verkehrs- und Verschönerungsverein. — Unterkunft: Hotel „Prinz von Preußen", Markt, 9 Min. ab Bhf., 30 B., Bad, Gar. — Hotel Deutscher Hof,Ársliner Vorstadt, 7 Min. ab Bhf., 26 B., Bad, Gar. — Hotel List, Stolper Vorstadt 32, 15 Min. ab Bhf., 7 B., Gar. — Bahnhofshotel, Kösliner Vorstadt 27, 2 Min. ab Bhf., 20 B., Bad, Gar. — Jugendherberge: Evangel. Gemeindehaus. — Restaurants, Kaffees. — Theater, ein Lichtspiel. Veranstaltungen der Theatergemeinde. — Verkehrsverbindungen: D-Zug-Station der Strecke Stettin—Stolp—Danzig. Zweigstrecken nach Rügenwalde, Zollbrück (Rummelsburg, bzw.

Pollnow oder Bütow), Stolpmünde. Kleinbahn: Schlawe—Pollnow—Sydow. Kraftwagenlinien: Schlawe—Lanzig, —Jershöft, —Wusterwitz—Crangen.

Rundgang: Vom Bhf zum Postplatz mit Post und St. Georgs-Hospital. Schon im 14. Jahrh. erwähnter schlichter Bau. Durch die Kösliner Vorstadt zum Kösliner Tor. Stattlicher Bau mit Blendenschmuck und vierseitig abgewalmtem Dache (um 1400 erwähnt). Durch das Tor zum **Markt** mit Rathaus von 1768 und zur **St. Marienkirche.** 1321 genannt, 1326 der Johanniter-Niederlassung in Schlawe gehörig. Basilika mit gewaltigem Westturm; kurzes Mittelschiff und Seitenschiffe mit Pultdächern, den Bauten in Belgard, Rügenwalde, Köslin und Stolp verwandt. Ältester Teil aus der 1. Hälfte des 14. Jahrh. Im Innern reiche Sterngewölbe. Renaissancealtar, 1600. Kreuzigungsgruppe, 15. Jahrh., jetzt vor einem der südlichen Chorfenster. Epitaphien, Messingkronen usw. — Vom Markt durch die Stolper Straße zum **Stolper Tor,** Heim der Jugendvereine. Über die Motzebrücke und durch die Stolper Vorstadt in die **Parkanlagen** mit **Kriegerdenkmal** (von Bildhauer Groß). Dann Friedhof mit altem Baumbestand, Wipperbrücke, Schlachthof, neue Siedlung und **Birkenwäldchen** mit Gartenlokal.

Wanderungen:

1. **Hammermühle—Varzin—Lantowsee—Schlawe.** Fahrt über **Zollbrück.** Von Varzin nordwestlich zum **Lantowsee** (Karte nötig!). Wir berühren das Süd- und Westufer des 200 Morgen großen Sees. Am Südufer Buchenwald und Badestrand. Über Lantow nach Suckow (ab Varzin 10 km). Ausgedehnte Besitzungen des Fürsten von Hohenzollern-Sigmaringen. **Suckow,** Geburtsstätte des Staatsministers König Friedr. Wilhelm I. und Friedr. d. Gr., Heinrich von Podewils. **Kirche,** prachtvolle Innenausstattung von 1700. Gasthof. Zu Fuß nach Zollbrück.

2. **Durch das untere Wippertal.** Chausseewanderung nach **Alt-Schlawe** (einst Burg Alt-Schlawe). Ehemaliges Amtsdorf mit stattlichen Gehöften und altangesessenen Bauernfamilien. Weithin sichtbare Kirche; Turm mit Satteldach. — Weiter nach Stemnitz, am Rande des Wippertals und an der Bahn Schlawe—Stolpmünde.

1½ km ab Bhf. Dorf **Wilhelmine,** Pfälzersiedlung Friedr. d. Gr., nach des Königs Schwester benannt (1742). Sprachliche Besonderheiten! Hübsch die nahen Wippertalabhänge. Gastwirtschaft.

3. Mit Bahn nach Stemnitz. Über Wilhelmine, dem Wippertal folgend, nach Meitzow und dem schön gelegenen **Alt-Krackow.** Auf einer Anhöhe die spätgotische Kirche, deren **Friedhof** sich zur steilen Schlucht des Mühlbachs senkt. Alte Ölmühle! Schöne Bilder. Die Wipper abwärts die herrlich gelegene **Waldmühle.**

4. Mit Postauto nach **Schloß Crangen.** Siehe unter „Pollnow"! — Schlawe—Hästerkaten—Freetzer Mühle—Freetz und mit Bahn zurück (Karte nötig!)

5. Nach **Alt-Jährshagen.** Zu Fuß auf der Chaussee, Richtung Rügenwalde, zum Teil durch schönen Forst (Schlawer Stadtwald, 10 km). Stattliches Amtsdorf, malerisch gelegene **Kirche,** zum Teil fränkische Höfe.

Rügenwalde i. P. und Umgebung.

Bahnfahrt Schlawe—Rügenwalde. Station Rötzenhagen. Fachwerkkirche mit spätgotischem Turm.

Innenausstattung um 1600, wertvoll! Spätgotische Kreuzigungsgruppe.

Rügenwalde Pom., Stadt, über 6000 Einwohner, 3 km vor der Mündung der Wipper, ehemals herzogliche Residenz und reich an Kunstdenkmälern. — Geschichtliches: Erste Erwähnung 1271. Damals zwischen Gollen und Leba das Herzogtum Ostpommern. In schwere Kämpfe verwickelt, bot es der Stadt keine Möglichkeit zu gedeihlicher Entwicklung. Erbe des Gebietes zwischen Gollen und Weichsel war dann das Geschlecht der Swenzònen, das auf dem Darlowberge, 3 km ab Rügenwalde, die Burg Dirlow besaß. Die in Verfall geratene Stadt ward 1312 von den drei Brüdern Swenz neu begründet (Lübisches Recht). 1347 kam Rügenwalde unter die Oberhoheit der Pommernherzöge. Damals hatte die Stadt schon eine Mauer, vier Tore und vier Kirchen. Die Nähe der See, die Lage an der Wipper begünstigten Handel und Schiffahrt. 1362 Mitglied der Hansa. 1459 starb im Schlosse zu Rügenwalde nach abenteuerlichem Leben König Erich, einst Herrscher der nordischen Reiche, Herzog von Pommern. Das Schloß, in der Folge noch von anderen pommerschen Herzögen bewohnt, diente drei Prinzessinnen als Witwensitz. Sturmfluten, Stadtbrände und Kriege brachten Unglück über die Stadt. Friedrich der Große sorgte für den Wiederaufbau und förderte Handel und Wandel.

Wirtschaftsleben: Weltbekannt ist die Fabrikation von Fleisch- und Wurstwaren und Gänseartikeln. Dazu Getreidemühlen, Maschinenfabriken, Schneidemühlen, Ziegeleien, Getreide- und Viehhandelsgeschäfte. Seehafen: Seefrachtverkehr mit Stolpmünde, Kolberg und Stettin. Seefischerei: Versand frischer und geräucherter Seefische. Bootswerft. — Banken: Stadtsparkasse; Stolper Bank A.-G., Zweigstelle Rügenwalde; Adolf u. Albert Rubensohn; Emil Müllerheim; Ländl. Spar- und Darlehnskasse G. m. b. H., Vereinsbank für Pommern, Zweigstelle Rügenwalde. — Postamt. — Bäder: Motorboot- und Kraftpostverbindung mit Seebad Rügenwaldermünde, 3 km. Städtisches Warmbad. Flußbadeanstalt an der Oberwipper. Verkehrsbüro: Verkehrs- und Verschönerungsverein Rügenwalde; Verkehrsbüros bei A. Mewes, Münderstraße und Lange Straße. — Unterkunft: Evert's Hotel, Lange Straße 52, 25 B., Gar. — „Pommerscher Hof", Lange Straße 39, 6 B. — August Diedrich, Schloßstraße 1, 7 B. — „Bürgerbräu". — Restaurants, Kaffees, Konditoreien. Theater, Lichtspiele: Der Volksbildungsverein Rügenwalde e. V. veranstaltet Vorträge, Konzerte und Theatervorführungen (Pomm. Bundestheater, Stolper Stadttheater, Berliner Wanderbühnen). — Jugendherberge: Mittelschule, Papenstraße 1. — Verkehrsverbindungen: Endpunkt der Strecke Rügenwalde—Schlawe—Bütow. — Postautoverbindung mit Rügenwaldermünde, Lanzig und im Sommer mit Seebad Jershöft, über Zanow mit Köslin. — Schiffsverbindung: Mit der „Münde".

Sehenswürdigkeiten: **St. Marien,** verwandt mit den Basiliken in Köslin, Schlawe, Stolp i. P. und Belgard Pers. Schon 1321 genannt, viermal durch Feuer teilweise zerstört. Turm 60 m hoch (Seezeichen). Im Innern der kunstgeschichtlich berühmte **Rügenwalder Silberaltar** (Renaissance), Augsburger Arbeit. In der **Fürstengruft** die Sarkophage des Königs Erich und der Herzoginnen Elisabeth und Hedwig. Wundervolle **Kanzel** (Barock) aus der Zeit nach 1700, sowie **zwei Ölgemälde von Cranach dem Jüngeren. Rathaus** vom Jahre 1724. Das **Schloß** ist in der zweiten Hälfte des 14. Jahrh. in seiner jetzigen Gestalt erbaut worden. Südflügel 1833 abgebrochen. Neben dem Schloß die Schloßmühle mit einem Elektrizitätswerk, das die Stadt mit Kraft versorgt. **Gertrudkirche,** auf dem Friedhofe, eine Polygonalkirche (zwölfseitig). Gründungsjahr unbekannt. Wertvoll die früher in der Schloßkirche befindliche **Kanzel,** ein Meisterwerk der Holzarchitektur aus der Barockzeit. Stadtmauer und Wall sind an vielen Stellen gut erhalten; von den Toren steht noch das **Steintor. Sehenswert** das in der Bogislavstraße befindliche **Kreisheimatmuseum.** Auf dem Marktplatz der Hemptenmacherbrunnen; auf dem Kopfberg Denkmal für die im Weltkrieg Gefallenen aus dem Kirchspiel Rügenwalde; auf dem Denkmalsplatz an der Karwitzer Straße Kriegerdenkmal 1864 und 1870/71. Am östlichen Strandwalde Segelflugstation. — Geboren in R. der Literarhistoriker Koberstein (1797) und der Geograph und Geschichtsforscher Volz (1839).

Ostseebad Rügenwaldermünde, Hafen- und Fischerort. Zu beiden Seiten der Wippermündung, 1200 Einwohner. — Geschichtliches: Der Ort entstand als städtische Kolonie, die von den für Aufsicht und Bedienung des Hafens bestimmten städtischen Angestellten bewohnt wurde, denen sich im Laufe der Zeit Fischer zugesellten. 1840 wurde die Hafenanlage an den Staat abgetreten, der nach 1870 zwei große Molen erbaute. Westmole 500 m lang, Ostmole etwa ⅓ kürzer. — Das Ostseebad Rügenwaldermünde, begründet 1814, ist das **älteste Seebad Preußens.** Breiter, feinsandiger Strand, lebhafter Wellenschlag, Parkanlagen.

Kurmittel: Kalte Seebäder; Warmbadeanstalt, Solbäder, medizinische Bäder. — Arzt und Apotheke im nahen Rügenwalde. — Post. — Banken: siehe Rügenwalde! — Unterhaltung: Konzerte, Tanzabende, Feuerwerk, Kinderfeste, Sport (Tennis), Segel-, Motor- und Ruderbootfahrten, Angeln. — Unterkunft (ohne Privathäuser): Kurhaus-Hotel Friedrichsbad, eigenes Warmbad mit See-, Sol- und medizinischen Bädern. — Kurhaus Hotel „Strandschloß". Blick auf die See. — Restaurants, Kaffees. Verkehrsverbindungen: Seitenbahnstrecke Schlawe—Rügenwalde. Postauto zu jedem Zuge. 5 Min. Fahrt zur „Münde". Dazu Motorbootverbindung.

Wanderungen ab Rügenwalde.

1. In den Stadtwald. Mit Bahn zur Haltestelle Forsthaus Rügenwalde und zu Fuß zur Stadtförsterei.

2. **Ins Wippertal.** Post bis Zillmitz. Die Straße folgt dem Küstenrücken (links), der bei Sackshöhe vom Rudental geschnitten wird. Von Zillmitz nach Neukugelwitz am Nordufer der Wipper und hinüber nach Altkugelwitz. **Schöne Wipperufer!** Landweg ostwärts, Richtung Alt-Krackow. 1 km ab Dorf, rechts, Höhe 28, Stätte einer **vorgeschichtlichen Siedlung** mit Fernsicht. Weiter — 1 km — zur schön gelegenen Waldmühle und über die Oberförsterei nach Alt-Krackow mit sehenswerter Kirche. Ostwärts nach Meitzow (4 km) mit **prächtigen Steilufern,** nach Wilhelmine (siehe unter Schlawe!) und zum Bhf. Stemnitz.

3. **Ins Grabowtal.** Post bis Altenhagen und ostwärts zur Kolonie Altenhagen mit Oberförsterei Neu-Krackow. Sehenswerte Linden und Buchen. Dann Waldweg, Richtung Göritz, bis zum Waldrand (ab Altenhagen 7 km). Am Waldrand 1200 m nach rechts: **Höhe 49 mit 10 Hünengräbern.** Dann auf der Straße nach Göritz bis zur „Hölle", einer 1 km langen Buchenschlucht. Abwärts und am Ende links nach **Göritz.** Gehöfte mitteldeutscher Art. — Am Südende auf den Weg am Fuße der Randhöhen (Klusberg = 52 m) bis zur Chaussee und über Malchow nach Bhf. Karwitz (ab Höhe 49 rund 15 km).

4. **Strandwanderungen:** a) **Neuwasser und Damkerort.** Beelkower Landstraße über Suckow und Böbbelin.

Ostseebad Neuwasser, Fischerdorf am Anfang der Nehrung zwischen Buckower See und Meer.

Unterkunft (ohne Privathäuser): Gasthof Borchardt; „Haus Seefrieden". — Auskunft: Gemeindevorstand. — Post. — Arzt in Rügenwalde. Erholungsheim der Neuköllner Krankenkasse. Kiefernwäldchen am Strande. Größerer Wald 1½ km entfernt. Verkehrsverbindungen: Ab Köslin mit Postauto. — Jugendherberge: Forsthaus Böbbelin.

Fortsetzung der Wanderung auf der einsamen, mit Vogelwelt und Flora interessanten Nehrung nach **Damkerort.** Einzigartig gelegenes Fischerdorf mit Höfen friesisch-niedersächsischer Mischform und fünf Rauchhäusern.

Bei Fluten wird nicht selten der Weg über die Nehrung überschwemmt. Dann ist das Boot das einzige Verkehrsmittel. Westlich von Damkerort der Seeabfluß, das „Tief", das, in der Wintersturmflut 1921/22 (Neujahrsnacht) auf 900 m verbreitert, Damkerort mit dem Untergang und die Seeufer mit dauernder Überschwemmung bedrohte. Ab 1923 Arbeiten zur Schließung der Lücke durch einen Pfahldamm von 1,4 km Länge aus Faschinen und Zementblöcken, jetzt vollendet und sehenswert. — Kein Gasthof.

b) **Nach Jershöft.** Nach Zitzow mit hoch gelegener Kirche (14. Jahrh.) und schöner **Aussicht.** Schiffahrtszeichen! Weiter nach Kopahn (1½ km) und durch Wiesenniederung zur bewaldeten **Nehrung des Vitter Sees.** Am Dorfe Vitte vorüber und durch Küstenwald nach Jershöft (ab Rügenwalde 20 km).

Ostseebad Jershöft (Kreis Schlawe). Seit 1865 Badeort, auf 26 m hoher Geschiebemergelplatte, am Steilabsturz und nahe meilenweitem Strandwald. Rettungsstation und Leuchtturm (33 m hoch). Blitzfeuer, 60 km sichtbar. Strand auf bequemen Wegen zu erreichen, feinsandig und breit. Baden von Badekabinen aus oder vom Hause. Besucherzahl 1930: 800.

Auskunft: Badeverwaltung. — Kurmittel: Kalte Seebäder. — Post. — Banken: Raiffeisenkasse Jershöft. — Arzt in Rügenwalde. — Unterkunft (ohne Privathäuser): Gasthof Wunder; Gastwirt Zühlke; Pension Strandschlößchen; Pensionshaus „Aalkaten"; Kaffee und Restaurant Witt. — Verkehrsverbindungen: Ab Schlawe (D-Zug-Station) zweimal täglich Postauto. — Jugendherberge.

c) **Rügenwalde—Jershöft—Neuenhagen—Lanzig.** Bis Jershöft siehe vorher! Dann nach Neuenhagen am Vietzker See. Den Vietzker See umgeben Einzelhöhen mit schönen Ausblicken. Die breite Nehrung hat nach Osten zu höher werdende Dünen (21 m).

Von Neuenhagen nach **Lanzig** mit alter Kirche und dem **Hans-Lange-Haus** mit Gedenktafel, 1836 von Friedrich Wilhelm IV. gestiftet. Das ursprüngliche Lange-Haus ist abgebrannt. Balken mit Inschrift aus jenem in der Giebelstube des jetzigen Baues. — Figur des Bauern Hans Lange geschichtlich nicht nachweisbar. — Gastwirtschaften und Übernachtung.

d) **Rügenwalde — Jershöft — Vietzker Strand — Krolower Strand—Muddelstrand—Stolpmünde.** Nach Jershöft und Übernachtung! Am 2. Tage 25 km Wanderung. Weg am Binnenrand des Dünengeländes bis Stolpmünde und eine Zeitlang am Ufer des Vietzker Sees. Zunächst nach

Vietzker Strand, Fischerdorf, bescheidenes Bad.

Gasthof, 8 B., Post. — Fischverwertungsgenossenschaft. — Verkehrsverbindung: Postauto von Schlawe nach Jershöft, Haltestelle Aalkathen. Von Aalkathen nach Vietzker Strand ½ Std. Nächste Bahnstation Schlackow (Strecke Schlawe—Stolpmünde).

Weiter nach **Krolower Strand** mit Fischräucherei. Stundenlang ostwärts, meist durch schönen Mischwald, nach **Muddelstrand** mit Muddeldüne (40 m hoch).

Abermals ostwärts zum „Forsthaus" vor Stolpmünde. Haltestelle der Bahn Schlawe—Stolpmünde.

5. Über Zitzow und den Höhenrücken (Aussicht!) nach Obersackshöhe. Sackshöhe, 1828 gegründet, nach dem verdienstvollen Oberpräsidenten von Sack, gest. 1831, benannt. Dahinter das **Rudental,** der Sage nach die Stätte der Endschlacht im letzten aller Kriege. Über Köpnitz und Drosedow nach **Barzwitz.** Gasthof. Sehenswerte Kirche und Hofanlagen. Dann ins Höhengebiet von Dörsenthin. Östlich des Dorfes **Höhe 66** mit umfassender Aussicht (im Nordosten Wanderdünen).

e) Das Küstenland zwischen Stolpe und unterer Leba.

Einführung: Wir fassen ein Gebiet zusammen, dessen Mittelpunkt Hinterpommerns größte Stadt, Stolp i. Pom., ist. Es besteht im Norden aus einer tief ins Land dringenden Küstenzone, die im breiten Lebatal noch meilenweit landein schneidet. Sie hebt mit einem Dünengürtel an, der nach Breite und Höhe alles in Pommern übertrifft (56 m) und sich in seinen Wanderdünen zu einzigartiger Schönheit steigert. Um Garder- und Lebasee dehnen sich weite Moorflächen, an sich schon von starkem Stimmungsgehalt, dazu von Endmoränenbildungen bis zu 115 m an ihren Rändern überragt. Im Kranze von Meer, Dünen, Strandsee und Moor bilden ihre markant gestalteten blaudunklen Waldhöhen, das „Blaue Ländchen", ein wichtiges schönheitliches Element. In Bauerndörfern sitzt echtes Deutschtum auf stattlichen Höfen (auch Vierkanthöfen). Andererseits beherbergte das einsame Gebiet um Gardischen und Lebasee einst die letzten Reste des wendischen Volkssplitters der evangelischen Kaschuben.

Stolp i. Pom. und Umgebung.

Bahnfahrt: Stettin—Stargard i. Pom.—Stolp i. Pom.

Stolp i. Pom., 43 000 Einwohner, die größte Stadt Hinterpommerns und wirtschaftlicher und kultureller Mittelpunkt des östlichen Pommerns, im breiten Tal der Stolpe. — Geschichtliches: Der deutsche Ort Stolp zuerst 1276 erwähnt. 1310 seitens der Markgrafen von Brandenburg Belehnung mit dem Lübischen Recht. Als blühende Handelsstadt zeitweise Mitglied der Hansa. Aus mittelalterlichen Tagen stammt der noch heute vorhandene wertvolle Grund- und Waldbesitz. Die wirtschaftliche Entwickelung erhielt im Dreißigjährigen Kriege einen fühlbaren Rückschlag. Bei dem Übergang in brandenburgisch-preußische Herrschaft (1653) war Stolp ein verarmtes Landstädtchen mit etwa 2500 Einwohnern. Infolge der späteren Kriege und Truppendurchzüge ging der Aufstieg nur stockend voran. 5000 Einwohner zu Anfang des 19. Jahrh., um 1900 als kreisfreie Stadt 27 000, 1930 sogar 43 000. Diese Zahlen zeigen vor allem den Aufstieg, der einsetzte, nachdem Stolp durch die Bahn Stettin—Danzig (1870) enger in den wirtschaftlichen Aufschwung mit einbezogen ward.

Geistesleben, „bekannte Stolper": 1. Heinrich von Stephan, Generalpostmeister usw., geb. 7. 1. 1831, Holstentorstraße 30 (Gedenktafel). Zu Anfang seiner Laufbahn Postschreiber in Stolp i. Pom. — Ferdinand von Homeyer, Ornithologe, gest. 1889 in Stolp, Bachstraße 2. — Prof. Dr. Paul Ritter, Leibnizforscher, geb. 15. 1. 1872 in Stolp. — Prof. Dr. Hans Schrader, Archäologe, geb. 1869 in Stolp. — Prof. Dr. Eduard Engel, Literarhistoriker, Schriftsteller, Dichter, geb. 12. 4. 1851 in Stolp. — Paul Geisler, Dirigent und Komponist, geb. 10. 8. 1856 in Stolp. — Selma Meyrowitz, Dirigent. Hofkapellmeister, geb. 18. 4. 1875. — Prof. W. Arnold, Tier- und Jagdmaler, geb. 3. 12. 1868 in Stolp. — Otto Freundlich, Maler und Bildhauer, geb. 10. 7. 1878 in Stolp. — Prof. Otto von Kameke, Landschaftsmaler, geb. 2. 2. 1826 in Stolp. — W. Sebastian Belling, Reitergeneral Friedrichs des Großen, gest. 1779 in Stolp. — Eduard von Bonin, Kriegsminister, Heerführer, geb. 7. 3. 1793 in Stolp. — Weder in Stolp geboren, noch dort gestorben, aber als mit Geschichte und Leben der Stadt verknüpft, sind zu nennen: Fürst Blücher, der „alte Blücher", der lange Jahre, zuletzt als Regimentskommandeur, in Stolp in Garnison stand, Wohnung Lange Straße 64 („Blücher-Husaren"). — Lothar Bucher, 1843—1848 in Stolp. Näheres unter „Neustettin". — Friedr. Ernst David Schleiermacher, von 1802—1804 Hofprediger in Stolp. — Hans Hoffmann, Dichter und Erzähler, bodenständiger Novellist, lebte mehrere Jahre in Stolp i. Pom. — Wirtschaftsleben: Sitz der Handelskammer des Regierungsbezirkes Köslin. Holzgewerbe und Möbelfabrikation von weit verbreitetem Ruf. Im Bereiche der Metallindustrie der Fahrzeugbau. Außerdem: Parkettfabrikation, Mahlmüllerei, Ziegeleien, Brauereien, berühmte Molkerei. Hafen für Stolp ist Stolpmünde. — Banken: Bank für Haus- und Grundbesitz e. G. m. b. H. — Beamtenbank e. G. m. b. H. — Danziger Privataktienbank. — Westphal, Heinrich und Sohn. — Provinzialbank Pommern (Girozentrale). — Reichsbank. — Hauptpostamt. — Bäder: Flußbäder, Warmbäder in den Schulen. — Auskunft: Magistrat. Hauptverwaltung. — Unterkunft: Bahnhofshotel, am Bhf., 45 B., Gar. — Zum Franziskaner, am Bahntor 1, 30 B. — Hurtiennes Hotel, Hospitalstr. 6. — Hotel Kaiserhof, Neutorstr. 22, 21 B., Gar. — Hotel Klein, Magazinstr. 5. — Hotel Mundt, Markt 28, 65 B. — Hotel Norddeutscher Hof, Mittelstr. 9. — Schulz' Gasthof, Hospitalstr. 21, Gar., Tankstelle. — Hotel Pommernhof, Poststr. 1. — Jugendherberge: Jugendheim, Präsidentenstr., für Jungen. Lessingschule, Matthesstr. 1, für Mädchen. — Restaurants, Kaffees und Konditoreien: reichlich vorhanden. Theater, Kleinkunst und Lichtspiele: Stadttheater vom Oktober bis April, Schützenhaus, Schauspiel, Oper und Operette, unterstützt durch die Stolper Theatergemeinde. Veranstaltungen der Konzertagentur Albrecht. Vortragsabende der „Literarischen Gemeinde". — „Kammerlichtspiele" (Tonfilm). — Verkehrsverbindungen: Strecke Berlin—Stettin—Danzig—Königsberg. Nebenbahnen: Stolp—Stolpmünde, Stolp—Zollbrück. Kleinbahnen: Stolp—Zezenow, Stolp—Schmolsin. Stolp—Weitenhagen—Stolpmünde, Stolp—Muttrin. Kraftpostlinien: Stolp—Lupow—Großrackitt, Stolp—Neujugelow, Stolp—Saleske. — Lokalverkehr: Straßenbahnlinien, „Bahnhof—Kasernen" und „Waldkater—Schlawer Straße". Dazu Omnibuslinien. — Flugverkehr: Tägliche Verbindung Berlin—Stettin—Stolp—Danzig—Königsberg.

Sehenswürdigkeiten: **Heimatmuseum** im Neuen Tor. Täglich von 11 bis 13 Uhr geöffnet. — Von der **Stadtmauer** von 1330 Reste erhalten. Von vier Toren blieben erhalten: **Mühlentor** (1400), nahe dem Schloß, ein hoher, schlanker, reich mit Blenden geschmückter Bau mit Satteldach. **Neues Tor** (1330), breit gelagert, mit flachbogig geschlossenen Blenden, Zeltdach und kurzer Haube. Markt mit **Marienkirche:** Den Hauptkirchen in Belgard, Köslin, Rügenwalde und Schlawe verwandte basilikale Anlage, breit gelagert, mit niedrigem Turmklotz und Satteldächern über den Abseiten (1860 wiederhergestellt). Nach 1477 als spätgotischer Ziegelbau entstanden. Vom Umgang schöne Aussicht ins Stolpetal. Giebelchen der Seitenschiffe mit reichem Fialenschmuck, dazu Treppentürme mit Wimpergen und Kreuzblume (Stargard und Pasewalk!). Chor einschiffig, fünfseitig geschlossen. Mittelschiff und Chor haben schöne Sterngewölbe. Von der alten Ausstattung wenig erhalten. Ostwand des nördlichen Seitenschiffes mit Kreuzigungsgruppe (1300). Altar und Kanzel um 1630 von dem nach Stolp zugewanderten Bildschnitzer Waltersdorff mit Schnitzereien versehen. Epitaphien, Ritterrüstungen, Grabplatten, acht Messingkronen, ein Kelch von 1310. — Am Stolpeufer Kloster und Nikolaikirche, einschiffiger gotischer Hallenbau, im 18. Jahrh. in eine Schule umgewandelt. Im Südzipfel des Stadtkerns die **Schloßkirche,** früher Klosterkirche, sehr lange, einschiffige Halle aus der Spätgotik mit zierlichem Westturm und schönem Ostgiebel. Hinter ihr der wuchtige, geschlossene Torso des alten Herzogsschlosses; schlichter Renaissancebau mit Treppenturm.

Rundgang: Ab Bhf. durch die Bahnhofstr. zum Bismarckplatz mit Bismarck-Denkmal und öffentlichen Gebäuden. Links Arnoldstr. mit Synagoge und Gymnasium.

Um das Kaufmanns-Wallhaus rechts herum in die Ringstr. mit **Stadtmauerrest,** vor das **Neue Tor** und auf den Stephansplatz mit **Kaiser-Wilhelm-Denkmal** und **Neuem Rathaus** (1900). Vorhalle und Stadtverordneten-Sitzungssaal mit Gemälden von Professor Klein-Chevalier, „Stolper Fischmarkt" und „Stolpmünder Hafen", und aus der Geschichte der Stadt von Professor Scheurenberg. — Durch Neues Tor mit **Heimatmuseum** und Neuetorstr. zur **Marienkirche** und zum Markt mit **Barockhäusern** und **Blücherdenkmal.** Durch die schön geschwungene **Mittelstraße** mit zahlreichen Giebelhäusern (18. Jahrh.) und **Handwerker-Wahrzeichen** zur **Schloßkirche. (Wertvolle Barockausstattung,** darunter zwei Marmor-Epitaphien von 1682, der Herzogin Anna und des Herzogs Ernst Bogislav von Croy, Mutter und Sohn).

Durch den Torbogen des Invalidenhauses auf den Schloßhof. Ersteres, Ecke der Langen und Mönchstraße, 1777 als Kadettenhaus erbaut. Durch die Lange Straße zurück auf den Markt. Das schöne alte Eckhaus der Drogerie Lemme diente häufig Mitgliedern der preußischen Königsfamilie als Absteigequartier, besonders aber bekannt als **Wohnhaus Blüchers.** Sein Standbild, von Bildhauer v. Uechtritz 1908 geschaffen. — Durch die Holstentorstraße mit dem Geburtshaus (Nr. 30) Heinrichs von Stephan; rechts ehemalige Klosterkirche des Prämonstratenser-Nonnenklosters, jetzt Hilfsschule, daneben, um einen stimmungsvollen, durch Nr. 18 zugänglichen Hof, die Klostergebäude, jetzt Frauenstift. Dahinter **Holstentormauerstraße** mit Resten der Stadtmauer und Wiekhäusern. Sie mündet auf den Bismarckplatz. Geradeaus durch die Amtsstraße, an der 1826 im Schinkel'schen Stil erbauten Reitbahn („Blücherstall"), den neuen Hospitälern, der Landwirtschaftlichen Schule, dem Elektrizitätswerk und der weitbekannten Molkerei („Stolper Jungchen") vorbei zur Stolpmünder Chaussee. Rechts in die Präsidentenstr. Von der Präsidentenbrücke **Blick auf die Stolpe** mit baumumkränzten Ufern! Durch die Wasserstraße und am Stolpeufer weiter, das in malerischen Ausschnitten Reste der Stadtmauer, den **„Hexenturm"** u. a. m., zeigt. Über die Herzogsbrücke zum **Fischmarkt** mit dem Blick auf **Mühlentor.** Schloß, Giebel der Schloßkirche und stattliche Fachwerkbauten. Endlich durch die Schloßstr. an den **„Schmatzkenberg"** mit Anlagen und der **St. Georgskapelle.** Am Rosengarten und Schützenpark vorbei zum Stephansplatz. — Empfehlenswert: Mit Straßenbahn (grüner Linie) zur **„Hindenburg-Kampfbahn",** Sportplatzanlage für 10 000 Zuschauer. Daneben Eingang zum **„Waldkater",** einem wundervollen Naturpark. Fischbrutanstalt, Fischteiche.

Wanderungen:

1. Zur **Schmaatzer Mühle.** (Ab Markt 4,5 km.) Chaussee über Ritzow nach Schmaatz. Zur Mühle, Ausflugsort. Kleinbahn Stolp—Schmolsin.

2. Nach dem **Waldkater-Gasthof.** (Ab Markt 1,6 km.) Mit Straßenbahn (grüne Linie) zum Waldkater-Eingang. Zum Gasthof führen Promenadenwege und Wegweiser.

3. Zum **Waldkatzen-Gasthof** (Schützenheim). Ab Markt 3,3 km.) Markt, Schmiedestraße, Wasserstraße, Herzogs-

brücke, Mühlenstraße, Lachsschleuse, Neumanns Aue. Dann durch Wald auf blau bezeichneten Wegen. Bis Mackensenstraße Straßenbahn (rote Linie). Auch Autobus zum Waldkatzen-Gasthof, ab Stephanplatz. Gasthof Waldkatze ist Haltestelle der **Stolpetalbahn.**

An dem Verkaufshäuschen an der Lachsschleuse eine Orientierungstafel, auf der die Wege zur Schützengildenhöhe, zum Waldkatzen-Gasthof, zur Walkmühle und zur Försterei Hildebrandshof ersichtlich sind.

Von Stolp ins Stolpetal.

Das Stolpetal oberhalb der Stadt schneidet mit seinen Nebentälern, bald breit gelagert, bald schluchtschmal, tief in die Grundmoränenhochfläche ein. An hohen Rändern und steilen Abhängen sammelt sich der Wald.

Zur Waldkatze und, der Strecke der Stolpetalbahn durch Wald folgend, bis Unter-Scharsow. Hier ins Schottowtal und nach **Rathsdamnitz** im Seitental des Mühlbachs, 20 km. Stattlicher, betriebsamer Ort.

Papierfabrik, Teilbetrieb der Varziner Papierfabrik AG. Gasthaus Barz, Fremdenverkehr. Station der Stolpetalbahn.

a) Zum **Zimetzberg,** 127 m. Am Westrand des Mühlbachtales, Richtung Kriwan. Nach 3 km rechts ab, durchs Tal, Richtung Starnitz, und durch Wald zum Waldwärterhaus. Aufstieg zum Zimetzberg (nach eingeholter Erlaubnis). Grundmauern einer Kapelle. **Prächtige Aussicht!** — b) **In die Loitz** (Stolper Stadtforst, 13 000 Morgen). Von Rathsdamnitz Bhf. durch Wald zur Oberförsterei und Stolpe (1½ km). Jenseits auf den rechten von drei Wegen und nach 2½ km links ab nach Dargatzhof und zur Försterei Quandtheide (Erfrischungen!), 5 km. Südlich zur Melliner Mühle (Erfrischungen!), 3 km. Auf Waldwegen südöstlich und später östlich zum Fichtberg (132 m), 4 km. Abermals ostwärts über Alte Schäferei zum Wasserkraftwerk Klaushof (3 km) und am linken Stolpeufer abwärts bis Gr. Krien. Gasthäuser. Am Westufer des Flusses zwischen Wald und Wiese (3½ km) zurück zur Stolpebrücke und nach Rathsdamnitz (im ganzen 24 km). — c) **Mit der Stolpetalbahn nach Muttrin.** Auf dem **Muttrinberg** (159 m) das Wahrzeichen der Gegend, die **Linde von Muttrin,** weithin sichtbar. Vom Orte 3 km südlich nach Großgansen mit schönem Blick ins Stolpetal (Gastwirt). Weiter — 2 km — Klein Gansen, an der Stolpe gelegen, mit dem nahen **Glambockwerk** (Wasserkraftwerk). Vor der Brücke links, Weg zum **Naturschutzgebiet Juliushöhe** (1½ km) mit schöner Aussicht. Von dort am Werkhause östlich weiter zum 3 km langen **Glambocksee,** im Walde gelegen, Staubecken für das Kraftwerk. Am Südufer weiter nach Glambockkathen (4 km), einst am Seeabfluß gelegen. Jetzt fließen umgekehrt die durch den Bütowstaudamm aufgestauten Wasser der Stolpe und Bütow in den Glambocksee. Von Glambockkathen nach Budow (6 km), Haltestelle der Stolpetalbahn. Jugendherberge.

Von Stolp ins Lupowtal mit seiner Umgebung.

Tief und schmal schneidet das Lupowtal in die Hochfläche zwischen Stolpe und Leba ein und gliedert sie in einförmige, nur noch oberflächlich oder an den Rändern gekerbte oder überhöhte Teilflächen. Diese Ebenheit tritt bei einer Bahnfahrt Stolp—Lauenburg deutlich in die Erscheinung. Bei Schmaatz (links) ist die Hochfläche erstiegen. Links, bei Seddin, Luftschiffhalle aus der Kriegszeit, auf der Hochebene in idealer Lage. Bei Hebron-Damnitz ändert sich das Bild. Der Karstnitz-Bach wird geschnitten und gleich dahinter das Lupowtal.

1. Mit Bahn nach **Hebron-Damnitz.** Stattliches Dorf in schöner Umgebung. Der Ort hat den Namen „Hebron" nach dem Schwager Maria Stuarts, Alexander Hebron, der hier begütert und dessen Sohn Unterfeldherr Wallensteins war. Der Deckel seines Sarges, 1925 zwischen Deutsch-Karstnitz und Mahnwitz gefunden, im Stolper Heimatmuseum. Sehenswert **Park und Schloß.** Im Park neuere Kapelle. Auf dem **„Alten Friedhof"** schmiedeeiserne Grabmäler. Auf dem **„Neuen Friedhof"** wirkungsvolles Grabmal des Freiherrn von Gamp; von Klimsch, Berlin.

Unterkunft: Gasthof Plath, 2 Min. ab Bhf., 8 B., Bahnhofswirtschaft. Jugendherberge: bei Gastwirt Plath.

Wanderungen ab Hebron-Damnitz: a) Zur Mühle, rechts der Chaussee nach Dammen im **Mühlbachtal,** und Privatweg, dem Bach folgend, ins **Lupowtal** und über Dammener Mühle nach Dammen (Gastwirtschaft). Oder gleich von der Dammener Mühle, möglichst nahe der Lupow, durch den Labehner Wald nach Labehn (Gastwirtschaft) und zur Haltestelle Stresow (12 km). — b) Von Hebron-Damnitz an der Karstnitz entlang nach **Deutsch-Karstnitz** mit sehenswertem, von Wallgräben umgebenem **Schloß,** Kunstschätze. Vier Gemälde von Antoine Pésne (1683—1757) und Bücherei. Zur Chaussee (Schilldenkmal gegenüber von Sageritz!) und nach Hebron-Damnitz. 8—10 km.

d) Von Hebron-Damnitz nach Dammen, wie unter a). Von hier die Lupow abwärts! Zunächst Dammen—Viatrow. Über den Fluß und nordwärts zur Zedliner Mühle, durch Wald zur nächsten Mühle und abermals über den Fluß nach Dresow. Jetzt Land- und später Waldweg nach **Schojow** mit Wasserkraftwerk. Jenseits **malerische bewaldete Steilufer** und nach Osten anschließend die **Gutsmerower Berge** mit prächtigen Steilabfällen zum Lupowtal. Von Schojow nach Bhf. Wendisch-Silkow.

Seebad Stolpmünde und Umgebung.

Bahnfahrt Stolp—Stolpmünde, 16 km.

Ostseebad Stolpmünde, Seehafen, über 4000 Einwohner, an der Mündung der Stolpe, 500 m lange Molen. 1337 als Hafen begründet. Lotsenstation, Leuchtturm, Rettungsstation, Zollamt. Vizekonsulate von Schweden und Dänemark. Fischversand. Räuchereien, Wurstwaren. Breiter feinsandiger Strand, kräftiger Wellenschlag. Wilhelmspark mit Krieger-Ehrenmal. Ausblick vom Wasserturm! Zahl der Kurgäste: 1930 = 2437 Personen. — Kurmittel: Kalte und warme Seebäder, Sol- und medizinische Bäder, Massage, Terrain- und Trinkkuren, Freibäder.

Kurärzte u. Apotheke. — Unterhaltungen: Kurmusik, Lesesaal, Tennis, Angeln u. Wassersport. Kino. — Banken: Vereinsbank für Pommern AG., Zweigstelle. — Post. — Auskunft: Badeverwaltung. — Unterkunft (ohne Privathäuser): Kurhauspavillon, Strandpromenade, mit Konditorei. Kurhaushotel, Hauptstraße, Gar. Parkhotel, im Park, hinter den Bädern. Hotel zum Nothafen, 7 Min. ab Bahn., 5 Min. ab Strand, Gar. — „Zum Ostseestrand" u. „Fürst Blücher". — Jugendherberge: Schulhaus, Engelbrechtstraße. — Restaurants, Kaffees. — Verkehrsverbindungen: Endpunkt der Strecke Stolp—Stolpmünde; Nebenstrecke Schlawe Pom.—Stolpmünde. Kleinbahnen: Stolpmünde—Schmolsin, Stolpmünde—Zezenow.

Wanderungen:

1. **In den Freichower Wald.** a) Am Strande ostwärts bis zum Wegweiser. Dort über die Dünen und durch Wald zum Gehöft Freichow (Erfrischungen). b) In der Ver-

längerung des Wilhelmsparkes ostwärts, den weißen Zeichen nach und über die aussichtsreiche Hindenburghöhe. (1¼—1½ Std.). — 2. Nach **Alt- und Neustrand.** Nach Freichow, wie oben. Dann am Strande weiter. Nach einer Stunde rechts zum Gehöft Alt-Strand und in 10 Min. nach Neustrand.

Neustrand, 10 Gehöfte auf einer Lichtung im Buchenwald. Als Sommerfrische zu empfehlen. Prächtige, mit Buchenwald bedeckte, 40 m hohe Steilküste.

Gastwirtschaft Franke. Bahnstation Weitenhagen der Kleinbahn Stolpmünde—Schmolsin—Zezenow—Stolp i. Pom.

3. Nach **Schönwalde.** Nach Neustrand, wie vorher. Dann Strandwanderung ostwärts zur Seite der schönen Steilküste. Nach 1½ Std. das Ende derselben und beginnender Dünenwald. Hier landein und in ¼ Std. zum Orte.

In **Schönwalde** Gasthof Frobel. (Neustrand—Schönwalde, 3 km). Nächste Bahnstation „Alte Mühle". Kleinbahn-Fahrt Richtung Stolpmünde, Schmolsin oder Zezenow.

4. Nach **Rowe am Garder See,** 4 km ab Schönwalde.

Am Gardischen und Lebasee.

1. **Bahnfahrt Stolp—Gr. Garde.** Kleinbahn.

Gr. Garde, auf der zum Garder See abfallenden Endmoräne, ehedem einer der Hauptorte des Kaschubenlandes. Kirche, 19. Jahrh. Von der sich bei der Kirche abwärts senkenden Straße, Richtung Schmolsin, nach links abzweigende Nebenstraße mit Reihenhäusern, einstöckig mit Bodenluke für das Heu. Im Untergeschoß je zwei Wohnungen mit gemeinsamer Küche. Weiter unten, vor der Straßengabelung ein einem Vierkanthof ähnliches Gehöft, deutschen Vorbildern nachgeahmt. An der Gablung Gehöftgruppe mit Zweifamilienhaus, sonst aber lockerer Gruppierung. Sämtlich ehedem kaschubische Bauten.

Unterkunft: Ein Hotel, zwei Gasthöfe. Badegelegenheit. Postagentur. Motorbootverkehr über den Garder See nach Rowe. Bahnverbindung Richtung Schmolsin, Stolp, Stolpmünde, Zezenow.

Von Gr. Garde nach Rowe mit Motorboot. Fahrt, an der von Wasservögeln bevorzugten Steininsel vorbei und dann in die Lupow, den Ausfluß des Strandsees zum Meere. Rechts Wald, links der stimmungsvolle **Friedhofshügel** von Rowe. 1 Std.

Rowe, Gr. und Kl. Rowe, Fischerdorf an der Mündung der Lupow, einsam inmitten von Dünenwald, Wiesen und Wasser. Bescheidenes Bad. Malerische Bilder!

Gasthöfe: Kemp; Döring mit Jugendherberge. Nächster Bhf. „Alte Mühle" der Strecke nach Stolpmünde, 6 km.

2. **Stolp—Gr. Garde—Schmolsin.** Von Gr. Garde die Chaussee weiter, Richtung Schmolsin. Nach etwa ½ Std. rechts; ansteigender Waldweg durch schöne Bestände und zuletzt steil empor zum Revekol, 115 m, der markantesten Höhe des Kaschubenlandes. Der Name soll aus dem Lateinischen (reverendus collis) abgeleitet sein und verehrungswürdiger Berg bedeuten, wäre also ein Hinweis auf die in katholischer Zeit auf dem Revekol vorhandene und jetzt verschwundene Wallfahrtskapelle. Vom Turm **wundervolle Rundsicht.** — Abstieg nach Schmolsin in 20 Min.

Schmolsin, Dorf, von der Lupow durchflossen. Am Fuß des Revekol die altehrwürdige **Kreuzkirche.**

Zahlreiche gewerbliche Betriebe: Mühlenwerke, Molkerei usw. — Arzt, Apotheke. Ländl. Spar- und Darlehnskasse. Post. Unterkunft: Hotel

Fuhlbrügge. Gasthof Wolff. Jugendheim: Domboisstr. 8. — Verkehrsverbindungen: Endpunkt der Kreisbahn Stolp—(Stolpmünde—)Schmolsin.

Wanderungen: 1. Im Bereiche des Revekol. 2. Zum **Leuchtturm auf Scholpin,** auf 56 m hoher, befestigter Düne. Vorbei am Gr. Dolgensee, vom Walde umgeben und von Dünenkuppen, den Weißen Bergen, 38 m, überragt. Rund 7 km. **Wundervoller Blick vom Turm** auf das Wanderdünengebiet auf der Nehrung des Lebasees. Keine Übernachtungsmöglichkeit! Zurück nach Schmolsin oder über die Nehrung des Lebasees mit Übernachtung in der Segelflugschule (Jugendherberge) an der Lontzke-Düne nach Leba. — 3. Moorkolonie Wilhelmshof, 6 km, Moor- und Musterwirtschaft, Besitz des ehemaligen Kaisers. — 4. Zu den **Moorsiedlungen der Klucken.** Chaussee nach Selesen und nordöstlich nach Niederhof (3½ km). Nun durch Moor und Wald zu den **Schmolsiner Klucken** und über die **Selesener Klucken** mit Wirtshaus und Schorin (Aussicht von den Schoriner Bergen) nach Glowitz, 12 km.

3. **Stolp—Glowitz—Giesebitz—Leba.** Bahnfahrt Strecke Stolp—Schmolsin über Dominke nach

Glowitz, einer Kleinstadt ähnlich, 5 km vom Lebasee.

Landwirtschaftliche, gewerbliche und industrielle Betriebe: Maschinenwerk, Molkerei, Wurstfabriken, Baugeschäfte, Ziegelei, Mahlmühle u. a. m. — Ländl. Spar- und Darlehnskasse; „Raiffeisen", Bank- und Warengenossenschaft. — Arzt, Apotheke. — Unterkunft: Hotel Norddeutscher Hof; Hotel Pommerscher Hof.

Wanderungen: 1. Südlich der Zezenower Chaussee und nahe der Kreuzung mit der Chaussee Klenzin—Glowitz der Beginn der reizvollen **Schlucht des Schoriner Baches.** — 2. Glowitz—Selesener Klucken—Schmolsiner Klucken—Schmolsin. Siehe unter „Schmolsin"! — 3. Über den **Untersberg nach Giesebitz.** Chaussee, Richtung Giesebitz und 1 km ab Dorf, links Wiesensteig nach Zemmin (20 Min.). Durchs Dorf zur Chaussee, die die Zemminer Berge mit dem 77 m aus dem Moor aufsteigenden **Untersberge schneidet** (ab Zemmin 2 km). **Wundervolle Fernsicht.** Abstieg zum Vorwerk Luisental und 5 km durchs Moor nach **Giesebitz,** am Lebasee, „Gasthof zum Lebasee".

Seitenwanderung: **Giesebitz—Speck—Babidoll—Czarnowske (Lebafelde).** Sämtliche Ortschaften liegen auf diluvialen Durchragungen oder aufgewehtem Dünensand im Moor. Moorflora um Babidoll: Königsfarn (Osmunda regalis), Moltebeere (Rubus Chamaemorus), niedrige Birke (Betula humilis) usw. Bei Friedrichshof Dünenbildungen im Moor mit schöner Aussicht. Czarnowske (Lebafelde) mit Gastwirtschaft. Hier ward 1898, nahe dem Brenkenhofkanal, ein Wickingerschiff von 13½ m Länge ausgegraben, jetzt im Prov.-Museum in Stettin. — Bis Czarnowske 6½ km.

4. **Zezenow — Charbrow — Fichtdorf — Leba,** 15 km. — Fahrt bis Zezenow (Gastwirtschaft). Von hier durch das Lebatal, über die Leba und den ihren Lauf verkürzenden Brenkenhofkanal. Über Vietzig mit Gastwirtschaft nach **Charbrow.** Mittelpunkt des einst von Kaschuben bewohnten Kirchspiels. 1824 nahmen am Abendmahl 700 Kaschuben teil, 1869 noch 6—8, 1871 hörte es auf. **Malerisch auf einem Hügel gelegene alte Kirche** unter mächtigen Eichen. Inneres sehenswert. — Gasthof. — Von Charbrow nach Fichthof.

Ostseebad Leba und Umgebung.

Bahnfahrt Lauenburg—Leba. Über „Lauenburg“ siehe unter „Das Bergland um Leba und Lupow“! Ab Lauenburg: Die Bahn quert das Lebatal (links). Rechts Stadt und Wilhelmshöhe. Haltestellen: Neue Welt, Neuendorf mit Ziegeleien (Bändertone!) und Garzigar (Gasthof!) — Seitenwanderung: Über Puggerschow und Gr. Jannewitz nach **Krampe,** 7 km. Nahe dem Dorfe, zwischen Leba und Simmelbach, der **Burgberg,** geschützt durch Moor, Steilabfall, Wallanlagen und zwei flankierende Ringwälle. Starke Burganlage des Herzogs Ratibor von Pomerellen, der Sage nach das Jagdschloß der „Schwarzen Magaret“, der Nichte des Herzogs. Das Ganze mit Buchenwald bedeckt. Hübsche Ausblicke ins Lebatal. Von hier nach Bhf. Landechow, 2½ km, oder nordwärts (2½ km) nach **Belgard** (Krs. Lauenburg) mit ähnlicher Burganlage. Dann zum Bhf. Landechow.

Ostseebad Leba, Fischerstädtchen, 2500 Einw., an der Lebamündung, zwischen Lebasee und Sarbsker See, in der Nähe der gewaltigsten Dünen Pommerns. Umfangreiche Dünenwaldungen, breiter, feinsandiger Strand, stets kräftiger Wellenschlag. Landhausviertel in den Dünen! Rettungsstation. — Geschichtliches: „Lebamünde“, eine Gründung des deutschen Ritterordens, entstand unter Erweiterung einer Fischersiedlung und erhielt 1357 Stadtrechte. Mittelpunkt war die 1 km westlich der Leba im Dünengelände gelegene, nur noch als Ruinenrest vorhandene Nikolaikirche. Auch der Fluß mündete ehemals weiter westlich als heute. Stürme, Sandverwehungen und Fluten, besonders 1558, nötigten die Bewohner von Lebamünde, ihren Wohnsitz landein und an die heutige Stelle zu verlegen (Räumung von Lebamünde um 1570 beendet; damals war die neue Stadt jedenfalls schon fertig). Fischversand, Fischräuchereien. — Zahl der Badegäste (1931): 1357 Personen.

Kurmittel: Kalte und warme Seebäder, medizinische Bäder (Warmbadeanstalt). — Unterhaltung: Konzerte, Tanzabende, Angeln, Segeln, Segelflug-Veranstaltungen auf der Lontzke-Düne. — Banken: Kreissparkasse, Zweigstelle Leba. Lauenburger Bank, Depositenkasse Leba. Spar- und Darlehnskassenverein. Raiffeisen- und Ländl. Spar- und Darlehnskasse. — Post. — Auskunft: Badeverwaltung. — Arzt und Apotheke. — Unterkunft (ohne Privathäuser): Kurhaus, dicht am Meere, auf 12 m hoher Düne, mit wundervoller Aussicht. Strandhotel Möller, im Ort. Gasthof Schnabel, Hauptstr. 24. — Jugendherberge: Ostseeschulheim. — Verkehrsverbindungen: Zweigstrecke Lauenburg i. P.—Leba.

Wanderungen:

1. Kurze Spaziergänge: Auf die **Molen** mit Blick auf die Dünenküste. — Nahe dem Kurhaus, ostwärts, die **Mampe-Düne** mit schönem Rundblick auf Lebas Umgebung.

2. Zur **Kirchenruine Lebamünde.** Durch den Ort zur Leba mit Brücke (nicht zu verwechseln mit dem den Ort von Ost nach West querenden Abfluß des Sarbsker Sees zur Leba). Nahe der Brücke Fischräuchereien. Von hier über Dünenheide und durch Wald in 20 Min. zur Ruine.

3. Nach **Czarnowske** (Lebafelde) am Lebasee.

4. Ins **Wanderdünengebiet am Lebasee.** Einführendes siehe vorher! Die Nehrung ist 2 km breit und 8 km lang. Im Bereiche der Lontzke-Düne interessant gelegene Segelflugschule mit Jugendherberge. Prachtvoll ist

ein Sonnenauf- oder Sonnenuntergang auf der Lontzke-Düne. — Über die Lebabrücke und Fahrweg nach Rumbke, Siedlung mit Försterei zu Anfang der Nehrung, 2½ km. Von hier am Rande des Dünenwaldes und durch Bruchwald bis zu der Stelle, wo Teile der Lontzke-Düne in den Lebasee stürzen. Hier zur Wanderdüne empor! **Aussicht vom höchsten Punkte!** Die höchste der blaudunklen Erhebungen im Südwesten der Revekol.

5. Um den **Sarbsker See.**

6,5 km lang, nur 6,5 qkm groß, bis 3 m tief. Seine langgestreckte Gestalt beruht darauf, daß dauernd Sandmassen den See von Norden her zuschütten und so zu einem Dünenstausee machen, der durch den künstlich angelegten Mühlgraben zur Leba entwässert.

An der Nordseite des Sees ostwärts. Nahe See-Ende Wanderdüne mit hübscher Aussicht. Dann Weg durch Moorgebiet zur Südseite des Sees mit Vorwerk Neuwerder und über Neuhof nach Leba. 17 km.

6. Zum **Stilo-Leuchtturm.** 11 km Strandwanderung. Östlich des Sarbsker Sees die hohen Dünen der Wollsäcke. Stilodüne, die den Leuchtturm trägt, und Gendarmenberg sind angeschont. Jugendherberge; Meldung Dünenwart Schwartz.

f) Am letzten Strand.

Einsam und schwer zugänglich ist Pommerns äußerster Strand, das Gebiet vom Stilo-Leuchtturm bis zur Alten Piaßnitz, der Grenze gegen Polen! Zunächst breites Dünengebiet, später durch das gewaltige Wierschutziner Moor, das dem Zarnowitzer See vorgelagert ist, eingeengt. Das Wierschutziner Moor enthält pflanzliche Seltenheiten. — Man benutzt ab Lauenburg die Kleinbahn bis Prüssau oder die Landkraftpost Lauenburg—Wierschutzin.

Wierschutzin, Bauern- und Gutsdorf, eine evangelische und eine schlichte neuerbaute katholische Kirche. Gastwirtschaft. Unterkunft fraglich, aber Jugendherberge! Von Wierschutzin nordwärts über Gut Wittenberg zum Meere (4½ km). Zur polnischen Grenze, 3 km, Chaussee durchs Moor. — Südwärts Fußsteig nach Reckendorf und hinab zum **Zarnowitzer See** und bis zur polnischen Grenze vor Nadolle! Grenze beachten! 3 km.

Größere Wanderung: 1. **Wierschutzin—Reckendorf—Burgsdorf—Rauschendorf und Fortsetzung,** siehe unter „Lauenburg"! — 2. **Strandwanderung bis Leba.** Wierschutzin —Gut Wittenberg—Ossecker Wald—Glashütte Ossecken—am Ostrande des Schnitt-Bruches zum Strand—Stilo-Leuchtturm, 19 km. Jugendherberge. Am 2. Tage nach Leba, 11 km.

Übersicht und Register.

Stettin Hotels mit Restauration

	Betten Zahl	Preis pro Bett RM	
Auguste-Viktoria-Haus Christl. Hospiz, Grüne Schanze 6 Tel. Stadtverkehr: Sammelnummer 308 85	30	**3.50** bis 5.–	Gut bürgerliches Haus 8 Minuten vom Bahnhof
Hotel Astoria Grüne Schanze 3 Tel. Nr. 378 00 Besitzer Fritz Kaiser	50	**3.50** **bis 4.50** sämtl. fließend. Wasser	Nächst Bahnhof und Verkehrs-Zentrum. Alle Zimmer mit fließ. Wasser, Bäder, Frühstücks- und Ausstellungs-Zimmer, Fahrstuhl, Garagen, Bier-Restaurant Gut bürgerlicher Mittags- und Abendtisch
Hotel Bellevue Lindenstraße 1, Tel. 317 45 Besitzer Georg Schrauder Ferngespräche 317 65	90	3.– bis 5.–	Gut bürgerliches Haus. Warmwasserheizung. Doppeltüren, Schreib- auch Ausstellungszimmer, Konferenzräume, Bad im Hause, Unterstellung für 10 Auto. Straßenbahnverbindungen nach allen Richtungen.
Evang. Vereinshaus-Hospiz Elisabethstraße 53 Tel. 320 46	75	von 3.– an, fließend. Wasser 4.– **bis 5.50**	10 Minuten vom Bahnhof, Fahrstuhl, fließendes Wasser, teilweise Staatstelephon im Zimmer, Bäder in jedem Stockwerk, Schreib- und Konferenzzimmer, bester Mittags- und Abendtisch. Bei längerem Aufenthalt Pensionspreis. Garagen im Hause.
Hotel Gust Grüne Schanze 15 Tel. 306 78 Besitzer B. Gust	63	3.– bis 4.–	6 Minuten vom Bahnhof, gut bürgerliches Haus. Warmwasserheizung, Schreibzimmer. Bier-Restaurant. Gut bürgerlicher Mittags- u. Abendtisch. **Auto-Garagen, Tankstelle.** **Bad im Hause.**
Gutke's Hotel Grüne Schanze 4 Tel. 362 50	35	3.– **bis 3.75**	Gut bürgerliches Haus. Mecklenburger Küche, Bad im Hause. 5 Minuten vom Bahnhof. Autounterstellung in nächster Nähe.
Hotel Metropole Heilige-Geist-Straße 7 Besitzer E. Raue Tel. Ortsgespräche Sammel-Nr. 255 21 Tel. Ferngespräche Sammel-Nr. 255 23	120	**4.–** bis **6.–** mit Privat- Bad 8.– bis **9.–**	**Nächst Bahnhof, Hafen, Zentrum.** 100 Zimmer mit fließ. Wasser. 12 Privatbäder, Staatstelephon. Eigene Großgarage für **25** Wagen am Hause. Tankstelle. Beliebtes Bier- und Wein-Restaurant. Diner **1.85, 2.–** bis **2.75.** Souper **2.–.** Reichh. Speisenkarte. Gepflegte Weine und Biere.
Hotel Preußenhof Luisenstraße 10—12 Tel. Stadtverkehr: Sammel-Nr. 354 21 Tel. Fernverkehr: Sammel-Nr. 353 71	180	5.– bis 8.– mit Waschraum **8.50** m. Priv.-Bad **10.–** **bis 14.–**	Sämtl. Zimmer m. fließ. Wasser. 40 Privatbäder. — Lichtsignale, Reichstelephon in all. Zimmern. **Restaurant,** die vornehme Gaststätte. Diner 2.40—3.50, Souper 3.—. **Pommernstube** die gemütliche Bierstube Diner 2.15—2.80, Souper 1.50. **Kaffee — Konditorei** das behagliche Familienkaffee. Gute Musik. In der **Halle** täglich Tanztee.
Hotel Timm 2 Goldene Anker Bollwerk 9. Tel. 338 42. Besitzer M. Bürsch	15	3.–	Historisches, altbekannt. Haus. Direkt a. Hafen, nahe Bahnhof Zimmer mit fließend. Wasser. Zentralheizung. Anerkannt gute Küche.